清华大学地区研究丛书·译著
Area Studies Book Series, Tsinghua University-Translation IIAS

姜景奎 张 静 主编

［伊朗］霍马·卡图赞（HOMA KATOUZIAN）著
刘岚雨 胡奇 译

现代伊朗的政治经济学
1926—1979

The Political Economy of Modern Iran
1926—1979

中国社会科学出版社

图字:01-2021-2714号

图书在版编目(CIP)数据

现代伊朗的政治经济学:1926—1979/(伊朗)霍马·卡图赞著;刘岚雨,胡奇译. —北京:中国社会科学出版社,2023.11

书名原文:The Political Economy of Modern Iran: Despotism and Pseudo-Modernism, 1926-1979

ISBN 978-7-5227-2005-0

Ⅰ.①现… Ⅱ.①霍…②刘…③胡… Ⅲ.①政治经济学—经济思想史—伊朗—1926-1979 Ⅳ.①F093.734

中国国家版本馆 CIP 数据核字(2023)第 097324 号

First published in English under the title
The Political Economy of Modern Iran: Despotism and Pseudo-Modernism, 1926-1979
by Homa Katouzian, edition: 1
Copyright © M. A. H. Katouzian, 1981*
This edition has been translated and published under licence from
Springer Nature Limited.
Springer Nature Limited takes no responsibility and shall not be made liable for the accuracy of the translation.

出 版 人	赵剑英
责任编辑	侯聪睿
责任校对	胡新芳
责任印制	王 超

出 版	中国社会科学出版社
社 址	北京鼓楼西大街甲 158 号
邮 编	100720
网 址	http://www.csspw.cn
发 行 部	010-84083685
门 市 部	010-84029450
经 销	新华书店及其他书店

印 刷	北京君升印刷有限公司
装 订	廊坊市广阳区广增装订厂
版 次	2023 年 11 月第 1 版
印 次	2023 年 11 月第 1 次印刷

开 本	710×1000 1/16
印 张	26
字 数	375 千字
定 价	138.00 元

凡购买中国社会科学出版社图书,如有质量问题请与本社营销中心联系调换
电话:010-84083683
版权所有 侵权必究

序

我是一名伊朗的经济学家，自儿时起就大量地阅读"非经济学"的社会科学和人文科学方面的书籍。在那段奇妙的成长岁月中，我形成了社会意识和社会责任感，并开始参与政治活动。在过去的二十多年里，我对这一话题的了解和体验不断地丰富和发展，这本书就是在这种文化、知识和个人经历背景下的综合产物。十多年前，我开始厘清其主要的理论、路径和方法，同时在我的一些（已出版和未出版的）波斯语和英语著作中逐渐将其发展，包括1972年写的一本未出版的关于伊朗经济的书的初稿（英文），以及1976年撰写的伊朗现代作家萨迪克·赫达亚特（Sadiq Hedayat）的社会和文学传记初稿（也是英文，我希望未来能重写并出版此书）。因此这本书本身，以及其方法和论点，都不是关于伊朗最近发生的事件。在革命期间我开始定此书的终稿，在书里偶有提及最近发生的事件，因为在各章节撰写过程中这些事件也在发生。作为一项规则，我不会在革命后把书中的这些说法更新，比如，在第六章我对伊朗国王和王后的说法是基于他们还在执政掌权时，我予以保留。然而，在旧制度被推翻后，大量的重要文件和回忆录出现在伊朗媒体上，我在注释中适当的地方引用了这些新的论据。

这本书的覆盖方面之广，时间跨度之大，本可以以多卷本的形式呈现。我之所以将其熔铸成一卷，并不是为了写出一本终生巨著，而是为解决过去、现在和未来的问题提供一个框架。如果这一路径和框架有任何价值，那么也许其他人可以在我的思考上进行扩展，并填补我在讨论中遗漏的许多细节。然而，我在部分章节中为了进行论证所展示的经济后果往往体现了期刊论文的强度，不过我已经尽最大努力去清楚地阐释这些内容，我非常希望读者可以理解并读懂。为此，我也避免去舞弄专业知识，将理论神秘化，在我看来，这些都会为社会知识的进步和传播造成不必要的负担。最后，关于我的理念和方法的相关性，我只能重复马克思的话（并非假装与他本人和他的作品作比较），那就是"任何基于科学批评的意见我都欢迎。而我从来就不向所谓的舆论偏见让步，对于它们，我仍然遵守伟大的佛罗伦萨人的格言：走你自己的路，让别人说去吧"（卡尔·马克思，《资本论》，第一卷，前言）。

我想衷心地感谢约翰·格尼，他透彻地阅读了我的手稿，并为结构和内容的改进提供了专业的建议，他是如此的宽厚慷慨，为本书提供了巨大的帮助。我的部分手稿是由穆里尔·沃林、弗里达·文森特与（有时）肯特大学卢瑟福学院的其他秘书人员打字和整理的，对他们的关心和帮助致以感谢。我还要感谢法尔洪德·扎尔贾姆，他高效地完成了剩余章节的打字工作。此外，如果没有我的妻子和孩子做出的牺牲，这项任务是不可能完成的。我的妻子对我提供了巨大的帮助，除了精神上的支持和理解，她对剩余手稿的打字工作和整个作品的收尾工作也做出了巨大贡献。

哈菲兹曾有这样富含哲理的诗句："明天，当现实之国降临，那些表面上的探寻者将感到羞赧惭愧。"这不仅是对现代伊朗政治经济发生的事件、思想和人物的最恰当的墓志铭，也是对那些将创造未来的人的一个极好的警示。

1979 年 9 月
霍马·卡图赞

引　言

本书的标题包含两个问题，即"现代"和"政治经济学"这两个词的含义和意义。"现代"一词将研究的范围限定在20世纪，更多地强调最近几十年。本研究的目的是分析伊朗的社会和经济变化，强调其中人力和物力发挥的作用、它们之间的关系以及它们的相互作用，尽管这并不是伊朗特有的情况，却共同构成了伊朗政治经济发展的特征。这一研究基于一个特定的历史背景，因为其中牵涉的力量与关系——包括科技、价值观和制度——如果不在其真实的历史条件下追根溯源，是难以认清无法理解的。这不是一部现代伊朗的经济和政治史，也不是对伊朗政治经济的历史研究，而是遵循正统经济发展研究中"注重实际的"和"可操作的"主张的伊朗政治经济发展研究。"政治经济学"（"political economy"或者"politiconomy"）一词已经表明了其研究方法、研究精神和研究手段。简言之，这类研究采用一种跨学科的方法，但这并不代表它是不精确的或者不严谨的；它以解决实际问题为导向，而不是去解决抽象的或者想象出来的问题；它将理论、历史和统计数据结合起来进行论证和阐述；将分析和描述相融合，并在评价体系中使用定性和定量的证据。一些历史学家可能会不满，因为在本研究中相对较少强调文献的使用，尽管我们已经应用了许多历史资料（比如文学），这类资料一般不会用在单一的历史研究中。一些社会学家可能会注意到，在本研究中没有出现那些格外纯粹的社会学概念和术语，这并不是因为无知。一些政治学家可能更希望进一步强调制度细节，尽管我已经适时地运用了政治理论和分析。相比其他循规蹈矩的专家，经济学家可能对我采用的研究方法不满意，有些人可能认为我的研究无异于对经济学家专业的纯洁性和优越性的背叛；有些人可能对本研究不以为然，因为在其中并没有基本的数学运算；还有些人可能会因为我没有玩那些复杂的统计学和计量经济学"游戏"而感到失望。然而，在本书中没有玩这些"游戏"，一是因为它们对解决手头上的问题没有帮助，二是因为其他人已经在他们的书和文章中玩了这种"游戏"，我们可以根据目前的伊朗经济评估他们给出的结果所具有的科学价值。除此之外，虽然我们可以在经济学（或者其他学科）的研究中运用各种理论和技巧，但是对任何问题的研究都不加批判地、照搬照抄地应用这些方法，对我们知识的进步是无益的。我已经在我的《经济学意识形态和方法》（伦敦：麦克米伦出版社，1980）中讨论了这个问题，感兴趣的读者可以参考。最后，我更常用"politiconomy"一词及其各个形容词变形，而不是"political economy"，之所以用"politiconomic"取代"politico-economic"，这里需要解释一下，"economy"一词源于希腊语，意思是"持家原则"（来自希腊语中的 oikos 和 nomos）。"political economy"一词产生于16—17世纪，指的是国家治理或社会管理的原则。但是，根据词源学上的一致性，应将这一术语规范为"politiconomy"（来自希腊语的 polis 或 politikos 和 nomos）。然而，我采用"politiconomy"这一术语名称仅仅是因为其形容词"politiconomic"更方便应用，同时其衍生词的使用将为经济学开辟新道路。

本书共分为四个部分，第一部分包含第二章、第三章和第四章，为本研究的主要议题提供更宏大的历史和理论视角，因此对全面理解本书的其余部分至关重要。在第二章中，简要地介绍了对伊朗历史发展的性质和逻辑的争论，这对我们理解现代伊朗的政治经济有重要意义，即伊朗在19世纪60年代的土地改革前，是否能被描述为一个基本上是封建的政治经济体。第三章在有限的、可靠性存疑的数据的基础上，对伊朗19世纪的经济史进行了分析评估。第四章是在前人的研究成果上，对波斯革命（1905—1909）的起因、性质及后果进行的理论评估。

第二部分涵盖1921—1941年这一时期，始于礼萨汗崛起，终于礼

引　言

萨汗国王逊位。这20年构成了专制独裁复辟的漫长周期的第一阶段，伪现代主义者和伪民族主义者的理想抱负和奋斗贯穿其中，最终随着1979年穆罕默德·礼萨国王政权的垮台而结束。在这一部分涵盖了巴列维统治的整个周期，其分析意义在于伪现代主义者的专制独裁的间断崛起和最终的垮台现在正在被一个伪传统主义者的政治经济"体系"所取代。第五章讨论了导致礼萨汗最终胜利的各个事件、力量和趋势，专制主义的复辟和伪现代主义的意识形态优越性。第六章和第七章分析了在礼萨汗巩固专制独裁的绝对力量的两个连续时期里（1926—1933和1933—1941）产生的一个新现象的形式和内容，为理解礼萨汗之子在过去十五年内的发展战略提供了重要基础。

第三部分介绍了伪现代主义者对政治经济控制的各个阶段，首先是其控制被打断（1941—1951），然后伪现代主义者进入防御状态（1951—1953），直到与保守—传统主义势力联盟，才逐渐重新确立自己的地位（1953—1961）。第八章描述了战争时期以及其带来的后果，在这一时期经济萧条，国家面临解体的威胁，国内外的各种政治力量为获得控制权展开了激烈的竞争。第九章是摩萨台博士政府时期（1951—1953），在这一章讨论了在石油国有化背景下伊朗第一场真正意义上的民主运动的兴起和失败，而在第十章分析了随后的独裁（但并不专制）政权（1953—1961）的性质和政治经济学的影响。

本书的第四部分对当代伊朗政治和经济发展进行了描述、分析和评估，古代伊朗专制主义、现代第三世界出现的伪现代主义现象和石油收入这一非历史主体性三者的结合构成了独一无二的政治经济体系。第十一章分析了权力斗争带来的（尽管不是不可避免的）伪现代主义者的石油专制主义的胜利，而第十七章则分析了这种石油专制主义是如何自取灭亡的，最终导致了人民革命（1977—1979）。

第十二章到第十六章对国家的经济发展进行了全面的研究，在一个更广泛的理论框架内对石油政治经济学进行了研究。这五章构成了本研究中最重要的部分，有助于了解伊朗近期经济发展的逻辑和战略，以及预测未来可能采用的替代战略的结果。后者本可以被更广泛地讨论，但是本研究的主要目的不是勾画出一个没有多少实用价值的宏伟的技术蓝图，而是在此基础上提出一个框架，在这一框架内，甚至技术上的蓝图也有机会经受住时间的考验。在这一方面，一些相关的论点和观察可能会对研究其他石油社会，甚至不发达的非石油国家提供一定的帮助。第十八章通过对目前情况进行初步的分析，对整个研究进行了总结，并为国家和人民的长期发展和繁荣提供了一个具有普遍意义的建议。

本研究中的人名和地名，以及其他波斯语单词和句子，都是根据《国际中东研究》（*The International Journal of Middle Eastern Studies*）的标准规则音译的，除了少数几个已经有音译名的。此外，在波斯语中，源于阿拉伯语的词汇拼写方式是不同的，比如，波斯—阿拉伯文（Perso-Arabic）中的 dawleh（阿拉伯语中的 daula），已经根据波斯语而非阿拉伯语发音音译。最后，虽然"波斯"和"伊朗"（及其相关的形容词）可以互换使用，但是除了在某些特定的历史背景下或提及该国的文字和文学时，其他情况下更倾向于使用"伊朗"及其衍生词。

我们可能永远不知道开始和结束，但是我们可以试着有意识地成为连接这二者的过程中的一部分，尽管可能会有错误，但是我们真心尝试理解我们所在的这个世界，而这种尝试又构成了这种意识不可缺少的一部分。本书就是这种对人类生活和劳动的态度的产物，如果它能被公众接受，就达成了它的主要目的。在这种情况下，本书的错误和不足可以在学习过程的变迁中得到解释。

目 录

第一部分　国家与革命：历史视角

第一章　生产方式：封建主义还是专制主义 …………………（3）
第二章　19世纪的发展情况………………………………………（25）
第三章　立宪与立宪之后：革命与萧条（1900—1918）…………（53）

第二部分　国家与反革命（1921—1941）

第四章　从礼萨汗到礼萨沙：专制主义反革命的序曲
　　　　（1918—1926）………………………………………（77）
第五章　伪现代主义者专制主义的胜利（1926—1933）………（106）
第六章　伪现代主义者的专制主义的崛起和垮台
　　　　（1933—1941）………………………………………（129）

第三部分　政权空白、民主和独裁（1941—1961）

第七章　占领和政权空白期（1941—1951）……………………（149）
第八章　伊朗的民众运动：石油国有化和双重政权
　　　　（1951—1953）………………………………………（174）

第九章　政治独裁和经济"自由主义"（1953—1961）………… （200）

第四部分　石油专制主义、"经济发展"与人民革命（1961—1979）

第十章　经济危机、政治不稳定和权力斗争（1961—1963）：
　　　　石油专制主义的前奏 ……………………………… （227）
第十一章　石油专制主义（1）：石油与政治经济 ………… （250）
第十二章　石油专制主义（2）：经济变化的数量和质量 ……… （272）
第十三章　城市生活、工业和服务业 ……………………… （294）
第十四章　农村社会：土地改革和农业困境 ……………… （317）
第十五章　对外贸易和对外关系 …………………………… （337）
第十六章　人民革命（1977—1979） ……………………… （358）
第十七章　结果和前景：伊朗将何去何从 ………………… （383）

第一部分
国家与革命：历史视角

第一章
生产方式：封建主义还是专制主义

1961年，当土地改革问题被公开辩论时，所有伊朗政党和势力都认为伊朗的农业生产关系是典型的封建制。事实上，无论是马克思主义者、非马克思主义者还是受过高等教育的精英，长时间里都用如"封建主义""资本主义""资产阶级""自由主义""无产阶级"等他们熟悉的西方术语和概念讨论伊朗历史，尤其是最近的历史。西方（包括俄罗斯）学者和新闻记者撰写的现代——"分析性"——的作品也是如此。[1]这两类人采用的分析概念和模型都是直接产生于欧洲情境；他们的分析自始至终都是基于并且经常是为了对欧洲历史更好地理解，而不是伊朗历史。这并不意味着欧洲历史和社会科学不能应用在伊朗历史、社会学或政治经济学的严肃研究当中，而是在这类研究，乃至其他任何研究背景中，我们应该摒弃智力自满的实用主义好处，努力去寻找真正能增长我们对世界认知的模型和理论。

在土地改革之后一些伊朗人和知识分子、作家才开始思考在传统欧洲的分析框架内讨论伊朗历史能否有成效。然而这一问题仍仅局限于"封建主义"概念与伊朗历史的相关性，遗憾地沦为了一场"封建主义与东方专制主义"的讨论，再一次暴露出陈腐的观念。事实上，根据我们对伊朗历史的了解，这两种观点都是不能被严格证实的。我们不得不面对一个反复出现的问题，当时到底是什么情况？显然，尽管现在我们在处理社会经济问题时开始采用更灵活的手段，但我们仍倾向于采用现成的、陈旧的概念和理论。这种态度有点类似于弗朗西斯·培根（Francis Bacon）在一个故事中描述的中世纪学者的态度，他们想知道马有多少颗牙齿，但从圣书和典籍里却找不到答案，于是他们就宣布这个问题是一个永恒的谜团；他们无视一位年轻的马夫的建议，他建议学者直接去"看一看马的嘴巴"。

研究主题本身是很重要的，但更重要的是，在这里先进行一个简单的讨论来还原背景，设置场景，并揭示我们整个调查将使用的方法。

问题

"生产方式"和对应的"社会形态"的概念是指为分析现实的政治、社会、经济和科技结构（包括其空间上的相互联系和时间上的转变）而构建的假设模型。一般来说，这种具有广度的理论框架和视野对社会和经济研究有很大帮助，有时甚至不可或缺。它们存在于（尽管有时在表层之下）几乎所有的政治经济学方法中，包括正统的经济理论。在这里，基本的理论框架是一个基于私有财产、工资合同和现代科技的抽象社会，其中造成人们聚合或分离的是他们增加（或者最大化）个人物质所得的动机。尽管这个框架有众所周知的局限性，但它仍然在其相应的时间和地点实现了它的目的（既包括支持也包括反对资本主义）。然而资本主义——其抽象化和现实——既不是普遍的，也不是不可改变的；它是在历史上几个少数社会发生的相对较新的现象。因此，许多基于这一特定政治经济系统的理论并不适用于前资本主义社会，无论是过去还是现在。

古典政治经济学和自由主义社会哲学的奠基人们都意识到了社会形态的多重性以及时间作为历史的重要性。此外，他们中的一些人甚至对不同"文明"中的生活和劳动发表了零散的（有时分析敏锐的）评论，例如，他们观察到欧洲和亚细亚社会中国家角色和功能的一些基本差异，以及由此导致的自由、权利和义务体系的差异。

抛开他们的偏见，希腊（以及后来的罗马）的古典哲学家和历史学家已经注意到他们自己的社会制度安排与他们的"东方"邻居们——尤其是伊朗的反常与不同。[2]古典主义（文艺复兴）在欧洲的复兴恰好与拜占庭的衰落和奥斯曼帝国的建立同期。因此，过去的思想和眼前的现实使一些欧洲思想家，如马基雅维利，对东方和西方的社会制度进行了比较。这种比较的趋势经过当代欧洲旅行者，如马·可波罗的故事和游记传播再次得到加强，到了马克思和恩格斯时，他们已经开始讨论亚细亚的生产方式，许多欧洲思想家，尤其是孟德斯鸠、亚当·斯密、詹姆斯和J. S. 密尔、黑格尔和理查德·琼斯，也在讨论这个问题。在这一点上，马克思从理查德·琼斯的历史分析性观察中受益匪浅，他非常尊重这位政治经济学家。[3]然而，无论是马克思还是恩格斯，都没有用严谨的理论和透彻的实践经验来发展关于亚细亚生产方式的概念，尤其是马克思的研究。马克思有时候强调"公有财产"和相应的散落分布且"自给自足"的村庄"系统"，有时候也强调国家的专制、中央集权和"平等主义"的本质，他认为国家的基本经济功能源于或导致其对土地所有权的垄断。[4]许多早期的理论家已经强调了地理和环境因素的相关性——气候干旱、土地辽阔、人口稀少等——马克思将这些用作基础数据。

像其他理论框架一样，亚细亚生产方式的概念在马克思主义的理论、教条和政治中经历了动荡的生涯。很长一段时间内，应用甚至提及这一概念在苏联都是被禁止的，哪怕对社会科学家也是如此。[5]最近，它却悄悄回到了该国的学术讨论，也许是因为官方有所放松。[6]从目前的政治事件来看，中国和各地亲中国的共产党员实施的类似的禁令似乎也将被取消。战后西方吸纳了一批美国籍中国历史学家，如欧文·拉铁摩尔（Owen Lattimore）从事这一问题的研究，卡尔·魏特夫（Karl Wittfogel）的著作《东方专制主义》（*Oriental Despotism*）一书具有重大意义，为这一主题的研究加冕。尽管这是一部学术著作，但是在方法论上存在着巨大缺陷，即将抽象和广义的理论普适化，但因其"科学"之名，过去的一个半世纪里许多西方社会科学的研究都受到其影响。在随后的争论里，批评家们很少指出"封建主义"的拥护者和"东方专制主义"的拥护者在方法论上奇异的相似之处。相反，我们看到那些或高傲或荒唐的观点，其中包括两位作者的观点——尽管他们对东方社会和历史所知甚少——否定了亚细亚生产方式的说法，他们告诉我们，因为这"在概念上是不正确的"![7]

下面的一节简短但广泛地介绍了对封建主义的理论—历史讨论，以此作为我们对伊朗政治经济发展观察的引言。

理论与实践中的封建主义：简要讨论

关于研究方法的说明。封建主义是一个抽象而普遍的社会模式，具有明显的社会经济、技术和制度特征。像所有抽象的模型一样，它考察真实的和历史上的社会的生活和劳动，将它们从个体差异中抽象出来，强调它们最重要的一致性。这种为了归纳而进行的简化通常不会导致自然科学家在试图将模型和理论应用于真实的物理环境的过程中出现重大分歧。如果一个理论的基本假定和预测与特定案例情况一致，那么就会被支持；如果不一致，那么就把这种情况排除在理论之外。他们并不要求理论与现实的完美对应，他们也不会尝试运用各种合法或不合法的手段使理论适配于每一种情况。这个世界可能有更弱或更强的电磁场，也可能根本没有，但人们很少听到"半电磁"场或者"准肝病"的说法。阻碍社会科学进步的最大障碍就是这种方法论的混乱，将许多抽象模型与现实世界对应，仿佛它们是对具体现象的经验性描述。

因此，在我们目前对封建主义性质和范围的讨论中，首先，概述其基本特性，正是这些基本特性定义了封建社会。其次，对欧洲社会的具体历史经验进行非常简短的介绍，因为这个模型最初就是为欧洲社会准备的。参照理论和实践中封建主义的一般背景，下一节将讨论伊朗社会案例。

理论上的封建主义

为了简明清晰，在这里将列举封建主义抽象模型最重要的一些特点，以使读者观察到其中重要的联系。

第一章　生产方式：封建主义还是专制主义

欧洲封建主义建立在罗马帝国的崩溃和解体之上，伴随着罗马帝国以奴隶为基础的经济体系的消亡。欧洲各国的封建主义制度经过数世纪才发展出以下部分或全部的社会经济特征。

第一，作为私有财产的土地，以及其在时间和空间的集中，受"法律"和严格遵守的习惯，如遗赠和长子继承规定的约束。

第二，存在各种形式的农奴制或奴役，将佃农与土地捆绑在一起，迫使他把剩余产品——超过维持生存水平的部分，以租金、什一税、税收等形式上交。

第三，农民有一系列其他义务，如须向地主提供直接或间接的服务、为获得结婚许可要支付费用，等等。

第四，庄园制度，包括地主在庄园的存在。

第五，阶级结构固化，并存在一个人数不多的贵族阶层。土地所有权在空间上和时间上的私人垄断导致了一代代贵族通过出生稳定寡头统治，而这两个相互联系的经济和社会框架通过对土地转售的"法律"和习惯性，以及对继承的严格规定而得以长期存在（从以上几点可以看出，在封建社会中，社会、职业和地域间的流动受到很大的限制）。

第六，经济和政治权力集中在农村，几乎所有的制造业和农业生产都是在农村进行的。本地市场占主导地位，金融财富相对薄弱，国内贸易无足轻重，自治市和"镇"事实上不存在，后来也相对无足轻重。

第七，各个阶级间的、"国家"及其封建贵族基础间的契约性权利和义务之间相互联系。因此，虽然政治权力掌握在"国家"（包括封建贵族）的手中，但其行使受契约约束，诸如："法律"、传统、习惯等。因此，专制权力无法任意行使。"法律"可能允许在定罪后处决偷猎者，但不允许地主或国王随意下令杀害一个农民或截去他的肢体（更不用说一个贵族）。"法律"可能允许，甚至批准，地主可以与他的农奴的新娘在一定时期内同居。但不允许地主任意延长期限，也不允许其随意强奸农妇。

第八，存在一个同样等级森严、阶层化的教会，由它自己的王公贵族领导。通过教义（有时甚至是教条），支持着整个社会制度，并使其存在具有合理性。罗马天主教会是世俗国家的完美翻版，它既服务于世俗国家，又发挥制衡作用。

我将对其中一些情况多说几句，这有利于对伊朗案例的讨论。人们普遍认为，在一个封建社会中，土地私有制无论在经济上还是政治上都是很强大的。从地主根据其等级获得的经济收入和政治力量来看，这当然是正确的。然而，正如我们观察到的，这种观点在遗赠、继承或处置财产的自由权方面通常是错误的。事实上，在早期自由主义思想家眼中，这也是封建制度最大的弊端之一，例如，亚当·斯密在其巨著中用数页谴责批判这种限制。最近，C. B. 麦克弗森（C. B. Macpherson）将受到更多限制的封建财产概念与替代其自由的、占有性的财产概念进行对比，让人们再次注意到这一显而易见却被长久遗忘的事实。在封建社会，私有财产的概念意味着所有权利和享有其成果的权利，但在早期资本主义制度中，私有产权概念意味着所有者的独家占有，以及转让和让渡的完全自由。[8]总的来说，如果不限制所有者破坏土地所有制的垄断基础，封建主义就无法延续，如果没有金融资本所有权的自由（即没有约束和限制），资本主义就不可能繁荣。

政治权力在贵族成员中扩散，其显著特征是缺少一个中央集权的国家、官僚制度和军队。除了王子或国王，即封建领主的个人财产外，不存在国家财产。微不足道的国内（和国际）贸易，以及契约保障对普遍、任意的敲诈和掠夺的防范，进一步限制了公共收入和支出。国家享有很少的权利，同时肩负贵族阶层以外的一些义务，他们可以评判本阶级和下层阶级的成员。理论上，每个人都必须维持他的"地位"，但是每个人也享有其地位规定的权利，并受其地位规定的义务的约束。

所有的法律、习惯、传统和规章制度（不论是好是坏），时不时地，偶尔频繁地被违背，但是不定期的违法与系统的、普遍的违法是有本质区别的。

第一章 生产方式：封建主义还是专制主义

实践中的封建主义

上述的基本要素构成了一幅抽象、一般的图景，如果以科学的谨慎和谦虚态度加以应用，将对我们的社会和历史分析提供很大帮助。近14个世纪来，欧洲的封建主义已经部分地，或完整地在欧洲的某些角落里存在、生长；它的某些方面在一些成熟的资本主义国家仍然根深蒂固，特别是在英格兰，例如，阶级结构的相对僵化。除此之外，受地理位置、总体环境、国际和洲际的联系以及所有其他有助于其形成独特文化的要素的影响，欧洲的封建社会都有它们各自的特殊性。因此封建主义（有时明显地）在不同的时间段，以不同的形式，在欧洲国家兴衰浮沉。比如，当封建主义已经在英格兰衰落时，在俄罗斯的诺夫哥罗德和莫斯科大公国才刚刚出现。

英格兰封建主义的衰落伴随着自治市镇和行政区的兴起，贸易（主要是国际贸易）增加，资本聚集在资产阶级的手中，这一阶级还与国王和政府暂时联盟以对抗贵族和罗马教会。这标志着"专制主义"（实际上是绝对主义）在英格兰短暂流行的开始。在法兰西，政府已经比英格兰的更加强大，专制主义的兴起被更好地掩饰为国家和教会的对抗，而非新教徒与罗马天主教徒的对抗。因此，在16世纪末，它最后以一场旷日持久的内战确立了自己的地位，这场战争以亨利四世的登基而告终；敌对的宗教派别间的冲突失去了所有的内部政治意义。在俄国，封建主义和专制主义同时出现，几乎成为一种合成的、不可分割的社会结构。然而，欧洲（在某种程度上包括俄国）的专制主义的性质和东方的专制主义明显不同，其存续时间也短得多。我们在之后讨论伊朗案例的情况时将再回来讨论其中某些问题。

伊朗的案例

是否存在一种奴隶制经济

如果要把封建社会的一系列变化视作伊朗历史的一个发展阶段，

那么一贯的普世主义（一种往往被误认为是科学归纳的态度）一定也会视奴隶制为基础的政治经济体系为其前期发展阶段。毕竟，根据普世主义者的观点，一切在本质上至少是相同的——自由主义者在任何时间和场合都持这种观点；而马克思主义者只在相关的全球"发展阶段"上赞同这种观点。在波斯语中有这样一句话，"有志者事竟成"：一旦我们相信，有这样的先验概念，即必须有一个奴隶制阶段，然后才有封建主义阶段，我们可能会将任何找到的"现象"作为我们先验观点的证据。我们无须（因为篇幅限制也不能）讨论那些为了证明伊朗历史上的奴隶制阶段与希腊—罗马案例进行比较而编织的论据和证据。事实上这些所谓的"证据"都建立于胡乱猜测、过度推理的"解释"、错误的翻译和无限度的猜想，对于那些真正了解希腊—罗马案例并且掌握奴隶制基础的政治经济模型的全部含义的人来说，根本没有确凿的证据值得认真研究。因此，对于所有情况都是如此，倡导者有义务证明他们的主张，而非反对者有义务去否定它们。[9]

然而，存在着大量来自古波斯的反面的证据，这些证据不知为何被轻易掩盖了。我们知道，在古代的前伊斯兰社会，当时并没有公民身份的概念或地位（以及其重要的社会影响），尽管这对希腊和罗马奴隶制为基础的政治经济体系是至关重要的，因此，当时并无民主的概念（传统意义上的），也没有独裁的概念，独裁并不意味着专制主义，而是意味着通过授权或者篡权来集中政治权力。

显然，从术语的经验意义上说，存在奴隶制，且这一制度一直存续到20世纪初。但是，国家与"自由人"的关系性质与"自由人"、奴隶主和奴隶的关系性质并无本质区别。那些庞大的公共建设工程就是例证，比如从苏萨延伸到萨第斯的不朽的帝国公路，不仅展现了社会财富，同时更体现了国家的经济实力。[10]国家行政系统有严格的等级制度：Shatradar（总督）和 Marzaban，分别是由国王任命的、各省的文职和军事总督，他们都直接向国王本人负责；他们经常受到来自其部门内外的密探的监视。这种制度一直延续到今天。[11]在当时，没有城邦，也没有罗马式的（更不用说共和制）帝国政府。"沙阿"不是欧

第一章 生产方式：封建主义还是专制主义

洲术语概念上的国王——也不是王中之王。他是一个专制者，他的权力，也就是合法性，大部分建立在个人的丰功伟绩，而不是王权的合法继承。关于"国王"的神圣权利的神话确实是有用的，因为这些神话与其说是使王朝继承合法化，不如说是使个人的成功合法化：国王的神圣权利是个人力量的神圣权力，而非祖传特权的神圣权利。所有的灾难可能都是神的旨意，但这并不意味着所有的灾难都必须由前者来合法化。

最后还有一个重要的问题，也是奴隶制经济阶段发明者必须面对的问题：如果在伊朗历史上存在这样一个阶段，那么一定也存在一个分界期，在此期间一些强大的社会经济力量导致奴隶制经济相当迅速地转变为封建制度。然而，并没有证据表明存在这样的一个重大事件，而且伊朗历史上也不存在——或可能存在任何一个时期符合这一要求。

是否存在一个封建社会

然而，人们最关心的问题是，在漫长的历史中，伊朗是否出现过封建制度。在这一问题上，主张者提出相对更严肃的论据和证据。虽然如此，这一观点是不正确的，因为它经不起对伊朗社会和历史的认真研究。为了证明这一点，让我们比较一下伊朗社会的主要特征与上一节所述的封建制度的基本特征。

第一，所谓的伊朗封建主义起源不详。因为内部/外部力量的作用，当时并没有奴隶制的经济让位于封建社会。

第二，没有证据表明在伊朗历史上存在任何形式的农奴制或奴役。农民是被准许捕猎的猎物，始终处于地主的摆布；但是这本身就是对明确定义的生产关系网络的否定，而这是庄园制度的特点。Ra'iyat 这一词在过去的几个世纪里仅表示"臣民"，通常被用来指代伊朗的所有阶层，尽管其社会意义与欧洲的"臣民"完全不同：Ra'iyat 指一个统治者（Hakim）或领主（Arbab）的臣民；是某个特定权力的臣民，而不受制于法律，甚至主权机构。这就是为什么直到

11

波斯革命（1905—1909）前，这个词一般适用于社会上的每一个人，除沙阿本人之外。[12]农民显然有义务将生产的剩余，以各类费用、税款等形式，转交给剥削者——国家、领主、税款承包人等。但这并不是封建关系的证据，更不能证明封建关系的存在。

第三，不存在庄园制度，领主是典型地以城市中心为基地的。所以研究伊朗的西方学生使用"缺席的地主"一词是完全错误的。在历史上，这个词指的是少数欧洲地主忽视了他们的责任和义务，因为他们不在自己的庄园里。但伊朗地主的"义务"（以及"权利"）是完全不同的，一般不包括居住在村庄，对村庄生活和劳动进行监督。

第四，阶级结构并不僵化，不存在贵族阶层，也没有寡头的权力分配。相反，继承法在伊斯兰化前后都抑制了私人财富的集中和社会地位的延续。无论如何，一个人的财富，不管是何种形式，都不能保证会传给他的某些或所有后代——这些财富可以被轻易地没收，或被公共机构或"私人"侵占。社会上的所有阶层，无论财富和地位有多大差异，最终都是上述意义上的臣民。因此，存在很大的社会流动性，无论在这个社会"阶梯"上是向上还是向下。从这个角度看，伊朗的"阶梯"过去（现在也是）更像一个三角形（或者，再加上一个维度，像一个金字塔），底面很宽，从底部到顶点之间的距离相对较小（可以想象成一个定点为钝角的三角形）。

第五，各阶层之间不存在持久的（即宪法规定的）契约约束的权利和义务关系。显然，如果国家不能系统地履行某些职能，最终将会垮台。然而，正因如此，履行这些职能并不是任何契约（或宪法）义务：履行这些只是为了维持国家本身的权力。为一个人的服务支付报酬是一回事，偿付一个人的支持或合谋则完全是另一回事。

马克思在提到东方社会的"平等主义"性质时，展现了其伟大的洞察力，但这触犯了他自己后世的一些追随者的"革命"情感——尽管他没有，也许不能，对这一概念进行进一步的发展。对于伊朗人民，无论如何，最终在赤裸的权力面前都是平等的：大维齐尔的人身和财产安全同样容易受到沙阿的侵犯，就像那些地位低一些的富豪的权利受到大维齐尔的侵犯一样；此外，他们的生命和财产在最高仲裁者的意志面前都是无比脆弱的。抛开表面现象，在这方面至今没有发生根本性的改变。以一句著名的波斯语概括：平等的不公是公正的（Equal Injustice is Just）。

一直到今天，最清晰的社会分界线（甚至是分层线）一直将国家（Dawlat）与人民（Mellat）分隔开来。波斯—阿拉伯文字中的"mellat"一词并不像人们认为的那样指的是"民族"，它指的是与国家（Dawlat）相对的人民。显然人民本身根据其种族、语言、职业和收入被划分为不同阶层；然而伊朗最持久的、与欧洲的阶级冲突或对立相当的是全体伊朗人民与国家的对抗——与国家没有关系的富商被视为是"人民的一员"，而一个不那么富有的国家官员则被归为"国家的一员"。[13] 直到几十年前，"公务员"还被普遍称为 nawkaran-i dawlat，或"国家的侍从"；后来才正式被"国家官员"和"国家雇员"这两个词取代。然而这个更加老旧，但更富有深意的词语仍然存在于某些非正式的场合。同样，只是在最近的几十年里——因为有意识地模仿欧洲——才赋予 melli 一词"国家的"含义，并应用于国家垄断企业和公司；即使是现在，Melli（与 dawlati 相对）一词在经济和政治领域也普遍与欧洲词语的"私人的"（private，与公共的 public 相反）相对应，尽管这个词的意思是"人民的或为了人民"（与"国家的、为了国家"相反）。Melllat 一词意为公众，而不是国家；在伊朗，"公众"作为一个术语和概念，不像在英语国家那样，可以与国家和人民互换使用。

由此可见，与欧洲的封建制度相反，伊朗的经济和政治权力集中在城市，而不是农村地区：这不是"乡下"对"城镇"；是"城市"（shatr，之后称 shahr）对"乡村（dih）。换句话说，波斯语中原来表示乡下的词——比如 shahr——其含义已经扩展到描述城市（而不是乡村）中心，在波斯专制主义体系中，这些中心成为政治经济权力的所在地。因此国内和（特别是）国际贸易非常广泛，"城镇"和"城市"（尽管这些词语有一定的社会历史内涵，无法直接等同于波斯语的对应概念）的数量相对较多，人口也较庞大。在每个"城镇"都有一个庞大的商人团体，他们被组织起来，在主要的巴扎（或称"市场"）周围集中活动。"巴扎"和"巴扎商人"（商人）这两个前伊斯兰时期的词语，现在仍在流行。至少从十个世纪前开始就存在着一个横跨遥远城市的、通过汇票进行信用转让的广泛网络。

第六，无论在前伊斯兰时期还是伊斯兰化之后，没有一个宗教组织的作用和意义可以与欧洲封建时代的罗马天主教会相提并论。琐罗亚斯德教的精神领导某种程度上也许比伊斯兰教的领导更加有序。众所周知，伊斯兰教没有一个固化的宗教等级结构。至于什叶派，在伊斯兰教后的伊朗社会中发挥了非常重要的作用，什叶派有一个完整的公社制度，其合法性和权力来自其成员。什叶派始终在理论上，有时候在实践中，与国家是对立的。[14]

财产所有权的性质是怎样的

这是那些不知疲倦的辩论者一开始问的问题，同时遗憾地，通常也以这个问题作为结束，好像他们能与封建主义联系在一起的只是一种狭隘的、机械的财产关系。目前，最令人印象深刻的是对土地所有权种类及其演化的研究，A. K. S. 莱姆顿（A. K. S. Lambton）的经典学术著作《波斯的地主和农民》（Landlord and Peasant in Persia）。实际上，这也是许多"伊朗封建主义"的倡导者和反对者的主要信息来源。[15]所有增加的内容通常不过是对她所举出的事实和数据的个人解释，采用的是"半这"和"类那"的标准方法进行分析。在这里，出于对篇幅和原创性的考虑，我们不会再对她的工作进行总结，但是从她所提供的宝贵信息，以及丰富的波斯古典文学作品，包括历史和文学作品，我们能得出以下结论。

第一，国家对土地的直接所有权，在近几个世纪称为 Khasseh，后又被称为 Khaliseh。尽管比例不同，但始终相当广泛存在。

第二，未开垦和未耕种的土地原则上都是国家财产。

第三，其余大部分可耕地由国家分配给个人，通常是王室成员和国家官员。在所有权方面没有合同上的保障，也没有自动的遗产权。[16]

第四，除此之外实行各种包税制。值得注意的是，印度莫卧儿王朝的包税人阶层被称为 zamindars，是一个波斯语词，意为"地主"，或者更确切地说，是"土地所有者"。

第五，当地耕种者可以拥有零星的小块农地，但他们的所有权没有保障。

第六，既有公共的也有私人的土地捐赠。前者享有更大的安全性——宗教权贵和宗教学院以此获得收入和奖学金。后者则是富人后代——地主和商人的收入来源。但两者都不像欧洲的私人所有权那样不可侵犯，更不用说像欧洲的捐赠。

即使我们抛开所有前面所说的关于伊朗政治经济历史的一般特征，仅通过对土地所有权制度的这些简单观察，我们就可以得出一个明确的结论：伊朗从不曾是一个封建社会，那些不同意的人有权表达意见，但倘若没有严肃的论据和相反的证据，无疑只是他们的私人看法。

伊朗是否没有社会和经济发展

这是一个奇怪的问题，虽然可以理解，但这个问题让一些支持伊朗社会存在封建主义的观点的人感到担忧。他们凭借（或没有凭借）机械论和普世主义的方法，认为如果没有欧洲式的阶级结构、阶级冲突等，就不可能有技术变革和社会转型。然而我们知道，恰恰与之相反，这种情况是存在的；因此，他们不自觉地将现实生搬硬套进他们的模式，而非改变模式本身。

针对这个问题可以展开广泛而详细的讨论，但碍于篇幅和范围的限制，不能这样做。以下的说明足够解决目前的问题。

第一，任何地方的社会变革都必须有某种，尽管不是绝对决定性和非个人性的机制；这并不意味着特定的社会变革模式（比如欧洲历史上的变革模式）一定在各个地方都同样适用。

第二，尽管马克思主义和其他社会发展模型最强调社会变革的国内的、内部的力量，但这些模型也没有完全忽视外部的、国外的力量的影响。例如，根据马克思主义的模型，"生产力"的变化在罗马奴隶制的基础瓦解过程中发挥了最重要的作用；然而，在这个案例中，如果没有后来建立封建制度的北方"野蛮人"的持续进攻，该制度会以另一种方式走向衰落。或者，举另一个例子，如果没有科技进步和物质资本的累积，资本主义不会诞生；但是马克思清楚地意识到前期商业资本的持续积累和国际贸易（甚至是官方的海盗行为）在资本累积过程中的重要性。

第三，伊朗一直以来，不论主动或被迫，都是一个开放的国家。历史上曾多次征服其他国家，也多次被其他国家征服；国际贸易是其不变的特征。难以想象与外国的或暴力或和平的接触对伊朗社会的基本领域——技术和制度层面——不会产生作用和影响。在最近的时代，1905—1909年的波斯革命在很大程度上直接或间接地受欧洲的工业和帝国发展的影响（见第三章和第四章）。随后推动20世纪现代主义发展的力量（这也是我们目前讨论的主要话题）也显著地受到不相适应的欧洲思想和技术的影响。

第四，除此以外，内部力量也发挥了作用。科技兴衰起落，城市化迅速发展，公共福利跃升到中世纪欧洲难以想象的水平，但紧随其后的是人口的逐渐减少、贫穷和赤贫。各国欧洲中心主义的分析家们都应从更大的人类历史书中吸取教训，哪怕为了他们对欧洲社会及其分支的发展前景的研究：仅伊朗的历史就足以告诉我们，在任何一个特定的社会中，技术进步和物质发展既不是不可避免的，也不是——这一点更加重要——不可逆转的。

第五，显然，伊朗历史上没有出现过类似于现代欧洲的、可能导致一场工业革命的物质资本的私人积累。在封建主义对东方专制主义的辩论中，"伊朗资产阶级发展的阻碍"的问题（至少直到19世纪）一直都是双方担忧的，有些人对这一问题的某些方面提供了自己的见解。[17]然而，他们都忽略了最重要的"阻碍"——所有形式的私人财富和财产的脆弱和不持续。

第一章　生产方式：封建主义还是专制主义

我们已经看到，在封建欧洲，土地所有权的私人垄断自然而然意味着对所有权自由的限制——这些限制直到20世纪初才不适用于资本主义欧洲的资本，甚至20世纪初改革主义国家干预（通过累进税、遗产税等）开始进行限制。然而，尽管欧洲的封建地主并不享有按照其意愿转让、转移或处置其财产的完全自由，但他的所有权和享受其成果的权利是不可侵犯的，无论是对他本人还是对他的后代。而伊朗的"地主"无论是土地受让人、包税人、捐赠受益人，甚至是当地的小农场主，都不享有其头衔的权利，其收入也没有保障。如果欧洲资本主义财产（生来）就有不可侵犯的自由，封建财产（生来）是不可剥夺的权利，伊朗的土地收入和财富则是一种可（任意地）转让的特权。伊朗的"地主"当然相比其他人，如商人处于更高的社会阶层。但这并不是因为他对土地的所有权，相反，这是因为他与国家的关系。他从国家获得了他的土地特权。

对于商人资本，收入和财富同样是不安全的，无论是在商人活着的时候还是死后。区别是：首先，商人的资本显然是赚来的，而不是由特权授予的，尽管与国家的良好关系也很有帮助。其次，商人资本更容易以货币形式变现，也可以从一个地方转移到另一个地方，甚至被埋藏起来。资本的积累需要推迟目前的消费，即进行储蓄；而储蓄需要有一定程度的对未来的安全感和稳定预期。如果在一个国家里，货币本身（更不用说金融和实物资产）一直处于被没收和征用的威胁之下，甚至可以被当地的权贵以最随意的借口没收，该国金融资本的积累和贸易开展还能够达到其最大程度，就真的是令人印象深刻了。伊朗商人并不是"天生的"慈善家或花钱大手大脚的人；当然肯定也不是伊斯兰教的教义鼓励他消费而不是积累，而是社会政治环境让他别无选择。[18]当然这些都没有提到继承法的问题，继承法再加上伊斯兰化前后城市地区一夫多妻制的现象，都不利于财富的集中。

总的来说，缺乏法律行为准则，即各级权力的专断性，为个人留下了很小的空间，更不必说政治、经济或金融方面的安全和可预测性。这种不安全和不可预测的情况贯穿了伊朗的整个历史进程，这些例子不胜枚举，多少令人尴尬。[19]波斯文学里也充满了这种微妙和间接的社会和本体论证据。[20]

是"东方专制主义"吗

这个制度当然是专制的，而且这个国家，从更广泛的定义看，是东方的。但问题是，伊朗社会是否符合被称为"亚细亚生产方式"或"东方专制主义"的分析模型？

现在显而易见的是，马克思、恩格斯和他们的前辈们所描述的许多（尽管不是全部）亚细亚社会的生活和劳动的特征在国家的经济和社会关系中的确存在。此外，伊朗的普遍干旱也是事实，这使得水资源匮乏，人工灌溉普遍，这也是一个重要因素。但是，魏特夫（Wittfogel）关于存在一个中央集权的、广泛的职能性官僚机构的基本概念（从中国历史中归纳出来的）并不完全符合伊朗的案例。此外，他对"水力社会"的泛泛概括过于简单、过于机械化、过于决定性并且过于排他，以至于无法被完全采纳。尤其是，几乎没有证据表明，直接提供和分配水供应在伊朗是一项主要国家职能。但这不是要忽视他的贡献，尤其是他对当时时代的贡献；只是要指出他的模型的缺陷，无论是在普遍意义上还是在伊朗的个案上。最后，魏特夫强调国家权力的整体性，这无意中转移了人们对其更重要特征的关注，即其权力的专断性，这种专断性传染了各级权力的行使，不仅仅是在社会金字塔的顶端。除此之外，他还鼓励其他理论的发展，比如王室专制主义和专制主义国家的理论，这些理论倾向于将注意力集中在从西欧到东亚专制主义的程度上，而不强调东方专制主义的独特性。[21]伊朗国家的显著特点是，它不仅垄断了权力，而且垄断了专断的权力——不是制定法律的绝对权力，而是行使非法行为的绝对权力。（见第四章）

一个分析型的模型了解一个国家的过去和现在，并大致预测它的未来，并不是至关重要的。[22]无论如何，在人类社会的发展过程中，基本的社会制度特征往往具有很长的生命力，这远不是最初原因或其他的某些原因能够涵盖的。无论它们是什么，是如何产生的，都见证着大量的封建习惯、制度和关系产生、发展，并且在两个多世纪的工业资本主义和社会改革主义后，仍然潜伏于英国社会的表面之下。

不管最初的原因是什么，伊朗社会一直在一个功能性的专制主义制度下运行，长达两千五百年。

注释

1. 伊朗人民党（共产党）在伊朗政党中体量最大，并且喜欢不准确地、不加批判地使用这些术语。许多欧洲和美国的作家也将这种普遍主义视角的历史发展观应用于伊朗社会，苏联作家在塑造受过教育的伊朗人对这一问题的看法方面影响力最大。关于更详细的参考，见以下注释，尤其是注释9。

2. 例如，希罗多德、亚里士多德和普鲁塔克。

3. 理查德·琼斯（Richard Jones）是19世纪初的一位古典政治经济学家，他非常重视比较社会和经济史，并将其作为政治经济学分析的工具，他曾公开批评李嘉图（Ricardo）的抽象和普遍主义的方法，他可能最初从亚当·斯密关于亚细亚社会的一般评论中获得了启发，并在其对印度历史的研究中进一步发展研究；参见 H. Katouzian, *Ideology and Method in Economics*, London: Macmillan, 1980, Ch. 2 和 Guy Routh, *The Origin of Economic Ideas*, London: Macmillan, 1975, Ch. 1。

4. 参见马克思19世纪50年代在美国《每日论坛报》的投稿，以及他在 *Contributions to a Critique of Political Economy*（1859）序言中的简要分析分类。关于详细的参考书目，参见 Perry Anderson, *Lineages of the Absolutist State*, London: New Left Books, 1974 和 Karl A. Wittfogel, *Oriental Despotism*, New Haven, Conn.: Yale University Press, 1957。关于马克思和恩格斯的观点在伊朗历史研究中的着力应用，参见 Ervand Abrahamian, "Oriental Despotism: The Case of Qajar Iran", *International Journal of Middle Eastern Studies*, No. 5, 1974, pp. 3-31, 尽管这是一项艰苦的研究，但阿布拉哈米安的论点存在以下三个主要缺陷。

（a）对马克思和恩格斯在这个案例上的观点进行过分的区别，让读者认为他们各自都对亚细亚的生产方式提出了连贯的、明确的概念。

（b）在很大程度上忽略了19世纪伊朗社会的经济方面；

（c）仅将马克思和恩格斯的理论与伊朗19世纪的社会政治状况相比较，让读者产生疑问，伊朗在恺加王朝前是一个亚洲社会，还是封建社会，或是其他的社会形态。

5. 参见 Wittfogel，*Oriental Despotism*，其中有关于这个问题的大量的证据，其他大量的（但不那么直接的）证据也可以在苏联和受苏联启发的作家和小册子作者的作品中找到。

6. 以下是 Ernest Gellner 从 L. V. Danielova，（ed.），*Problems of the History of Pre-Capitalist Societies*，一部在莫斯科出版（1968）的论文集中引用的一段话。

人类面临着许多新的问题，这些问题是马克思主义理论的创始人所不曾面对的。既然是创始人没有遇到过的新问题，自然也就无法在他们的作品中找到解决办法……当前讨论的规模和活力在很大程度上可以解释为：长久以来，具体的研究受到五时期体系（原始社会、奴隶社会、封建主义、资本主义、共产主义）的限制……这个体系……产生于欧洲的历史经验……从其他大陆的历史中得出的数据清楚地表明，将世界历史作为一个单线的发展过程的做法是有局限性的……（强调为后加）

参见 Ernest Gellner，"The Soviet and the Savage"，*Times Literary Supplement*，1974 年 10 月 18 日。这篇长文展现了当代苏联社会人类学"路线"的重大变化，这一理论在其他地方的追随者可能还不完全熟悉这一观点。

7. 参见 B. Hindess 和 P. Hurst，*Pre-Capitalist Modes of Production*，London：Routledge，1975，将路易·阿尔都塞（Louis Althusser）的新笛卡尔方法论应用于社会现实问题。详见这两位作者在早期著作 *Mode of Production and Social Formation*，London：Macmillan，1977 的自我批判，他们在其中修改了自己的总体方法论，在（第 41—43 页）表明他们早前的"概念性"结论并不是为了排斥亚细亚社会本身的现实，而是他们对生产模式的定义，或者"概念"与现实并不一致。然而，他们早期的书和他们的自我批判（抛开他们的马克思主义术语）都在精神和方法上让人想起了现代数学经济学。

8. 见麦克弗森的"财产的政治理论"，参见他的 *Democratic Theory*：*Essays in Retrieval*，London：Oxford University Press，1973。

9. 一些作者倾向于将家庭奴隶制与以奴隶制为基础的政治经济学体系相混淆。例如，一位伊朗社会学家说，他观察到一群被他认定为农奴和家奴的农村劳动者，他们"向地主或封建势力提前出售他们的劳动力，以赚钱过活——这表明作者完全没有区分奴隶、农奴，甚至工人，（据作者本人说）他们可以自由地按预定合同出售他们的劳动力。但作者后来提到这群人又称他们"与农奴相同，他们也被视为家奴，即绑定于封建家庭的利益的奴隶，被束缚在土地上，并被强迫

第一章 生产方式：封建主义还是专制主义

提供劳动"。参见 G. Ensafpour, *Tarikh-i Zindigi-yi Iqtisadi-yi Rusta'ian va Tabaqat-i Ijtima'i-yi Iran*, Teheran: Intishar, 1971, p. 159 and p. 236。（着重强调。）

另一位持类似观点的伊朗作者强调了一个不争的事实，即伊朗农民"不是公民"，但他忽略了一个同样明显的事实，即尽管收入和地位有极大的差异，但没有一个伊朗人或社会团体曾经是公民。参见 Farhad Nomani, "The Origin and Development of Feudalism in Iran...", *Tanqlqat-e Eqtesadi*, IX, Summer and Autumn 1972, pp. 5 – 61。

总的来说，这类伊朗作者给人的印象是，他们的主要目的是指出，伊朗农民受到的剥削并不比欧洲农民少。虽然我们不知道为什么这样一个完全合理的观点需要这么多的错误和神秘化才能被"证明"。

在他的 *History of the Medes*, Persian translation, Teheran, 1966, Diakanov 提到了一个"半世袭制、半奴隶制"的制度，并提到了使用家奴提供强迫劳动的情况，以此作为这种分类的部分依据。在 *The Heritage of Persia*, Cleveland, Ohio: World Publishing Co., 1963, Richard N. Frye 称，国王凌驾于法律之上，因此，他可以将土地分配给他忠诚的仆人，这导致了封建制度的建立。这样的"论证"和"观点"在许多关于这个问题的学术文章中都可以见到。

10. 有组织的、高效的国家邮政和通信网络，以及由国家建立和组织的全国性的驿站系统，也许是波斯国家经济作用和重要性的更好证明。见希罗多德，*The Histories*, Hamondsworth: Penguin, 1954, Book I。

11. "Satrap"的词源更可能是 shatrapat，其中 pat（或 pad）与拉丁文的 pater 同属印欧语系。

后来，在安息王朝时期，这一制度在某种程度上被"下放"了，即地区总督享有一定程度的自主权，同时也有任期的保障，只要他们向国王—皇帝履行必要的（特别是财政）义务。因此，安息王朝制度在后伊斯兰时代被称为 muluk al-tavayefi（社区或部落统治者的政府）。19 世纪末，欧洲"封建主义"的术语和概念被翻译成了波斯—阿拉伯文，这让受过教育的伊朗人产生了难以言喻的混乱，难以对欧洲封建主义和安息王朝的 muluk al-tavayefi 系统的本质和意义进行区别。事实上可以说，根据伊朗国家的经济和军事力量（除其他因素外），阿契美尼德王朝（Satrapic）和安息王朝（Muluk Al-tavayefi）两种地区行政管理形式一直断断续续地存在于该国至今：例如，萨珊王朝、萨法维王朝和现代巴列维王朝的制度与前者相似；而加兹尼、阿夫沙尔、赞德和恺加体系则更类似后者。然而，无论在哪种情况下，帝国皇帝、他任命的省级长官或附庸他的统治者与人民群众之间的专制关系性质在根本上是相同的。

12. 这些术语中,有一些只是在过去的两个世纪才获得了上述的社会意义,而在20世纪,由于对欧洲词汇的误译和对欧洲思想的误用,部分词汇已经失去了历史意义。

13. 直到几十年前,国营医院、国立学校或其他类似地方都被称为 dawlati（国立的）,而对应的私人开办的这些机构则被称为 melli（民办的）,伊朗国家铁路系统仍然被官方称为 dawlati。

14. 详见下文第四章。

15. 可参见,如 Nomani, *Tahqiqat-e Eqtesadi*, IX。

16. 过去和现在都是如此,所有其他形式的财产也都是这样。近年来,许多富裕的伊朗人都会把他们宝贵的财产（古董珠宝、地毯等）藏起来,他们担心一旦被发现,就必须要把它们献给王室成员或有权势的权贵。

17. 参见 Ahmad Ashraf, "Historical Obstacles to the Development of a Bourgeoisie in Iran", in M. A. Cook (ed.), *Studies in the Economic History of the Middle East*, London：Oxford University Press, 1970,他片面地强调伊朗传统行会（Asnaf）的性质和作用,认为它阻碍了工业资本主义在伊朗的发展。

18. 传统商业慈善机构（在欧洲不为人知）能延续至今的主要原因是,定期举行公共宴会,在宗教和其他场合,向有需要的人分发熟食和非熟食。如果认为这是伊斯兰教义的必然结果,那就大错特错了,因为包括基督教在内的许多宗教都有这样的教义。

19. 伊朗的整个历史见证了无数的任意侵犯生命、肢体和财产的案例,且这种情况一直持续至今。除侵占私有财产外,在这个国家里,国王和王室成员经常被自己的亲属和敌人杀害、弄瞎、阉割。萨珊王朝的国王和王子们或在狩猎探险中杳无音信,或被自己的亲属逮捕、弄瞎和杀害,这种所谓"永远消失"（或"沉没在沼泽里"）的案例数不胜数。伊朗伊斯兰化后,同样的传统一直在延续,直到16世纪的萨法维王朝再次统一才结束。萨法维王朝的历史本身就是一个不断谋杀和致盲王室成员的连续剧,更不必提国家官员和普通人。例如,伊斯玛仪二世（Isma'il II）被他自己的亲戚暗杀,穆罕默德·胡达班德（Muhammad Khudabandeh）被弄瞎,而阿巴斯一世也没有留下一个身体健全的儿子来继承他的事业。

纳迪尔沙·阿夫肖尔（Nadir Shah Afshar）,曾是一个部落囚禁的奴隶,后来成为一个普通的土匪,又成为一个伟大的将军,并建立了阿夫肖尔"王朝",一次他在狂怒中弄瞎了自己的儿子和继承人。他的孙子沙鲁赫（Shahrukh）（已经被其他人弄瞎）被恺加王朝第一任国王阿伽·穆罕默德（Agha Muhammad）野蛮地拷问，为了让他说出他所有财宝的藏身之处，尽管他全部招供，但还是没能活下来。阿伽·穆罕默德还是孩子的时候，他的部落被另一个部落打败，他也遭到阉割。当他占领了伊朗古老的城市克尔曼后，他大肆掠夺，弄瞎了很多人，这座城市至今仍未从其破坏性影响中恢复过来。赞德"王朝"，最终被阿伽·穆罕默德推翻，在流行的传言中，这个"王朝"内部手足相残、背叛变节颇为盛行，哪怕对自己的亲戚也是如此。譬如 1848 年，穆罕默德·沙阿二世（Muhammad Shah II）的次子，也是他最心爱的那个儿子，当时年仅 11 岁的阿巴斯·米尔扎·穆尔克拉（Abbas Mirza Mulkara），差点被他的哥哥纳赛尔丁杀死。他成功继承了王位后，根据他自己的回忆录（现已公开），他能生存下来在很大程度上要归功于重要的外国使者及其政府的介入。然而，他所有的个人财产都被没收了，他哥哥的卫兵将他的家洗劫一空。

关于国家官员的案例是另一个大章节。继任的伊尔汗统治者对大臣马吉德·穆尔克·亚兹迪（Majd al-Mulk Yazdi）、哈杰·沙姆斯·丁·朱瓦尼（Khajeh Shams al-Din Juvaini，他也是上述可怕案件的当事人）和哈杰·拉希德·丁·法兹鲁拉（Khajeh Rashid al-Din Fazlullah）令人发指的暴行众所周知。沙阿萨菲对伊玛目·库利·汗（Imam-quli Khan，夺回胡尔姆兹岛并成为法尔斯省省长的伟大的萨法维将军）及其亲属的背叛性屠杀也是如此。获得称号 itimad al-Dawieh（即"国家信任者"）的哈支·易卜拉欣·卡兰塔尔（Haj Ibrahim Kalantar），在恺加国王法塔赫·阿里的命令下惨遭杀害。卡伊姆·马加姆（Qa'im Magam）和阿米尔·内扎姆（Amir Nizam，即著名的阿米尔·卡比尔 Amir Kabir）被穆罕默德·沙阿二世和他的儿子下令暗杀。纳赛尔丁（Nasir al-Din）、铁木尔·托什（Taimur Tash）、努斯拉·道勒（Nusrat al Dawleh）、阿萨德将军（Sardar As'ad）等人，在礼萨沙（巴列维）的命令下被暗杀，此类案例不胜枚举。此外，从大法官到普通门卫，所有的国家官员随时都可以被公开鞭打，即便他们正在任工作，这一情况可能提供了另一个证据，即证明不仅没有贵族制度或公民权，而且没有任何法律框架，没有任何传统的行为规则，等等。

对波斯文学的总体研究，特别是对庞大的波斯编年史的研究，可以为我们提供更多此类长久以来丧失法度的例子，更重要的是，可以让我们深入了解伊朗历史上的社会生活和社会关系。以下是编年史的一个范例：Baihaqi 的 Tarikh-i Mas'udi, Nasir Khusraw 的 Safar Nameh（一篇游记），"'Ibn Balkhi 的 Farsnameh Juvain Tarikh-i Jahangusha, Khajeh Rashid al-Din Jami'al-Tavarikh, Hamdul-lah Mustawfi 的 Tarikh-i Guzideh, Iskandar Munshi 的'Alam Ara, Istir-abadi 的 Durreh-yi Nadiri, Lisan al-Mulk Nasikh al-Tavarikh,'Abdullah Mustawfi 的 Sharh-i Zindigani-yi Man. (历史回忆录), Dawlat-Abadi 的 Hayat-i Yahya (历史回忆录) 和 Hedayat 的 Khati-rat va Khatarat (历史回忆录)。

20. 波斯语言和文学中充满了这样的例子。例如，波斯—阿拉伯文的 bakhil，即"守财奴"，既指嫉妒别人的财富的人，也指吝啬的人，他既不花掉自己的财富也不捐给其他人，而仅仅是积累储蓄。在谚语中称这种人"既不自己吃，也不让别人吃，而是让它腐烂，然后把它送给狗"。萨迪在《古列斯坦》中说："想要把 bakhil 的财宝从地里挖掘出来，只能等到 bakhil 死了也埋在地下的时候。他也劝说那些富有的人，既要消费，也要给予，才能在两个世界积累福报。"

21. 参见 Barrington Moore Jr, *Social Origins of Dictatorship and Democracy*, Har-mondsworth: Penguin, 1967 和 Anderson, *Lineages of the Absolutist State*。我们已经强调了独裁和绝对主义与专制主义在历史上和分析中的区别：在一个绝对主义政治的国家里，可能存在权力的垄断，但权力的行使受契约和惯例的约束。安德森的书中还提出一个重要的问题，那就是他强调伊斯兰教的作用是中东"绝对主义"的主要原因，这似乎颠倒了"因果"关系。伊斯兰教在游牧民族和部落中兴起，他们在原始民主传统的基础上开展"社会事务"，在其基本信条和教义中没有任何思想会导致专制制度的建立，尽管它的部分民法（例如，它对一夫多妻制的容忍和其平等主义的继承法）对封建贵族政治经济体系的出现没有帮助。如果我们必须确定因果关系，那么看起来更有可能的是，被征服的领土——特别是伊朗和埃及——的专制制度塑造了伊斯兰教（倭马亚王朝、阿巴斯王朝、法蒂玛王朝以及安达卢西亚或"摩尔人"）的政治制度。

Maxime Rodinson 在 *Islam and Capitalism*, London: Allen Lane, 1974 中正确地指出，伊斯兰教义不可能对资本主义在穆斯林国家的兴起造成严重障碍。虽然他隐含的观点是，他认为伊斯兰教义更不可能鼓励（工业）资本主义的发展。然而，Rodinson 的整个论点的缺陷并不在于他所讨论的要点，而是他所忽略的要点，特别是他在书中没有分析那些阻碍资本主义在穆斯林社会发展的因素，而这些因素的来源一定是在前伊斯兰时代搜寻。

22. 见下文第十五章，我对"干旱社会"概念的初步发展，另见我的 *The Ar-idisolatic Society: a Model of Long Term Social and Economic Development in Iran*。（油印本。）

第二章
19 世纪的发展情况

引 言

19 世纪是恺加王朝实行有效统治的时期，这个世纪的前四分之一也是这个王朝濒临死亡的痛苦时期。在此简短讲一下 19 世纪伊朗社会和经济发展的故事：在这一时期，人口增长、贸易扩张、物价上涨以及在国内外"国家"货币价值下降是一个长期趋势。与欧洲国家的接触越来越多，深刻影响了对外贸易构成、国际收支、消费模式，并且进一步影响了内部权力结构、习俗、规范、思想和制度，激化的变革引起了反对向外国提供贸易优惠的斗争，成为波斯革命的前奏。

在这里，我不打算更详细地重申这个故事，而是希望以严谨的分析和精确的评估讨论一下它对伊朗政治经济动态的影响。评论家们倾向于以两种相互冲突的方式来看待这种情况。根据"传统的"观点，恺加时期的伊朗是一个明显落后的案例，与欧洲的进步形成鲜明对比。而根据"现代的"观点，有一些动态的力量在起作用，导致了（至少是渐进的）经济进步，"资产阶级"的出现，"封建"（或其他）制度的崩溃，等等。这两种观点都包含了一些真实的成分，但都不能被全盘接受。与欧洲的社会经济发展相比，19 世纪的伊朗当然是"落后"的；但它远不是静止的、不变的或者说是不可改变的。然而，伊朗社会发生的改变绝不是"进步的"，因为通常所说的进步往往与经济福利的增长、资本的积累、发明或吸收新的技术、生产力的提高、生产性工业的扩大、生产性经济部门的整合一体化、一个相当大的工业阶级的出现、进行重大的社会和政治改革等相关。

在下文中我将论证：19个世纪的重大社会经济变化在很大程度上是源于欧洲国家不请自来的，且部分有害的、对伊朗政治经济的干预。正是经济萧条、政治压迫和社会贫困的结合，加上强化的政治意识，与帝国主义的抗争——最终导致了旧秩序的瓦解。

历史分期

首先为了便于我们的讨论，在此将19世纪划分为三个连续的时期：1800—1850年；1850—1870年；1870—1900年。第一阶段大致对应法塔赫·阿里沙（Fath'ali Shah）和穆罕默德沙二世（Muhammad Shah II）在位期间；第二阶段从纳赛尔丁沙（Nasir al-Din Shah）登基（1848）到19世纪70年代早期发生的一系列事件（饥荒、波斯丝绸的衰落、命运多舛的路透特许权等）；第三阶段涵盖纳赛尔丁剩下的统治时期，直到1896年他被暗杀。

从某种相对意义上说，第一阶段是一个稳定和巩固的时期：经过长时间的休整，整个国家的社会政治发展终于有了相当大的连续性，尽管发生了俄波战争，造成了大量的领土损失。此后发生的事件应当被视为传统波斯帝国长期衰弱的结果，这一衰弱的趋势可以追溯到萨法维王朝。这些事件虽然本身是灾难性的，但并没有引起内部的动荡、不稳定和不安全，这正是18世纪后半叶伊朗社会的特点。抛开法塔赫·阿里对外国侵略的胆怯的态度不谈，他对公共收入的贪婪（通过征收重税和敲诈索取）也一定是不稳定的因素，不亚于之前的混乱、无序和掠夺。总之，他不光彩的统治所带来的大部分后果都是在这一时期末开始显现，其标志是19世纪40年代以城市地区为主的叛乱，即使它有时被错误地认为是一个纯粹的宗教事件。

在20世纪下半叶，纳赛尔丁承担了一项艰巨的任务，在旧制度下，将国家团结在一起，这是一个经济不景气、外国帝国主义干涉加剧、国内政治不满涌现的时期。人们常常声称，如果不是因为他失去了改革的第一任首席部长，也就是他的妹夫米尔扎·塔基·阿米尔·内扎姆（Mirza Taqi Amir Nizam，即著名的"阿米尔·卡比尔"，他先是解雇了他，然后将他放逐，最后在卡尚附近处决了他），伊朗可能已经在工业化和现代化方面取得了快速进展，而大约20年后日本走上了这条道路。抛开这些荒诞的说法，只凭借阿米尔·内扎姆的优点（更不必说他的缺点）是不可能让伊朗的政治经济发生重大转向的。这是另一个非常重要的问题。[1]然而，根据现有的证据，包括逸事、回忆录、游记和一些数据，能明显看出1850—1870年的社会经济状况比之后的30年要好一些。事实上，正是在这最后三十年里，外国帝国主义力量显著增长，贸易特许权被出售，外债不断累积，国际收支赤字扩大，货币迅速贬值，社会政治动荡加剧，中央对各省控制力减弱，在这样的大背景下，社会经济的解体趋势更加清楚地显现。

人口的增长

在过去的几十年里，世界人口的增长主要归功于预防医学方面的技术进步，而不是普遍的物质繁荣。人口增长被认为是（至少是）一个国家相对繁荣状况的定性指标。无论因果关系如何，人们普遍认为在一个进步和繁荣的时期——不用提工业化和经济增长——人口增长率通常会升高，伴随着死亡率的下降，有时也会出现出生率上升。众所周知，现有的对19世纪伊朗人口的统计是不可靠的，有时甚至是自相矛盾的，这些统计给人的总体印象是，伊朗的人口一定是翻了一番（从大约500万到900万或更多），这表明平均年增长率约为1%。按照现代标准，这看起来是一个令人信服的增长率数据，但在其特殊的背景下，必须持比以往更谨慎的态度来看待它。例如，伊萨维（Issawi）观察到，这个数据显著低于埃及人口的复合年增长率，这可能是相当准确的。但是，除了对埃及的统计本身所面临的困难，进行这种比较也不是很有帮助，如果只是因为埃及在19世纪末的人均收入比伊朗高得多。然而,如果仔细分析目前对伊朗人口的估计,就会发现年平均增长率为1%的假设能被更直接地削弱。

第一,这一假设似乎与伊萨维(和卡迪 Keddie)的观点不一致,即游牧人口一直保持在250万左右的水平上,除非进一步假设游牧部落因为迁移到该国其他地区而失去了大部分的人口增长。[2]这是一个极不可能的假设,所以他们没有这样做。因此,我们只剩下一个隐含的假设,城市和农村地区的定居人口从1800年的250万人增长到1900年的650万人;也就是以平均每年1.6%的速度增长。然而,在这样的社会经济条件下,每一部分人口的平均年增长率都如此之高显然让人难以置信,因为考虑到弥补常年的人口损失,各时期的实际人口增长率会高于平均增长率,更不用说加上霍乱和饥荒。

第二,1838年、1867年和1869年的现有数据表明到19世纪中期,伊朗人口肯定不会超过600万人,而且可能更少,见表2-1。这就意味着,在19世纪后半叶,特别是在最后三十年里,也就是饥荒、通货膨胀、经济贫困和政治不安全最严重的时期,无论从总体上还是从定居人口的角度来看,增长速度反而更高。我们能从中得到什么呢?

首先,我们应该注意到人口的周期变化和长期变化之间的区别,特别是在像这样的情况下,比如自然和社会经济环境的不稳定性可能会造成短期巨大的波动。例如,在第一时期初期,可能出现了人口增长的周期性趋势,弥补了前几个时期的周期性下降,回应我们之前提到的社会经济的相对稳定,这可能加强了人口增长的某种长期趋势。在这一基础上,加尔丹对1807年900万人的估计可能并不像一般人认为的那样是被严重夸大了。但还有其他因素,包括反周期性的趋势,在相反的方向起作用。其一,这一时期的领土损失很大,特别是割让给俄国人的省份,作为帝国经济最发达的地区之一,这些地区的人口比例肯定很高,可能不少于100万人,而这个重要的事实似乎被人口变化的评论家们忽视了。其二,从19世纪30年代中期到20世纪60年代中期,暴发了一系列严重的霍乱,周期性地扰乱了长期的发展

表2-1　人口估计（以千计）

年份 人口类别		1800	1812	1838	1867	1869	1884	1888	1891	1909	1910
Gardane		9,000	—	—	—	—	—	—	—	—	—
Thompson		—	—	—	4400	—	—	—	—	—	—
Houtum-Schindler	城镇	—	—	—	—	—	7654	—	—	—	—
	村庄	—	—	—	—	—	(1964)	—	—	—	—
	游牧	—	—	—	—	—	(3780)	—	—	—	—
Zolotoliv		—	—	—	—	—	(1910)	6000	—	—	—
	城镇	—	—	—	—	—	—	(1500)	—	—	—
	村庄	—	—	—	—	—	—	(3000)	—	—	—
	游牧	—	—	—	—	—	—	(1500)	—	—	—
Curzon	城镇	—	—	—	—	—	—	—	9000	—	—
	村庄	—	—	—	—	—	—	—	(2250)	—	—
	游牧	—	—	—	—	—	—	—	(4500)	—	—
Merdredev		—	—	—	—	—	—	—	(2250)	—	—
	城镇	—	—	—	—	—	—	—	—	10000	—
	村庄	—	—	—	—	—	—	—	—	(2500)	—
	游牧	—	—	—	—	—	—	—	—	(5000)	—
Be'mont		—	5000	6000	—	5000	—	—	—	(2500)	8000

资料来源：Charles Issawi. *The Economic History of Iran 1800–1914*, Chicago and London: University of Chicago Press, 1971。

趋势。这些情况——我们知道至少从定性上看——造成了非常严重的损失，但这不是全部。[3]事实上，它们也可能使出生率低于与政治经济的正常状态的比率。因此，在1800—1870年，总人口的数字稳定保持在600万人左右的水平也不是不可能的，1800—1870年总体的社会经济条件可能比第三阶段（1870—1900）好，流行病和外国扩张主义造成的人口损失也与普通的出生率和死亡率没有关系。

然而，在第三时期，这种周期性和外生性因素的负面影响大大缓解，降低了死亡率，甚至同时可能增加了出生率，而同期的社会经济"激励"因素的长期下降还没有足够的时间来对总体的长期发展和死亡率的总体长期趋势产生负面影响。

因此，人口可能从19世纪60年代中期的约600万人相对快速地增长到1900年的800万人。综上所述，伊朗的人口可能从19世纪初的600万—700万人增长到1900年年末的800万—900万人，大部分的增长发生在过去的几十年里。

抛开数字上的差异不谈，这一总体结论似乎与我们在本节前面讨论的主流观点相差不大，但对事件发展的解释有一个重要的区别。19世纪的人口增长不能被归结为由于社会和经济条件的改善而出现的长期趋势，同样在20世纪的最后几十年，情况更是如此，在这段时间里人口数量主要是下降的。这个结论虽然是实验性的，而且在很大程度上是推测性的，但它与那些明显不同的解释相比，似乎更符合我们对伊朗政治经济的总体认识。

税收、通货膨胀和对外贸易

19世纪的伊朗政治经济，从纯经验的角度来看，是一个典型的传统自给自足的例子。当时并不存在一个绝对庞大的官僚机构从中央向各省辐射，虽然官僚机构和军队的相对规模也不可能像人们有时说的那样始终微不足道。但无论政治制度如何，即使以土耳其大都市和埃及的标准来看，这个国家也是极其贫困的。而国家这种普遍贫困的状态显然会让中央当局考虑那些能够或不能在自己身上花费的钱。

但是，当时的规则、条例、干预和限制显然组成了一种由中央控制的政治经济的标志。人们不禁要问，面对这样一个对商业货物的内部流动征收关税的"重商主义"制度，甚至外国势力一度迫使它将其对外关税率限制在最高5%，亚当·斯密的反应会是什么？

税收主要包括土地税、人头税、工匠的利润税和关税，其中土地税无疑占大头。[4]此外，所谓的"非常规"征敛（这些本身也很正常）也为地方和中央财政的腰包提供了额外补充。其他非财政的收入手段，如向外国人出售贸易特许权、直接向外国贷款和出售公职等，在20世纪末其相对重要性似乎有所增加。但这并不意味着对农业部门的税收有所放松。

土地税的真实税率——就像这个案例的许多其他事情一样——是一个谜。现有的估计数字并不可靠，且相互矛盾。加尔丹认为在20世纪初税率为10%，而寇松后来声称在这个时候它已经增加到了20%。根据马尔科姆的说法，它在5%—20%。从理论上讲，这是有道理的，全国各地的土地生产力和农产品质量仍有相当大的差异。因此，在那些最贫穷的地区，5%的税率（必须加上"非常规"的征敛）可能足以维持农民的最低水平的消费。而更高的税率，如15%或20%的税率，对生产力较高的省份来说，也是可以满足的。[5]当然，这种做法并不能积极鼓励地区生产力提高，但我们可以有把握地猜想，没有什么方案比这更符合中央和他们的地方剥削者的想法了。因此，我们可以推断出，全国的土地税加权平均税率约为农产品的15%，"非常规"的征敛负担一定是另外的10%—15%。因此，20世纪前几十年的总体农业剥削率（可能包括整个第一和第二阶段）肯定在25%—30%。但这种情况在第三阶段似乎有所加强。从各方面来看，似乎寇松报告中所说的19世纪80年代25%的税率（除"非常规"征敛相对加剧）应当被认真对待。因此，按百分比计算，在19世纪最后几十年里，总税额负担应当增加到35%—40%。有时候过高且不断增长的通货膨胀率也对此产生了影响，因为在这种情况下，基于恒定的（统一）税率，总收入的购买力会相对下降。但必须记住的是，有些税是以实物形式征收的，同时，如果税收的增加由农业生产部门的相对萧条导致（由于转向更有利可图的经济作物耕作），因果关系的方向可能恰恰相反，即城市部门可销售的粮食盈余减少，为通货膨胀的螺旋式上升火上浇油。

然而，通货膨胀还有其他比这更直接、更有效的原因。其中，当地货币的刻意贬值，白银的国际价格下跌，因此导致的货币的对外价值下降，必须被视为最重要的"货币"因素。在这个广泛和总体的层面上，也有一些有趣的问题，通货膨胀的形成在多大程度上一是由于当地货币的连续贬值，二是由白银价格下跌以外的因素造成的汇率的持续下降，三是由于结构性因素和其他非货币因素加强了货币趋势。在我们前文确定的三个阶段，这些变量的相对重要性是怎样的？显然，即使我们掌握了更多、更好的数据，也很难对这些问题找到满意的解答。尽管如此，这些问题还是太重要了，不能完全被忽视。

伊朗的货币——由金币和银币组成（还有更小的铜币和镍币），其中许多币早在16世纪就已经在当地或全球范围内流通了——在名义上是双本位制。但是，在好的情况下，伊朗的货币实际上是以白银为基础的，而里亚尔——从西班牙人那里借来的（正如它的波斯语翻译名称shahi一样，它是一种不同的、价值较低的硬币）——在19世纪成为主要通行的银币。里亚尔最初的价值相当于八分之一的图曼，但大约从1816年开始，它被重新发行，称为sahib-qarani，或者简称qaran（又称kran），贬值为十分之一的图曼。在整个世纪中，贬值有两种不同的形式，一是官方减少硬币的重量；二是"非官方"降低给定重量的精细度。后者原因后来被归咎于不当行为，最终导致20世纪末造币厂的集中化。但无论如何，要单独量化其影响是不可能的。幸运的是，我们可以进一步阐释官方降低kran币中银含量的做法。根据纳菲斯（Nafisi）的说法，"在开始的时候"（大概是第一个十年），一个kran含有相当于9.2克的银子；过了一段时间，这个数字被减少到6.9克。随后在穆罕默德沙二世时期（1834—1848），降至5.75

克。在纳赛尔丁沙的统治初期（1848），又被进一步减少到5.37克，随后又被降低到4.98克；在1910年，减少到4.54克。[6]这很有意思，这表明，在整个世纪中，货币的官方银含量下降了约50%，其中约有五分之四的下降发生在第一阶段，而约有五分之一发生在后半个世纪，我们稍后将研究其意义。同时，值得注意的是，在整个世纪内官方货币贬值50%，这个事情本身并不像在许多定性声明中看到的那样具有戏剧性。应当以某种谨慎的态度对待约瑟夫·拉比诺（Joseph Rabino）对货币贬值的详细数字讨论（在他1892年发表的文章中）。因为他给人的印象是，他并没有仔细区分伊朗货币外部价值的总体贬值（其他更重要的因素在其中也起到了作用）和货币贬值的具体影响。[7]

在工业化前的经济体中，货币贬值是任意扩大货币供应量的标准方法。这使政府产生更多的花销——在商品和服务的总供应量一定，且流通速度可能稳定的情况下，这往往会抬升国内商品的价格。因此，这实际上是对广大民众的一种无形的税收，导致实际资源从他们手里转移到政府手中。此外，当地货币的官方贬值倾向于使其与外国货币相对应，尽管无法预知其对贸易收支的确切影响，因为这也取决于出口和进口的需求弹性（假设说，任何可能的收入影响都不明显）。然而在我们这个时期，适度的货币贬质对国内通货膨胀的影响不应该被过分夸大。因为在当时的经济背景下，囤积居奇是常态，银行几乎无人问津，公共收入主要用来购买服务和一些"奢侈品"。的确，在人均收入较低的情况下，食品需求的收入弹性可能会很高，因此总体花销的增加最终会自动对食品价格产生压力；但这几乎不可能产生重大的乘数效应。因此，通过对各方面综合考虑，在整个19世纪，仅官方贬值导致的通货膨胀效应不会非常显著，尽管正如我们所见，它在19世纪上半叶的影响肯定大得多。因此，如果存在高通货膨胀的证据（尤其是在19世纪后半叶，特别是后30年），我们必须去寻找导致其发生的其他因素（包括非货币因素，见表2-2）。

在19世纪，伊朗货币的对外价值下降了410%，但这一过程并不是匀速的。表2-3显示，超过60%以上的汇率下降总额发生在19世纪最后30年，单单第三阶段的年下降率为8.3%，而整个第二和第三阶段的年下降率合计为2.3%。[8]为了"抵销"贬值的影响，我们编制了表2-4，其中每个数字是表2-2和表2-3中相应数字的差额。[9]可以看出，抛开贬值的影响，在1800—1870这个时期，汇率的年下降率大约为1.6%，但在之后的30年里上升到8.2%。换句话说，在前七十年里（尤其是在第一时期），大部分的贬质情况发生的时期，导致当地货币整体贬值的"其他因素"一定是相对较弱的，而在第三时期，货币贬值并不显著时，汇率下降速度却很快，这表明"其他因素"一定是非常强大的。在这些因素中，1870年后国际银价的下跌当然是最重要的。但在我们讨论的话题之前有一个前奏往往被人们忽视：在1848—1867年，随着北美和澳大利亚黄金的发现，世界黄金供应激增，导致白银相对于黄金升值，同时世界商品价格急剧上升约25%。这个势头随后被扭转了，在19世纪60年代后半叶，这两种金属的相对价格首先稳定在之前的1∶16左右，然后从70年代中期开始下降，此时新的白银供应开始流入世界市场。

事实上，到19世纪末，白银的相对价格下降了100%以上。[10]但这种剧烈的下跌大多集中在1889—1893年，银相对于黄金的价格从1∶22.10下降到1∶32.57，也就是说，跌幅超过47%。在表2-4中汇率的下降率在1800—1892年仅为2.3%，而在19世纪最后的8年达到了18.7%，但这并不令人惊讶。

总而言之，货币的平均年贬值率（"除去"官方贬值的影响）在整个19世纪约为3.6%。对于一个经济落后的国家来说，这是一个相当高的比率，同时不能仅仅或主要解释为由国际市场上银价下跌导致的，一是因为在20世纪上半叶，当银价几乎保持不变时，贬值率只有1.4%；二是在随后的20年里，当银价温和上涨时，贬值率上升到1.7%；三是在1870—1892年贬值率急剧增加到每年4.4%，而此时银价在温和下跌；四是在19世纪余下的几年里，银价急剧下降，而贬值率窜到了18.7%。事实上，如果我们除去银价上涨（1850—1870）和银价下跌（1870—1892）造成的综合影响，我们就会发现

第二章 19世纪的发展情况

表2-2 贬质的百分比分布：特定时期

年份	1800—1900	1800—1850	1800—1870	1850—1870	1850—1900	1870—1900
总额	50.0	40.0	45.9	5.9	10.0	4.1
年均	0.5	0.8	0.6	0.3	0.2	0.1

资料来源：基于 Sa'ld Nafisi, *Tarikh-i Ijtima'i va Iqtisadi-yi Iran dar Qurun-i Mu'asir*, Teheran: Bunyad, 1965, pp. 20 - I and 220 - I。

表2-3 货币贬值的百分比率：特定时期

年份	1800—1900	1800—1850	1800—1870	1850—1870	1850—1900	1870—1900	1800—1892	1870—1892	1892—1900
总额	410	120	160	140	290	250	260	100	150
年均	4.1	2.4	2.3	2.0	5.8	8.3	2.8	4.5	18.8

资料来源：基于 Issawi, *The Economic History of Iran*, pp. 343 - 4。

表2-4 扣除贬质后的货币贬值百分比

年份	1800—1900	1800—1850	1800—1870	1850—1870	1850—1900	1870—1900	1800—1892	1870—1892	1892—1900
总额	360.0	70.0	114.1	34.1	280.0	245.9	210.0	96.0	146.0
年均	3.6	1.4	1.6	1.7	5.6	8.2	2.3	4.4	18.7

资料来源：表2-2 和 表2-3。

35

1850—1890年的平均年贬值率为5.8%，这既不能解释为贬值，也不能解释为银价变化的影响。这就给我们留下唯一可能的解释，这个5.8%的年贬值率几乎完全由于结构性贸易逆差造成的，这种情况随后由于当地的货币贬值，特别是国际银价的下跌而得到进一步加强。事实上，表2-5中的数字显示，伊朗的贸易赤字在1868年到19世纪80年代之间要高得多，而与随后的几十年银价急剧下降的情况相比，这个时期银价下降的速率要温和得多。所有人都认为，仅以白银价格下跌为由解释伊朗不断增长的贸易赤字显然是不能令人接受的。

伊萨维和恩特纳对伊朗的对外贸易进行了广泛的讨论，但他们在数据分析方面仍有相当大的发展空间。他们认为伊朗的对外贸易量在整个19世纪内大幅增长，这个观点可能是正确的，尽管我们必须慎重对待伊萨维增长12倍的估计。[11]但无论如何，必须牢记以下重要（且相互关联）的几点。第一，伊朗对外贸易的增长不太可能是源于重大的国内经济发展——相反一定是欧洲对初级产品的需求增长和欧洲大国迫使伊朗（通过直接征收优惠关税）销售其制成品的结果。第二，这不仅改变了伊朗的出口和进口量，也改变了其构成，对国民经济产生了广泛的不良影响。

表2-5汇集了对伊朗19世纪对外贸易总额的一些估计，但正如我们已经指出的那样，这些估计并不十分可靠。

表2-5　　　　　　进口、出口和贸易差额[a]（以千计）

年份	1800	1820	1830	1857	1868	1880	1900
进口	—	—	2000 (3800)	3000 (6840)	2500 (6250)	4669 (14660)	5000 (25550)
出口	—	—	—	—	1500 (3750)	2331 (7319)	3000 (15330)
总额 （进口+出口）	2500 (2500)	—	—	—	4000 (10000)	7000 (21980)	8000 (40880)

续表

年份	1800	1820	1830	1857	1868	1880	1900
收支（出口－进口）	—	—	—	—	－1000（－2500）	－2338（－7341）	－2000（－10220）

注：a、最上面的数字是以英镑表示的，括号里的数字是相应的图曼价值，根据当天或临近日期的流行汇率计算出来。

资料来源：基于 Issawi，*The Economic History of Iran* 中大量的图表和观察结果。

但是，如果在这些统计中，不可靠的程度均匀分布，我们还是可以对对外贸易和国际收支的变化进行一些有益的观察。在 19 世纪 60 年代之前的一点点信息不足以说明伊朗贸易总额的变化。我们从恩特纳（Entner）对伊朗与俄罗斯贸易的研究中得知，尽管直到 19 世纪末，伊朗在贸易中似乎有盈余，从 1830 年开始，盈余额趋于上升，在 1864 年达到最高的 440 万金卢布，但在此后持续下降（只有一个重要例外），直到 20 世纪初转为赤字。事实上，几乎可以将 1830—1834 和 1890—1894 年的数字拟合为一条正态分布曲线。[12] 还有其他迹象表明，1830—1865 年对伊朗贸易来说，一定是一段相对令人欣喜的时期，尽管当时俄国，随后包括其他帝国主义国家对伊朗征收 5% 的从价关税。但从 19 世纪 60 年代到世纪末，伊朗的对外支付出现了比较大的赤字，而且还在不断增加。如果把这一现象完全归咎于，或者主要归咎于伊朗政府，那是不公平的，因为正如我们之前所指出的，只在最后十年才出现如此惊人的比例，而国际收支赤字的增长在 19 世纪 80 年代达到顶峰，到 1900 年则下降到较低的水平，见表 2－6。

表 2－6　　　　　进口、出口和贸易差额：变化率百分比

年份	1830—1857	1857—1868	1868—1885	1885—1900
进口总额	50（80）	－16.6（－8.3）	88.0（134.6）	7.1（74.3）

续表

年份	1830—1857	1857—1868	1868—1885	1885—1900
年均	1.8 (3.0)	-1.5 (-0.80)	5.2 (7.9)	0.47 (4.9)
出口总额	—	—	55.4 (95.2)	28.7 (109.4)
年均	—	—	3.3 (5.6)	1.9 (7.2)
逆差总额	—	—	-134.0 (193.6)	-14.5 (39.2)
年均	—	—	-7.9 (11.4)	-0.96 (2.6)

资料来源：表2-5。

如果按百分比计，在1868—1885年，以英镑计算的国际收支赤字每年平均增加7.9，但在1885—1900年却下降了0.96，见表2-6。事实上，1868—1885年，进口和出口之间的差距不断扩大，这主要是由于进口和出口增长率之间的巨大差异——分别上升了5.2%和3.3%，与之相对的是，在19世纪余下的15年里，进口和出口的增长率分别为0.47和1.9，同时在这一时期汇率因白银价格的急剧下降而迅速贬值，见表2-6。简言之，这些证据表明在19世纪最后30年，伊朗开始走向不幸。

关于对外贸易构成的变化还有一些情况值得我们讨论。包括伊萨维和凯迪在内的一些评论家已经注意到，经济作物的生产和出口都有所增长，但这以牺牲其他产品为代价。不过有必要强调的是，伊朗贸易模式的转变并不是简单的，或者说是明显的，经济作物出口相对增加和粮食作物出口减少的过程。这个故事的主要情节应该是加工产品和初级产品的出口发生了重大变化。让我们对表2-7的数字进行简要分析，进口的数字细目显示，按百分比计，在19世纪50—80年代，布料进口总额略有下降（从66%降至63%）。鉴于在这一时期的后20年里，进口总量有了大幅增长，这显然表明绝对增长是非常可观的。在同一时期，布料出口总额在伊朗的比例急剧下降，从61%下降到19%。即使我们考虑生丝出口对这一总额的一些影响（此外19世纪60年代中期暴发了毁灭性的蚕病，导致蚕丝生产普遍下降），这仍然是一个相当引人注目的观察结果。以棉布和毛织品为例，这个部门对总出口的贡献从23%下降到1%，而与此同时，原棉在总出口中的份额却从1%增加到了7%，这显然不是一个巧合。此外值得注意的是，出口模式的这种变化发生在最好的一个时期，因为在当时国际贸易条件对初级产品不利而对成品有利。伊朗布匹出口的下降不仅是相对的，而且是绝对的，同时，纺织品进口的绝对水平也在迅速增加。综合这两点我们可以看到"比较优势理论"在一个几乎不受保护的国内市场里对弱小且濒临崩溃的伊朗的纺织业发挥的作用，而许多作家还认为，这是伊朗"资产阶级"成长的时期。

表2-7　　　　　　　对外贸易的构成：按不同种类百分比

年份	1850	1880
进口		
棉布	43	48
毛织品和丝织品	23	15
布料进口总额	66	63
茶叶	9	2
糖类	2	8
金属制品	2	2
石蜡	—	1
其他	21	24
共计	100	100
出口		
丝绸及制品	38	18
棉布和毛织品	23	1
布料出口总额[a]	61	19
谷物	10	16[b]
水果	4	6

续表

年份	1850	1880
烟草	4	5
原棉	1	7
鸦片	—	16
主要商品出口总额	19	60
地毯	—	4
其他	20	17
共计	100	100

注：a、应当包括生丝。

b、主要是水稻。

资料来源：基于 Issawi，*The Eco11omic History of Iran*，pp. 135 – 136。

为了尽可能地支付这种用外国商品替代国内商品的费用，必须大量增加经济作物的生产，主要是鸦片，也包括水稻（即使现在在当地也被视为奢侈食品），还有棉花、烟草等。这种行为，在一个生产力增长令人怀疑、体制僵化和技术落后的时期，将导致国内消费的主食作物产量的下降——且很有可能是绝对下降。考虑到人口正明显以正速度增长，我们为高通货膨胀率、常年粮食短缺和赤贫的增长找到了另一个原因。难怪到了20世纪末，伊朗已经严重依赖粮食进口，以期维持国内平衡。

公共收入和国民产值

上一节简要介绍了公共收入的主要来源。总结了19世纪税收和收入的一些估计数据，见表2-8。对于这样一个数量少得可怜的数据，我们很难观察到什么结果，因为结果可能并不十分可靠，但仍值得一试。加德纳（Gardane）和马尔科姆（Malcolm）关于19世纪初的数据有很大不同。综合考虑，可以更合理地猜想，对农业的常规和非常规的税收各约为2000万图曼。因此，常规税的货币价值显然相当平稳地增长，从19世纪初的2000万图曼增长到19世纪80年代末的约 5000 万图曼。尽管这些数字可能并不十分可靠，但如果我们假设任何可能出现的错误都是系统的，这些数据可以为我们理解土地税总额和其他经济类别的变化提供一些启示，1888—1889 年的数据在某种意义上比其他数据更可靠，尽管它们引用自两个独立来源，但这两年的数据有非常密切的对应关系。

表 2-8　　　　　　　税值和公共收入（以万图曼计）[a]

原始资料 \ 年份	1800	1836	1867	1886	1888—1889
加德纳	3000	—	—	—	—
"常规"收入	(2000)	—	—	—	—
敲诈收入	(1000)	—	—	—	—
马尔科姆	6000	—	—	—	—
"常规"收入	(3000)	—	—	—	—
敲诈收入	(3000)	—	—	—	—
印度司	—	2461.0[b]	—	—	—
英国议会（账目和文件）	—	—	4912.5	5500	—
直接以货币支付	—	—	(3825.0)	—	—
直接以实物支付	—	—	(550.0)	(4850)	—
海关	—	—	(537.0)	(650)[c]	—
寇松	—	—	—	—	5537
"常规"收入	—	—	—	—	(4837)
敲诈收入	—	—	—	—	(700)[c]

注：a、公共收入数据，除海关收入之外，必定相当准确地反映土地税总额，尽管这些收入包括其他税收，如工匠的利润税，特别是人头税，人头税虽然是独立于农业产出征收的，但它只影响到农民群体。

b、这可能是对总收入的低估。

c、我的估计（可能比真实数字低）。

资料来源：Issawi, *The Economic History of Iran*. Ch. 8。

总的来说，其他的观察结果似乎与这两个数字并无太大的出入。遗憾的是，我们很难知道这些数字在相应时期的实际购买力。在八十年里，或多或少存在通货膨胀，但公共收入就增加了两倍半，这并没有给人留下很深的印象。在其他条件相同的情况下，平均每年通货膨胀率约2%（这是一个大胆的猜测，但可能并没有高估），这足以使公共收入的实际价值在整个时期都保持不变。在这方面，伊萨维对1867年和1888年的数据之间相对较小的差异表示惊讶，因为"当时伊朗的实际国民生产总值可能已经明显增加"，这样小的差异似乎是没有道理的，从数据本身看，假设反而会被推翻。[13]事实上，从我们之前对对外贸易、通货膨胀和货币贬值的分析来看，看起来这些估计与19世纪最后几十年的经济状况相吻合，即高通货膨胀率和货币贬值的结合，增加了"非常规"征敛的负担，以期至少能保持公共收入的实际价值。在这里我不想对公共收入的支出进行冗长的讨论，只是观察到，根据1867年、1868年和1885年的估算，有不到60%的收入被用于军队和"官僚机构"（军队占40%），其余的分配给国王私用、"贵族"和神职人员的养老金以及其他临时性的支出。尽管所涉及的金额并非巨大——因此也反映出整个国家的普遍贫困——但其百分比分配表明军队和"官僚机构"作为国家机关的相对重要性。根据1884—1885年的数据记录，除对"学院"的拨款外，几乎没有用于公共服务的支出，这个数额仅占总数的6%。[14]

最后，来到了在19世纪伊朗经济发展中最重要的，也是最不明晰的问题：国民产出、人均产出、经济结构，消费和储蓄总量，以及收入分配的变化，让我们再一次勇敢地进行数据上的推测。坦率地讲，国民生产总值的数据是不存在的，但是如果我们假设，土地税的加权平均税率在全国范围内统一为农业产出的15%，我们就可以对农业产值进行相应的估计，这些数据在表2-9中，我们假设农业在国民产出中的份额恒定为80%（我们随后将讨论这一假设的含义），从而得出国民生产总值的数字。根据以上的计算，对农业产值进行研究，给人的印象类似于我们之前对公共收入的讨论。农业产品不可能经历非常显著的增长，即使在第三阶段，通货膨胀率升高，积极转向经济作物生产的时候。

表 2–9　土地税、农业产出和国民产出的部分统计（以万图曼计）[a]

年份	1800	1836	1867	1886	1888—1889
土地税	1700.0	2091.0	2719.0	4122.0	4111.0
农业产出	11333.3	13945.3	24793.3	27480.0	27406.6
国民产出	14166.6	17431.6	30991.6	34350.0	34258.3

注：a、土地税数据是基于土地税占公共收入比例为 85% 的假设下计算的（不包括海关）。这意味着其他税种的份额恒定为 15%。即使假设 85% 和 15% 以外的份额，对我们不同时期的比较观察也不会产生任何影响。其他税种的份额在后期可能也会有所增加（例如，由于人口增长而导致人头税总额的增加），但这将导致这些时期的土地税估计值更低，进而意味着农业产出比表中显示的还要低。

农业产出的计算基于加权平均土地税率为 15% 的假设。这一假设的依据已在文中讨论过。

对国民产出的估计基于农业在总产出中的份额为 80% 的假设。这一点在文中也已讨论过。

1836 年的土地税数据或是被低估的，或是因为某种原因，在这一时期不具有代表性。但是，如果这两种情况都不存在，那么根据这个数据，我们可以有这样一个一般假设，1848—1867 年一定是一个相对繁荣的时期，因为世界商品价格，而不仅仅是白银价格，在这一时期都在上升。

资料来源：表 2–8。

而这证实了我们先前的结论，即在这一时期，主食作物的实际价值可能出现绝对下降。当然，我们假设所有观察到的数据的统一税率都为 15%，这可能是不正确的。然而，当代的报告显示，19 世纪后半叶的税率更高（例如寇松声称是 25%），这意味着在最后的几十年里，农业产出额甚至比表 2–9 中的数据更低。所以，如果我们认真研究现有的数据，我们得到的关于农业部门的结论是必然的。

记录国民生产总值的数据只是为了表明整个经济也具有类似趋势。可能有人会反对说，假设工业和服务业的贡献率为 20%（这是凭空编造出来的）是不准确的，但只要我们观察产出的变化，就会发现不论真实的数据是什么都没有关系。此外，假设整个 19 世纪以来非农业部门的份额保持不变（保持为 20% 或更多），这种说法也可能会受到质疑，有人认为这些部门的份额在19世纪后半叶可能一直在增加；但是这一观点同样值得怀疑。我们已经看到，"比较优势"的力量把伊朗的纺织业赶出国外和国内的市场。纺织业可能是制造业中最重要的分支部门。贸易份额可能会有所增加，以抵销非农业经济部门份额下降的可能趋势。然而，非农业部门份额增加也不可能使其份额增长到总产出的30%以上，即使在这种极为乐观的假设下，在过去几十年通货膨胀的年代里，国民产出的实际价值也不可能大大超越以前的时期。因此，无论如何计算，都很难看出19世纪后半叶有什么明显的经济发展。

对于消费和储蓄等类别已经无须多言，即使从总体上看，也没什么好说的，只能说对大多数人而言，消费足够生存（有时候难以为继），而储蓄则是不存在的。如果可能存在一些小额储蓄，那么大部分应该来自少数"开明"的大地主，特别是少数大商人，他们的财富不断增长累积，使一些历史学家认为，19世纪最后几十年见证了巨大的经济增长和粗具规模的资产阶级的崛起。无论情况如何，我们的分析表明，在19世纪的最后几十年里，人民群众的生活水平一定是下降的，甚至是大幅下降的。我们可以回顾一下，在这个时期，通货膨胀率居高不下，伊朗的纺织业正在衰退，纺织品生产量下降，主食生产可能也在减少；此外，白银和商品的国际价格正在下跌，而伊朗的人口在不断增加。

简　评

这个时期的经济状况，就像对应的政治状况一样，几乎是一个彻头彻尾的失败故事。然而，失败的"速度"显然与其在时间上的持久影响，以及对政治经济各部门造成的长期后果并不一致。从伊朗的政治经济角度看，恺加王朝总体上并不是一个令人高兴的时期。事实上，自恺加王朝衰落以来，几乎不存在一个持续较久的经济好转期，事情总是变得更糟，有两个密切相关的原因：一方面，社会经济长期混乱，各种弊病持续荼毒伊朗社会；另一方面，其他政治经济体的发展不仅加剧了落后经济体的相对贫困，而且随着国际权力的转移对其产生了绝对影响。

伊朗的经济，以及政体，在19世纪都不可避免地被打破了平衡，帝国竞争的代理人、自由贸易、现代科技、政治民主等都涌入了伊朗，并占据一席之地。领土的丧失重塑了国家的版图，有时还夺走了国家最好的人力和其他资源，削弱了其生产能力和内部市场，并减弱了其政治权力。凡此种种，最终导致了优惠关税条约的出台，使经济上薄弱和技术上落后的本土工业在与廉价机器制造的产品的竞争中一筹莫展，而这反过来又导致了工业品出口的损失，转向生产初级经济作物，主食生产出现下降，进口普遍增加。国际收支赤字和通货膨胀的影响进一步强化，在19世纪最后30年，仿佛是上帝的操控，白银价格骤然下跌。同时，人口增长进一步压低了人民群众的生活水平。如果严格从经济学看，这一时期显然没有任何技术进步可言。有的，甚至是技术倒退的现象，我们指的是失去了自我发展的技术，这个经过几个世纪锤炼的技术，没有任何能比肩其经济学意义的替代物。事实上，比起应用或改造技术本身，伊朗人往往更倾向于消费现代技术产品，这种趋势一直持续到20世纪。这与同一时期日本对外国经济和政治压力的反应完全相反。政治历史学家通常指的"技术进步"几乎完全是对外国技术产品的少数消费。储蓄和积累总量也是如此。虽然缺乏关于这些重要类别的数据，但我们依然相信，大量资本积累的情况几乎不存在，除了一些知名的囤积和贸易投资的案例。因为在这样的一个时期很难想象会出现大量的实物积累，一方面，生产技术没有得到改善，内部市场——尽管人口增长——可能减少了，而外部市场（制成品）也在缩减；另一方面，税收和征敛的压力越来越大，贬值和其他原因导致的通货膨胀降低了实际生活水平和社会政治安全（即使在发展最好的时期，这也是伊朗政治经济的一个显著特点）。尽管人口增长（有时可能规模没有想象中的那么大）、"贸易"大幅增长，但全面的分析表明，并没有很多值得称道的经济进步，而在许多领域有证据表明存在重大的衰败和退化。顺便说一下，这并不是"缺乏社会整合"的静止状态，而是一种动态的或周期性的社会经济瓦解的趋势。[15]有时人们还认为，在这一时期"民族资产阶级"开始产生，在外国经济竞争的威胁下，受过外国政治教育启迪的"民族资产阶级"领导了反"封建主义"的波斯革命（1905—1909）。[16]然而这种观点无论在定量还是定性上都没有证据支持。我们无法确定在工业品生产过程中是否存在大量资本积累；相反，正如我们所看到的，出口和进口的数字都表明伊朗主要的传统手工业（除地毯外）在衰落。如果这个所谓的"资产阶级"是指那些从事国内和国外贸易的人，那就很难评估真实情况。对外贸易的增长显然倾向于增加中间商的规模和重要性，但这在多大程度上意味着商人资本的净增长，又在多大程度上只涉及这类资本从国内到国外贸易活动的转移（并且从而集中在更少的人手中），我们很难知道。

附录：缪尔达尔循环累积因果原理的应用

为了帮助进一步的研究，我们在这里运用贡纳尔·缪尔达尔（Gunnar Myrdal）的循环累积因果原理（Circular and Cumulative Eausation）来分析伊朗经济发展中的主要趋势，以及这些趋势对整个国家的直接影响。简言之，缪尔达尔提出一个新的产业间和区域间的变化模式，取代了标准的新古典主义均衡分析模式。它强调的是在没有外在平衡力量的情况下（例如国家对区域间和国际贸易的干预），各部门、地区和国家经济在社会经济均衡上会出现差距，而非趋同。该理论认为，一旦总量或子集的平衡状态被市场的自由运作力量扰乱，会出现一种循环和累积的趋势使干扰的影响不断强化，欲抵消这一影响，则必须有意识地采取政策干预，同时在各个国家经济体内部（并尽可能在各国家经济体之间）保持宏观经济平衡。

循环累积因果关系主要由两种相互对立的效应组成。第一种是缪尔达尔所说的"回波效应"（Backwash Effects），例如，一个落后的国家或地区（或经济体）与一个更发达的地区或国家进行贸易，会导致资源（资本、劳动力等）向后一地区累积转移，使落后地区更加贫困，加剧两地区的不平等。第二种主要效应是缪尔达尔所说的"扩散效应"（Spread Effects），指的是在发达的、进步的地区与落后的、衰落的地区的交流过程中，所有可能从前者溢出到后者的利益的总和。例如，前者的扩张可能扩大后者产品的市场，同时使一些当地居民享受到更好或更廉价的"外国"产品。然而，缪尔达尔认为，从大量的历史证据和经验观察可以得知，扩散效应肯定比回波效应弱得多，因此，这两种力量平衡的结果很可能导致落后地区的衰退。[17]

事实上，循环累积因果原理可能更适用于现代和历史上区域间贸易的分析，而不那么适用于国际贸易的分析。例如，劳动和资本更容易在单一国家内的区域间流动，而跨越国家的经济（和政治）边界就比较难了。虽然在现代世界也可以观察到国际间回波效应的例子，如净资本和熟练的劳动力资源从发展中国家转移到发达国家。但是，至少在本案例中，这种直接从伊朗向欧洲国家的转移可以忽略不计，然而，问题并没有就此结束。

事实上，在19世纪，特别是在19世纪下半叶，尤其是最后的30年里，伊朗经济变化的许多特征都可以归纳为缪尔达尔的回波效应。外交上强加的优惠关税条约、贸易条件的恶化（导致实际资源从本国间接转移到主要贸易国）以及不断累积的国际收支赤字都对伊朗经济融入国际市场造成了不利影响。更重要的是，这段不平等的合作关系产生了大量的回波效应，本土制造业和传统技术衰落，资源更多地转向初级生产以应对不断增长的进口账单，扩大出口经济作物的生产使粮食生产失去了自给自足的能力，示范效应导致商品（主要是进口商品）和服务的（特别是区域性的）扩张，而国家难以承受其购买成本。这些回波效应对伊朗政治经济产生了微妙且持久的影响。

与这些回波效应相对的是伊朗经济进一步国际化带来的扩散效应。

第一个扩散效应是所谓的伊朗经济商业化，即国际贸易和可能出现的国内贸易的增长，可能出现的（尽管不确定）商业资本总额的扩大和更大程度的聚集和集中。在这里可以顺带指出，我们不能误认为这与16世纪和17世纪西欧商业资本主义的兴起类似，是伊朗经济发展的一个"阶段"。因为总的来说，16世纪和17世纪西欧商业资本主义的兴起，是自罗马帝国的衰落和欧洲封建主义的兴起以来，在历史上前所未有的、独特的、进步的大事件，而商业化政治经济的原则在伊朗（以及中东其他地区）早已确立，从18世纪和19世纪初开始的周期性商业衰落反映了国家财富的普遍衰退。因此伊朗这段所谓的"商业化"时期不能被视为可与欧洲经验相媲美的一系列渐进式社会经济变革中的一个"发展阶段"。那么，它是什么呢？它只是上文提到的大量回波效应涌入伊朗的中介罢了。[18]

第二个扩散效应就是西方政治思想和实践对伊朗知识分子的影响，这扩大了知识分子们的视野，加强了他们对国家现状的批判，即对那些回波效应的批判。这个情况的重要性不可低估。

第三个扩散效应是通信手段的改善，特别是电报线路的建设，明显加快政治经济的进一步融合，最终成为前两种扩散效应的必要催化剂。

第四个扩散效应是在伊朗市场上出现了一些新鲜的（可能更"高级"的）消费品，如电、外国织物和鞋子，这些产品本身就可以被认为扩散效应，不过正如我们看到的，这些产品破坏了当地的工业和技术，导致了更大的回波效应，进而弱化了人们储蓄和积累的动机，并增加了伊朗的国际收支赤字。

在这方面，有一个观察到的现象值得商讨，尽管看起来微不足道。19世纪末，来到伊朗的外国旅行者普遍对饮茶习惯传播之广（甚至在一些农村里），印象深刻，人们往往将其视作证明公共福利增长的间接证据。在我们的研究中，这个案例可能会被归为第四种扩散效应的例子，然而我们要注意，第一，这种非正式的观察，样本量非常小，且观察者不一定非常了解国家情况和其中的变化，因此原则上不值得被认真研究。第二，这样小的观察样本量不足以形成普遍概括。第三，抛开上述的缺点不谈，这类的观察结果只能适用于样本来源的地区。在像伊朗这样，在福利、资源和技术方面存在巨大区域不平衡（无论是现在还是当时）的经济体中，这样得出的全国性的概括不免有些荒谬。我们在上文中指出，对于一个处在变化的经济体，循环累积因果效应在区域间往往格外凸显，因此，当一个优势地区获得净收益时，许多地区会产生累积性的净亏损，这个数额抵销，甚至超过了优势地区的净福利。而这很可能是19世纪末"商业化"发展、贸易集中化和通信改善的结果。因此，虽然马什哈德、大不里士和德黑兰附近的村民已经可以饮茶，或享用其他别的什么，但克尔曼、库尔德斯坦和其他地方的农民很可能连足以饱腹的面包都没有。在对政治经济的动态进行全面研究时，我们重点关注的不应是少数特权阶层的福利。第四，任何一个落后经济体在对外开放后，都会进口那些之前国内罕见的商品或奢侈品以满足少部分人的消费需要，这往往会对国际收支、当地工业、未来发展和大多数居民的福利增长造成损害。实际上，这样的场景如今在第三世界国家比比皆是，但就其本身而言，这显然不是"发展"和"进步"的例子。第五，也是最重要的，这些观察主要是指19世纪末的情况，在这个时期，表2-7的数据显示（这是我们唯一掌握的"确凿"证据）茶叶在总进口量中的比例从9%（19世纪50年代）跌落到仅2%（19世纪80年代），而进口增长速度之快前所未有。遗憾的是，我们只有80年代的进口量的百分比数据，而没有绝对数据，所以我们很难确切地知道茶叶进口量在这两个时期是否绝对地下降。但是，如果假设总进口量从19世纪50年代到80年代上涨不超过400%，那么茶叶的绝对进口量到80年代应当略有下降，这也使伊萨维"茶叶的进口……大大增加"的说法令人费解。无论如何，根据上文的假设和进一步的（保守）估计，这三十年的平均人口增长率约为每年1%，在这种情况下，人均茶叶进口和消费量（根据本文来看，这是一个合理的指数）从19世纪50年代到80年代下降了大约四分之一。[19]这个数据不言自明。

注释

1. 那些熟悉伊朗19世纪政治经济状况的人，可以从日本的社会经济状况及其所经历的变化中获得一些启发。如果想从更现实的视角进行比较，可参考，如W. W. Lockwood, *The Economic Development of Japan…1868 – 1938*, Princeton, NJ: Princeton University Press, 1969。阿米尔·内扎姆与礼萨汗·巴列维有许多奇异的相似之处，比如社会背景、军事地位（"Amir Nizam"是专为他设立的一个特殊头衔，以表示他对武装部队具有最高指挥权。与之相似的是赐给礼萨汗"Sardar Sepah"军队统帅的头衔）、个人雄心和伪现代主义者的方法论与抱负。我们不必怀疑，假如他幸存下来，伊朗的历史神话必定把他塑造成某个外国势力的代理人和一个无情的暴君，就像礼萨汗，而如果礼萨汗在早年没有成功（或幸存），现在无疑会被视为一个被外国帝国主义和国内反动势力谋害的伟大英雄，足可见历史的荒唐之处，在此不进一步探讨。更多参考见下文第五章和第六章。

2. 参见 Charles Issawi, *The Economic History of Iran 1800 – 1914*, Chicago and London: University of Chicago Press, 1971 和 Nikki R. Keddie, "The Economic History of Iran 1800 – 1914, and its Political Impact: An Overview", *Iranian Studies*, Spring-Summer 1972, pp. 58 – 78。

3. 在最近的文章中，G. G. Gilbar（运用详细的各省的统计数据和其他信息）证明周期性的饥荒和流行病以及普通的地方病在19世纪造成了重大损失。参见他的 "Demographic Developments in Late Qajar Persia, 1870 – 1906", *Asian and African Studies*, XI, No. 2, 1976。

4. 关于对税收结构的详细讨论，见 Issawi, *The Economic History of Iran*, Ch. 8。

5. 然而，这并不意味着各省人民的总体生活标准是一样的，因为"生存"的概念是指生物学上的最低限度，也是社会学上的极限，但是"生活"的概念在不同国家和地区也（甚至显著地）不同，反映了当地自然条件和传统标准下的生产力。

6. 参见 Sa'id Nafisi, *Tarikh-i Ijtima i va Iqtisadi-yi Iran dar Qurun-i Mu'asir*, Tehran: Bunyad, 1965, pp. 19 – 20 and pp. 220 – 221。目前还不清楚里亚尔相对于图曼贬值是否也始于1816年。然而，许多思想传统的店主仍然坚持把相当于2.5个官方里亚尔的货币称为2里亚尔。关于伊朗货币的问题，可以进一步参见 H. L. Rabino, *Coins, Medals and Seals of the Shahs of Iran*, 1500 – 1941, Hertford, 1945。

7. 参见他的"Banking in Persia", *Journal of the Institute of Banking*, 1892。

8. 值得注意的是,1834—1864 年,里亚尔兑英镑的汇率仅从 20 克朗下降到 22.5 克朗,1856 年的汇率最低,为 22.8 克朗兑 1 英镑。

9. 这种"隔离"贬质影响的方法是不准确的,因为这建立在所有条件都充足的假设上,同时忽略了贬质本身带来的次生影响。然而作为一个粗略的指标是有帮助的,尤其是在我们研究不同变量的影响随时间产生的变化时。

10. 参见 S. E. Clough, *European Economic History*, London:McGrawHill, 1968。

11. 伊萨维计算贸易数据的方法并不十分可靠。但是,必须要注意的是,首先,对外贸易的数据包括进口和出口,一个前工业化国家的出口量如果以通货膨胀、贸易赤字和外债为代价快速增长,就算不得"经济发展"的证据。其次,伊萨维估计 19 世纪 60 年代对外贸易价值为 500 万英镑,通过这个数据和其他掌握的信息,可以得出出口系数为 0.15,进口系数为 0.22,这对当时的伊朗简直高得难以置信(考虑到计算过程过于复杂且重要性不大,在此不详细展开)。参见 Issawi, *The Economic History of Iran*, pp. 131 – 132。

12. 参见 Marvin Entner, *Russo-Persian Commercial Relations*, Gainesville, Fla. 1965;Issawi, *The Economic History of Iran*, p. 142, Table 1。

13. 参见 Marvin Entner, *Russo-Persian Commercial Relations*, Gainesville, Fla. 1965;Issawi, *The Economic History of Iran*, p. 337。

14. 参见 Marvin Entner, *Russo-Persian Commercial Relations*, Gainesville, Fla. 1965;Issawi, *The Economic History of Iran*, p. 337。

15. 我们提到的"缺乏社会整合"来自流行的"政治社会学发展"的"结构功能主义"理论,这一理论在 20 世纪 60 年代很时兴,但现在已经过时了。关于这一"理论"在现代伊朗政治某方面的应用,可参见 E. Abrahamian, "Kasravi, the Integrative Nationalist of Iran", *Middle Eastern Studies*, No. 10, 1973, pp. 271 – 295;H. Katouzian, "Kasravi, the Integrative Nationalist of Iran", *A Comment* mimeo, No. 6, 1974。也可详见第五章和第六章。

16. 详见本章附录和第四章、第五章。

17. 参见 Gunnar Myrdal, *Economics Theory and Underdeveloped Regions*, London:University Paperbacks, 1957。

18. 参见 Vahid F. Nowshirvani et al., "The Beginnings of Commercial Agriculture in Iran", mimeo., n. d.。

19. 让我们强调一下，这个结论是基于在这一时期总进口量增长4倍的假设，我们并不是为了坚称在这几十年里茶叶消费量并没有增加，尽管增加的说法可能有些夸大。我们想证明的观点是，即便这是真的，也不能视作人均收入和福利增加的依据。

第三章
立宪与立宪之后：革命与萧条
（1900—1918）

1896年，恺加王朝最后一个掌权的统治者纳赛尔丁沙被暗杀。杀手既是这个堕落、腐败、无法制的专制国家的受害者，也是伊斯兰教政治思想家和领袖赛义德·贾马勒丁·阿萨德·阿巴迪（Sayyed Jamal al-Din Asad-abadi，其他国家可能更熟悉"阿富汗尼"这个名字）的虔诚追随者。国王被暗杀是这部充斥着政治骚动和叛乱的可悲故事的最后一幕，而在整个故事里，烟草特许权是最重要的事件：1891年群众的暴动迫使国王撤回授予给一家外国公司的烟草贸易垄断权。[1]现在回想起来，这也是一件值得纪念的壮举——在人们的记忆中，国家第一次屈服于民意，以回应这场波及各城市的暴动。

波斯革命：一场反专制主义的革命

关于波斯革命及其各方面已有许多不同语言的记载。[2]然而，尽管这些作品有其可取之处，但关于这场革命的历史仍然缺少权威的记载。在这里，我们纯粹是为了分析这一主题。在本节中，我将尝试分析导致革命的趋势和力量，革命的目标和成就，以及革命中行为主体的社会经济构成。随后，我将简要回顾革命结束与第一次世界大战结束之间的十年里，伊朗的政治经济状况。

革命的原因

我们可以按照以下思路对波斯革命爆发进行理论解释。19世纪的经济发展导致了城市资产阶级的发展，他们没有，也不能与当时的封建（或"半封建"）体制相容。用著名的马克思主义术语来说，生产关系（普遍的阶级结构，与相应的道德和社会制度）已经适应不了生产力（也即资本积累和技术进步的综合作用）的发展。由此产生的技术基础与制度上层建筑之间的冲突（社会经济现实与意识形态表象的冲突）最终引起一场政治动荡，并建立一个新的（符合历史发展的）制度框架。

法国大革命为原始的理论构想提供了基本的经验，形成了这个熟悉的模型。这个模型包含很多悬而未决的、有争议的问题，比如革命完全是由非个人的力量造成的，还是由人类能动者为了追求个人和阶级利益有意识地造成的？这些问题，尽管在其本身的背景下非常重要，但不在我们研究的任务范围内，幸运的是，这些问题也与我们要解决的问题没有什么联系。不论这些问题的"正确"回答是什么，我们最关心的问题是，波斯革命是否是一场资产阶级革命。

这个模型（尽管粗糙且基础）普遍被伊朗知识分子接受。一些历史学家和社会学家也持这种观点，但他们会做出一些（有时是很重要的）限定。比如，后者倾向于强调金融（商人）资本的积累，而不是物质（工业）资本的积累，或者他们认为帝国主义力量和欧洲意识形态也发挥了重要作用，是补充因素。所有人都同意，这些对社会政治发展的观察，必须包括在对波斯革命背后力量的现实评估中。不过，无论选择教条地或灵活地运用马克思主义的基本模型，还是运用更广泛的马克思原理和方法，都与本案例无关。

根据前几章的论点和论据，我们做出以下论断。第一，波斯不是一个封建社会；第二，在19世纪，工业化和生产技术的进步都很小；第三，几乎没有证据表明人均收入有系统的增长；第四，资源从粮食生产和传统制造业中转移出来；第五，这种结构性的变化没有促使农

第三章 立宪与立宪之后：革命与萧条（1900—1918）

业生产力增长和制造业的技术进步，而是导致食品和机制产品的进口量增加；第六，通货膨胀加剧，国际收支赤字扩大。仅仅从这些结论来看，我们就难以将上述的模型应用于波斯革命上；而在本节其他的分析中，我们会发现，这个模型不可能适用于波斯革命。

毫无疑问，对外贸易量的增加导致商业资本进一步聚集和集中。然而，这并不是源于国民经济的本土化扩张，抑或是进一步的一体化，也不是因为伊朗商人自主发现了新方法和新市场。[3]因为仅凭这些原因，将19世纪的伊朗与商业资本主义（或称"重商主义"）兴起时的西欧进行分析性比较是全无道理的。欧洲社会的商业化是中产阶级市民们（"自由城镇"的新兴资产阶级）经过几世纪的努力才实现的，并且国家支持他们反对封建贵族；城镇、商业和国家一直是伊朗社会生活和劳动的重要特征。

然而，伊朗的大商人确实从对外贸易的增长中捞到了好处，他们的实际财富增加的同时，潜在的政治权力也在增加，当然这是以国家的利益为代价。对外贸易的增长同样以间接的方式削弱了伊朗的专制制度。首先，外国强加的商业条约本身就暴露出伊朗在国际大国面前的羸弱。其次，提出和达成此类条款过程中的一些环节——比如贿赂国王和高级官员，加剧官僚派系分化等——都从内部削弱了专制结构和国家机器的统一性。最后，诸如原材料生产和出口的专业化程度提高、传统制造业的相对衰落、现代化通信手段，比如电报的使用、高通货膨胀率（在食品方面，这应归咎于商人的投机行为）、国际支付的严重赤字以及由此产生的外债，都是导致伊朗政治经济复杂的结构性变化的一些原因，而传统的官僚机构对此一无所知，更不用说应对了。

对外贸易的增长只是伊朗与欧洲国家广泛接触的一个方面。英、俄对抗使伊朗国家陷入衰弱，但这两个国家没有通过殖民统治来颠覆它。这暴露了国王和官僚机构的软弱无力，也羞辱了伊朗人民，他们认为政治制度是国家被征服的唯一原因。与欧洲国家的进一步接触让伊朗人看到了欧洲的生活和教育水平，知识分子将其完全归结为实行宪政的成果。知识分子看见了，在另一种制度下，私有财产可以是安全且强大的，政治权力可以被共享，官方职位并不是一成不变，而生命权可以被更好地保护，不会遭到任意的侵犯。他们认为，这正是一个自由、强大、繁荣的伊朗所需要的一切。

想要探寻波斯革命产生的原因，必须将精神和物质发展过程结合，而不是不加批判地应用一个，或多个理论模型，这样只会推论出完全不同的历史事实。

革命的目标

每一场成功的革命，其目标和最终成果总是有差距，但这并不意味着目标和成果间没有相关性；恰恰相反，革命的成果是理想化、抽象目标的现实化具体呈现。法国大革命的目标就是那句著名的格言"自由、平等、博爱"；而革命的成果最终导致了资产阶级的政治优越性、更广泛的个人自由、更自由的贸易和法律面前的平等——总而言之，法国封建主义的制度框架被摧毁。随便了解一下波斯革命喊出的要求和口号，就会发现伊朗革命者的要求和口号与资产阶级革命的目标和愿望有很大的相似之处。因为他们也要求更广泛的自由、正义和民主。然而，我们仔细研究一下会发现，这些实际是欺骗性的表象。这些用语被官方翻译成外语中的近义词，但在这些文字和概念之下，它们真正的社会和历史意义却存在着差异。

Mashruteh 是一个波斯—阿拉伯文词语，意为"有条件的""受限制的"或"限定的"。波斯革命的核心诉求是建立一个受限制的或有条件的君主制；这也是革命最大的成就（尽管不是持久的），这意味着废除了"暴力统治"（一个著名的波斯短语），取而代之的是一个民众赞成的合法政府。更确切地说，革命者要求建立一个政府系统，在这个系统中，独断专治、滥用权力的行径是不可能广泛存在的；行政部门将由人民选出的代表任命，同时代表们将对其活动进行监察和制衡。司法部门将是一个独立的机构，在民事和刑事法典指导下运行。这些要求必然要在以三权分立为基础的成文宪法里得到体现。

第三章　立宪与立宪之后：革命与萧条（1900—1918）

在欧洲语言中，争取 Mashruteh 的斗争通常被称为伊朗宪法（或者更准确地说，立宪的）革命。这是一种严重的混淆，已经超出了语义的争论，这些混淆源于历史经验、文化视野和概念框架的差异，因此反映在语言中。波斯革命并不是为了一个社会契约而战；相反，革命的目标是为了一个契约（一个法律框架），使人民的生活和劳动得到保障，有更安稳的未来。革命者并没有要求法律面前人人平等，因为当时在伊朗并不存在任何法律（从这个词的欧洲意义上看）可以让人们在其面前一律平等。也就是说，"法律"本身是那些当权者独断施令的表现，他们中任何一个，根据他的地位，都可以在任何时候按心意处置任何人。因此，法律本身就像施令者那样多变，根据其喜好、心情随意更改。通过反对专制主义，革命者为了法律本身而战。

伊朗的专制主义与源自希腊—罗马，后来传到现代西方文化中的"暴政"或"独裁"等概念不同。它描述的是在公共生活的任一层面，都由一个人垄断所有权力，并且这个垄断者自己将这一行为"合法化"。这并不是一个思想、表达、参与社会进程的自由以一种可预测的，甚至不变的方式，受到传统、习俗、道德和法律制约的系统，而是一种丧失法度的状态。在统治者的决定面前，臣民们理论上是平等的，但由于统治者的决定随意多变，臣民们实际上又是不平等的。同时，他们在绝对权力面前是平等的，因为他们实际的不平等也并不是稳定持久的。这是一个社会框架，它将私有财产各种形式的弱点同高度的社会政治流动性结合起来，在这一框架里，一个健康且富有的人不知道明天他还能否拥有自己的财产，甚至能否健康活下去。

伊朗革命者为自由而斗争，但是他们理解的自由，既不是资产阶级的自由，也不是更高形式的自由。我们可以参考以赛亚·伯林（Isaiah Berlin）具有启发意义同时又富有争议的，对"消极"（Negative）和"积极"（Positive）自由概念的阐释。简言之，消极自由是指没有约束的状态，消除限制个人活动的法律障碍，是法律的对立面，但不是法律框架的对立面。用一句众所周知的话来说，消极自由意味着个人的自由不受限制，除非阻碍了其他人享受同样程度的自由。在这种状态下，只有当法律框架的存在使每个人都能不受限制，从最大可能的自由中受益，才是合理的。与此相反，积极自由的概念，与其说使个人活动几乎不受限制，不如说是人们享有权力去不受限制地行动的状态。在这里强调的不是一种被动的、潜在的许可，比如吃或饿、就业或失业、合适或不合适，而是一种积极的、真实的权力，人们能够去吃，去求职，或者——用哈罗德·拉斯基（Harold Laski）的话说——"实现最佳的自我。"对于消极的自由，存在法律的框架，规定法律面前人人平等，就足够了，只要不超过与人人享有的消极自由相应的最低限度，法律就不会限制自由。对于积极自由，法律则必须干预，以达到至少最低程度的社会平等。在政治层面上，这意味将存在一个民主制度，通过这个制度人们可以参与政治进程；在社会经济层面，它意味着法律将减轻或"消除"社会机会、收入和福利方面的不平等。消极自由是自由最明显、最普遍的概念，受到法律平等的限制；而积极自由意味着人们享有法律权利和受到保证的、不同程度的社会平等。[5]

伊朗革命者为之奋斗的自由概念，不是这两个中的任何一个，也不是这两个的综合。伊朗革命者要求的自由不是不受法律约束的自由，而是免遭有组织的、官方的无法无纪行为的侵扰；并不是为了享受社会经济平等，而是为了分割国家的绝对权力，并在革命者间共享。从这一诉求的"消极"层面看，他们主张的自由概念要求必须存在一个法律框架——为了法律本身的存在。在其"积极"层面，这一概念不涉及国家是否要对政治经济进行更多或更少的干预，而是要对国家力量进行等级、地域的划分和民主化。这种自由使人们能摆脱政治上的无能、社会中的屈辱和经济上的无保障。这是一场"臣民们"和"仆人们"（包括地主、商人和类似的其他人）发起的斗争，不是为了成为所谓的公民（严格按照这个词语的欧洲意义），而是为了成为人。这是对所有人都能享受生命、肢体和财产安全的诉求，以免遭无法无天的、无法预知的官僚命令的侵害。这就是为什么，革命者简单地认为，所有其他的社会和政治愿望，包括经济进步、社会福利和

第三章　立宪与立宪之后：革命与萧条（1900—1918）

国家完整，都会在他们对抗专制主义的胜利后得到实现。

伯林的两个自由概念是欧洲自由主义思想的产物，产生于新兴和成熟的资本主义相继发展的时期。它的哲学背景和相关的社会环境同波斯革命的主体和社会环境没什么关系。

革命中发生的事件和革命主体

1905年，商人社区（即巴扎）中两名一直受人尊敬的成员被公开鞭打，这使得长久积蓄的革命社会力量和思想力量终于爆发了。这两个糖商被德黑兰总督指控为"投机倒把"（Ihtikar），即贸易中的投机行为，并被下令惩罚。在这个案例中，"国家"显然是为了"公共利益"才采取的行动，但是招来的完全是公众的谴责，公众认为这两名商人不仅无罪，而且是个人恩怨的受害者和官方效率低下和腐败的替罪羊。[6]无论如何，这是人民的正常反应，因为长久以来大众一直目睹着作为国家爪牙的各个机关野蛮残暴、罔顾正义的行径。显然，这一事件本身不会让人们感到惊讶，因为民众已经熟悉了许多类似的经历，上到官员下到家佣，都是毫无约束的权力的受害者，动辄便招致鞭笞。然而，这起事件被革命者立刻把握住，并以此为由要求建立一个ldalat-khaneh（字面意义上即正义之屋）。国王本人体弱多病，实际上，所有证据都表明，他的智力肯定是不正常的。而他的奴才们（Nawkaran）却敏锐地察觉到这个要求的不寻常，并竭力阻止。一系列的街头示威活动、清真寺集会、政治传单和公告以及在圣地的"静坐"（Bastnishini）行为遭到了执政的官僚精英们的抵制，并因此产生了暴力事件和流血冲突。

随着运动向各省蔓延，特别是向当时进步的且相对繁荣的阿塞拜疆省蔓延，人们的态度变得更加强硬，革命的诉求也进一步扩展，革命者们要求至少要建立一个立宪政府。回过头来看，革命最初的成功太容易了，除了革命者本身的努力，与此同时是因为国王的软弱和英国政府通过其在德黑兰和其他城市的外交使团对革命的积极支持。英国对革命的支持实际在利益和意识形态上可以达到一箭双雕的目的。

通过支持革命，在外交上英国比俄国多赢了一分，而伊朗宫廷对俄国政府的依赖性越来越强；同时支持了自由和民主的意识形态，因为英国人认为这是英国制度式的。的确，当时的知识分子也是这样看待英国的作用和地位的。所以，后来的那些阴谋论，如英国政府通过他们"安插"在伊朗的间谍，"领导"并"完成"了波斯革命的说法，完全可以置之一笑。好一点说，这是对历史的逆向解读，即根据后来的经验来解释过去的史实；而坏一点说，这种说法完全无视了社会力量和人类意识在历史形势中的影响。

无论如何，一部宪法被匆匆起草，并赶在国王去世前得到了王室的批准。但是，正如革命领导者预想的那样，国王的儿子穆罕默德·阿里（Muhammad Ali），即新继位的（宪法上的）君主，不经过一番流血斗争是不会轻易放弃专制统治的。事实上，他处心积虑地试图破坏革命的成果：他与外国政府（主要是俄国人）、省长和大地主合谋；同时他试图收买一些革命领导人以分裂革命阵营，并取得了一定的成功。他反对建立 Mashruteh 的革命主张，他不要求复辟 istibdad（或专制主义），而是要求建立 Mashru'eh，即伊斯兰教法统治。在理论上，这可能意味着建立一个符合伊斯兰法律和法学原则的政治制度；在实践中，这将导致专制主义的复辟，但由于少数宗教人士将直接参与其中，所以专制主义在一定程度上会有所改变。在沙阿的代理人组织的一场大型街头游行（犹太社区被迫加入其中）中喊出的主要口号是，"我们支持先知的宗教，我们不想要 Mashruteh"。

1907 年，英国和俄国之间的一项秘密协议划分了两个国家的势力范围，以伊朗的缓冲区为界。这可能是英国撤回对波斯革命的积极支持，同时俄国加强对伊朗国王支持的最主要原因。这些国内外的新变化，以及革命者挑衅、不妥协的态度，鼓励沙阿领导了一场针对立宪政府的军事政变，国民议会遭到了轰炸，革命领导者或被逮捕、杀害或被迫躲藏。毫无疑问，在政变后的关键的几个月里，是阿塞拜疆省首府大不里士市人民的英勇抵抗挽救了革命的全面崩溃。大不里士人民坚守革命，英勇地挫败了敌人，并鼓励首都和其他地方的革命者继

第三章　立宪与立宪之后：革命与萧条（1900—1918）

续抵抗。1909 年，吉兰和伊斯法罕的革命军队联合起来，在击溃政府军后，胜利进军德黑兰。沙阿被迫逊位，随后被放逐，他的小儿子艾哈迈德继位，并受摄政王的监督。

革命的性质和目的是由革命的目标和主体确定的。革命的参与者，无论是领导还是普通士兵，抑或是同情革命的人，他们来自城市生活的各行各业（除了军队和官僚机构）。而农民阶级没有自觉地参加革命，他们的利益也并不在革命的目标里；没有人为农民阶级争取更广大的社会和经济正义。假如一群农民加入了革命斗争，他们也几乎不可避免地被他们的地主动员和领导。商人、地主、低级行政人员、现代化的知识分子、恺加王朝的贵族、宗教名人、神学学者和普通的传教士都加入了这场革命，他们的统一目标是摧毁专制主义，代之以宪政。虽然不可避免地总会有例外，但是我们提到的这些城市里的不同社会阶层和专业人士都选择支持革命，像我们之前提到的那样，他们总会从革命的胜利中得到什么，不至于一无所获。

革命的成功将使人人都享有法律保护、政治参与和更大程度的个人安全。这自然意味着各种形式的私有财产也享有更牢固的经济保障（随之而来的是更多的政治权力）。革命同时承诺建立一个更自由、更开放的社会，这是作家、诗人和记者们（出于意识形态和职业的原因）倍加珍惜的。此外，这个群体（比任何其他群体都）期望伊朗的名声和财富会因专制主义的衰落而迅速增加。[8]因此，反对专制主义的革命并不是纯粹出于"理想主义"的原因，只是因为革命者不喜欢专制主义，而更偏爱一个"民主"的制度；对抗专制主义的胜利意味着参与革命的各阶级和个人能收获真正意义上的经济、社会和个人利益。

从目前掌握的情况来看，很难对宗教和宗教领袖在革命中的复杂作用进行公正的分析。这主要源于以下几个原因。

第一，伊斯兰教不仅是一个纯粹的、神秘的、精神的宗教，还是一种生活方式。不是"彼世"的，而是一个综合的"两个世界的"观念和学说。

第二，什叶派思想（绝大多数伊朗穆斯林对伊斯兰的独特视角和教义阐释）包含了一些强烈的、弥赛亚式的神秘因素，但这些因素既可让民众消极顺从，也可以激发民众的对抗和反叛。

第三，不管什叶派思想产生的历史原因是什么（这也是知识界和神学界争议的问题），这种思想派别很快成为伊朗人反抗阿拉伯人（包括随后的突厥人）对整个穆斯林社区统治和称霸的手段。

第四，什叶派的"政治理论"或称"国家理论"借鉴了什叶派最初的思想，即伊斯兰社会的实际领导权，违背了真主的意愿，被他人篡夺了。随着时间的推移，国家本身成为篡夺真主的人间国度的象征，是一种"暴力统治"。在什叶派的原则中，没有任何东西属于凯撒，这些人都是真主预先安排的人间代表，世间万物都归属于真主。

第五，因此，什叶派在理论上和实践上都演变成了一种革命意识形态，随后一个什叶派团体，即来自阿尔达比勒的萨法维家族，在16世纪初通过一系列长期的军事行动统一了伊朗，并宣布什叶派为国教。

第六，萨法维王朝，一个浅薄的神权统治国家，掩盖了什叶派思想的激进性，使其温顺服从。萨法维王朝将自己的成功追溯为（毫无道理的）伊斯兰教第七位神圣伊玛目的直接后裔；同时整合了什叶派的宗教要人、神学家和学者，把他们纳入国家机关。他们将自己与正统伊斯兰教国家奥斯曼帝国的政治利益冲突掩盖在宗教的外衣下，并在社会经济上取得了成功。在这段历史上的一段时间，什叶派思想不再是一种有活力的意识形态力量，而更多的是一种"群众的鸦片"。

第七，什叶派和伊斯兰教其他分支一样，缺少教会等级制度和秩序。所以无论圣人和魔鬼、学者或文盲，都能轻易成为伊斯兰教的传教士和显贵。在这种情况下，去对比"世俗"和"宗教"的概念毫无意义，"教职"或"教会"的说法更是无稽之谈。对什叶派伊斯兰思想的阐释和应用方法像神职人员和思想家的数量一样数不胜数，每一种说法都能在信徒中拥有相当多的追随者。

第八，在19世纪上半叶，原本在什叶派思想统治下温顺消极的

第三章 立宪与立宪之后：革命与萧条（1900—1918）

社会政治状态，被谢赫派的异端思想和巴布的邪说打破。随之而来的是一系列规模浩大的城市暴动，这不仅源于宗教派系冲突。但随着动乱被镇压，以及巴布教领导人被放逐，事态越来越严重，这场动乱的教派冲突性质被强化，社会政治的活力被进一步破坏。[8]

第九，相反，19世纪下半叶什叶派领导人和传教士参加了反对国家的斗争，但没有对目前的思想原则做出任何重大改变。因此，他们与国家的冲突对抗是直接的，他们（在宗教思想范围内表达）的主张和目的是明确的。烟草特许权实践是这类冲突中最重要的事件。

第十，波斯革命的基本诉求符合什叶派教义和历史发展，革命的胜利意味着什叶派领导人们在国家事务中的话语权得到增强。国家本身是衰弱的，由外国力量分而治之。面对大多数信徒发出的呼声和积极的运动，宗教领导人们不可能视而不见。清真寺、神学院和宗教慈善机构的资金主要来自革命背后的有产阶级的定期支持和捐赠。因此在最初的几年里，几乎所有什叶派领导人和传教士都团结一致地支持革命事业。

第十一，波斯革命和其他革命一样，也有其温和与激进的倾向。因此，在其最初的成功后，领导层和革命各阶层间开始拉帮结派也就不足为奇了，其中还有个人恩怨的争斗（这个问题在当时和现在影响都很大）。在那些宗教显贵中（与普通的传教士不同，他们中有些人只是受到穆罕默德阿里贿赂而改变了阵营）开始有人怀疑，接着反对革命事业，担心这会对信仰本身造成损害，这些人产生了重要的影响。他们担心（并非毫无根据）宪政主义会导致欧洲的现代主义，会弱化社会内部的宗教信仰。然而，无论是在人数上还是在权威性上，大多数的宗教领袖都忠于革命，直到1909年革命最终胜利。

革命运动在第一阶段得到了许多知名的宗教领袖、普通传教士和神学家们的支持。在德黑兰的"乌莱玛"（Ulama）中，赛义德·穆罕默德·塔巴塔巴伊（Sayyed Muhammad Tabatabai）和赛义德·阿卜杜拉·贝赫巴哈尼（Sayyed Abdullah Behbahani）始终支持革命直到最终胜利；谢赫法兹鲁拉·努里（Shaikh Fazlullah Nuri）一直坚持革命到穆罕默德阿里沙继任，他是一个不太情愿的革命同情者。赛义德·阿布勒卡西姆·伊玛目·主麻（Sayyed Abulqasim Imam Jum'eh）甚至在革命还没取得成果前就改变了立场。然而，当穆罕默德阿里开始阴谋反对宪法和宪法建立的国民议会（Majlis）时，谢赫法兹鲁拉·努里跳到了保守阵营，领导建立"宗教"阵线，主张他那陈旧晦涩的教法统治思想，抵制革命。

议会尽最大努力抵住努里和穆罕默德阿里施加的压力，同意他们的要求，规定由最杰出的什叶派领导者对立法进行更广泛的监督。但是这二人，以及他们背后的国内力量和外国支持者（如俄国）并不满足于这些妥协。显然，穆罕默德阿里和他的专制主义追随者们，以及俄国盟友不太可能会关心君主立宪制对什叶派信仰可能造成的损害。因此，让我们把目光聚集在努里，以及他身边的那一小撮宗教领袖和信徒们。

首先，努里喊出的教法统治的口号缺乏一个清晰的内涵，其中包括对立宪主义的批判，指责其将损害宗教信仰；用充满激情的话语谴责革命领导人就像巴布一样，是异端、叛徒等，但是并没有对教法统治这一政府系统的替代方案有任何描绘和解释。教法统治不可能意味着建立一个从未有过的、由什叶派领导人组成的政府系统，因为这比君主立宪制更不被沙阿接受，而沙阿又是教法统治最大的支持者。所以，这只是沙阿的一个幌子，目的是重建某种修正形式的传统专制主义；一些宗教显贵也能从中得利，增加他们的社会、政治力量和影响力；而对于努里本人也是击败他的对手，尤其是贝巴哈尼的好机会，进而成为整个国家最重要的政治上的穆智台希德（Mujtahid）。事实上，努里一定抱有（不管是他个人还是作为宗教领袖中的一员）与穆罕默德阿里分享权力的幻想。但这个幻想不可能实现，因为即使他们成功挫败了革命，不管什么形式的专制主义，其最高权力既不可分割，也不可受契约约束；因此，一旦一个人（或一群人）与国家联系在一起，他的政治和经济权力就不可能独立于国家。事实上，正是因为什叶派领导人通常不与专制统治机器有直接的联系，所以他们才能

第三章　立宪与立宪之后：革命与萧条（1900—1918）

享有独立的权力和威望。

虽然努里看起来担心的是现代立法对信仰的副作用，而他实际上可能更担心的是在建立一个现代的独立司法机构后，宗教领袖们的司法权力不可避免地将走向衰弱。因为，除了审理那些不太重要的刑事案件（尤其是那些"道德"性质的案件，如饮酒、小偷小摸、通奸等），宗教领袖们还习惯裁决关于财产、贸易等的私人民事诉讼。这类案件一般被称为 tarafu'（或争端裁定），因贿赂和腐败而臭名昭著，有自尊心的宗教领袖通常都拒绝参与。这当然不意味着这类案件都是腐败的，或者努里本人支持这种贿赂行为。腐败或不腐败，这是影响宗教领袖（甚至那些不从事宗教活动的人）社会声望和权力的一个重要因素，随着现代司法系统的建立，这种情况也将消失。

其次，努里鼓吹教法统治的另一个原因完全是出自个人因素的考虑。他和贝巴哈尼都视自己为德黑兰权力最大的穆智台希德，就像萨迪所言——一个国家不容两个国王。贝巴哈尼在革命领导层中地位更加重要，努里先是疏远了他，随后心生怨愤。努里与沙阿紧密合作，并参与了政变（还有此后的种种谋杀和指控），这让二者未来再无和解的可能。努里在穆罕默德阿里倒台之后被绞死，贝巴哈尼在决定他的命运时一定发挥了影响。

然而，什叶派领导人们最大的道德支持和社会支持不是来自德黑兰以及其他伊朗城市的宗教领袖，而是来自伊拉克的圣城纳杰夫。传统上，最著名的什叶派领袖，即宗教指导的最高来源（Maraji' al-taqlid），或称最高的效仿渊源，都住在该城市，偶尔也会在美索不达米亚的其他圣城。在当时，有四位最著名的宗教领袖居住在纳杰夫，包括哈支·米尔扎·侯赛因·德黑兰尼（Haj Mirza Husain Teherani，资深的效仿渊源）、阿洪德·穆拉·穆罕默德卡兹姆·霍拉桑尼（Akhund Mulla Muhammad-Kazim Khurasani，学识最渊博的效仿渊源）、谢赫阿卜杜拉·马赞德兰尼（Shaikh 'Abdullah Mazandarani）和赛义德·穆罕默德卡兹姆·亚兹迪（Sayyed Muhammad-Kazim Yazdi）。前三个人在革命的各个阶段都给予了全部的支持，他们发布了法令和公开声明，与参与革命的宗教领导人和其他领导人进行了交流，向伊朗国王发送言辞尖锐的信件和电报，努里曾谦逊地请求他们的支持，却得到了鄙夷的拒绝。事实上，曾经在一份致塔巴塔巴伊和贝巴哈尼的联合电报中，他们"解除了"努里的教职，严厉地批判他，并开除了他的教籍，声明如下：努里是人民生活的扰乱者，[世界的]腐蚀者，他[违反教律]被剥夺宗教事务的权威。[11]亚兹迪是唯一一个支持努里和沙阿的大穆智台希德。但是，随着其他三位穆智台希德，尤其是德黑兰尼和霍拉桑尼站到了革命阵营的一边，他没有什么话语权了，事实上，他也没有再发声。毫不夸张地说，如果没有这三位穆智台希德的鼎力支持，革命不可能以这样的速度和这样的方式取得成功。

在此对本节论述做总结，波斯革命是一场因为政治、社会和经济原因，反对传统专制主义的革命。参与革命的各阶层和广大民众都希望能从革命成果中获得自己的利益。这不是一场资产阶级，也不是一场"半资产阶级"革命。

革命之后：动荡的政治经济

当革命的激情和欣喜褪去，政治混乱、社会失序、经济贫困、国家解体、议会派系纷争不断、帝国主义干预国家事务，种种此类情景将人们打回了现实。在历史上，每一场真正的革命后都会迎来（至少持续一段时间的）社会经济的不景气和人民心理上的压抑：在对革命的理论期待和革命（最大可能实现）的现实成果间总有着巨大的差距；即使在可能的条件下，想要建立一个全新的社会经济平衡也需要时间和辛劳，并且还会有很多麻烦。但是伊朗人不得不承受比正常情况下更强烈的沮丧和失望，因为很多明显的原因，伊朗没有准备好能有序地迎接并有效地参与一个新制度；新制度本身还带有着许多旧方法和旧习惯；由于国内和国际原因，伊朗的经济状况一直在恶化；更大的区域和省级自治权迅速退变成游牧部落的争斗和有组织的强盗行

第三章 立宪与立宪之后：革命与萧条（1900—1918）

为；并且，帝国主义或明或暗的干预给局面火上浇油，加剧了新生政治精英内部的派系斗争和腐败。

现代伊朗民族主义的各分支正是从波斯革命极为崇高但不切实际的希望和愿景的死灰中诞生的（见第五章）。现代伊朗异常强烈和持久的仇外心理从这一时期起源，几乎所有的伊朗城市社会阶层都相信这样的传言——只要是有政治意义的事件，哪怕是最不起眼的，都是外国势力通过精心构思和缜密编织的阴谋一手造成的。伊朗人民转而相信宿命论，认为国内发生的社会和经济事件几乎没有任何作用，人民的思想和意志对决定和改变社会进程毫无意义。

第一次世界大战是最后一根稻草，它几乎压垮了骆驼。伊朗人民出于历史上根深蒂固的反俄情绪和最近产生的反英情绪，自动站到了同盟国的一边。土耳其人（特别是现在他们也建立了一个秘密的民主政治体系）此时不再被视为什叶派的古老逊尼派敌人，而是作为"我们的穆斯林兄弟"与伊朗一同和欧洲帝国主义作战。[12] 俄国军队已经驻扎在伊朗的北部地区，并行动活跃；一支英国警察部队，即南波斯步枪队，也被匆匆组织起来，由英国军官带队入驻法尔斯省。按照1907年的协议，帝国主义力量正忙于保护他们各自的"势力区"。在这种情况下，伊朗政府只有两个选择，要么正式中立，要么向协约国宣战。

对这一问题展开了激烈的辩论，犹豫再三后，政府决定保持"中立"，或者更准确地说，是保持被动，观察事件的发展。在政治精英和知识界精英的辩论中，可以总结出三种不同的倾向。少数激进派主张公开与同盟国结盟；保守派强调，应该保持被动，与协约国合作，才符合国家的最大利益；而"温和派"（他们像激进派一样憎恶英俄对伊朗的干预，但同时在战略决策上更加谨慎）相信，公开与协约国为敌可能将带来伊朗的完全殖民化，乃至遭到肢解的风险。激进派因此被孤立为少数派，他们决定"独立奋战"。

1916年，激进的政治家和知识分子搬到了（"移民"到）克尔曼沙和库尔德斯坦的西部地区，在那里他们建立了一个竞争的临时政

67

府,并加入了对协约国的战争。这个重大的战略错误将国家暴露在协约国更大规模的非法军事介入之下,使伊朗西部地区沦为土耳其人和俄国人的自由战区。当第一次世界大战结束后,伊朗沦为政治和经济废墟。[13]

只有在这种社会政治视角下,我们才能明智地且清晰地讨论伊朗的经济状况。这并不是一个持续(快速或渐进)变革的时期,而是一个因国内冲突和外国干预而紊乱地、不平衡地动荡的时期。一个陷入从未有过的贫穷和落后的国家,一个没有工业化(或像现在那些虚假的历史故事描述那样的)日益壮大的中产阶级的国家,这个国家开始在这个自私而混乱的世界里意识到自我,自己的地位、尊严和命运。在这个时期,政治和文学在经济"现实"和数据面前经历着一场真正的革命,尽管和社会经济关系的平衡状态不同。

在许多出版物中都记载了当时的各种"事实",并提供了各方面的细节,这些"事实"如下:人口从约900万人缓慢增长到1100万人,而农村和城市社区之间的人口分布几乎没有变化(分别约为85%和15%)。国际收支一直处于长期赤字状态,外债高筑。从国际贸易看,伊朗出口石油和工业原料(主要销往英国),以及传统的制成品,特别是地毯(主要出口到俄国),而同样伊朗80%—90%的进口产品来自俄国和大英帝国。

在经济结构和技术层面没有发生重大变化。大约90%的劳动力从事农业生产和农村手工业;其余10%的劳动力从事商业、国家公务和其他服务以及城市制造业。有形资本的积累非常有限,大部分建设新厂房和新设备的资金都投入用传统技术生产的国内(而非进口)资本商品。在道路、通信、卫生健康以及其他基础设施的发展微不足道。对现代中等教育的投资,仅从对比的角度看,比其他基础部门的投资增长更快。

"预算计划"——当然,不是传统理解上的——经一系列收支评估后形成,但没有一年成功实现。国家财政存在长期的"预算"赤字,不是我们理解中计划的或期待的支出额超过收入额。收入和支出

第三章　立宪与立宪之后：革命与萧条（1900—1918）

都往往低于估计，实际支出又总是超过了实际收入，其结果是，政府经常无法履行其财政义务也无法赎回债务。尽管如此，政府支出的50%要被分配给军队和其他安全部队。

伊朗的货币（无论在国内还是国际上）仍然以白银为基础。纸币被（英国拥有的）帝国银行垄断，数量非常稀少，而且几乎全部由金属货币储备支持。伊朗现代的"银行服务"只限于和帝国银行与（俄国）波斯贷款银行进行活动，这两家银行都不能作为国内信贷的代理人，这一功能仍然由传统的"金匠"、典当行以及城市和农村地区的放债人承担，他们要求提供庞大的资产证明，并收取高额贷款利率。

在1900—1918年，出现了一个新的因素，在接下来的几十年里，它注定要主导伊朗政治经济的几乎所有方面，这就是石油的发现、生产和出口。1900年，威廉·达西（和他的合伙人）花费20万英镑（1903年支付）获得了石油勘探和生产的特许权，其范围涵盖整个伊朗（除了俄国的势力区），有效期到1960年。1908年，这项工程开始开花结果，英波石油公司成立，很快51%的股份被英国政府抢先收购。包括产出率、定价、营销、提炼等重大事项都由公司自行决定，该公司同意将其年净利润（除一些剩余款项外）的16%支付给伊朗政府。这为伊朗政府提供了一些喘息的空间，成为伊朗国内开支和外汇的来源之一，但是这一收入无论在绝对值还是相对值上都很微薄。在1912—1919年，英波石油公司生产了近290万吨的石油，且生产速度还在增长；平均下来，每年给伊朗的份额应达到25万英镑。显然，英波石油公司并没有按照协议支付那么多钱，否则公司就不会被迫支付给伊朗政府1百万英镑的补偿金（1920）。这笔赔偿是否是足够的，由于缺乏真正的信息，我们只能猜测。[14]

国内动荡和外国干预造成了一种社会、经济和心理的不安全感，这表现在革命后的政府在道德和金融方面的贪婪和腐败。从来没人清楚各部门的财政估算是与真实（实际和计划）支出有关，还是与部门领导及其助手的腰包大小有关。通常，一个部门领导的政治权力越大，实际分配给这个部门的资金或给其个人的钱就越多。认真谨慎的美国财政顾问（1910年又被正式任命为伊朗公共财政现代化的顾问）摩根·舒斯特（Morgan Shuster）在他的经典作品《被窒息的波斯》（*The Strangling of Persia*）中对这一点，以及伊朗政治的其他许多方面进行了生动的描述。很多时候，他不得不花几个小时与伊朗有权势的官员就给他们的配额讨价还价，因为他知道大部分的款项最终都会以各种方式被非法应用。在1911年，他的任务被突然叫停，因为俄国发出了最后通牒，强迫政府解除他的职务，尽管国民议会进行了不屈不挠的抵抗，但政府还是不得不服从。那些伊朗本地官员早就视不受贿赂的舒斯特为他们经济"利益"的威胁，此时终于可以长舒一口气。如果我们想寻找波斯革命后的"热月"，这就是革命理想最接近背叛的时刻，在那个重大的日子里，一位伟大的革命将军埃弗里姆汗（Ephrim Khan）率军队占领议会，结束了同俄国的最后通牒的斗争。然而，具有讽刺意味和启发意义的是，一个真正的历史性革命的"热月"不得不与一个外国势力的愿望（尽管不是由其完全决定）紧密联系在一起。

从此以后，伊朗人民对社会和经济现实的各个方面——它的代理人、捍卫者和批评者——的看法，主要且深远地基于对以下三个因素的评估：贿赂和贪污、帝国主义的阴谋和在国内的帝国主义同盟、特工或间谍的行动。这是在伊朗进行社会经济分析最简单也是最流行的模型，且一直沿用至今，这就是在任何时候，不管是总体还是局部的问题，其背后都是一个精心策划的外国阴谋（可能已经策划了几年甚至数十年），在帝国主义的国内代理人（那些贪污腐败的政府官员们是其主体）的帮助下控制着局势并决定了结果。自从第一次世界大战以来，许多现代思想从国外涌入伊朗，然而哪怕是那些最严谨的思想运动，只要仔细地研究也会发现，上述历史观念在其中仍然有强烈的影响，只不过以种种复杂和神秘的形式被掩盖。

注释

1. 参见 Ahmad Kasravi, *Tarikh-i Mashruteh-yi Iran*, Teheran: Amir Kabir,

第三章 立宪与立宪之后：革命与萧条（1900—1918）

1968；Nikki Keddie, *Religion and Rebellion in Iran*, London: Frank Cass, 1966; *Sayyid Jamal al-Din al-Afghani*, Berkeley and Los Angeles, Calif.: University of California Press, 1972; Hamid Algar, *Religion and State in Iran* 1785 – 1906, *The Role of the Ulama in the Qajar Period*, Berkeley and Los Angeles, Calif.: University of California Press, 1972。

2. 例如 kasravi, Tarikh-i Mashruteh; Keddie, *Religion and Rebellion*; E. G. Browne, *The Persian Revolution 1905 – 1909*, Cambridge, 1910; Mehdi Malik-zadeh, *Tarikh-i Inqilab-i Mashruitiyat-i Iran*, Vols 1 – 7, Teheran, 1949 – 1956; Firaidun Adamiyat, *Fikr-i Demukrasi-yi Ijtimai dar Nihzat-i Mashrutiyat-i Iran*, Teheran, 1975; Ibrahim Fakhra'i, *Gilan dar Jumbish-i Mashrutiyat*, Teheran: Jibi Books, 1972; Nazim al-Islam Kirmani, *Tarikh-i Bidari-yi Iraniyan*, Teheran, n. d. 。

3. 这些是西欧"商业资本主义"兴起的一些典型特征。见第3章的附录。

4. 见上文第二章，尤其是对专制权力任意裁断的本性导致社会经济不安全性和难以预测性的相关解释，高度的社会流动性是这种制度的必然结果。伊朗历史上有很多个人的例子，他们或是凭借自己的能力，或通过个人的恩惠，或者确实是因时成事，最终从最低的"等级"升到最高的位置，如纳迪尔沙·阿夫肖尔、阿米尔·内扎姆、礼萨沙·巴列维都是以此类模式升迁的著名例子。

5. 参见 Isaiah Berlin, *Two Concepts of Liberty*, Oxford: Clarendon Press, 1958. 关于对伯林观点的建设性批判（在其自己的欧洲语境下），参见'Berlin's Division of liberty', C. B. Macpherson, *Democratic Theory: Essays in Retrieval*, London: Oxford University Press, 1973。

6. 一些有影响力的人代表这两个商人中的一个，出面干预这起事件，引发了总督的怒火，这是他下令鞭刑的直接原因。这个商人的儿子看到鞭打的场面时崩溃了，然而，总督也下令对他进行鞭打，尽管他并没有被指控投机倒把。而另一个被鞭打的商人还是一名上校。这位总督，即阿塔-道莱（'Ata 'al-Dawleh）后来成为革命的支持者，因此被穆罕默德阿里下令鞭打。这些细节有助于我们还原历史，衡量当时伊朗社会的性质。参见 Kasravi, *Tarikh-i Mashruteh*。

7. 当穆罕默德阿里还是王储和阿塞拜疆总督时，已经臭名昭著，他下令处死三个著名的知识分子（Ruhi, Kirmani 和 Khabir al-Mulk），他们被指控是暗杀纳赛尔丁沙的同谋。赛义德·哈桑·塔基扎德（Sayyed Hasan Taqi-zadeh），一个年轻的革命激进派领导人，后来告诉赛义德·穆罕默德·阿里贾马勒扎德（年老的伊朗作家），他和其他年轻的革命激进分子都非常担心沙阿在宪法草案通过前就早早离世（因为随后穆罕默德阿里会继位），所以他们请求沙阿的私人医生尽可能让沙阿活得再久点，直到宪法文件得到王室批准（这个故事是贾马勒扎德告诉作者的）。

8. 关于对这些现代化的年轻知识分子的希望和愿景，以及困惑和幻想的分析，见下文第五章和第六章。

9. 然而，只有当第十二伊玛目，伊玛目马赫迪，或称救世主显现人间，真主在地球上的统治才能彻底实现。这就自动排除了建立一个由宗教领袖领导的神权国家的可能性，因为这些宗教领袖并不把自己当作真主或马赫迪的代表，他们只是凭借自己的学识和在什叶派的追随者，视自己为马赫迪的世俗代表。历史上也有许多什叶派异端的运动，这些运动的领袖们都声称自己拥有超越普通宗教领袖的特殊使命，最后往往自称是马赫迪本人。著名的赛义德·阿里·穆罕默德·设拉子（Sayyed Ali Muhammad Shirazi）就是这样，又称巴布（即马赫迪和信徒之间的"纽带"），此外不是那么知名的例子还有 15 世纪的穆罕默德穆沙"沙"，他在胡泽斯坦东部建立了一个地方王朝。关于这个案例的更多信息，参见 Ahmad Kasravi, *Tarikh-i Pansad Saleh-yi Khuzistan*, Teheran：Gam-Paidar, 1977。

10. 现有证据充分地证明 19 世纪中叶兴起的巴布教徒起义是一场（和以前一样）披着宗教外衣的反专制主义政治运动，但这并不意味着参加巴布起义的人不认同早期的巴布思想。这是自萨法维家族崛起以来的第一次全国性政治宗教运动，萨法维王朝的伪神权政治，以及后来将宗教领袖纳入国家事务的做法，在其统治的近三个世纪里消弭了什叶派信仰内部的反正统力量。事实上，随着萨法维王朝的堕落，那些涉身世俗的宗教领袖也获得了巨大的政治权力，他们的影响力也越来越大，导致了许多政治错误，进而削弱了国家，比如帮助阿富汗入侵伊朗腹地。其中最有名的宗教名人是穆拉·穆罕默德·巴吉尔·马治雷斯（Mulla Muhammad Baqir Majlisi），他除了具有破坏性的政治影响，还在传播不可靠的"消息"（Akhbar），并且通过他的作品宣传迷信。

所以，巴布教作为谢赫派的一个分支，既是一场反抗国家的社会运动，也被视为更广泛的什叶派信仰中的一个异端学说。事实上，如果早期巴布信徒们改变一下他们对宗教团体的策略，明智地选择他们的领导人，避免以异端的形象出现，作为一个团体吸引更广泛的同情，这场运动的影响和结果很可能会大大不同。然而随后巴布教走向分裂，形成阿扎里派（或称巴比派）和巴哈伊，前者（阿扎里/巴比派）是主张巴布教原教旨主义的小团体，他们作为个人支持立宪革命。然而巴哈伊却反对立宪。关于该运动的更多记载和阐释，见 Lisan al-Mulk 的

第三章 立宪与立宪之后：革命与萧条（1900—1918）

Nasikh ai-Tavarikh，和 Ahmad Kasravi 的 *Baha'igari*。还可见，Muhammad Ali Khunji,"Tahqiqi darbareh-yi Mazahib-i Babi va Baha'i"，*Andisheh-yi Naw*，1，No. 3，Bahman 1327 AH，No. 1，1949。欧洲学者对这一话题也有重要的诠释，主要运用两种不同方法，见 E. G. Browne in H. M. Balyuzi（ed.），*Edward Granville Browne the Baha'i Faith*，London：Ronald，1970 和 Algar，*Religion and State in Iran*。

11. 引自 Kasravi，*Tarikh-i Mashruteh*，p. 528。Khurasani，他被称为学识最渊博的效仿渊源，比另外两位更热心于革命事业，不惜种种困难，甚至将生命置之度外。见 Kasravi，*Tarikhi Mashruteh*，pp. 380 – 385，努里在德黑兰最重要的宗教盟友是阿洪德·穆拉·穆罕默德·阿姆里。关于教法统治支持者的观点可见于他们发表的长篇公开声明（参见 Kasravi，*Tarikhi Mashruteh* 的转载，尤其是 pp. 432 – 438），他们抨击报纸的泛滥，在议会设立犹太教、基督教和琐罗亚斯德教徒代表的规定，等等；称议会每十个人里就有"四个唯物主义者、一个巴比教徒、两个欧洲思想者和三个无知或者文盲的十二伊玛目什叶派"。

12. 这种态度的转变可以很明显地在当时的政治诗人和作家，如 Ishqi 和 Arif 的作品中观察到。

13. 临时政府的领导人后来也意识到自己的错误，在议会第六届会议的一次会议上，赛义德·拉桑·穆达里斯（政府的司法大臣，后来成为议会的反对派领袖）隐晦地承认了这一点。参见 Husain Makki，*Duktur Musaddiq va Nutqhay-i Tarikhi-yi U*，Teheran：'Ilmi，1946，pp. 96 – 98。临时政府的另一个首脑人物是苏莱曼·米尔扎·伊斯坎达里，是伊朗最早的被伪现代主义思想荼毒的受害者之一，在议会第四和第五届会议上，是礼萨汗的主要支持者和穆达里斯的反对者。见第五章。

14. 关于当时经济状况的更详尽的数据和信息，参见 Charles Issawi，*The Economic History of Iran*，1800 – 1914，Chicago and London：Chicago University Press，1971 和 J. Bharier，*Economic Development in Iran*，1900 – 1970，London：Oxford University Press，1971，以及他们的参考文献。更多信息参见 Mustafa Fateh，*Panjah Sal Naft-i Iran*，Teheran，1956。

第二部分
国家与反革命（1921—1941）

第四章
从礼萨汗到礼萨沙：专制主义反革命的序曲（1918—1926）[1]

当第一次世界大战结束后，伊朗的命运岌岌可危。在中央，旧的专制制度被一个散乱的，几乎支离破碎的财阀"体系"取代；在各省，地区和部族产生的离心力几乎要把整个土地撕成碎片。这是伊朗历史上旧秩序崩塌、王朝覆灭或强大专制君主死后出现的常见情况。英军驻扎在伊朗各地，让伊朗的主权和独立荡然无存。国家分裂，政治冲突激化，经济崩溃，社会动荡，以及行政官员的腐败和无能，是当时伊朗的主旋律。与此同时，中东的地缘政治局势正在发生巨变。阿拉伯地区的巴尔干化和俄罗斯帝国的布尔什维克化为中东权力政治的平衡注入了重要的新因素。伊朗和伊朗人民再次被夹在了中间。

詹加尔运动

克尔曼沙的"叛乱"临时政府成立后，里海沿岸的吉兰省也发生了武装暴乱。这起行动是由一群来自当地的年轻立宪革命者组织和领导的，为首的米尔扎·库切可汗（Mirza Kuchik Khan），以前是传统学院的学者，革命时期曾施展各种才能，不懈奋战。他是一名什叶派穆斯林，也是坚定的爱国者、不屈不挠的战士和不受腐蚀的领导者，他唯一的志向就是使伊朗摆脱帝国主义的统治，并消除国内的行政腐败。詹加尔运动（The Jangal Movement），历史上又称吉兰革命，既不

77

是"分裂主义",也不是"资产阶级民族主义",更不是共产主义革命(其产生时间早于俄国布尔什维克革命),而是人民对1909年立宪革命胜利后希望幻灭和社会萧条的真实反应。[2]

后来,俄罗斯布尔什维克加入了这场运动,1920年5月,苏俄军队进入里海的恩泽利港,为了收回白卫军将军邓尼金(Denikin)在俄国内战的南部战区战败后遗弃的海军舰艇。这让当时占领港口和省首府拉什特的英国远征军大吃一惊,很可能是出于后勤和政治战略的考虑,他们决定迅速撤退。然而,除了确保收回所有舰艇,无意或有意地,俄国人的占领也为苏俄进行外交演习提供了机会:俄国人急于确保自己的后门稳固,避免英国势力扩散到俄国,就像英国政府急于遏制布尔什维克势力向南蔓延一样。俄国人向伊朗政府发出了抗议书,反对英伊条约,即1919年协议,当时这份条约是由英国外交部积极游说并一手促成的。

俄国人在恩泽利的登陆为苏俄政府提供了一个反击英国战略的绝佳机会。为此,苏俄政府拉拢库切可汗与一个阿塞拜疆的"马克思"革命者团体结盟,这个团体由哈达尔汗领导,在俄国的精神、物质和技术支持下,已经占领了拉什特,并宣布成立革命共和国。[3]

哈达尔汗·塔里维迪耶夫(Haidar Khan Tariverdiev),又被称为炸弹专家(Bomb-maker)、电工(Electrician)和堂兄(Cousin)一直是激进的立宪革命者,擅长地下活动,曾与穆罕默德阿里和他的爪牙们展开城市游击战,名噪一时。他是一位个性鲜明的英雄人物,也是一位革命民主主义者,其坚定性和纯洁度不亚于库切可汗。[4]事实上,他与库切可汗在对伊朗政治经济的基本志向和愿望上并没有多大差别。不过他很可能将库切可汗视作一个"资产阶级民族主义者",而自己则是马克思主义革命者。不论如何,政治偏见、既得利益和理论上的误解让这本来是形式主义的分歧演变成了无可争议的历史形而上学。而实际上,这二者真正的区别在于,哈达尔是革命西方主义(或现代主义)的早期代表,而库切可汗是革命波斯主义的代表,也就是说,他们对国家有着相似的革命的愿景,但是有时候,对伊朗社会的

第四章 从礼萨汗到礼萨沙：专制主义反革命的序曲（1918—1926）

理解不同，甚至相左，因此，复兴和重建伊朗的途径也就不同。此外，哈达尔和他的政治模仿者们（包括出身高贵的和出身卑微的）采用马克思主义的革命模型，或是使用那些马克思主义的术语行话，都是形式上的，而非实质上的。简言之，一个典型的伊朗马克思列宁主义者在当时（和现在一样）只是对马克思主义的革命理论有些许（且往往肤浅）的了解，希望伊朗能摆脱帝国主义的控制，并通过现代技术实现国家经济的快速发展。他们通常对苏俄和其他共产主义力量有一种情感依附，甚至是顺从的心理。[5]

1920年7月，吉兰共和国建立，同时伊朗共产党（CPI）也在恩泽利成立。伊朗中央政府被形势震惊，立刻与俄国谈判，希望俄伊关系正常化。俄国的反应是迅速而积极的，在成立后短短几个月，伊共就"得出结论"，认为必须等到伊朗的资产阶级全面发展才能进行革命。1921年1月，俄国人表示当所有英国军队从伊朗撤出后，他们就会撤离在吉兰的军队和人员。2月24日，一场军事政变"推翻"伊朗政府并取得了控制权。两天后，双方在莫斯科签署了著名的1921年《俄伊条约》。5月，英国军队撤离了伊朗，但是吉兰革命者进军德黑兰的计划被莫名其妙地推迟到10月，在此期间，俄罗斯人员和技术顾问从该省撤离。行动的推迟和俄国人的撤出可能已经注定了革命的命运，但这些事件在道德和"意识形态"层面可能对吉兰革命者的悲惨命运产生更深远的影响。因为当伊朗政府军向吉兰共和国行进时，吉兰联盟崩溃了，两个主要派别（"民族主义者"和"马克思主义者"）陷入了内战。詹加尔游击队成员被赶走；哈达尔在狱中被害；库切可汗决定撤退，最后却被冻死；剩下的革命领导人或投降或越过边境逃入苏联。但也许他们中很少有人会意识到，库切可汗的头颅在德黑兰城被公开展示的可怕场景，正是刚刚兴起的伊朗新秩序的厄运之兆。[6]

1919年协议

大英政府急于稳定伊朗的政治经济，以保障自己的地区和地方利益。尤其是在俄国十月革命后,英国政府的愿望更加强烈和迫切。伊朗的财阀们(其中许多人并不像普遍认为的那样,只是"英国的代理人")同样急于将国家团结起来,使局势正常化。然而立宪革命和第一次世界大战后的国家贫困、政治混乱、社会分崩离析、部落种族间冲突不断、经济失调等不利条件让这一目标难以实现。

因此,英国政府(事实上主要是外交大臣寇松)决定加一把力,让那些行政能力出色、政治色彩正确的伊朗精英实现稳定局势的目标。为此,英国外交部与当时由乌苏格·道莱(Vusuq al-Dawleh)领导的伊朗内阁谈判,乌苏格·道莱是一个聪明、强硬但不受欢迎的政客,因为他所做的事,即与英国签署了技术援助和经济合作的双边协议,让伊朗人民认为他是"英国间谍",该协定又直接导致了臭名昭著的1919年协议。

协议的主要内容是英国向伊朗提供贷款,而伊朗政府则雇用英国的军事和民事技术顾问来帮助重组军队和国家行政部门。这看起来是"发达国家"向"发展中国家"提供财政和技术援助(或称"外援")的第一次正式尝试,这种援助形式自第二次世界大战以来已经非常普遍。然而,伊朗民众却以精神上的(有时身体上的)暴力狠狠回绝了这种援助,这与现在第三世界国家里持不同政见的团体和政党攻击外国援助没什么两样。英国外交部,尤其是寇松本人,对这样的反应实在不能理解,因此,他们犯了所有傲慢的大国(或"超级大国")习惯的错误,他们将自己对异文化无知的结果归咎于"一些乌合之众""暴民"和"颠覆分子"的活动。[7]民众对1919年协议压倒性的反对并不主要因为协议内容,或者协议精神。事实上,这个协议在没有彻底公开前已经遭到许多人的反对;大部分民众将这一协议视作针对伊朗国家主权和领土完整的大阴谋,但他们很可能对其内容知之甚少。[8]

等到1919年协议缔结时,英俄的1907年秘密协议已经广为人知,英国政府对伊朗将采取的战略和发挥的作用,包括政治和军事介入,让英国人所谓的善意彻底失去了可信度。英国取代奥斯曼帝国,获得了对伊朗周边阿拉伯地区,特别是伊拉克的宗主权,这让人感到

第四章　从礼萨汗到礼萨沙：专制主义反革命的序曲（1918—1926）

忧虑。英国不加掩饰地支持穆哈梅（后来的霍拉姆沙赫尔）的谢赫哈扎尔（Shaikh Khazal）让人震惊，因为此人一直被怀疑试图分裂石油省份。然而，经过对这一协议，以及随后的发展状况（根据30年后的相关文件和其他相关的回忆录、传记等）的分析，伊朗人民的担忧实际上毫无必要；尤其是现在已经基本确定，英国并不打算利用1919年协议作为加强对伊朗控制的工具，更不用说直接对伊朗进行殖民统治了。但是在这一事件发生的60年后，这个谨慎的分析结论也证明了，英国政府当时在采取行动和做出反应时是多么的无知。

并且，正如对局势的误解一样，英国政府在识人上也犯了错误，选择与最不利于协议和平贯彻的人打交道，尽管可能英国政府没有什么别的选择：一般而言，受欢迎的政治家通常不会做出不受欢迎的政治决策，尤其在一个"发展中国家"。而乌苏格不仅自己不受欢迎，还随意与另外两个政客——努斯拉特·道莱（费鲁兹）和沙里姆·道莱（马斯乌德）结盟，这两个人的诚信度和行政能力远差于他。说这两个人是英国特工比指控其他任何人都更有道理，因为之后发生的事情已经证明了这两个人的短视和自私自利，愿意给任何人、任何势力卑躬屈膝，当牛做马。不管怎样，哪怕没有签订协议，这三位都为公众所不齿。

1921 年政变

1921—1926 年伊朗存在双重统治——这是一个激烈的政治权力斗争的时期，不仅是对手间的斗争，还是不同政治愿景的斗争。1921年2月（伊朗历1299年12月3日）的政变拉开了这一切的序幕。由礼萨汗，后来巴列维王朝的缔造者领导的一支专业的"哥萨克旅"，从省城加兹温出发，几乎兵不血刃地占领了首都，宣布戒严，并任命赛义德·齐亚丁（Sayyed Zia' al-Din Taba-Taba'i），一个默默无闻的记者，担任首相职务。至少在前几天，德黑兰就已经知道了政变的来临；事实上，国王已经命令首都的驻军不要抵抗闯入者。此外，恺加国王立刻承认了政变,由于议会正在休会,这一承认给予它一些可追溯的合法性。[9]

事实上,当时已经没有什么政府可以推翻——乌苏格的内阁已经被赛帕达利·拉什提(阿克巴尔)(Sepahdar-i Rashti Akbar)的"代理"政府取代了。赛帕达利本人处理不好任何事,他所谓的政府早已经开始萎缩,在政变发生前他就已经辞去了职务。现在想来,政变显然是实现1919年协议精神,即确保伊朗政治稳定,不会对大英帝国的主要地区利益造成威胁的另一方案。很明显英国在某种程度上参与了政变的策划,尽管当时的英国外交部不太可能想出来这个点子。此事的全部事实尚不清楚,但可以肯定的是,当地英国军队的指挥官艾伦赛德将军(General Ironside)直接参与了政变的设计和实施。从口头和文字记载的回忆录来看,一开始有其他文职和军事人员被提名为政变的领导人选,据说许多人都拒绝了。无论如何,可以肯定的是,礼萨汗是由艾伦赛德亲自挑选的,他对礼萨汗的个人素质和军事素质印象深刻。[10]

政变者立刻宣布戒严,并且拘捕了几乎所有政治派别的政客们,其中包括努斯拉特·道莱,这个乌苏格三人小组里的投机成员,他从伦敦回来后,还沾沾自喜,以为自己肯定是新体制下首相的候选人。正如我们之后看到的,这是伊朗历史上一个崭新时代的开始,具有极深远的含义。然而,这既标志着伊朗公众的反独裁性,又体现出他们已经习惯的政治环境,印在各处城墙上的"我命令"的礼萨汗的戒严标语旁,一夜之间出现了各种,如"去你的"(Guh mikhuri)的嘲讽回应。他们觉得礼萨汗想要控制他们的生活,不仅不可接受,更是不可思议。他们很快就明白自己大错特错了。

但是如果以为政变者面对的都是冷漠和敌意,那就错了,恰恰相反,许多伊朗民族主义革命派的年轻政治活动家,包括几十位诗人和散文家,都热情地,甚至欣喜地张开手臂拥抱政变。比如诗人伊什吉(Ishqi)和阿里夫(Arif),他们都曾因直言不讳地反对1919年协议而被监禁,现在写诗、作曲、著文来支持政变和政变领导人们;政治

第四章　从礼萨汗到礼萨沙：专制主义反革命的序曲（1918—1926）

精英们被关了起来；赛义德·齐亚和礼萨汗发布的公报里罕见地用了激进而富有激情的民族主义措辞，并用像"伊朗民族万岁"这样的口号作结；一个月之内新首相就宣布 1919 年协议已死，埋葬在过去了——尽管之前他在自己的报道中还支持这个协议。实际上，当赛义德·齐亚在政变三个月后"莫名其妙地"辞去首相职位，离开伊朗时，那些激进的民族主义者并不认为这是礼萨汗制造的一场内部政变（尽管这个解释更加合理），而认为这是那些令人憎恨的政治精英们制造的一场反政变，因为在这一事件之后，部分被关押的政治精英被释放，新的大选也将开始。[11]这并不是真正的国家正常化，无论对于政变的反对者还是支持者，他们都遭到了欺骗，一切都回到了原状。阿布勒卡西姆·阿里夫（Abulqasim 'Arif）写了一首歌，哀叹赛义德·齐亚的离去，"我愿意付出我的生命，只要你领导的政府能够回来"，这首歌被传唱至今。

双重统治：不同人和不同愿景的较量

1923 年年末，在实际的陆军大臣礼萨汗成为首相前，伊朗还有五个以上的内阁，由不同政治倾向的精英政客以不同方法领导。在这段时间，礼萨汗迅速稳固了自己在各个领域的地位。他进一步控制正在不断发展的职业军队，在军官和士兵中获得了很高的声望；他亲自指挥军队在吉兰省镇压了詹加尔运动；他开始镇压部落和地区的叛乱、公路抢劫和强盗活动；他与政治精英建立了一种含糊隐晦的联系，营造出诚实的、超越传统政治阴谋和竞争的中间人形象；他吸引一群年轻的公职人员和专家到自己身边，其中很多人都有现代的、西方式的（并不算真正西方的）教育背景，这些人成为国家新兴的技术官僚精英。他让整个国家看到他是一个有能力的诚实的爱国者，最后，他成功赢得议会大多数议员的支持。在这个短暂但决定性的时期，他深深扎下了根，而那些政治精英们蔑视这个"不识字的前私人卫兵"，他们还在像以前一样激烈地争斗，他们醒悟得太晚了。

在这关键的五年里，各种思想激荡，各类事件频发，然而很少有人将它们与产生的时间和地点联系起来理解，要么是因为没有用合适的模型和类比去分析它们，要么是仅根据之后发生的事件来评估这些事情，即倒着读历史。比如，根据一些模型，礼萨汗看上去是一个"强大"的民族主义领导者，决心在一个还没有准备好接受"西方式议会民主"的国家实现社会进步；事实上，这也是英国驻德黑兰公使馆的观点，即伦敦的外交部的观点。而根据其他一些模型，礼萨汗是一个"资产阶级民族主义"领导人，需要应对"封建主义保守者"和他们的"宗教支持者"；这是苏联驻德黑兰大使馆的观点，即莫斯科的外交事务人民委员会的观点。事实上，这两种观点并没有什么实质性的区别，都是以欧洲社会和知识经验为基础的概括，只不过通过不同的意识形态术语表达。而根据第三种（更加伊朗的）模型，礼萨汗一开始就是一个英国"间谍"，为英帝国主义服务。然而，只要研究一下这时期大量的政治、新闻和文学艺术（主要是诗歌）作品的人就会很快发现，这只不过是后来情绪对历史的投射。即使赛义德·哈桑·穆达里斯，最坚决反对礼萨汗的人，也从没指控他是英国"间谍"，更从未以这个原因反对他；事实上，他以少见的犀利眼光发现了礼萨汗身上真正的威胁——礼萨汗正试图全面夺权。[13]

这个问题本身就很重要，也是解释自巴列维王朝建立后伊朗政治经济的发展绕不开的一个问题。因此，值得对其进行详尽的讨论，这也有助于理解本书其余部分提出的理论和论点。

在立宪革命后可以大致分出三种政治倾向，不论它们以何种形式表现。这三种倾向从欧洲历史和社会科学的角度看都可划分为"民族主义"。第一种倾向可称为"现代""进步""激进"或"前瞻性"民族主义；第二种倾向是"自由""民主"或"资产阶级的"民族主义；第三种倾向是"保守的""封闭的""落后的"民族主义，或称为"蒙昧主义的""亲封建的"，甚至是"黑色反动的"，从这些用词来看就足以说明对其的概念性误解了。

第一种倾向与欧洲的民族主义确有相关性。原因是这种政治倾向

第四章　从礼萨汗到礼萨沙：专制主义反革命的序曲（1918—1926）

大量地（尽管并不是完全地）吸收借鉴了欧洲文化和历史成果，这些经验后来对伊朗知识界产生了深刻的影响。这种政治倾向是坚定的、思想现代的，同时也是迫切的，执着于古代的，即前伊斯兰时代波斯帝国的荣光。它希望消除宗教在伊朗文化和技术进步中造成的障碍。它对议会和司法审议的缓慢过程感到厌倦，并鄙视过程中出现的腐败和自私自利的现象。像其他政治倾向一样，热衷于在新闻、军队和行政活动中宣传学习、城市化或议会现代化。它在行动中大声疾呼，直言不讳，积极进取；在态度上主张精英统治，并蔑视旧"贵族"和宗教价值观。其阵营主要包括记者、政治诗人和散文家、西化的官僚和军事指挥。他们在教育、技术和社会经济背景上不尽相同，在动机和愿望上也并不一致，并不是所有人坚持到了最后，但是，他们在工作方法、社会经济背景以及脾气秉性上都足够相似，有理由把他们划分到同一个阵营。

早在第一次世界大战开始时，诗人和作家们就开始表达强硬的民族主义情绪，这种情况在各地分散开花，他们的活动甚至可以追溯到革命时期，这类例子如著名的文学家穆罕默德·礼萨·伊什吉、阿布勒卡西姆·阿里夫（加兹温尼）、法罗西·亚兹迪和阿布勒卡西姆·拉胡提。后来，一些杰出的知识分子、律师和军人们，诸如苏莱曼·米尔扎·伊斯坎达里、阿里·阿克巴尔·达瓦尔、阿卜杜勒·侯赛因·铁木尔-塔什、法拉朱拉·巴赫拉米（Farajullah Bahrami）、阿里·达什提、上校哈比布拉·沙巴尼、将军阿米尔·艾哈迈迪（General Amir-Ahmadi）、亚兹丹·帕纳赫和阿米尔·塔赫玛斯比（Amir Tahmasibi）等都在其中，并且不断地聚集到礼萨汗身边。

文人们在书籍和报刊中对伊朗过去的辉煌极尽笔墨，然而这些光辉现在早已沦为彻底的贫困和绝望。他们普及了阿契美尼德和萨珊王朝时期的文治武功，随后，对伊朗被阿拉伯人征服的历史事实缄口不言，他们认为阿拉伯国家应对现在荼毒伊朗的所有宗教迷信和蒙昧主义负责。他们中许多人并不反宗教，但几乎所有人都蔑视宗教领袖和传教士。阿里夫·加兹温尼写道：

> 自从阿拉伯人在伊朗站稳脚跟
> 萨珊的土地上就没有听到过幸福的字眼。[14]

伊什吉曾写出一部波斯国王们复活的"戏剧",以此对某些土耳其记者称琐罗亚斯德是突厥人而非伊朗人的谬论予以尖锐的回击。他饱含民族主义热情,他曾写道他的爱国情有多深。

> 我恋爱了,以我支离破碎的心做证,
> 除了这已成碎片的证据,我再无所有。[15]

民族主义诗人法罗西·亚兹迪,先是成为议会议员,后来惨死狱中,他的作品几乎全部是关于爱国主义政治,比如:

> 我们是凯卡乌斯的所爱,
> 是贾姆希德和赛鲁斯(居鲁士大帝)的子孙,
> 是卡兰、吉乌和图斯的后代,
> 因为我们对英国大失所望,
> 寇松勋爵只能面对怒火,
> 他现在不过是舞弄把戏的小丑。[16]

当诗人和散文家以这种方式搭好了舞台,政治家和军事领导人们就登场了。他们当然更知道复兴过去辉煌要面对的实际限制,但是这些热切的愿望为他们提供了一个奋斗的理想目标,以及应当采取的改革方法。因为众所周知——虽然奇怪的是,那些搭建舞台的知识分子并不知道——要实现这样的愿望,必须要采取违背(那些民族主义作家习以为常的)公民自由,甚至公民许可的手段,因此,在这一政治阵营中逐渐出现了一条分界线,即政治家的实用现实主义与知识分子的抽象理想主义之间的分界;这两个在思想和愿望方面如此接近的群体,最终成为彼此的死敌,这一现象其实屡见不鲜。

第四章　从礼萨汗到礼萨沙：专制主义反革命的序曲（1918—1926）

事后看来，这一阵营的实际领导者似乎不可避免地应该由一位军事领导人来承担，礼萨汗明显是合适的人选。礼萨汗是马赞德兰省萨瓦德库人，起初是一名旅长，在后革命时期不断升迁。他曾参加多次镇压叛乱，打击旧专制主义残余领导的复辟运动，尤其是，他参与了由伟大的革命将领耶普利姆汗（"亚美尼亚人"）和巴哈杜尔将军（后来的阿萨德将军）领导的对抗萨拉尔·道莱（被推翻的国王的兄弟）的战役，并且表现突出。他的迅速晋升很大程度要归功于他的个人能力、革命部队任人唯贤的特点以及"哥萨克旅"军官团的伊朗化倾向，特别是布尔什维克主义在俄国的兴起，导致以前"借调"的俄国军官撤走。礼萨汗旅长后来获得了"Sardar Sepah"的称号——大概可以翻译为"将军大人"，他聪明、勤奋、直率、冷酷无情，拥有惊人的强大记忆力和高度的自信心，这份自信后来因为不断的成功变成了傲慢。他基本没有受过正规教育，但他在军队组织和领导方面积累了大量的经验。他在情感上是民族主义者，在方法上是务实主义者，凡是他认为对个人和国家发展是必要的，他就会毫不犹豫地去做。他钢铁般的意志多次救了他的命，或者挽救了一个本来可能完全失败的事业。他是一个罕见的能将两种冲突的性格成功融合在一身的人：一方面他脾气暴躁，直言不讳，有时甚至是粗鲁的，带着污言秽语；另一方面他能把观点、计划甚至是个人的恩怨都藏于心中，以至每次当他透露自己的想法时，所有人都会大吃一惊。他对自由毫不在意，同时又假装在法律和秩序的框架内行动；他在态度上并不民主，在他的行为中却有民粹主义的成分。就像他的主要对手和敌人赛义德·哈桑·穆达里斯一样（礼萨汗肯定暗自钦佩他的一些个人品质），礼萨汗也反感旧贵族，认为他们完全没有能力挽救局势。穆达里斯可能并没有夸大其词，他曾表示，在这个时代，伊朗只剩下两个有政治勇气和真正的男子气概的人——礼萨汗和他自己。

第二种所谓的"自由主义"或"资产阶级民族主义"政治倾向是立宪革命的直接产物。它真正综合了什叶派反专制主义思想和西方多元主义，支持个人自由、法律公正和政治权力共享。第二种政治倾向并不以宗教为主导，也没有明显的宗教色彩。但它意识到，在这种情况下，对宗教、其历史渊源和社会传统的攻击，不符合它希望国家保留的制度框架的精神。这个政治倾向的象征人物包括哈桑·穆希尔·道莱、米尔扎·侯赛因·穆阿塔明·穆尔克、米尔扎·哈桑·穆斯图菲·马马利克和穆罕默德·摩萨台·萨尔坦内博士（他将在25年后领导伊朗石油国有化的运动），他们都是受人尊敬和欢迎的政治人物。这些人坚定地维护波斯革命的宪政成就；然而，他们也不反对进行一定程度的修正和改革，尤其是在全国范围内建立法律和秩序。他们的欧洲教育和经验以及他们在开明和先进的穆斯林家庭中的成长经历，在他们的头脑中留下了深刻的法律意识，让他们能够在一个广阔的法律框架内达成一致。就他们个人而言，他们并不是殉道者的材料，但是他们的行为有时候极度的正确、公开且毫不偏袒，让他们获得了一个含义不明的（也许可能有些贬损的）称号——人民的道学先生（National Goody-Goody）。他们的"民族主义"很大程度上是经验性的，因此，与恢复伊朗民族的伟大荣光相比，他们更倾向于维护伊朗人民的公民和民族尊严。这种情况在第三种政治倾向中表现得更明显，我们稍后会讨论这个问题。单纯对照来看，他们是波斯革命中的长老会，在革命后成为直谏派，他们同样反对雅各宾主义、复辟主义和波拿巴主义。

第三种的政治倾向更加激进、死板、顽固，并且深深根植于古老的伊朗公民文化和宗教文化，与其他政治倾向相比，欧洲化程度比较低，并不那么关注国家概念，而更强调伊朗人作为群体的概念。他们并不是想要回归到恺加早期或中期的社会文化安排的宗教蒙昧主义者。相反，他们在捍卫议会制政府和权力下放的问题上毫不妥协。事实上，从能力来看，他们中的一些人可以跻身于伊朗最伟大的议会议员之列。他们继承了早期什叶派反对中央集权的思想。他们意识到，作为一个什叶派穆斯林，反对专制独裁、争取个人自由和独立司法程序，是在伊朗的政治背景中，最符合什叶派政治教义的。[17]

在实践中，他们通常与第二种政治阵营结盟，因为他们之间有许

第四章 从礼萨汗到礼萨沙：专制主义反革命的序曲（1918—1926）

多共同的政治目标；而且像第二种政治阵营一样，他们也从巴扎社区和城市人群中获得了公众支持。第三种政治倾向的代表人物包括诗人穆罕默德·哈希姆·米尔扎·阿夫萨尔、米尔扎·哈希姆·阿什提亚尼、赛义德·伊布拉辛·齐亚瓦因、谢赫穆罕默德阿里·德黑兰尼、费鲁兹·阿巴迪、哈耶里扎德（Hayerizadeh）、卡兹鲁尼（Kaziruni），诗王桂冠的获得者巴哈尔，还有最重要的赛义德·哈桑·穆达里斯，从他的各方面看，他仿佛就是这场运动的人格化身。他的许多追随者，包括上述的这些人，后来或选择退出，或改变了政治舞台，但是穆达里斯一直坚持到最后，直到这场运动的悲惨结尾。[18]

穆达里斯成长于库姆谢赫（现在的沙赫雷扎），伊斯法罕省中部的一个小镇。他开始在伊斯法罕的一所学校（即传统经学院）学习，后来又前往纳杰夫。他随后被宗教领袖选为最优（Taraz-i Avval），进入议会，这是他步入伊朗政坛的开始。很快这个名不见经传的、省里来的"学者"（Alim），以其敏锐的洞察力和更敏锐的口才，在首都的政治圈子名声大噪。第一次世界大战导致议会长期休会，这使穆达里斯找到机会，在克尔曼沙的临时政府中担任司法大臣。当政府解体时，他和其他领导人想的一样，决定先在伊斯坦布尔过一段悠闲日子再回到德黑兰更安全。回国后，他反对1919年协议，尽管他与乌苏格（当时的首相，也是直接关系到协议命运的人）私交甚笃。1921年政变次日，赛义德·齐亚（塔巴塔巴伊）宣布逮捕几乎所有传统政客，穆达里斯也在其列。几个月后，赛义德·齐亚从伊朗政坛迅速消失，穆达里斯在新议会中为自己争取到了一个席位。从这时起，不到五年后爆发的最终对抗的战线变得越来越清晰。

穆达里斯是一位出色的议员，有着雄辩式的演说能力，在一些重要场合，他通过一两篇常人易懂的、机智的，有时甚至带有道德胁迫的演讲，就能扭转议会的局势。他与各个阶层的人都有接触，他对平民的态度明显比对贵族更热情。他主张民主政治，他对高官厚禄和世俗财产都不感兴趣。事实上，福楼拜对勒南的那句评价"一个真正成为人的人，为什么会想成为物"，对他再合适不过了。但同时，他也享受个人权力,尤其是"国王般"的权力。他自视甚高,有时候对他人不加考虑,甚至十分粗鲁,这也是他倒台的重要原因。他是一个有原则的人,不像第二种政治倾向的领导者,但他有时候为了达成目的不择手段。当他运用的手段被认为是虚伪的、矛盾的,他就会巧妙地采取策略避开这些指责。比如,他在议会上支持努斯拉特·道莱被任命为少校,这让很多人感到惊讶,因为努斯拉特6个月前还参与1919年协议的支持活动。同时,穆达里斯也发表对努斯拉特和其支持1919年协议行为的批判和鄙夷,这让人们没法指责他前后矛盾。[19]此外,在他面临绝望的时候,他犯了战略错误,与穆哈梅的谢赫哈扎尔联系,伊朗人民一直认为哈扎尔是一个分裂主义者、暴君和帝国主义的代理人,穆达里斯也毫不掩饰自己对他的感情,他在信中写道:

> 我曾多次在我的信中提到,德黑兰的人民认为你是个恶人,你在伊朗的声誉极差,所有人都憎恨你、讨厌你。所以如果你想让人民原谅你的过去,就必须做好事来弥补……今天就是你接受考验的时候……如果你通过了这个考验,会减轻你的罪过……否则单用语言是骗不了德黑兰的民众的……[20]

这一小段话实际上高度概括了他突出的个人特征,尤其是,他的直率,对原则问题绝不妥协,以及他有时近乎傲慢的自信心。据称他曾给赛义德·齐亚致信,说道:"如果你想成功,本应该把我们都杀了的。"他随后也证明了(在其他场合里),他言出必行。他不太了解现代政治和政府的程序,但他是一个伟大的政治家。他在个人行为上是独裁的,但在社会精神上是民主的。他在手段的选择上是务实的,但在维护原则上是强硬的。穆达里斯是后革命时期"自由无政府主义"的明星;当"自由无政府"时代结束,这颗星也跌落了。

不平等的对抗

在第四届议会(1923—1925)期间,人们渐渐发现礼萨汗正在全

第四章　从礼萨汗到礼萨沙：专制主义反革命的序曲（1918—1926）

面接管国家事务。事实上，穆达里斯和他的追随者早就认识到这种威胁以及可能带来的所有影响。第二种政治阵营中那些风云的政治家们一开始并不完全相信这种趋势，他们（无论是当时还是后来都）更关注礼萨汗的成就。这在一定程度上反映了观点上的差异。以穆达里斯为代表的政治阵营，最担心功能性专制主义的复辟，至于维护各省的法律和秩序，复兴"过去伊朗的辉煌"，以及捍卫来之不易的立宪成果免遭日益增加的宗教复兴民族主义的威胁，这些他们并不是那么关心。一次，穆达里斯对自己的一个支持者（此人曾经向他指出礼萨汗的优点）说，"要保护人民，防止他们送出去的枪打到自己"[21]。

不久陆军部悄然接管警察和宪兵队，而这二者的非法活动也与日俱增。想要自由地（偶尔肆意地）参加政治行动和进行新闻报道越来越困难，但自第一次世界大战以来这样的活动还是普遍（尽管不是始终地）自由的。除了增加对军队的预算拨款，陆军部还非法向军队拨款。这个问题在一次议会演讲上被一位议会议员（穆因·图扎尔，巴扎商人代表）抛上了台面，穆达里斯接过话题，把攻击的矛头指向礼萨汗本人，并提到了陆军部对国家财产和间接税的操纵。这场对峙以陆军大臣的战略性撤退告终。

随着时间的推移，两个反专制主义政治阵营的领导人都反对礼萨汗的计谋和政治愿景。但是只有穆达里斯和他的阵营的反对立场是一贯的、完全不妥协的。尤其是穆达里斯用尽一切方法阻止这位将军顺利夺权。他试图请摄政王采取行动，但未能成功。他召集了巴扎群体的领导们，与他们进行谈判，以往他不会把这些人当作天然的盟友。以这种方式他（至少在关键时期）离间了第二种政治阵营的领导人，这些人更同情自己的命运。比如，在1922年年末，他在议会上通过高超的策略，成功地推翻了当时深受欢迎和尊敬的米尔扎·哈桑·穆斯图菲·马马利克领导的政府，并且试图以不受欢迎的米尔扎·艾哈迈德·卡瓦姆·萨尔塔内取代他。他自己的理由很简单，也很务实。他把穆斯图菲比作一把"镶有宝石的剑"，但这把剑只在和平时期有用；而卡瓦姆则是一把"锋利的军刀"，在战争中是绝对不可或缺的。

然而这并不妨碍民族复兴主义诗人伊什吉、阿里夫和法罗西咒骂他。因为环境的原因，也因为礼萨汗的个人努力，他的地位仍然在不断上升，尽管上升之路有时候会遭到阻碍。1923年10月，议会选举他为首相，主要是因为穆希尔·道莱软弱无能（一个有名的"道学先生"）；尽管迟早会发生，礼萨汗推翻并逮捕了穆哈梅的谢赫，暴戾的哈扎尔（他一直享受着英国的保护），从而提高了他在支持者和旁观者眼中的威望，并使反对他的人都陷入沉默，内心敬佩。他还买通了敌对阵营的政客和记者，恐吓了一些人让他们不敢发声，赢得了一些人心——这些人总是根据竞争双方的相对实力来判断"真相"。

礼萨汗成为礼萨沙

最后的战役分为两个阶段。1924年年初，来自全国各地的电报如雪花般涌来，要求建立一个共和国。人们举行示威和会议，散发传单，举办音乐会，发表演讲宣传共和制度的种种好处。礼萨汗假装中立，但是军队在积极加入共和阵营。共和主义的反对派包括两个反独裁主义的政治阵营的领导人和支持者，他们紧密团结在一起。事实上，两个阵营的人都清楚，礼萨汗的共和国是建立巴列维王朝的第一步。[23]一些民族复兴主义知识分子——特别是诗人伊什吉，越来越多地表现出改变心意的迹象，投向了反对派。但是政府仍然获得了（第五届）新议会大部分议员的支持，虽然最后这场运动失败得很不光彩，但毫不夸张地说，如果没有穆达里斯超凡的能力和精敏，这场共和运动会彻底成功。在新议会的一次会议上，事情出现了转机，穆达里斯遭到了阿希亚·萨尔塔内（巴赫拉米）博士（礼萨汗议会支持者中的小人物）的袭击。穆智台希德领袖遭到人身袭击的消息很快在城市炸开了，公众在议会门口示威，其中反对派人士和为政府呐喊的少数人之间发生了肢体冲突。当礼萨汗到达现场时（显然不知道穆达里斯遇袭一事），他大发雷霆，命令议会卫队驱散人群。一场旷日持久的血腥战役打响了，将军本人也参与其中（"他们向他扔的不是鲜花而

第四章 从礼萨汗到礼萨沙：专制主义反革命的序曲（1918—1926）

是砖头"，伊什吉在一首半白话的诗中写道，在写这首诗的几个月后，他被暗杀身亡）。[24]

下一个发怒的公众人物是受人尊敬的议会议长，他公开谩骂礼萨汗命令议会卫兵使用武力驱散人群，因为这些卫兵是在他的直接指挥下出于工作行事。现在的礼萨汗威望已经跌到了低谷，除了在他的军队里。礼萨汗辞去了职务，回到他最近在德黑兰附近购置的农村庄园。然而随后，各省的军队委员会开始向议会发出威胁信，除此之外，许多独立的议会议员并不完全相信礼萨汗彻底离开符合国家的最佳利益。因此，一个由备受尊敬的独立人士领导的议会议员代表团，如穆斯图菲·马马利克（Mustawfi al Mamalik）、穆希尔·道莱（Mushir al-Dawleh）和摩萨台博士（Dr. Musaddiq），在他的隐居地隆重地拜访了礼萨汗，并把他带回了德黑兰。

共和运动被废止了，重新上任的礼萨汗访问了库姆（在伊拉克新王国建立后，许多效仿渊源搬到了库姆居住），他与主要的宗教领袖达成了和解。此外，他对穆达里斯采取了友好的态度，并在一次内部会议上同意了他的一些政治要求。[25]

这是礼萨汗政治生涯的一次大挫败，但对于穆达里斯也不是彻底的胜利，在短暂但非常关键的时间段里，他还沾沾自喜，停留在他的胜利里：穆达里斯只是赢了这场战役，但没有意识到他将输了这场战争。在1924年4—11月间，在恺加王朝推翻后，礼萨汗就曾巧妙地玩弄手腕，尤其是在他与宗教界，特别是与库姆的关系上。比如，他本人曾在一群军队将领的领导下，参加了一年一度悼念伊玛目侯赛因殉难的游行，并且组织了一些传统上的哀悼仪式。[26]

与此同时，还发生了一个奇怪的事件，至今没有得到令人满意的解释。1924年7月，有传言说，一个萨告之屋（Saqqa Khaneh，由慈善机构建立的纪念卡尔巴拉殉难者的公共饮水处）显现了神迹，很快出现了激烈的公众示威活动，大多数的口号是反对巴比教（指的应是巴哈伊派），美国副领事在给示威人群拍照时，被私刑处死。礼萨汗（当时与"英国人"结盟）和穆达里斯（当时也与"英国人"结盟）

93

及其追随者都被指控煽动了这次骚乱。但不管是谁造成的，都不太可能有针对美国外交官生命的具体阴谋（这也是所有评论家最喜欢的观点），但这一事件正中礼萨汗的下怀，他的国内外支持者（包括莫斯科广播电台）将此事称为封建反动派所为。礼萨汗顺理成章地宣布戒严，并对媒体进一步限制。[27]

当反对派意识到礼萨汗的新战略，即直接全部夺权时，已经无力回天了。1924 年 8 月，他们提出了一项针对首相礼萨汗本人的谴责动议，指责他"积极反叛宪法"。双方在议会激烈地辩论，议会内外还爆发了肢体冲突，这项动议最终被撤回，因为多数派力量强大，一些反对派议员担心自己的人身安全。也就是在这次失败后，穆达里斯试图利用穆哈梅的谢赫哈扎尔，鼓励他篡位，取代礼萨汗，并且邀请艾哈迈德沙（恺加国王）通过他自己在胡泽斯坦的据点从巴黎回到伊朗。但是礼萨汗行动更快，抢先到达了穆哈梅，逮捕了哈扎尔，以民族英雄的姿态回到德黑兰。[28]同时，他利用穆达里斯的自负，与他假立和平，几个月后，这位自负的反对派领导人一定会后悔自己这个致命的错误。

1925 年 10 月中旬，议会提出一个简单的动议，由一些议员，包括最近还是反对派的议员签署，要求废除恺加王朝，并将王室头衔暂时转移给首相，直到（根据宪法规定）召开制宪会议通过决议。反对派如今只剩少数几个议员，他们中有些人决定不参加这次会议，试图使用拖延战术，但无济于事。以穆达里斯为首的 14 名代表中，只有穆达里斯自己发出了强有力的声音，他大喊"即使投了一千张票，这个决议仍然是非法的"，随后没有发表正式演讲就冲出了议会。四位独立人士，塔基·扎德、阿拉、摩萨台和多拉特·阿巴迪，依次发表了反对该动议的演讲。所有这些发言都是有理有据的，从这个意义上讲，是温和的。他们都赞扬了首相的成就并支持他继续任职，但他们认为，这个决议不会有任何实际好处，表示应该根据标准的宪法流程执行。特别是摩萨台，发表了一篇准备得非常充分、有理有据而又动人的演讲，他说如果让将军成为一个无实权的立宪君主，这个国家就

第四章 从礼萨汗到礼萨沙：专制主义反革命的序曲（1918—1926）

会失去如此有能力的政治家的领导；如果他成为一个专制君主（他非常清楚这一点一定会实现），那么就违背了波斯革命的成果，哪怕是他遭到"虐待""诅咒""杀害"甚至"残害"，他都不会支持这个决议。四个多数派阵营的议员，一个个地，温和地回应了他们的发言。议会分裂成两边，该决议以压倒性优势通过了。恺加王朝覆灭了，同时伊朗历史上一个激动人心的篇章也结束了。

制宪会议批准了议会的决议，将王室头衔授予礼萨汗和他的男性子嗣，无论是制宪会议的审议过程，还是一开始的选举，都不过是一场闹剧。其他人早就预料到了这个结果，只有苏莱曼·米尔扎·伊斯坎达里，议会里的社会主义领导人，这时才惊讶地发现自己被他一直支持的"资产阶级民族主义领导人"欺骗了。然而，的确只有少数人（摩萨台是其中一个）能意识到这起事件的长期影响。在礼萨汗的加冕仪式后，1926年年初，在城市里有一群人轻松愉快地像往常一样提出他们的反当局口号（但没有往常那么有攻击性）："别看他们给你戴上了王冠——他们只是在拉你的后腿！"不过他们很快就明白了谁在拉谁的后腿，因为这是专制主义反革命的一次关键战略性成功。

经济景象

在战争后，遭到摧毁的伊朗经济开始复苏，并在某种程度上，重新整合，战争的结束本身是稳定的因素。从1921年来，中央权力的掌控范围不断扩大，这至少使道路和轨道更加通畅，避免了强盗的频繁侵扰，从而降低了运输成本和贸易风险。与前一时期相比而言，石油收入不断增长且更加稳定，国内需求进一步增加，国际收支得到缓解，这为经济注入了强心剂。商人和小投资者受到鼓舞，他们感到更大的经济安全感，对更好的未来充满了希望。国家在一些（尽管是有限的）基础设施和工业（主要是采矿业）项目上的投资有助于经济快速复苏，也有利于未来的进一步发展。对预算和财政进行重组有助于减少公共债务，更重要的是，让政府账户管理更加有序。然而这些措施都不会让经济快速发展，更不意味着经济建设取得成果。这仅仅意味着伊朗正从以前全面的经济、财政和社会政治混乱中逐渐恢复过来。从彻底的混乱中恢复过来是一回事，社会和经济发展又是另一回事。

石油

也就是从这一时期开始，石油生产和石油收入成为伊朗政治经济变迁中的关键因素（既带来了幸运也带来了不幸）。这种变化使跨国石油公司和西方国家政府视伊朗为关键利益所在，从而激起他们对伊朗国内事务的系统性干预；使国内需求、国家支出水平和国际收支同石油出口的价格和数量联系起来，直到现在国内的政治经济也无法掌控这个局面；使国家的经济和政治权力增加（有时减少），国家只负责接收和分配石油收入；形成了一个自主的经济部门，在国家政治经济中独立，就业机会极低，而财政收入与之极不相称；主要为那些城市里的特权阶级提供了一个隐形的（在生产上不劳而获的）进口、消费和公共福利的来源，在享有实际收入的特权阶层和不断奋斗的有抱负的人群间划下了深深的鸿沟；让经济"发展""工业化"和"现代化"在技术上更容易实现，而在社会经济上造成更大的困难，甚至对伊朗的政治经济——其生产力、凝聚力、稳定性、一体性乃至存续性——造成危害。经过了五十多年（其中包括多年的中断和反复），在一片欢欣之后，脱离历史和社会发展的石油生产机构和石油收入终于结出了苦果。从这一时期开始，出现了新的经济发展进程和趋势：无论绝对还是相对而言，总收入都很少，这些收入全部归国家，但他们的增长速度比其他任何经济类别都快。

表 4-1 包含一些有趣的观察现象。第一，第（5）栏显示，从 1919 年起，石油的实际产出和出口无一例外地每年都在增加，直到 1926 年其总额达到了 1919 年的四倍。第二，第（3）栏表明，石油出口值也同样增长到近 1919 年的两倍（尽管并不是每年都持续增长）。第三，从第（2）栏我们可以看出，伊朗的石油收入波动很大，

第四章　从礼萨汗到礼萨沙：专制主义反革命的序曲（1918—1926）

但无论如何，在 1924—1926 年增长到了更高的水平（即礼萨汗完全掌权的那几年）。第四，根据第（4）栏中伊朗石油收入占石油出口值的百分比数据，也能观察到伊朗石油收入的巨大波动，数据显示伊朗得到的报酬约占本国石油出口值的 5.05%—10.42%。第五，考虑到出口总量和汇率波动都会影响收入的英镑价值，所以在第（6）栏，基于里亚尔和英镑之间的汇率自 1919 年以来一直保持不变的假设，计算出每长吨石油的年收入数据。因此其他的影响因素，如石油价格变化、支付不稳定、非法入账（或称"做假账"）以及统计失误，一定对这一栏出现的数据波动产生了最重要的影响。

表 4-1　　　　石油收入、石油出口等，1919—1926 年

（1）年份	（2）石油收入（百万英镑）	（3）石油出口值（百万英镑）	（4）石油收入占石油出口值的百分比	（5）石油出口量（'000 长吨）	（6）每长吨石油收入（英镑，按 1919 年汇率计算）
1919	0.47	7.24	6.49	1106	0.42
1920	0.59[a]	6.88	5.57	1385	0.58
1921	0.59	6.54	9.02	1743	0.67
1922	0.53	7.73	6.85	2327	0.43
1923	0.51	8.11	5.05	2959	0.23
1924	0.83	12.30	6.75	3714	0.39
1925	1.05	12.53	8.10	4334	0.43
1926	1.40	13.43	10.42	4556	0.60

注：a、不包括为代替未付账款而一次性支付的 100 万英镑。

资料来源：第（2）和（5）栏——J. Bharier, *Economic Development in Iran 1900-1970*, London: Oxford University Press, 1971, 表 8-4 和 8.3；第（3）、第（4）和第（6）栏根据表 6.4、表 6.9 和表 8.3 的数据计算，同上。

在此期间，伊朗两次试图授予美国公司在伊朗阿塞拜疆省的石油勘探和开采特许权，但都没有成功。第一次是 1921 年 11 月，授予标准石油公司（Standard Oil Company）；第二次是在 1922 年，授予辛克莱联合石油公司（Sinclair Consolidated Oil Corporation）。苏联政府对这

一行为发出强烈抗议,因为根据1921年2月的伊苏协议,苏联取消所有沙皇俄国和俄罗斯人在伊朗获得的特许权,条件是伊朗不得将这些特许权转移给其他国家的政府或公民。这包括伊朗北部的石油特许权,先前这一特许权授予给一个沙皇俄国的格鲁吉亚人,所以现在,把这一特许权"转移"给一家美国公司违反了伊苏协议的条款。事实上,苏联的抗议并不是这两次尝试失败的直接原因,第一次的失败是因为南部的英波石油公司很快加入了协议,与标准石油公司联合开采石油,并且英国政府占多数股份。这显然是伊朗政府、议会和公众所不能接受的,他们不会将特许权给一家英国公司。第二次尝试失败是因为苏联明确表示,如果开发成功,苏联将拒绝提供过境便利;同时英国政府有可能也参与阻止了这次尝试。[31]

国内的经济部门,即非石油经济部门(尽管这些部门并非完全与石油收入脱钩)有复苏和复兴的迹象。目前没有这一时期农业总产量,以及各作物或各地区产量的可靠数据(但有一些不可靠的数据)。然而,定性证据表明农业部门的表现比前几年要好。还有一些间接的定量证据证明了这个观点:农业生产仍然主要划分为经济作物(棉花、鸦片、烟草和干果),主要用于出口;以及粮食作物(小麦、大麦、水稻、水果等),主要供应国内消费。此外,伊朗大部分的非石油出口都是农产品。考虑到这一时期国家已经基本能实现粮食自给自足,且非石油出口量从数额和价值上都有上升,因此农业产出肯定在适度增加,见表4-2。事实上,伊朗主要进口的农产品是茶叶和糖。所以,农业生产恢复和石油收入上涨改善了贸易收支,将长期的赤字转变为盈余。[32]

表4-2　　　　　非石油出口和贸易差额,1918—1926年

(1) 年份	(2) 非石油出口量 (千公吨)	(3) 非石油出口值 (百万里亚尔)	(4) 非石油出口值 (百万英镑)	(5) 包含石油出口的贸易差额 (百万里亚尔)
1918	49	115	4.2	-205
1919	103	187	7.48	-262

第四章 从礼萨汗到礼萨沙：专制主义反革命的序曲（1918—1926）

续表

（1）年份	（2）非石油出口量（千公吨）	（3）非石油出口值（百万里亚尔）	（4）非石油出口值（百万英镑）	（5）包含石油出口的贸易差额（百万里亚尔）
1920	49	137	4.03	−111
1921	84	179	3.62	−108
1922	115	305	5.49	115
1923	147	385	8.10	87
1924	211	485	11.55	207
1925	229	515	13.45	178
1926	152	450	9.24	324

资料来源：第（2）、第（3）和第（5）栏——Bharier, *Economic Development in Iran*，表6.4和表6.6。第（4）栏——根据表6.4和表6.9的数据计算，同上。

制造业和非石油采矿业也取得一些发展。制造业的扩张主要发生在"私营"部门[33]，因此，其生产倾向于面向当地消费者的需求，主要由小型传统工厂和车间组成，雇用非技术工人和工匠生产诸如肥皂、玻璃和纺织品等产品。外国投资者，有时候是国家，之前建立了大型工厂，使用现代生产技术生产如糖、火柴、纺织品等"轻型"消费品，但是这些工厂大部分都倒闭了。可以肯定的是，地毯仍然是伊朗制造业出口的主要产品。地毯织造仍然是以农村为基础的家庭产业。有定性证据表明一些其他的农村或半农村产业，如肥皂、纺织品和鞋履生产，已经开始向城镇转移。这是伊朗制造业中现代工厂生产制度（尽管还没有技术）产生的开始，即货币工资合同雇用的劳动力进行生产。与制造业不同的是，非石油开采——主要是盐矿和煤矿——的扩张几乎完全要靠国家投资。但是相比于其他领域，最重要的公共投资领域应当是现代（相对于传统）教育的建设，中学数量得到增长（主要集中在首都）。

这些相对较小的经济改善（很多都难以察觉）很难满足伊朗知识分子，尤其是其中占主导地位的民族复兴主义团体的期望和他们急迫的、情感上的社会经济渴求。他们特别希望建设一个国家银行，修建铁路，迅速发展现代中小学教育，建立一所欧洲风格的大学，在现代技术的基础上扩大制造业的生产，大量增加电力和电话服务的供应，建设现代城市公共交通，等等。他们中的许多人没有意识到，迅速满足这些肤浅的欲望（想要实现社会经济发展不应基于一种颠倒的民族自卑感，而应考虑国家的过去与现实），将带来的后果无异于一场反革命。简言之，这些愿望就是礼萨沙的"国家使命"。

注释

1. 本节的大部分内容已经在我的《伊朗的民族主义趋势，1921—1926》，*International Journal of Middle Eastern Studies*，No. 11，1979 中发表。但是本节的这部分内容经过了较大的修改。

2. 参见 Ibrahim Fakhra-i, Sardar-i Jangal, Teheran, 1965，这是一部库切可汗的政治传记，尽管有些缺陷，但比曾经与库切可汗在同一战壕，后来与他为敌的那些人移民苏联后写的文字更可靠。

3. 同上，也可参见 E. H. Carr, *The Bolshevik Revolution*, Harmondsworth: Penguin, Vol. III, 1966。

4. 参见 Kasravi，以及第三章引用的其他关于伊朗立宪革命的资料。关于哈达尔的生活、思想和活动，以及 1903—1933 这一时期各种社会主义倾向和活动的相对较新且有价值的资料，参见 D. Bozorgue（ed.），*Historical Documents: The Workers', Social Democratic, and Communist Movement in Iran*, Florence: Mazdak, 1976，为波斯文。

5. 关于哈达尔"马克思—列宁主义"和库切可汗"资产阶级民族主义"的问题至今还在伊朗知识分子中争论不休，这也证明了当年的意识形态和政治上的形式主义现在还在我们身边。这种伪意识形态的分类法首先由詹加尔运动的流亡者在俄国期刊 *Novyi Vostok* 上提出，随后在法国期刊 *Revue du Monde Mussulman* 也提出了这种观点。参见 E. H. Carr, *The Bolshevik Revolution*, Vol. III。

6. 参见 Fakhra-i, Sardar-i Jangal; E. H. Carr, *The Bolshevik Revolution*, Vol. iii 和 Victor Serge, *Memoirs of a Revolutionary*, New York: Oxford University Press, 1963，他在其中引用了詹加尔运动者里的布尔什维克情报官员 Blumkin 的话，其大意是，吉兰革命是被莫斯科叫停的。Blumkin 是第一个被苏联秘密警察（GPU）逮捕和枪杀的布尔什维克。

第四章　从礼萨汗到礼萨沙：专制主义反革命的序曲（1918—1926）

7. 参见 Gordon Waterfield, Professional Diplomat, *Sir Percy Loraine*, London: John Murray, 1973, pp. 79 – 82 中引用的相关文件，尤其是寇松 1923 年致洛兰的电报，在其中他提到了 1919 年协议，"我曾试图通过英波协议帮助波斯，但是遭到了波斯人自己的挫败和鄙视……我已经厌倦了波斯人的猜忌、阴谋和心机……如果（波斯）选择疏远我们，这对她没有好处，对我们也不会有什么损失"。

8. 政治诗人伊师吉曾指控乌苏格将伊朗卖给了英国，他给乌苏格写了一首尖锐的诗，告诉他"伊朗不是你爸爸的财产"。著名的独立政治家多拉特·阿巴迪告诉英国驻伊朗的临时代办珀西·考克斯（Percy Cox）爵士，协议的条款没有问题，但协议本身就是错的。一个协议支持者曾跟穆达里斯（下文有更多关于他的内容）说，协议的第一条就是保证伊朗的独立。穆达里斯表示如果国家真的是独立的话，就不需要这样的保证了。曾任波斯驻伦敦外交官的阿卜杜拉·穆斯塔菲写了一本反对该协议的小册子，名为"Ibtal al-batil"（"驳斥谎言"）。参见 Ishqi's Kulliyat, *ed. A. A. Salimi*, Teheran: Amir Kabir, n. d.; Dawlat-Abadi, *Hayat-i Yahya*, Teheran, Vol. IV, 1950; Husain Makki, *Duktur Musaddiq va Nutqha-yi Tarikhi-yi U*, Teheran: 'Ilmi, 1945; 和 Mustawfi, *Sharh-i Zindigani-yi Man...*, Teheran, Vol. III, 1962。

9. 参见 Husain Makki, *Tarikh-i Bist Saleh-yi Iran*, Teheran: 'Ilmi, Vol. I, 1945; Ibrahim Khajeh Nuri, *Bazigaran-i 'Asr-i Tala'i*, Teheran, 1942 – 1943; 和 G. Arfa', *Under Five Shahs*, London: John Murray, 1964。

10. 参见 Makki, *Tarikh-i Bist Saleh-yi Iran*, Vol. I 和 Khajeh Nuri, *Bazigaran-i Asr-i Tala'i*。

11. 沙阿和整个政变的反对派都厌恶赛义德·齐亚，认为他是政变以来他们一系列麻烦的根源。礼萨汗利用了这一点，轻易地除掉了赛义德。人们流传说是"英国人"自己决定赶走赛义德，从而讨好礼萨汗，这种说法完全忽视了沙阿和政客的作用。除此之外，这种说法也没有证据。参见 Makki, *Tarikh-i Bist Saleh-yi Iran*, Vol. I。

12. 在这一时期，斯大林和希特勒的反对者过分强调他们卑微的背景，低估他们的能力，这最终帮助他们夺得全部权力。

13. 1921—1925 年俄国驻伊朗的两任临时代办罗斯坦（Rotstein）和舒米亚茨基（Shumyatsky）都把礼萨汗当作"资产阶级民主"革命运动的领导人，而他的反对派则是"封建主义者"或"半封建主义者"以及宗教反动分子。苏联期刊上有几篇文章是这样描述礼萨汗的，如《新东方报》（*Novyi Vostok*）上的一篇文章将他描述为"波斯的领袖",他成功地捍卫了波斯的独立。在 1924 年 10 月的一次采访中,舒亚米茨基称礼萨汗和他的团队是"中央集权和资产阶级民主进步的真正支持者,民族主义者",他们的进步政府遭到了"英国人"支持的"封建主义者"的反对。根据苏联关于共产国际第五次大会(1924 年 6 月召开)的报告,伊朗共产党积极参加了"民主分子反对封建主义及其支持者英帝国主义的斗争"。俄国人对礼萨汗的这种态度几乎没有动摇过,哪怕是 1925 年 11 月,礼萨汗为了建立自己的新王朝而推翻恺加王朝时,俄国人仍然希望礼萨汗宣布自己是波斯共和国的总统后,将成为民族主义革命运动的领袖。见 E. H. Carr, *Socialism in One Country*, Harmondsworth: Penguin, Vol. III, 1972, pp. 659 – 665 和 *The Bolshevik Revolution*, Vol. III, pp. 463 – 468; 和 *Makki, Tarikh-i Bist Saleh-yi Iran*, Vols. II and III。

英国人就没有那么乐观了,他们更倾向于议会独立人士对礼萨汗的批判性同情态度,比如穆希尔·道莱、摩萨台等人,他们赞赏礼萨汗在国内建立法律和秩序的努力,但不喜欢他的独裁主义倾向。珀西·洛兰爵士很好地代表了英国人的这种想法,他相信,"只要不采用暴力,这样处理人民问题的方式是正确的……普通人乐于见到至少有一个强大的人在掌握国家事务"。

罗兰在让英国外交部接受礼萨汗推翻谢赫哈扎尔一事上起到了决定性作用,而当时如珀西·考克斯(Percy Cox)爵士等其他人正在就此事向外交部施压。舒米亚茨基认为哈扎尔公开挑战礼萨汗是英国动员"封建主义者"反对"中央集权和资产阶级民主进步"的阴谋的一部分,英国外交部的文件证明这个观点是毫无根据的。英国外交部同时驳斥了伊朗人的一个观点,即"英国人"在牺牲一个代理人(哈扎尔)来保住另一个(礼萨汗)。事实上,那些总是用外国阴谋论来"分析"整个伊朗历史的人可能并不知道的是,当礼萨汗加冕的消息传来时,英国外交部东方司司长将他描述为"一个篡位者"。1923 年年初,寇松本人曾警告洛林不要相信礼萨汗,用寇松的话说,礼萨汗"很会一边说好话一边干坏事"。早先时候,英国驻伊朗财政顾问阿米塔格-史密斯(Armitage-Smith)曾向外交部表示礼萨汗是一个"背叛他身边每一个人"的人,并且憎恨 H. M. G. (大英政府)。参见 Waterfield, *Professional Diplomat*, esp. Chs 6 – 12, 更多参见 *Makki, Tarikh-i Bist Salah-yi Iran*, Vols. I - III。

毫无疑问,英国人和俄国人都急于维护他们在伊朗的利益。我强调上述问题是为了说明他们的判断出现失误,主要是因为他们在欧洲历史和经验的基础上,通过理论上的先入为主误解了伊朗社会的性质。此外,我想为伊朗人提供他们错

第四章 从礼萨汗到礼萨沙：专制主义反革命的序曲（1918—1926）

误的证据：一是无论右派还是左派都不加批判地应用这些理论，必然会产生误导；二是要想真正了解伊朗政治经济的力量和事件，无论是过去还是现在，都必须要了解伊朗的内部因素和发展趋势。

14. *Divan-i Mirza Abulqasim Arif-i Qazvini*, Teheran：Saif-i-Azad, 1946, p. 270。

15. *Ishqi Kulliyat*, pp. 222-232, 350, 334。

16. 参见 Divan-i Farrukhi, *ed. H. Makki*, Teheran：'Ilmi, 1953。

17. 1921年，在一次议会演讲中，穆达里斯称"穆斯林波斯必须是穆斯林和伊朗人的"，1923年在另一次演讲中，他曾对奥斯曼帝国的首相说："如果有人未经我们允许越过伊朗界线，我们就会射杀他，不管他戴的是（波斯的）帽子，还是穆斯林的包头巾，还是（源自法国的）有檐的帽子……我们的宗教实践就是我们的政治，我们的政治就是彻底的宗教实践……（引自 Makki, *Tarikh-i Bist Saleh-yi Iran*, Vol. Ⅱ）。有很多进一步的证据表明穆达里斯既不是一个现代民族主义者也不是宗教狂热者，只是民族的什叶派政治领导人。

18. 在被单独囚禁在霍拉桑省一个沙漠城堡长达九年后，1938年他被礼萨汗下令杀害。

19. 参见 Khajeh Nuri, *Bazigaran-i 'Asr-i Tala' i*, pp. 159-163。

20. 参见 Makki, *Tarikh-i Bist Saleh-yi Iran*, Vol. Ⅲ, pp. 172-173。

21. 参见 Mustawfi, *Sharh-i Zindigani-yi Man*, Vol. Ⅲ。

22. 他认为受到了礼萨汗的"侮辱"，并辞职抗议，尽管礼萨汗试图改口劝说他继续任职。Mustawfi, Sharh-i Zindigani-yi Man, Vol. Ⅲ；*Makki, Tarikh-i Bist Saleh-yi Iran*, Vol. Ⅲ；Khajeh Nuri, *Bazigaran-i 'Asr-i Tala i*。

23. 比如，在一首关于这个问题的诗里，巴哈尔写道："他打着共和的幌子，试图成为国王；我们很天真，而贪婪的敌人很狡猾。"参见 M. T. Bahar, *Divan…*, Teheran：Amir Kabir, Vol. Ⅰ, 1954。

24. 参见 M. T. Bahar, *Tarikh-i Muktasar-i Ahzab-i Siyasi dar Iran*, Teheran, 1944；Khajeh Nuri, *Bazlgaran-i 'Asri Tala'i*；Dawlat Abadi, *Hayat-i Yahya*；Makki, *Tarikh-i Bist Saleh-yi Iran*。

25. 参见 M. T. Bahar, *Tarikh-i Muktasar-i Ahzab-i Siyasi dar Iran*, Teheran, 1944；Khajeh Nuri, *Bazigaran-i 'Asri Tala'i*；Dawlat Abadi, *Hayat-i Yahya*；Makki, *Tarikh-i Bist Saleh-yi Iran*。和 Khajeh Nuri, *Bazigaran-i 'Asr-i Talai*。

26. 事实上，库姆和伊拉克的主要宗教人士与礼萨汗关系良好，他们从未公开反对过礼萨汗。恰恰相反，1922年，礼萨汗受到了表彰，得到了一把来自卡尔

27. 示威者的口号之一是，"这个毫无原则的巴布教徒背叛了人民"——这些口号无疑是针对礼萨汗的。主流的观点是这是英国人的阴谋，目的是阻止美国公司获得在伊朗北部勘探和开采石油的特许权，但令人注意的是，在这起事件两年多前授予特许权一事就以失败告终。然而，1924年6月伊俄签订了全面的贸易条约，这可能是一些组织和领导示威活动的人抗议的原因。根据现有的证据来看，无论这是否是一起精心组织的阴谋，在当时反对礼萨汗的各种派别，包括各种保守派、民主派人士和机会主义者——也许也包括王室法庭——都利用这起示威活动攻击礼萨汗。礼萨汗或任何外国力量都不太可能参与这起事件。

28. 与马基、哈吉·努里等人的猜测以及在伊朗流行的传言相反，哈扎尔被推翻一事不是由英国政府设计，礼萨汗执行的政治阴谋，相反，所有的证据都证明这是礼萨汗的个人行为。而英国外交部对如何回应这起事件各执一词，只有洛林，他早在1922年就称礼萨汗是"会赢的那匹马"，认为外交部不应履行英国政府早先做出的保护哈扎尔的承诺。详见注释第13条。

29. 参见 Makki, *Duktur Musaddiq*，以及以上注释中引用的所有其他波斯语资料。前一天晚上，杀手刺杀巴哈尔未遂，一个记者被误认为是反对派议员而遭到杀害。当天晚上，议会中一些对支持礼萨汗摇摆不定的议员被"邀请"到一个密会，要求他们承诺支持第二天早上的议会提案。

30. 这位社会主义领导人曾天真地相信礼萨汗会履行对他的承诺，成为一个不世袭的王室独裁者。因此，当他发现自己的"错误"时，他拒绝在制宪会议上支持议会的提案，并从此在伊朗政坛中消失，直到1941年才现身。很多反对派领导人，都曾出入议会——比如哈耶里扎德和赛义德·阿布卡西姆·卡尚尼——他们被"选举"为制宪会议代表，并投票支持建立巴列维王朝。

31. 英国同样表示这样的协议不可接受，因为正是同一个（沙皇）俄国人在第一次世界大战前获得了特许权，将其卖给了一个英国人。

32. 1924年6月礼萨汗和苏联政府签订的伊俄贸易协定（该协定将使两国的商贸往来大大增加）没有得到议会的批准。参见 Makki, *Tarikh-i Bist Saleh-yi Iran*, Vol. III; 和 E. H. Carr, *Socialism in One Country*, Vol. III。

33. 关于这一时期国家预算报表的样例，参见 Bahar, *Tarikhi Mukhtasar*,

第四章 从礼萨汗到礼萨沙：专制主义反革命的序曲（1918—1926）

pp. 259 – 264。1922 年，土地税占政府收入的四分之一以上（除了军队对国有土地收入的不当使用），而陆军部要求 40% 的预算拨款。"财政赤字"约占收入的 15%。没有相关规定，也没有可能对其提供财政支持。

第五章
伪现代主义者专制主义的胜利
（1926—1933）

从礼萨汗登基到退位间的15年可以分为两个阶段：1926—1933年，他掌握着绝对权力；1933—1941年，他掌握着绝对权力，并且独断专行。1933年是一个分水岭，在这一年发生了两件重大的且互相关联的事件：新石油协议的惨败，以及权倾一时的宫廷大臣阿卜杜勒侯赛因·铁木尔-塔什的倒台。在第一阶段的七年中，国家出现了许多重大的社会经济变化，沙阿的权力仍然受到一些他的反对派的挑战，尽管他们的影响越来越弱；沙阿必须和他的亲信们协商后才能做出或修正决策；沙阿和他的下属们还不能任意处置和左右人民的生命、尊严、安全和财产。

然而从1926年开始，伪现代主义在伊朗占据了统治地位，尽管经过起伏波动，但是一直存续至今，在笔者编著此书的时候，一场革命正在推进，它死亡的丧钟终于迫近了。因此，有必要在本章节开始简要讨论本书里现代主义和伪现代主义的概念和意义，以及它们与当下现代（如20世纪的）伊朗研究的相关性。

现代主义和伪现代主义

关于现代主义的说明

现代主义是欧洲过去两个世纪发展中逐渐兴起的科学观和社会观

第五章 伪现代主义者专制主义的胜利（1926—1933）

的综合。这是一种一般的态度，将科学简单视为机械或技术的普遍规律，社会进步则是纯粹的产出和科技的数量增长。在这一方面，现代主义并不是一种意识形态，而是对科学的一种机械论和普遍性的态度，以及对社会在数量上和技术上的纯粹渴望，在冲突的意识形态框架内可以追求并获得。意识形态信念和议题的确很重要，但是冲突的意识形态理论和原则可以（事实上已经有过这样的案例）在这种欧洲现代主义的精神和观点下被系统地阐释。[1]

与本研究最为相关的欧洲现代主义的一个方面是，欧洲（包括美国）的思想家、政治家、记者等倾向于不加批判地应用从发达国家的经验中获得的技术、理论、方法与愿望来研究和报告现在称为第三世界国家的情况。[2]在很多学者的著作、外交官（以及情报人员）的评估、技术专家的蓝图中可以看到这种现象。单从现代经济学发展的大量著作里就可以看见运用现代主义方法研究"发展中"国家生活和劳动的例子。这产生了两个互相关联的问题。首先，现代科学的机械论与普遍性观点自动排除了对发展中国家社会和历史特征的研究，如果可以在现代科学方法和进步价值观的帮助下对这些话题进行研究，会对相关问题的分析和解决大有裨益。其次，将这些重要的研究对象国本地的价值观、技术、制度和历史观排除在理论与政策外，就如同在实验室基于错误的条件进行研究，最后得出的结果与问题本身往往是毫不相干的。[3]

如今有很多非欧洲的（包括伊朗的）知识分子声称"外来者"不能理解他们的文化和社会问题，这种观念俨然成为一种风尚，尽管有趣的是，他们从来不讨论那些意识形态色彩"正确"的"外来者"是否能理解他们的问题。事实上，伊朗的国王和王后，以及他们在国内的辩护者——比如那些伪现代主义者的杰出代表——也在利用这种观念来维护他们自己的政治利益。我并不同意这种思想趋势，特别是看不到有什么内在的原因让"外来者"，不管是什么国籍，不能对发展中国家进行有意义的研究。因为如果这只不过是出于偏见，则没有必要以一个人的国籍作为决定因素；如果正像我想的那样，这一概括性观点并非基于现有的知识和经验，那么任何一个国家的人都有资格通过合理地应用已经在发达国家科学与社会发展中取得成效的经验和方法，制定研究与解决发展中国家问题的理论和政策。我再次强调，问题的根源在于绝对相信世界各地的社会经验具有同质性，科学规律具有普遍性，然而（尽管与现代科学和社会的创始者的精神相悖）这些规律在每个发达国家都造成了它们自己的问题。

关于伪现代主义的说明

事实上，许多第三世界的知识分子和政治领导人都是伪现代主义——欧洲现代主义的肤浅版本的受害者。我们之前简单介绍的现代主义是发达国家特定发展的产物，尽管其含义在其自身语境中遭到了批评。然而第三世界的伪现代主义源自社会中的一些人，不管他们意识形态的正式划分如何，他们的思想和社会愿望都与他们所在社会的文化和历史格格不入，但是又不像欧洲现代主义者，他们并不真正理解欧洲思想、价值观和技术。所以，第三世界的伪现代主义者既像欧洲现代主义者一样，忽视第三世界社会的特殊情况，又对现代科学和社会发展的范围、限制和影响，以及从何而来等问题缺乏正确的认知。这就是为什么对于伪现代主义者来说，现代科技（经常与现代科学混淆）无所不能，可以创造奇迹，一旦购入并安装好设施就能够解决一切社会经济问题。传统社会价值观和生产技术是国家落后和耻辱的内在象征和根本原因；将工业化视作一件事，而不是一个目的，建立一座钢铁厂不再是（实现目标的）手段，而是目标本身。这个话题相当广泛，需要单设章节来对其各方面进行全面的讨论。在伊朗案例的研究中，这个话题的一些方面会逐渐清晰。

伊朗的现代主义和伪现代主义

背景

在前面部分，特别是第二章至第五章，零散地提到了自 19 世纪

第五章　伪现代主义者专制主义的胜利（1926—1933）

中叶以来，伊朗接触现代欧洲国家、思想和技术后产生的各种影响。总的来说，这对伊朗经济造成了破坏性的打击，但是在这种经济破坏以及现代科技和意识形态的共同影响下，加速了传统专制主义的灭亡。有许多伊朗的政治家和知识分子开始形成自己的思想，并提出社会愿望，他们对欧洲（包括俄国）社会的认识深刻地影响了他们的思想和社会愿望。在相对早期的"现代主义者"中，著名的例子有米尔扎·马尔库姆汗·纳兹姆·阿尔道莱（Mirza Malkum Khan Nazim al-Dawleh）。我们无法对这些人的具体观点一概而论，毕竟他们出现在不同的时代。还有像法塔赫阿里·阿洪杜夫（Fathali Akhunduf）这样的人，背弃了所有的伊朗传统，激烈地反对宗教（他的敌意指向伊斯兰教，他认为伊斯兰教是伊朗落后的原因之一），并且热衷于一切欧洲事务。[4]还有很多其他人，像马尔库姆，以及参加立宪革命的年轻知识分子领袖，如赛义德·哈桑·塔基扎德、米尔扎·贾杭吉尔汗·设拉子依（苏尔·伊斯拉菲）和阿里·阿克巴尔·德胡达（Ali Akbar Dehkhuda），他们对这一问题的观点更加复杂。很多宗教领袖和传教士也参与了这场运动，如哈支·谢赫·哈迪（Haj Shaikh Hadi）和赛义德·贾马勒丁·伊斯法罕尼（Sayyed Jamal-al Din Isfahani），他们在不同的层面上将现代思想应用于他们自己的宗教思想和行动领域。

所以，在立宪革命中和革命后，针对现代思想和方法主要流行三种态度。第一种是"世俗"和宗教团体这两个植根于伊朗文化和历史发展的群体的主导现代化观点认为不能"把孩子同洗澡水一起泼掉"；第二种是传统主义者和顽固反对派的主张，他们反对将任何现代价值观、技术和制度（直接或经过改编）应用于伊朗社会；第三种是伪现代主义欧化者的观点，这群人数量不多，但在持续增加，在他们中间后来形成了左右两派。这一时期一个伊朗剧作家在他的戏剧《贾法尔汗从欧洲回来了》中对传统主义者和伪现代主义者进行了真实的对比。

也正是从这一时期，"社会民主的""社会主义"和后来的"共产主义"倾向开始发展，尽管因为种种原因，它们直到19世纪40年代才成为一支主要的政治势力。许多早期的伊朗"社会主义"团体都是在阿塞拜疆省发展起来的，这毫不奇怪，因为那里与俄国殖民地，如北阿塞拜疆、格鲁吉亚等地有着大量的物质和知识交往流动。我们难以在本书的范围内对各个团体以及他们的思想主张进行哪怕是粗略的讨论。然而，我们可以总结出他们的显著特征。首先，他们对伊朗历史和社会的了解非常有限，因此社会主义理论很难适应他们的环境；其次，他们对社会主义理论和历史本身知之甚少，例如在1908年，大不里士社会民主小组给"公民"（Citizen）考茨基写了一封信，请求他指导对波斯革命的社会主义分析。信中提到了两名伊朗社会主义者对革命的看法。第一个认为其"没有任何进步的内容，（因为革命）运动是反对外国资本的，即唯一能够帮助打破我国经济形态的因素。总而言之，（革命）运动的目标是阻挡通往欧洲文明的道路"。而第二个人认为，这场运动是一场针对封建制度的资本主义革命，尽管其中有"来自反动分子的倒退倾向"。为了证明他的观点，他指出，"尽管有所谓的反对外国资本的斗争，但在革命蓬勃发展的时期，即1906—1907年，当国民议会还在运作时，欧洲商品的进口量反而增加了"。

从以上可以看出，在伊朗人民与专制复辟企图进行革命斗争时（特别是大不里士人民已成为英雄的象征），社会主义者正专注于对专制复辟进行"正确"意识形态分析。这两种倾向都认为经济保护主义是反社会主义的，因为这将阻挡通往欧洲文明的道路；而且他们都没有注意到革命目标与伊朗地主作为一个阶级的利益并不相悖的事实。考茨基的答复体现了一个马克思主义者谨慎和仔细斟酌的分析，他指出反对外国资本并不一定是反动的。然而，在随后给普列汉诺夫的信中，这个社会主义者小组表示他们不同意考茨基的评论，其中一个想知道如果当初的信是给罗莎·卢森堡（Rosa Luxemburg）或列宁，他们会说些什么？[6]

这个例子只是众多证据中的一个，它表明伊朗的伪现代主义并不限于某一特定的（右翼）意识形态，许多声称拥有激进意识形态的个

第五章　伪现代主义者专制主义的胜利（1926—1933）

人和团体也掉进了这个陷阱。

伪现代主义在伊朗的崛起

在伊朗，官方和非官方的伪现代主义崛起并占据统治地位都基于以下几点。首先，对现存所有伊朗传统、制度和价值观等的全盘否定，认为它们是国家落后的根源和耻辱的源泉；其次，在城市社群中，有一个狭小，但不断增长的群体，他们对模仿和仿效所有欧洲事务有一种肤浅的热情和狂热。这种伪欧洲主义本身建立在古代伊朗专制主义制度之上，这是官方伪现代主义中真正"现代和进步"的内容；但是国内外支持者对这种制度的辩护观点（他们实际上认为，"需要"一个铁腕的独裁政权才能实现民主）实在是低劣无耻，不值得进一步讨论。

与这种荒谬的文化自我贬低和投降的态度相伴生的，是同样毫无理性的伊朗沙文主义和自我赞颂。欧洲的活力论民族主义（Vitalistic Nationalism）移植到伊朗，使前伊斯兰时期的古代伊朗文明的魅力被再次发掘出来，这些伊朗文明的成就被吹得天花乱坠，而其失败和缺陷则被埋藏在伪现代主义者的"集体无意识"中。可以确定的是，后伊斯兰时期伊朗全面的、令人惊叹的社会和文化成就被慢慢隐藏和否定了；但是，萨珊王朝的专制主义和帝国主义却被抬高成完美的模范。在一个毫无"民族"（Nation）和欧洲的民族性（Nationhood）概念的国家，制造出一个狭隘的"伊朗民族"观念，这是毫无益处的，反而在伊朗的文化实体中播下了分裂的种子，而正是这些文化实体组成了统一的伊朗人共同体。

这绝不是一个人的行动，因为不仅是国家机关，还有数十个记者、作家、诗人、知识分子、教师和学者为实现这一目标做出了重大贡献。此外，它也不仅仅是那些当权者和享有特权者信奉的思想，因为反对派中的大部分人都自觉或不自觉地遵循着这个思想稍加伪装的版本。伊朗的自由主义者（不要与穆罕默德·摩萨台博士等人混淆）、共产主义者和其他马克思主义者（除几个人之外）都经常与他们的敌人和迫害他们的人分享这一基本观点。他们只是用自由主义和马克思主义的术语来装扮他们自己的伊朗伪现代主义：他们的反伊斯兰主义（和反阿拉伯主义）与另一方的思想源自同样的情感；他们对伊朗文化传统的排斥也有相同的社会心理根源，尽管他们用伪激进主义的术语来掩饰；[7]他们的活力论民族主义被掩盖在他们对"经济进步""工业化"（特别是钢铁厂的建设）的狂热追求中；他们以并不存在的"无产阶级"的名义掩饰他们对现代化的狂热态度，同时还反对并不存在的"资产阶级"（毫无疑问，他们把这一概念与商人、放债人，甚至贪污的官僚联系起来）；他们公开表示对"资产阶级"自由的憎恨（实际并不存在，哪怕存在，也不会是资产阶级的自由）。种种情感态度，尽管经过了意识形态的修饰，但的确是伊朗专制主义和欧洲民族主义结合的真正产物。难怪当石油收入最终使国家能敞开大门的时候，他们中的许多人后来发现自己生活在一个完全自然的环境中——无论是在萨瓦克（沙阿的秘密警察机构）、计划署还是首相办公室。[8]

伊朗人花了几十年的时间才形成反对伪现代主义的思想，并落实到行动，其原因本书以下的内容会阐明。最早一批反对伪现代主义的人包括已故的贾拉勒·奥勒·艾哈迈德（Jalal Al-i Ahmad），他在1962年出版了《西化瘟疫》（*Gharbzadehgi*）。根据作者的发明，Gharbzadehgi一词最直接的翻译是"西方冲击"（West-struckness）；最传神的翻译应该是"西方病"（Occidentitis），指一种感染的病症，如医学术语"扁桃体炎""支气管炎"等，但可能在传神和直译间的折中翻译应该是"西方主义"（Westernism）一词。奥勒·艾哈迈德的洞察力和直觉——尤其在当时——令人钦佩，但是他的论点存在事实和历史上的错漏，在分析上存在局限性，同时存在经验主义的随意性，这会导致（在某种程度上已经导致了）问题的混乱。例如，他对欧洲现代主义在其自身和欧洲范围内的历史根源视而不见；他强调的西方，指的是西欧和美国，这转移了人们对现代主义存在的一般欧洲（和美国）特征的注意；他过于关注伊朗（在更小的程度上，东方）

第五章　伪现代主义者专制主义的胜利（1926—1933）

案例而忽视了伪现代主义几乎传染了所有"发展中国家"；他把在伊朗和东方存在的西方主义描述成来自外部的、纯粹西方阴谋的产物，这不仅是幼稚的，而且忽略了伊朗国内力量（远远超出了帝国主义代理人的范围）的重要性，这些力量在西方主义的传播和实践过程中发挥了重要作用；他在分析其"根源"时归结为马可·波罗旅行等事件，这暴露了他分析的简单性和社会学上的仇外性。艾哈迈德早期的洞察展现出他非凡的个人能力，能够超越琐碎的争吵并抓住本质，这是他那一代的现代知识分子所不具备的。但这并不意味着他对伊朗社会的印象式诊断应该被不加批判地接受，而且更糟糕的是——被用作反智的武器来排斥所有合理的论点，或宣扬仇外心理和伪传统主义的工具。

与过去15年统治伊朗的无意识的伪现代主义相对立的是呼唤伊朗传统回归的普遍倾向。从事物的本质而言，这是不可避免的；但如果仅把它看作对中世纪蒙昧主义的怀念，那也是错误的。如果走到另一个极端，也同样危险，乃至招来毁灭。伪现代主义违背了伊朗社会——无论是身体和灵魂上——的发展，是一个彻底的错误。但是无论是在知识领域还是在物质生活和劳动领域，开放和进步的理念并没有错。此外，并不是欧洲的思想和技术本身对伊朗的社会结构造成了破坏，而是一开始没能在欧洲背景下去认识和批判这些思想和方法。去合理地使用，而不是模仿这些思想和方法，将其与伊朗的社会和历史现实相结合，才能为社会重建和发展服务。

如果伊朗最终想在一个真正进步的文化框架内建立正常的社会和经济制度，那么就必须实现现代化（而非伪现代化）和传统（而非伪传统）的思想、价值观、方法和技术的实际综合。

新的官僚机构：人和机器

人

国家权力的迅速增长不可避免地与军事和行政机构的发展和集中

化联系在一起。在革命前的恺加时期，尽管国家的权力是绝对且专断的，但并不存在一个庞大的、集中的官僚网络。一部分是由于国家和社会的相对贫困；另一部分是因为国家的传统主义本质；还有一部分原因是缺乏现代通信手段和现代技术。然而新国家渴望积极运用国家权力以实现社会和经济变革，并且也相对更富有，这主要是因为国家把控着石油收入，所以，国家既愿意也有能力采用现代技术来实现政治经济目标。因此，巴列维王朝开始对军队和官僚机构进行扩建，并进行现代化和集中化改造。同时投资相关领域来辅助这一政策，如公路、铁路、电信、高等教育等。

聚集在礼萨汗身边的，那些曾帮助他登上王位的人，绝不是平庸无能、依附于他的奴才。相反，他们中的一些人是伊朗最有能力的政治家、管理者和军队将领。如阿卜杜勒侯赛因·铁木尔-塔什，就拥有着超凡的能力和智慧，但凭借这一点，再加上他异乎寻常的长相和欧洲式的细腻，让他自恋又傲慢。他是一个奇怪的混合体，既有拿破仑式的自信和无情，又有专制主义的残酷。

相比之下，阿里·阿克巴尔·达瓦尔，他的能力、智慧和才学并不在（甚至可能更强于）铁木尔-塔什之下，他是一个全身心扑在工作上，几乎无私的律师，他的志向就是尽其所能为国家服务。他完全靠自己的努力，曾经成功抓住机会去瑞士学习法律。达瓦尔是在跟随礼萨汗的人中，唯一一个其能力和正直无须争辩的人；他曾犯过许多错误，他最大的错误就是他真正相信礼萨汗是拯救伊朗的唯一人选，他后来为此后悔不已；但他所处的环境不适合他这样正直和有能力的人，他总是试着把一件糟糕的工作干到最好，甚至包括他自杀的那一刻。

努斯拉特·道莱（费鲁兹），曾经是乌苏格三人小组的成员，也是臭名昭著的1919年协议谈判中的中间人，他能干且自立，但丝毫不讲道德，极度自私，是无耻的机会主义者。他先疏远了乌苏格，后来又抛弃穆达里斯，他的行动已经证明了他准备将自己的灵魂卖给出价最高的人。法拉朱拉·巴赫拉米，他并非一个杰出的管理者或政治

第五章 伪现代主义者专制主义的胜利（1926—1933）

家，而是一个知识分子和文学爱好者，自从礼萨汗被任命为陆军大臣以来，他一直担任礼萨汗的内阁首长。有一段时间，他以"F. Barzigar"（"农民"）为笔名撰写散文和评论。阿里·达什提，曾是布什尔的一名普通教士，因其臭名昭著的滥交行为被赶出伊朗南部的小港口。在德黑兰，他却摇身一变成为一名"进步"记者。他是那个时代有一定价值的"浪漫"作家，也是一个知识分子流氓，他后来担任首席文学审查员，这个职位对他再合适不过了。

阿米尔·艾哈迈迪将军（曾经的艾哈迈德·阿伽汗准将），是一位能力超群又无情的军事指挥官，这两个特点帮助他在伊朗动荡的西部和西南部地区高效而残酷地镇压了叛乱和抢劫。阿米尔·塔赫玛斯比（Amir Tahmasibi）将军——礼萨汗的前领导——能力强且有智慧，和阿米尔·艾哈迈迪相比，他受过教育，更有教养和同情心。还有几位与沙阿关系密切的将军，其中亚兹丹·帕纳、阿伊鲁姆（Ayrum）、哈比布拉·沙巴尼和阿米尔·胡斯拉维（Amir Khusravi）是最重要的。[9]

还有一些人与礼萨沙的关系不那么密切，他们中有些人还曾主动或被动地反对礼萨汗上台。米尔扎·哈桑·穆斯图菲，这位年老的著名政治家，曾短暂与礼萨汗合作，但很快就退居幕后，直到去世。梅迪古里·赫达亚特（穆赫比尔·萨勒塔内），立宪革命期间相对保守的领导人，在这段时间一直跟随礼萨汗，但在随后的强硬的伪现代主义时期因与礼萨汗政见不合逐渐淡出。贾法尔古里·巴赫提亚里（阿萨德将军，之前的巴哈杜尔将军），革命将军领袖，礼萨汗曾是他指挥的下士，曾与礼萨汗合作，后来莫名其妙被捕并死于狱中。赛义德·哈桑·塔基扎德，立宪革命时期激进分子领袖，曾任财政大臣，后来自愿辞职。巴基尔·卡兹米（Baqir Kazimi），立宪活动的中立派，后来担任外交大臣，他一直毫无存在感，直到1941年礼萨汗逊位。他注定要在20年后在摩萨台博士领导的政府中担任外交大臣。还有其他许多人：如穆罕默德·阿里·福鲁基（Muhammad Ali Furughi），他有很高的文化素养，同时又对他的政治主人奴颜婢膝。

重要的是，到1933—1944年，在礼萨汗身边这些有才能和独立性的人里，只有达瓦尔保住了职位。其他人或被解雇、逮捕、暗杀，或死于狱中。这是伊朗真正的专制主义统治的开端，即统治者任意地行使绝对权力。[10]

机器

正是这些人帮助建立了国家机器，而礼萨汗利用国家机器首先消灭了他们以建立自己对伊朗土地和人民无可争议的专制统治。新的军事官僚网络与古代波斯帝国的制度非常相似。国家被划分为若干省份，其中一些省份的边界被武断地确定，以适应国家的战略目的。每个省都实行军事和文职的双重管理制度，既是为了分工，也是为了让两个省长间相互制约。与此同时，在德黑兰设立了一支集中的城市警察部队，直接由省长（通常是一名陆军将军）指挥；设立一支农村警察部队（宪兵队），同样由陆军将军领导，总部设在首都。直到本书撰写之时，这项制度一直被应用。在过去的15年里，石油收入的增长使专制主义代理人们所应用的人数、武器和技术都有很大的提高。

在社会、经济和司法立法领域，颁布了一些相对重要的法案，以实现民事、金融和司法的现代化。在这方面，达瓦尔发挥了特别积极的作用，他推行的最重要的行政改革就是重组司法部，并建立了城市和农村产权登记办公室。为此，他从法国聘请了一批法律和司法专家，这一决定引起了摩萨台博士的反对，在摩萨台供职于礼萨汗议会办公室的第一个任期和最后一个任期内，他曾发表一篇冗长、幽默但有理有据的演讲，认为聘请外国专家可能弊大于利，因为他们会倾向于从他们自己的、与伊朗不相关的社会框架中归纳总结。然而这一简单而含义深刻的警告在当时和未来很长一段时间内都不被重视。[11]

对资产进行正式登记显然是个好主意，因为它可以，而且在某种程度上确实提高了法律、司法和经济效率。但是不可避免地，那些有知识、有权力或二者皆有的人利用这个制度，抢先侵占并登记部分国有资产，尤其是那些未开垦的、半城市化的土地，以及大量的农村小块土地。这个制度甚至没能为产权人提供一个普遍的保障，这是它本

第五章 伪现代主义者专制主义的胜利（1926—1933）

可以做的，因为很快沙阿和国家的力量变得如此强大，以至于没有人能够对他们的私人和公共征用（尤其是农村的）资产提出异议。即使是像达瓦尔这样聪慧和充满善意的改革者也没有意识到，在一个建立在军事—官僚基础上的社会体系里，法律和法规本身并不能提供什么保护。

国家在首都和其他城镇的现代化和"美化"方面的支出是官僚改革主义和无意识破坏的一个很好的例子。原则上说，这类的改革和重建很有必要。建设更宽阔的街道，用鹅卵石和沥青铺设路面，对交通运输工具和方式进行规范，等等。然而，实际的改革却是相当肤浅、武断粗暴和（实际上）破坏性的。德黑兰的旧城墙和城门被拆毁，无非因为它们被视为落后的可耻象征。在建造新的街道或延长和拓宽旧的街道时，采取的政策是拆除所有的建筑，不论是住宅性的、纪念性的、历史性的或其他的，只是为了保持街道笔直。这些人肆意破坏社区生活和历史建筑。[12]

在这一时期，比较重要的社会立法项目是关于促进高等教育的一系列法案。1925年，国家派出第一批共60名学者前往欧洲国家，特别是法国、比利时和德国，学习各种科学、技术和其他学科。将英国排除在外有重要的政治意义：在礼萨沙统治的整个时期，没有一个学生被国家派往英国学习；也没有雇用任何一个英国专家或公司来协助开展国家项目。这些被派出的人中有许多参加了教师培训计划，是为了给迅速增加的国立和私立中学，以及后来新成立的德黑兰大学提供人员。教育政策再一次体现了伪现代主义的国家干预态度：尽管伊朗90%以上的人口是文盲，国家却开展昂贵的教育项目以供应国家官员，同时还为伊朗现代医生、工程师和教师的数量增加而自豪。

政治经济

追求经济发展，在快速和全面的社会经济转型的意义上，本质上是一种后殖民的热潮。它可以追溯到第二次世界大战的结束。在20世纪20年代，在农村主导的社会中，实现社会和经济进步仍然是新颖的、模糊的和无人尝试过的概念。即使是苏联——一个庞大帝国的继承者，拥有异常丰富和多样的人力、农业和矿产资源，由一个半工业化的欧洲国家主导——也在进行技术官僚式的试错，政治争论不休，努力寻找一个适当的方法来实现经济全面发展。苏联最终（1928）确定了全面计划并决定进行农业集体化；苏联花了至少20年的时间证明，无论其社会学优点是什么，苏联计划在技术上都可以取得成功。

对于伊朗的民族复兴主义者来说，西欧当然是未来希望实现的模式。他们更直接的愿望集中在一些零碎和局部的"改进"上，比如教育、交通和通信、卫生和其他社会服务，以及官僚和军事网络。在经济发展的文献中，这些通常被称为对"社会间接资本"或"基础设施"的投资，是主动和全面发展的先决条件。但伊朗人并没有这样的意识。事实上，这种模式本身更像是对发展中国家已经发生的事情的事后概括和合理化，而不是经济发展战略的先验假设。

在试图实现其眼前的许多愿望时，新政权得到了一系列有利因素的帮助，进一步实现了自我强化。它得到了大量的石油收入，而这些收入直接进入国库；它有权征收高额（有时是惩罚性）的关税和消费税，并且相对频繁；它还得到了新的知识分子、专家和官僚阶层的认可和合作；国家支出成为碎片化发展的主要工具。

货币、银行和融资

建立伊朗国家银行一直是民族复兴主义者的梦想，而新政权毫不拖沓地实现了这个梦想。在一位德国"专家"的帮助下，伊朗国家银行（Bank Melli Iran）成立了，该专家后来被指控腐败而受审。一直被（英国控制下的）波斯帝国银行垄断的纸币发行权移交到了新银行。流通的纸币将被金属（主要是银）完全覆盖，后来覆盖率降低到60％。无论是在伊朗还是其他地方，国家银行的成立标志着实行其他刺激发展措施的第一步：在产出少的领域创造生产能力，在需求少的领域扩大供应。这一点本身可能并不是正确的政策，假定补充性的政

第五章　伪现代主义者专制主义的胜利（1926—1933）

策会导致其他活动的扩展，而这些活动使用最初项目所生产的产品或服务（即存在一种促进相互依赖活动的战略）；和建立的现代企业和机构并不会简单复制现有的、传统和本土的生产和技术。在这个案例中，正像一直以来的情况一样，在"发展中国家"这两个条件都没有得到满足。在当时和之后的很长一段时间内，伊朗的商人群体都要依赖传统的萨拉凡（伊朗版本的古代欧洲的金匠）进行"银行业务"。这一制度发展成熟，并且被金匠和商人们广泛认同。此外，双方在交易中对彼此有安全感并相互信任。相比之下，新的国家银行在运行方面没有任何经验，也并不专业；而且无论是其官僚管理者还是公众，对它都感到陌生。

有人会说萨拉菲（钱庄）收取高额的利息，限制贷款，并经常要求大量抵押品等，这些都会抑制商业扩张和经济效率。但事实上新的银行，以及后来以同样精神成立的其他几家银行，在这些方面没有，也不可能有更好的表现。他们同样收取高额利息，因为在客户方面非常挑剔，所以发放的贷款也很少。二者不同的是，萨拉菲只根据其客户的商业信誉进行歧视，而银行作为官僚机构，则会根据客户的裙带关系和特权进行歧视。伪现代主义者在"发展中国家"制造的破坏性的社会、制度和技术二元论，就是源于这样一种对待经济发展的方法和态度。请不要误解，我们批评的不是为了社会和经济发展做出的真正的努力；而是那些毫无意义的，甚至有害的伪现代主义者的模仿。这些做法可能有助于改革和更新伊朗的银行业，但不如鼓励扩大和发展现有的萨拉菲网络，甚至建立一个国有的萨拉菲机构，由这行业有经验的人来组织和运行，这样做花费更少，效果也更好。

国家收入的来源有石油收入、海关收入、其他间接税和所得税。来自石油的直接和间接收入是国库最大的收入来源。此外，石油收入的增加迅速提高了这一国家收入来源的相对重要性，占约三分之一的政府总支出。然而，石油收入的常年波动开始引起了人们的不安和焦虑；正如我们很快会看到的那样，这导致了伊朗废除达西特许权，并签订了1933年的石油协议。

政府实行了一系列的税收措施，但在理论上没有进步，在实践中效果也不显著。国内税收的负担在很大程度上仍然由消费税、一次总付税和其他间接税承担。这些税对于广大人民来说是隐形的，对于那些有能力支付的特权阶层来说则是无所谓的。

国家支出的模式完全符合国家的愿望——对军队—官僚网络的扩展、集中和现代化，以及"基础设施"服务的支出。表 5-1 和表 5-2 显示了不同部门的预算拨款的绝对值和百分比，按数额大小降序排列。军事官僚网络的主体——陆军部、财政部和内政部获得了超过 70% 的拨款，仅陆军部就占总预算的 40% 以上，而这一数字还不包括其他军事开支，以及来自其他资源如国家财产收入（Khaliseh）的非法资助。其他更优先的领域是邮政和电信、教育、司法，1931—1932 年工业的优先度也有所提高，然而对待农业则是任由其自行发展。

表 5-1　　　　预算拨款，1928—1933 年（百万里亚尔）

年份 部门	1928	1929	1930	1931	1932	1933	1928—1933 平均值
战争	112	141	147	179	186	215	163.3
财政	61	81	82	77	124	94	86.5
内政[a]	25	36	38	36	41	49	37.3
邮政和电信	22	28	20	19	24	26	23.2
教育	18	21	22	24	36	42	27.2
司法	15	16	18	16	19	26	18.0
宫廷	12	13	12	12	13	13	12.5
外交	9	11	12	9	18	19	13.0
工业、贸易和交通[b]	3	3	1	1	20	26	9.0
农业	—	—	1	1	2	2	1.0
总计	276	350	353	374	483	509	391

注：a、包括公共卫生方面的支出。

b、截至 1931 年（包括 1931 年），数据仅指交通（除铁路外）的支出；从 1932 年起，数据几乎只指工业和贸易的支出。

资料来源：根据 Bharier, *Economic Development in Iran*，表 4.1。

表 5 - 2　　　　预算拨款（占总数比值），1928—1933 年　　　　（单位：%）

部门＼年份	1928	1929	1930	1931	1932	1933	1928—1933 平均值
战争	40.4	40.3	41.6	47.9	38.6	42.2	41.8
财政	22.0	23.1	23.2	20.6	25.7	18.5	22.2
内务	9.0	10.3	10.8	9.6	8.5	9.6	9.7
邮政和电信	8.0	8.0	5.7	5.1	5.0	5.1	6.2
教育	6.5	6.0	6.2	6.4	7.4	8.3	6.8
司法	5.4	4.6	5.1	4.2	3.9	4.5	4.6
宫廷	4.3	3.7	3.4	2.7	2.6	3.7	3.3
外交	3.3	3.1	3.4	2.4	3.7	3.7	3.3
工业、贸易和交通	1.1	0.9	0.3	0.3	4.1	5.1	1.9
农业	—	—	0.3	0.3	0.4	0.4	0.2
总计	100.0	100.0	100.0	100.0	100.0	100.0	100.0

资料来源：表 5 - 1。

基础设施

我们已经看到，除了占主导地位的军事和官僚系统支出，邮政和电信以及教育在国家预算中优先度更高。在 1928—1933 年，这两类的平均支出分别占预算的 6.2% 和 6.8%。在教育方面，预算拨款的比例从 1928 年的 6.5% 增加到 1933 年的 8.3%，见表 5 - 2。在任何国家的预算中，这样大比重的教育支出都是令人印象深刻的，尽管相应的资金支出的绝对数额可能没有那么令人满意。然而，如前文所述，大部分的教育资金都投入在一个昂贵的、现代的和"讲派头的"项目上；特别是，一分钱都没有花在提高绝大多数人识字率或者增加他们的求知意识上。

这一时期另一主要的"基础投资"项目是修建跨伊朗铁路，从里海的国王港（即托尔卡曼港）出发，贯穿德黑兰，向西和西南方延伸到阿瓦士，最终到达波斯湾附近，整个铁路长约 1400 千米。工程从 1927 年开始，共花了 11 年才竣工。这个项目的资金主要来自对茶叶和糖的消费所征收的特别税，对于大多数人来说，"面包奶酪"和"茶叶"是日常饮食中互补的必需品，产生的赤字则由银行贷款和国家拨款来弥补。这个项目实际上是不折不扣的经济蠢行，尽管当时大多数有政治意识的公众并不这么看。对这个项目的批评声可以归纳为两个基本问题：为什么要从中北部建到西南部？为什么建铁路而不是公路？

当建铁路的议案被提交到议会上时，摩萨台博士提出了这两个问题。他认为另一条穿越中北部的路线——经过德黑兰连接大不里士和马什哈德——是更明智的选择，他的想法是正确的。不管是考虑地球物理学还是其他原因，这条路线的建设和维护成本会更低，并且可以降低全国各地的国内和国际运输成本，同时更高的货运和客运需求意味着更高的能力利用率。[13]主流的观点认为，选择这条不太明智的路线的唯一原因是为了14年后英国人能向俄国人运送战争物资，这个观点并没有说服力。

首先，在1927年，英苏两国没有丝毫可能建立对抗德国的军事联盟。其次，假如说这条铁路是英国为了在未来可能与俄国为敌时使用，这仍然不符合情理。在这种情况下，这条铁路可能被切断、摧毁，甚至被俄国人自己抢先利用；而且如果真的是为了这个目的，这条铁路应该连接阿巴斯港和阿斯塔拉或阿尔达比勒，而不是连接里海的东南角和波斯湾的尽头。最后，值得我们注意的是，像其他所有项目一样，在建设的全过程没有雇用任何一家英国咨询公司。[14]

第二个问题"为什么建一条铁路而不是公路"同样掷地有声。毫无疑问，无论是以本国还是外国的货币计算，一条精心修建的现代公路建造和维护的成本都会更低，而且可以更早地全面投入使用。[15]以下的思考可能为这两个问题提供合理的回答。

从德黑兰到波斯湾的南段，肯定是出于国内军事战略的考虑而修建的：进一步打通了与少数民族和游牧民族麻烦地区的联系。事实上，当礼萨汗早先前往胡泽斯坦推翻谢赫哈扎尔时就可能已经有了这个想法。铁路北段，从德黑兰到国王港，肯定是出于双重目的。德黑兰通过这条铁路与礼萨汗自己的马赞德兰省连接，礼萨汗在那里拥有大

第五章 伪现代主义者专制主义的胜利（1926—1933）

量地产并打算攫取更多，不仅如此，铁路还延伸到伊朗与土库曼斯坦的边界，礼萨汗打算购买、侵占或征用那里利润丰厚的产棉地。礼萨汗希望这条铁路可以源源不断地将财富运到自己的腰包，这也是总体设想的一部分。由于类似的原因，铁路比公路更受欢迎。国家与其客户们都非常想要一条铁路，仅仅一条公路是远远不够的。除此之外，出于国内军事战略的考虑也要建造一条铁路。通常情况下，通过铁路运输重型军事装备和人员，速度更快，效率更高，对于当时的伊朗也确实如此。

除铁路项目外，国家还在建设、扩建或翻新普通公路上投入了相对可观的资金。在这一时期，共兴建约 13000 千米的各种类型的新路，这些路将主要城市连接在一起，或通往小城镇。

工业、农业和贸易

正如我们所看到的，这一时期并没有推动制造业的扩张和现代化。但是，这一时期，国家开始对现代制造业工厂直接投资，尤其是制糖厂。根据官方记录，大约有 24 家新企业成立，每家企业都雇用了 10 名及以上的工人。这些企业大多是（尽管不完全是）国有的。但是，仅按照雇用工人的最低数量来分类，很容易低估了制造业的扩张：这是对更大和更现代化工程和车间的偏见；同样也反映出很难收集较小的传统手工场和修理店的数据。然而定性的证据——国家直接支出的增长和军事—官僚机构的扩大——可以证明工业产出和就业都有相应的增长。

同样，尽管农业在任何时候都不是最受重视的部门，但仍然有一些迹象表明这一时期农业总产值一定在缓慢增长。在这一时期，一是收入、人口和家庭需求都在增加；二是粮食产品的结构性短缺很少；三是伊朗的非石油出口量（几乎完全由农业经济作物和地毯组成）平均而言保持不变。

国家在现代化项目上的支出使伊朗进口量稳定增长，而国家越来越多地依靠石油收入来支撑不断增加的外汇需求。这并不是伊朗国王对英波石油公司（APOC）每年支付的石油收入产生明显波动而感到担忧的主要原因：伊朗的有形贸易差额是盈余的，而无形贸易差额（这个数据并不存在）不能出现更大的赤字。这反映出礼萨沙对国家支出的谨慎，甚至吝啬的态度。但是正因为这种吝啬的态度，他对当前石油收入的水平和波动感到不满。他认为从最初的达西特许权条款，到 APOC 在这些条款范围内的任意决策，伊朗在协议中始终是吃亏的一方。这种不满最终达到了高潮，伊朗单方面废除达西特许权，随后却以 1933 年的石油协议虎头蛇尾地结束。

石油和 1933 年协议

回顾表 5-3 的数据有助于我们接下来的讨论。栏（1）显示，除 1931 年的变化外，石油产出每年都在增加，而这一时期的石油收入却剧烈地波动。比如，1927 年石油产出增加，但收入却下降了近三分之二。栏（2）具体地呈现了产出和收入的年变化。沙阿对这样的情况非常不满意，石油公司面对来自官方的指责，强调世界萧条造成的影响以及其他各种"原因"。

表 5-3　　　　　　　　　石油产出和直接收入[a]

年份	（1）年度总额 产出	收入	（2）年度变化 产出	收入
1926	4556	1400	—	—
1927	4832	500	276	-900
1928	5358	530	526	30
1929	5461	1440	103	910
1930	5929	1290	468	-150
1931	5750	310	-179	-880
1932	6446	1530	696	1220
净变化，1926-1932	—	—	1890	230

注：a 出口单位为千长吨；收入单位为千英镑。数值不包括 1933 年协议后的调整。

资料来源：基于 Bharier, *Economic Developmem in Iran*，表 8.3、表 8.4，第 157—158 页以及其中引用的资料。

1931 年，石油收入下降到可笑的 31 万英镑，这是压垮骆驼的最

第五章　伪现代主义者专制主义的胜利（1926—1933）

后一根稻草。鉴于石油收入下跌的过于明显，沙阿多疑的性格，不相信任何人和任何事，甚至到了病态的偏执程度，以及纯粹的政治阴谋论，即礼萨沙和许多其他伊朗政治领导人，以及政治公众都是囚犯，沙阿认为是英国政府故意让公司减少付款，要么是对他不满，要么就是出于某种原因向他施压。

他下令内阁与 APOC 正式谈判，首席谈判代表是在伊朗仅次于沙阿本人的最有权势的人——阿卜杜勒侯赛因·铁木尔－塔什，全能的宫廷大臣。事实上铁木尔－塔什对局势的看法更为激进，他甚至认为政府应该向苏联示好，既能吓唬英国又能改善伊苏关系。谈判拖拖拉拉，沙阿最后按捺不住了。一天他在内阁开会时冲进了内阁会议室，把所有石油问题的文件都扔到炉子里，并命令他的大臣们，直到他们准备好（单边）废除达西协议的草案"才能离开"。[16]这是一个典型的暴君的轻率行为，礼萨沙越来越习惯在各种场合下都强加自己的个人意志。然而这一次，他越界了。在这个问题上，如果他还想保住他的王位，就不能按照他惯用的手段强加他的意志。达西的特许权被正式废除，但沙阿意识到（或者被迫意识到）他必须达成一项新的协议——伊朗人失去了主动权，1933 年签订了新的协议。这既是一个伟大的胜利，也是一场彻底的失败。

新协议涵盖的地区只有达西特许权规定的四分之一，但包括了所有正在开采的地区和大部分已探明的储量。它还将特许期从 27 年延长到 60 年。基本的收入支付从以前的公司年净利润的 16% 改为每产出桶 4 先令。这并不是说新协议特许期内伊朗的份额一定会比之前增加，只是确保市场价格的波动和公司向英政府的纳税义务不能成为伊朗政府的石油收入急剧下降的理由。原协议的次要条款也有一些变化。最后，为了美化新协议，公司统一为 1931 年的石油收入补偿支付 100 万英镑，再额外支付 100 万英镑的条约缔结费，并没有为未来条款的修订和重新谈判规定明确的程序——伊朗人注定要被这纸不公平的协议捆绑 60 年。

这是一场惨败，但若把这一切归咎于英帝国主义势力实在是过于简单化。英帝国主义的势力的确很强大,但毫无疑问的是,如果按照伊朗人民要求,谨慎小心地进行谈判,并施展外交手段,伊朗人本可以得到更好的结果。然而事实却并非如此,这必须归咎于礼萨沙处理一切事物时都采取专制、傲慢和无知的手段。也正是因为如此,在协议上签字的官方代表,财政大臣赛义德·哈桑·塔基-扎德(随后很快就自愿被流放,因为他忍受不了沙阿日益增长的专制和自大)14 年后表示,在签署 1933 年协议时自己只不过是"一个工具"。[17]

在这场石油危机结束时还没有人员受害,然而不论有没有石油危机,这一系列的事件已经让迫害不可避免了:铁木尔-塔什,这个新政权里的半神,倒台,受审,被判入狱,最后死于狱中。沙阿早就怀疑他在谈判中做双重交易;他还对铁木尔-塔什接触俄国人感到紧张,认为(尽管这根本不可能)他在为取代自己铺路。APOC 或英国政府可能也插了一脚,他们已经厌倦了铁木尔-塔什在谈判中的强硬态度以及对俄国人的频频示好,于是顺水推舟,为其倒台加了一把力。铁木尔-塔什既是专制政权的建设者,也是专制政权塑造出的产物。他曾借这把剑铲除异己,登上高位,最后也死在这把剑下。

铁木尔-塔什的倒台象征着礼萨沙掌握了全部的专制权力。从那一刻起,直到他自己的清算日,礼萨沙成了伊朗人民生命、自由、权利和财产无可争议的仲裁者。

注释

1. 我在《经济学中的意识形态和方法》(*Ideology and Method in Economics*, London: Macmillan, 1979)一书中讨论了这一广泛问题的某些方面。

2. 以一个简单但重要的现象为例,自从 1977 年,一些外国记者在报道伊朗的政治宗教事务时,频频提及"清真寺"(暗指一种神职人员的等级制度和传统,类似于基督教的教会),但是清真寺只是供信徒自愿集会和集体祈祷的宗教建筑,并且在伊斯兰教,尤其是什叶派,没有神职人员的等级制度。其他诸如"神职人员""德黑兰的阿亚图拉(或其他地方的)"等说法也是如此,这些用词向欧洲读者传达了一个关于伊朗宗教制度和关系的不正确形象。

3. 关于第三世界的更多细节,见笔者的《农民社会和工业化:对经济发展

第五章　伪现代主义者专制主义的胜利（1926—1933）

中的现代主义和伪现代主义的批判》（*Peasant Societies and Industrialisation: A Critique of Modernism and Pseudo-Modernism in Economic Development*），提交给柏林比较社会研究所的"三个世界还是一个世界"专题讨论会的论文，1979年6月（即将发表在该专题讨论会的论文集中）。

4. 这与阿胡杜夫时代另一位更有成就的作家，阿卜杜拉辛·塔里布夫（Abdurrahim Talibuf）形成鲜明对比，他在所有著作中都保持着令人钦佩的平衡感。

5. 见上文第四章和第五章注释所引用的伊朗文献中提到的立宪革命及其后果，以及其中的参考资料。

6. 参见 D. Bozorgue（ed.），*Historical Documents: The Workers', Social Democratic, and Communist Movements in Iran*，Florence: Mazdak, Vol. VI, 1976, pp. 24-26。他们称考茨基为公民（翻译为一个新创造的波斯语词 shahrvand）并不是为了当时德国社会民主党的领导人，这可能是因为他们没有更新欧洲流行的新式术语。

7. 在萨迪克·赫达亚特的著作中，读者会发现所有在伊朗出现的反伊斯兰教、反犹太教、反传统以及沙文主义的倾向都是基于对前伊斯兰时期伊朗的浪漫美化。萨迪克·赫达亚特是那个时代伟大的伊朗作家，没有人能指责他与礼萨沙及其专制机器合作，哪怕是消极认同他们。见他的剧本 *Maziyar*（与 M. Minuvi 合著）和 *Parvin, the Sasanian Girl*，以及他去伊斯法罕的游记和短篇小说如 *Akharin Labkhand* 和 *Talab-i Amurzish*。这种情况绝不局限于赫达亚特或一小部分作家和诗人，一般来说很少有例外（贾马勒扎德可能是最好的例子）。此外，其他伊朗知识分子，无论是在当时还是后来都表现出类似的倾向，尽管他们碰巧站在伪现代主义胜利者的对立面。

8. 详见下文第四部分。

9. 这些人在哈吉·努里的传记 *Bazigaran-i Asr-i*（《黄金时代的演员们》）都有描写，但考虑到事实和判断方面的问题，必须谨慎使用这一资料。

10. 所有不依附礼萨汗或反对礼萨汗的有能力的政治家都被逐出了政坛，丢进了监狱，或者流亡海外。其中包括赛义德·哈桑·穆达里斯、穆希尔·道莱和穆阿塔明·穆尔克（Mu'atamin al-Mulk）兄弟、穆罕默德·摩萨台博士、乌苏格·道莱和卡瓦姆·萨尔塔内（Qavam al-Saltaneh）兄弟、苏莱曼·米尔扎·伊斯坎达里和卡瓦姆·道莱，尽管他们有不同的政治观点，秉性也各异，但是他们不仅反对礼萨汗的专制主义，更反对专制主义本身。详见下文第七章。

11. 参见 Husain Makki, *Duktur Musaddiq va Nutqha-yi Tarikhi-yi U*, Teheran:'

Ilmi，1945，这篇演讲的转载。

12. 这一趋势早在礼萨汗任首相时已经开始。在1925年的一次议会演讲中，穆达里斯指出现代主义必须与这种对人民及人民财产的非法行为区分开。一个几乎不识字的将军，卡里姆·阿伽·布扎尔朱梅赫里（Karim Aqa Buzarjumehri），被任命的德黑兰市长，应该为这种官方的大肆破坏行为承担大部分"责任"。

13. 参见摩萨台极有道理的论点和论据（Makki，*Duktur Musaddiq*），我们能看见一个既扎根于自己社会，又能正确理解（和应用）欧洲思想和方法的进步的伊朗人早在1926—1927年就提出了解决社会和经济发展问题的方法。

14. 来自美国、瑞典和德国的各个公司参与了该项目的不同阶段。

15. 在他的议会演讲中，摩萨台提供了来自官方顾问统计的详细情况和数字，这些数字表明，建造一条质量好的公路的成本仅为建造提议中铁路成本的10%。

16. 关于此事件和相关事件的目击者描述，参见当时的首相的回忆录，*Mehdiquli Hedayat：Khatirat va Katarat*，Teheran，1946。

17. 参见 Mustafa Fateh，*Panjah Sal Naft-i Iran*（《波斯石油五十年》）和 Hedayat，*Khatirat va Katarat*，这些文章表明1933年协议的惨败并不是因为阴谋的设计，而是由于国王自己的傲慢愚蠢。塔基-扎德的表态意味着作为财政大臣，他只不过是沙阿专制决策的一个工具而已。在签署协议后不久，他就被光荣地解除了职务，被任命为伊朗驻法国大使，1935年，他称伊朗国王为"吃土地的狼"，如果不是巴基尔·卡兹米的一封加密电报建议他不要回国，他可能会因这句话失去性命。卡兹米警告塔基-扎德一事后来被沙阿的特工发现，他也差点因此失去职位。

18. 《泰晤士报》曾发表谣言称在铁木尔-塔什前往伦敦期间，曾途径莫斯科，他的手提箱（内有重要文件）莫名其妙地丢失了。无论事实如何，偏执的礼萨沙一定会怀疑这些文件中包含宫廷大臣同苏联当局之间的秘密交易。铁木尔-塔什倾向于伊朗和苏联建立更紧密的关系，这一事实是无可争议的；他在监狱被杀害时，苏联副外长卡拉汗（Kara Khan）正访问伊朗试图干预此事。几年后，卡拉汗在斯大林的大清洗中消失了。

第六章
伪现代主义者的专制主义的崛起和垮台（1933—1941）

令人窒息的社会政治氛围

在礼萨汗加冕后的第一次议会会议上，少数真正由选民投出来的议员设法回到了议会，他们都是反对派；在这些人中，穆达里斯和摩萨台是最有能力也是最不甘妥协的。一开始，穆达里斯继续采用实用主义策略，希望尽可能掌控局面，但他很快就发现沙阿并不愿妥协。另一方面，摩萨台延续一贯的强硬而勇敢的反对派路线，不论以何种方式，他反对内阁提交给议会的几乎所有议案，因为这些立法都由国王提出，也就是说，不论议案内容如何，其构思和制定的程序都是违宪的。新政权也没有从穆达里斯那里得到什么好处，穆达里斯曾公开表示，他之所以支持强制征兵的法案，是因为这样人民就可以用枪支推翻新政权了。尽管这两人一般不事先协调行动，但是他们经常让国王陷入尴尬，甚至焦虑。摩萨台在他的最后一次议会演讲中，摆清事实指责军队、警察和宪兵参与决定即将到来的大选的结果，言辞激烈，极尽嘲讽。[1]这之后不久，摩萨台和穆达里斯都丢掉了议会席位。[2]

专制主义的代理人对他进行迫害时，摩萨台退回到他在首都以西几百千米的私人庄园里，直到14年后，他一直保持开放，并热衷公共行动，而在这种情况下，他没有任何渠道可以与公众沟通。然而，穆达里斯是一个与众不同的人，作为一个宗教领袖，他有自己的沟通渠道。因此他选择留在德黑兰，住在他位于传统街区的简陋的家里（在雷街旁的达尔道尔巷），并且以半秘密的方式继续活动。我们现在也不能准确知道他当时的活动细节。比如，据说在齐拉格加兹街（后来的齐拉格巴尔格街）他凭借宗教身份监管的一座清真寺被用来训练一伙武装团体，这个团体的任务是在议会新一届会议启动仪式时向国王的马车开枪。[3]但是有一件事是肯定的，穆达里斯肯定在忙着给礼萨沙制造麻烦，而新政权也知道这一点，甚至，夸张了其严重性。1929年，未经过任何法律和司法程序，穆达里斯被逮捕，并被囚禁在霍拉桑省卢特沙漠边缘的一个古老城堡里。九年后，在礼萨沙的直接命令下，他被冷血地杀害（实际上，殉道）。

同时，沙阿组织推行他自己的强大的警察国家，与文官政府平行。首先，他对前议会反对派的少数残余分子以及较大的旧财阀集团进行围攻和恐吓，其中包括乌苏格、他的兄弟卡瓦姆、他以前的伙伴萨利姆（道莱）和其他人。接下来他开始消灭那些他视为潜在威胁的人（无论是真的还是想象出来的），他先对他的追随者中那些更独立的人下手，比如阿萨德将军和谢赫哈扎尔，随后是他自己的亲信和密友，比如刑警队队长达尔卡西准将（Brigadier Dargahi）和铁木尔－塔什。有时候他甚至派有组织的警卫杀手突袭受害者的房子，或者闯入关押他们的临时监狱，然后赤手空拳地杀害他们，努斯拉特·道莱和哈扎尔最后的命运就是如此。[5]同时，他的专制机器迫害、囚禁或流放旧共产党的少数残余分子，当时的伊朗共产党已经衰退，士气低落。

随着沙阿的权力越来越绝对化，越来越专横，他身边聚集的都是没有胆量、自私自利的走狗，而沙阿本人也渐渐成为他们的囚徒，成为自己政治宣传的受害者。不再有任何意见和批评，甚至连独立思考和行动也不复存在，粗糙而丑陋的公共宣传骗了他，他以为自己是完美的象征，是神的化身，他的狂妄自大达到了巅峰。由一群没骨气和低迷的知识分子领导的臭名昭著的思想指导机构只不过是把这种政策正式地制度化罢了。[6]议会变成了一个多余的橡皮图章，各个大臣们堕落成沙阿的家奴，他们的部门成为满足沙阿的公共愿望和掠夺私人财

第六章 伪现代主义者的专制主义的崛起和垮台（1933—1941）

产的工具。地主的人身和财产，以及一定程度上那些大商人们，成为沙阿、他的心腹和军队迫害和征掠的对象。司法机构，革命最重要的成就，是最后一个被动摇，最终投降的堡垒。当警察国家最后形成闭环时，最强大的国王陛下真正失控了，因为他无法独立地获得数据和信息；他只希望听到他相信的东西，所以同样，他也别无选择只能相信他所听到的。这就是绝对和独裁权力的简单辩证。

许多被新政权派往欧洲国家的年轻学生也感到不满，这是类似的辩证过程。他们把欧洲的科技和物质繁荣同伊朗的落后贫困做对比，成为比沙阿和他的追随者更激进、更急躁的现代主义者。他们把欧洲社会的相对开放和伊朗专制国家的绝对封闭进行比较，他们同情欧洲社会主义者和共产主义运动，因为这些运动，无论发生在欧洲还是殖民地国家，让他们和那些被压迫者感同身受。因此，后来极少数人转变成积极的马克思主义反对者，正如他们中的一个人所言，他们并非选择共产主义，而是被共产主义选择了。考虑到当时的情况，他们根本没有别的选择。

这些人相信他们是马克思主义者，或者马克思—列宁主义者；而且他们开始采用相应的"理论"（实际上只是马克思主义的术语）分析伊朗政治经济。但是实际上，他们只是基于一些口号，从情感上转变了信仰。很多人没有深入学习过马克思主义，甚至到后来也没有；并且，他们的理论—历史观点也与马克思主义或伊朗没有什么关系。需求乃发明之母：伊朗地主的自由和财产一直处在专制国家的摆布之下，他们却成为封建者（但这并不是否认地主在任何情况下都是一个剥削者）；为所欲为的专制国家成为"资产阶级—封建"群体的执行委员会；伊朗商人的历史可以追溯到欧洲资本主义个人主义兴起前的几个世纪，而他们现在被归为资产阶级；而由家仆、工匠、修理工、小商贩和街头乞丐组成的一个混杂的群体被划分为伊朗的无产阶级。这是主观想法和客观需要共同导致的。而这种思想仍在伊朗和其他地方流行。毋庸置疑，马克思主义和其他外来理论、思想、技术等在理解和发展伊朗以及其他非欧洲社会方面并非一无是处。当它们被用作机械化的教条，失去了批判性的活力，退化为僵硬的、与实际不相关的信仰时，它们就会变得毫无用处，并具有误导性。

然而，年轻的"马克思主义者"实际上是渴望现代工业和技术，摆脱压迫和贫困的现代主义者。他们回到德黑兰后建立了几个"党小组"，主要讨论"理论"问题，并在他们的期刊《世界》(*Dunya*)上秘密发布。1937年年初，他们与《世界》杂志的一些赞同他们的读者（这些人甚至不知道这是一个马克思主义期刊）都被逮捕了，并以"反对君主立宪制，坚持集体主义理论"的罪名受审，最终被定罪和监禁。他们共计53人，从那时起，这群人就被称为"五十三人"。他们在审判前后都遭受了侮辱、暴力和酷刑，他们中最资深的成员塔基·阿拉尼博士（Dr. Taqi Arani），是一位智力超群、道德高尚的化学家，在狱中被间接杀害。[8]

三年后，专制主义的爪牙闯进了摩萨台博士自我流放的庄园，并毫无理由地逮捕了他。他们搜查了他的家，试图寻找"有罪的"证据，但无功而返。随后摩萨台博士被流放到霍拉桑省的一所监狱，穆达里斯也曾被转移到这座监狱，随后很快遇害。如果不是年轻的王储，即未来的穆罕默德·礼萨沙（Muhammad Reza Shah）亲自干预，摩萨台很可能也会遭到同样的命运。王储其实根本不知道摩萨台是谁，他是受一个瑞士人，欧内斯特·佩隆（Ernest Peron）的请求才干预此事，我们并不知道王储为何与这个瑞士人关系甚密。反过来，佩隆又是受摩萨台的儿子所托，他是纳吉米耶医院的医生，曾治疗过佩隆，这所医院是摩萨台的母亲捐赠的。王储的干预并没让摩萨台获得自由，他被软禁在家中，直到1941年，最强大的国王陛下从他的雅利安王国逃跑了。

社会进步还是衣着恐惧

我们已经提到，欧洲现代主义者和在"发展中"国家的他们的肤浅模仿者，都在将科学普遍化，将社会同质化。发展中国家的伪现代

第六章　伪现代主义者的专制主义的崛起和垮台（1933—1941）

主义者既患有文化异化症，又有复杂的民族自卑情结，他们内心嫉妒欧洲社会，竭力通过一切可能的手段，创造出与欧洲社会"同质化"的微型展示品。因此，真正的落后没有消除，并且像在其他此类社会中观察到的那样，具有破坏性的社会经济"二元论"交织叠加。在这里，我们将用几页的篇幅来介绍社会和制度方面更为怪诞和武断的例子。

传统上，社会礼节要求伊朗男性无论是在户外还是在室内的正式聚会中都要带上头饰。这些头饰包括宗教"缠头"（Ammameh）、非宗教版本的达斯坦尔（Dastar）、无檐便帽（Shab-Kulah 和 Araq-Chin）和官方场合的"贵族风格"帽子（一种由羊皮制成的帽子，其人造材料版本现在已经在西方国家广为流行）。从一开始，礼萨沙和他的伪现代主义同伙们就认为人们戴着这么多种头饰是一种耻辱；这些头饰是伊朗落后的代表。因此，他们设计了一种新的帽子，称为巴列维帽，与法国军帽非常相似，并命令伊朗人佩戴这种帽子。然而效果并没有那么糟，因为这顶帽子与传统的 kulah 帽很相似。同样，欧洲的西装、夹克和长裤在上层社会中已经很常见，公务员和专家被强制要求穿着这样的欧洲服饰，同时也鼓励其他社会阶层穿。

然而，几年后沙阿认为巴列维帽还是不够现代。因此，他下令让每个人都戴上当时在欧洲和美国流行的帽子，而"法国"帽，在伊朗被称为"脸盆帽"。这个命令有点太过分了，人民开始不安起来。特别是一个叫布赫鲁勒（Buhlul）的教士在马什哈德市公开抗议这种赤裸裸的专制暴政，吸引来了一大批群众，最终导致一场臭名昭著的大屠杀，数百人被捕。有人曾告诉偏执狂礼萨汗，该省省长阿萨迪，一位杰出的传统（但非宗教）人士，与这次"起义"有牵连。尽管基本没有任何证据证明这一点，但阿萨迪还是被公开绞死了。这就是礼萨沙取得最伟大的"社会进步"成就的前奏——他的朋友和敌人们称赞接下来发生的这一事件为"妇女解放"。

1936 年 1 月 7 日，全体伊朗妇女被正式地、隆重地、强行地"揭开面纱"。全国各地都举行了官方或民间响应的集会，庆祝伊朗妇女获得了"解放"。从此以后,罩袍(一种覆盖女性头部和身体的长袍,经常被误称为"面纱")在伊朗被禁。也不允许穿戴任何形式的头巾,除了欧式帽子。那些胆敢违背这种粗暴规定的人并不会被逮捕、审判、监禁或定罪罚款,她们却会受到男警察的身体骚扰(因为没有女警察),警察会扯下她们的罩袍或头巾,将其撕成碎片,并大声辱骂她们。

事实上大部分40岁以上的妇女只能"自愿"在家"坐牢"。因为对她们来说,这条突如其来的"法令"无异于迫使欧洲女性穿"袒胸"裙。即便是这种被迫的自我监禁也不能完全解决她们的问题。比如,她们每周至少要去一次公共浴室。在伪现代主义迅速发展前,各个社会阶层的伊朗人都依赖修建精致的浴室洗浴,几个世纪来一直都是这样的传统——因为伊朗是一个公共的,而不是一个个人主义的社会。有些妇女是幸运的,她们通过自家的屋顶,再经过邻居家,就可以到达当地的浴池。而那些没有这样条件的妇女,就要冒极大的风险,一旦被抓住,就会遭到上文提到的侮辱。

这真是一次人权、个人尊严、个人自由、个人安全、公共规范、法律权利和社会正义的伟大胜利——更不用说妇女解放这个层面了。然而,许多头脑正常的、"高度进步的"外国和伊朗评论家都将其描述为自伊朗走出"中世纪"以来,整个专制主义历史上前所未有的傲慢的暴政之举。这就是证据的分量,任何人只要愿意研究一下,就会发现无知的现代主义及对20世纪各地人类生活和文化造成的破坏性影响。[9]

像其他任何形式的服装一样,"面纱"的形式有许多变化,最早可以追溯到前伊斯兰时代萨珊(波斯)帝国时期,在当时不仅允许一夫多妻,而且允许少数有能力的人乱伦和纳妾。因此,这一直是一种纯粹的城市现象。伊斯兰教的到来为伊朗妇女带来巨大的解放力量:不能违背妇女意愿结婚;妇女有权继承父亲、母亲、丈夫、儿子和其他亲属的遗产,最多可继承男性后代一半的遗产;她们可以独立拥有和处置财产;一旦离婚,她们有权获得丈夫的彩礼,如果丈夫尚未支

第六章　伪现代主义者的专制主义的崛起和垮台（1933—1941）

付，她们有权要求丈夫支付这些彩礼。自从伊斯兰兴起后，在大部分的时间里，伊朗妇女的社会和经济参与度都高于她们的欧洲姐妹。在伊朗"解放法"实施时，很多上层社会的年轻女子，早已不戴头巾，在私人派对和聚会上与男人混迹在一起；其他妇女也早就不被拴在床上或"厨房水槽"上，几乎每天都穿着罩袍出去购物，拜访亲友等。并且，总的来说，社会心理上的偏见也开始减弱了。

我并不是想描绘出多么美好的画面，只是想在正确的历史视角和背景下看待这个问题。没有人可以否认女性地位曾经且现在依旧与男性不平等，不论在伊朗还是其他地方都是这样。同样，也存在着许多社会偏见和不公正，包括对妇女的歧视，但宗教并不是这一切的元凶。哪怕在最坏的情况下，宗教和其他意识形态可以被用来为那些令人讨厌的习惯、风俗、规范和偏见辩护；但是这些问题并不是它们带来的。在这个社会中人们成为被国家有组织的非法行为操控的可怜对象，把这种对妇女的迫害称为对妇女的解放，难道不怪异吗？更不必说此举本身的肤浅性，即使其他条件都不变，当沙阿本人把自己的三个妻子当作他的私人财产时，妇女会因为出门不戴头巾而得到解放吗？

毫无疑问，经过真正的教育以及社会和道德的劝说，伊朗妇女会在自我同意并保持尊严的前提下"揭下面纱"。现在发生的事件既不是解放，也不是进步；而是一个专制的伪现代主义者愚蠢任性的无耻行为，一些没有根基的狂热者还为他叫好，称他是"波斯的救世主"。

社会进步还是权力垄断？

对宗教的攻击是不可避免的，但并不会是因为宗教"有组织地反对社会进步"而引起。大部分的宗教显贵和教士都支持立宪革命，甚至反对教法统治的替代方案，对穆罕默德·阿里沙的小聪明嗤之以鼻。他们中的一些人为了捍卫革命甚至付出了生命的代价。除此之外，宗教领袖和信徒群体并没有对伪现代主义的暴行进行任何有组织的抵抗，无论他们为了扩建街道而拆除古老的清真寺和民宅，还是所谓的"解放妇女"。毫无疑问他们反对这一切，并真心祈祷马赫迪的到来；但是他们仅在小心谨慎的谈话中发出反对的声音，仅在静默的祷告中祈求救世主现世。

礼萨沙实行宗教迫害只有两个真正目的，再无其他。为了摧毁伊朗的什叶派，并消灭其宗教实践，他认为这是害他雅利安王国落后的可耻原因。以及，消除任何独立的社会机构和一切公众结社和沟通的自主渠道。人们习惯在穆哈拉姆月（Muharram，伊斯兰教历第一月）的前十天举行公众游行，什叶派的忠实信徒在这一期间悼念伊玛目侯赛因殉难，现在该游行被宣布为非法。此外，所有由教士讲述穆罕默德和什叶派烈士（尤其是伊玛目侯赛因和他的父亲伊玛目阿里）生平和功绩的宗教聚会都被全年禁止，无论在清真寺还是在私人住宅里。事实上，如果一个教士在伊斯兰教历第一月的高峰期跑来跑去被人看见，他就会因涉嫌秘密举办此类集会（即讲述卡尔巴拉惨案的集会，通常称为 Rawzeh-Khani）而被逮捕。有时候，当人们在房里哀悼刚去世的亲属时也会被怀疑是在举办 rawzeh-khani 集会而遭到搜查。每年教历第一个月都有许多人被指控在家中举办这类集会，不管是真是假，他们最终都会被扭送到警察局。伪现代主义在伊朗是如此的成功，白天宪兵队成员可以肆无忌惮地抢劫和掠夺农民；而晚上人们却因为在自己家中举行宗教集会被抓起来。

到了1939年，沙阿萌生出禁止出版伊斯兰历的念头，这样人们就不知道哪天是宗教哀悼日和节日了。[10]所幸，礼萨沙倒台的日子不远了。

经济政策和政治经济

广阔的视野

理解了伪现代主义专制主义逻辑的读者，即使没有任何实际知识，也能预测经济事件和政策导致的必然趋势。首先，制造业发展。

第六章 伪现代主义者的专制主义的崛起和垮台（1933—1941）

由于外国技术的不断应用，其规模和资本密集度提高，国家和私人垄断的企业数量增加，商业产出份额增长。其次，经济生活和劳动的官僚化。因为国家投资政策中忽视了工业的相互依赖性，导致生产力过剩。在昂贵教育项目投资造成的双重浪费，一方面，新的毕业生没有足够的生产出路，另一方面，国家不得不通过增加官僚职位的数量来创造非生产性就业岗位。除此之外，土地税的增加压榨了地主而取悦了国家；同时国家垄断外贸以及国内贸易的重要领域，使商人群体失去了广阔的经济活动领域。连国内贸易都征收关税，人们从一个城市到另一个城市旅游都必须要得到官方许可。

石油、国家和经济

1933 年协议的签订，逐渐开启的世界经济复苏，以及随后各国普遍调整军备和第二次世界大战的爆发，这些因素确保了伊朗石油收入的稳定性与后来的增长。值得强调的是，这些收入是直接支付给国家的。总体而言，总预算拨款的 20% 以上都来自石油收入。但是考虑到实际支出几乎总是低于计划拨款，可以肯定的是石油收入在国家支出中的份额高于这个数字。此外，由于石油收入以外汇形式支付，这些钱极大地平衡了国际收支中的经常账户。因此，国家有一个相当大的收入和外汇来源独立于本地的政治经济及生产绩效——它既不靠向公众征收关税和税款，也不是由于国内生产以及（特别是）劳动力创造的出口所获得的。

通过观察年度预算拨款我们能看到国家政策和宏观经济活动的更加宽泛趋势，特别是因为部门支出既包括经常性支出，也包括投资项目。表 6-1 和表 6-2 分别列出了各部门的拨款及在总额中的份额。首先让我们对数据进行总体观察：拨款总额（尽管通常低于实际支出）增长非常迅速；例如，1939 年的预算拨款总额（26.13 亿里亚尔）是 1934 年（6.25 亿里亚尔）的四倍多。见表 6-1。考虑到这五年的平均通货膨胀率很低，这样的观察结果表明国家的实际支出有了很大的增长。因此，几乎每个部门的拨款都在逐年增加（极少数例外);但是增长速度参差不齐,以至有些部门占总额的份额在不断增加,而有些部门则在下降,见表6-2。

表6-1　　　　1934—1941年预算拨款(百万里亚尔)

年份 部门	1934	1935	1936	1937	1938	1939	1940	1941
战争	239	256	275	319	403	380	485	593
财政	172	176	197	216	275	90	146	266
工业及贸易	22	68	76	150	320	459	751	1006
教育	47	57	68	70	81	84	432	195
内务	40	44	52	56	70	108	110	123
邮政和电信	28	28	34	37	43	58	71	90
司法	25	28	29	33	43	56	64	79
外交	22	25	27	26	30	27	33	31
卫生	13	19	24	34	27	88	65	83
王室	14	13	14	16	16	16	16	17
农业	3	17	27	34	48	54	72	122
通信	a	21	179	256	161	854	999	1092
其他	—	—	—	—	—	339	168	477
总计	625	753	1002	1249	1527	2613	3112	4174

注:a 被包含在邮政和电信的数据里。

资料来源:基于 Bharier, *Economic Developmem in Iran*,第157-158页的表4-1和表4-2。

表6-2　　　　1934—1941年预算拨款(占总额百分比)

年份 部门	1934	1935	1936	1937	1938	1939	1940	1941	1934—1941 年平均值[a]
战争	38.3	34.0	27.5	25.6	26.5	14.5	15.6	14.2	19.6
财政	27.5	23.4	19.6	17.2	18.0	3.4	4.7	6.4	10.2
工业及贸易	3.5	9.0	7.6	12.0	21.0	17.6	24.1	24.1	19.0
教育	7.5	7.7	6.8	5.8	5.3	3.2	4.2	4.7	4.9
内务	6.4	5.9	5.2	4.5	4.6	4.1	3.5	2.9	4.0

第六章 伪现代主义者的专制主义的崛起和垮台（1933—1941）

续表

年份 部门	1934	1935	1936	1937	1938	1939	1940	1941	1934—1941 年平均值[a]
邮政和电信	4.5	3.7	3.4	3.0	2.8	2.2	2.3	2.2	2.6
司法	4.0	3.7	2.9	2.6	2.8	2.2	2.1	1.9	2.4
外交	3.5	3.3	2.7	2.1	2.0	1.0	1.1	0.7	1.3
卫生	2.1	2.5	2.4	2.7	3.4	3.4	2.1	2.0	2.4
王室	0.5	2.3	2.7	2.7	3.1	2.1	2.3	2.9	2.5
农业	2.2	1.7	1.4	1.3	1.0	006	0.5	0.4	0.8
通信	[b]	2.8	17.8	20.5	10.5	32.7	32.1	26.2	23.7
其他	—	—	—	—	—	13.0	5.4	11.4	6.6
总计	100.0	100.0	100.0	100.0	100.0	100.0	100.0	100.0	100.0

注：[a] 本栏中的数据是平均拨款占整个期间总预算拨款的百分比。它们不代表前面栏目中列的简单平均值。

[b] 被包含在邮政和电信的数据里。

资料来源：表6-1。

然而，陆军部的百分比份额却在迅速地、稳定地下降，从1934年的38.3%下降到1941年的14.2%，我们必须谨慎看待这个问题。首先，可以确定的是军队网络的支出明显多于对陆军部的预算拨款，一部分原因是陆军部并不覆盖军队网络的一切活动，另一部分原因是其他来源的收入，比如国家财产，被用作军事目的；其次，单看对陆军部的合法拨款也令人怀疑，见表6-1，因为从1936年开始，军事活动的支出很可能隐藏在"通信"和"其他"支出的名目下。最后，我们不能把1939年、1940年和1941年的数字和百分比份额与前几年的相应数据直接比较，因为1939年部门的责任发生了变化。这些重新定义和重新安排必然影响陆军部和财政部的名义拨款和支出。比如，财政部庞大帝国版图的一部分（制造业和采矿业）被"工业部"撬走。

这一时期工业突然得到渐增的推动，显而易见，几乎没有必要再强调。1941年对工业的拨款几乎是1934年的50倍之多，见表6-1，其结果是工业及贸易在预算拨款总额的百分比份额从 1934 年的 3.5% 上升到 24.1%。大部分的支出用于建立现代机械化工厂，主要用于生产糖、棉花和丝绸产品、建筑材料，以及在小范围生产玻璃制品、火柴和皮革制品。由于大型工厂的资本密集度，工业劳动力的增加并不像制造力的普遍提高那样显著：1941 年工业劳动力，不包括石油部门，约增长到十年前的三倍。

国营工厂由国家官员和部门官僚管理，他们的任命、等级制度和一般管理办法与其他官僚机构几乎完全相同。这里的腐败和国家机器与其他地方一样多；管理人员并不稳定，更换的频率高得离谱；生产目标和定价是武断且随意的。

很明显大型工厂正倾向于应用进口技术，尽管最初的扩张只是在"轻"消费产业。但是如果礼萨沙的政权存活得再久些，扩张的势头很快就会"战略"转向重工业。实际上，德国人已经交付了大量的高炉，用来组建一座现代钢铁厂——这也是伪现代主义各派最大的愿望之一。然而战争的侵扰将这一心愿的实现又推迟了 25 年。

跨伊朗铁路直到 1938 年才竣工，另一个（不那么急迫的）铁路项目也开始动工，旨从伊朗西北部的大不里士出发，经过德黑兰，与东北部的马什哈德相连。然而，直到 20 世纪 50 年代末，这条铁路实际上最多只能经过卡拉季、加兹温和赞詹，连接德黑兰和米亚内。同样，公路建设项目也在继续，但与 1926—1933 年这一时期相比，其紧迫性和重视程度有所下降。不过几乎和之前一样，国家仍然重视发展教育：尽管这些年来，教育所占的百分比份额有所下降，见表 6-2，但绝对数额却在大幅增加；无论在什么情况下，整个时期近 5% 的平均百分比份额已经是相当可观的数字。如前文所述，国家教育政策的问题是，将投资集中在昂贵的（即资本密集型）教育项目上，这种战略对整个社会是不公正的，是经济上的浪费，也毫无技术性可言。[11]

第六章　伪现代主义者的专制主义的崛起和垮台（1933—1941）

礼萨沙的经济资产负债表

在研究一个政权时，我们无法将其经济政策及影响同该政权做出的其他决策和后果彻底分割开来。这也是我们在目前的研究中一直采取的观点。然而许多受过教育的伊朗人，他们倾向于公开或隐蔽地、在文字中或在口头上，将礼萨沙的专制主义的种种行径一一区分开，比如，他们谴责他"独裁"（错误的用词）和攻击宗教，但同时承认或赞扬他的民族主义情感和愿望，以及他的"现代化"政策。他们经常忽略了这样一个事实，"独裁"和"工业化"，或攻击宗教与"现代化，都是同一个系统的综合产物。

虽然如此，评估礼萨沙专制主义的"单纯的"经济影响也有好处。在不到二十年的时间里，道路和通信网络、工业生产力、现代技术的应用、现代化的中等和高等教育都有了很大的发展。因此，是否可以说，"单纯从经济的角度看"，礼萨沙退位时国家与刚建国时相比有了长足的发展？答案是否定的，因为以下的原因。

礼萨沙时期所谓的"经济成果"并不是因为采取了合理和合适的（更不是成功的）措施使经济发展，而是来源于石油收入和普通人承担的间接税。国家可以投资建设道路、工厂、学校和银行；但是只有合理的投资策略才能让国家资源实现最佳利用。简单来说，重要的是国家经济能从投资工厂中获得什么，而不是仅仅建造一座工厂供众人看。然而，现有的证据已经表明礼萨沙的经济政策就是在浪费国家资源，将其投入在高成本和低回报的项目中。

"纯粹"的经济问题也涉及诸如收入、消费、福利（以及福利在人们间的分配）等话题。然而我们目前并没有这一时期的收入和支出集，更不必说关于消费、分配和其他方面的数据了。毫无疑问，总产出和收入有相当大的增长；但是主要的受益者是德黑兰和其他几个主要城市的特权人群。在其他的主要城市中，虽然商人和交易商一般都会受益，国家官僚机构的高层人员和他们的商业伙伴捞到了最大的好处。农业整体上得到的援助很少，土地使用权安排几个世纪以来都没有什么变化。但是对农村人口的持续和全面的歧视远不仅是国家在工业领域投资的简单集中。

国家是主要农产品的唯一买家和分销者（即"垄断者"），包括小麦和大麦这些居民主食。因此，作为唯一的垄断买家，国家尽可能地压低农产品价格，并使国内贸易条件始终对农村人口不利。这并不是为了从农业中获得更多的实际盈余，某种"强制储蓄"以满足资本利益积累。相反，这种不公平的政策的唯一目的是强迫农民减少消费，来维护德黑兰和其他城市的利益。换言之，利用国家垄断，牺牲农村社会利益补贴一些特权城市。此外，这一政策还故意歧视一些省份，特别是西北部的阿塞拜疆省。事实上，阿塞拜疆人是伊朗最能干和最有生产力的人力资源，他们却受到如此的歧视以至他们大规模迁移到德黑兰生活。

除此之外，几乎所有福利服务，特别是教育、卫生服务和公用事业，都只集中在德黑兰和少数几个城市。伊朗农民在各方面都受到了不公的待遇。

清算时刻

礼萨汗是一个国家主义者、一个军国主义者、一个专制君主、一个种族主义者和泛伊朗主义者，他既亲德国又亲纳粹。尽管他最初的崛起要归功于艾隆赛德（Ironside，可能还有其他在伊朗的英国特工），但他既不喜欢英国，也不喜欢英国在伊朗的角色。所以称他是英国在伊朗的代理人或"间谍"就大错特错了，各种详细的证据都否定了这个相当流行的传言。[12] 他之所以容忍英国对伊朗政治经济的影响，主要是为了保住自己的地位；因为他像其他伊朗的政治公众一样，相信英国人可以在伊朗（和其他国家）为所欲为，只需挥舞一下魔杖。这就是为什么，在20世纪30年代纳粹德国的势力如日中天时，礼萨沙认为采取亲德国的外交政策对他本人和伊朗都是安全的和

第六章　伪现代主义者的专制主义的崛起和垮台（1933—1941）

可取的，他在军事和民用项目上越来越依靠德国的技术顾问，德国也成为伊朗最重要的单一出口国。

战争爆发后，伊朗官方保持中立，但沙阿、他的军队和他的党羽显然希望德国人能取得全面胜利。事实上，大部分的伊朗政治公众也支持这种态度，他们与其说是亲纳粹，不如说是反帝国主义，因此（从这个意义上）反英国。此外，他们认为自己属于雅利安人，所以对纳粹关于雅利安人种的政治宣传，他们心里也很受用。

英国的战略家们已经担心德军可能通过埃及和伊拉克进入波斯湾，并在当地好心人的支持下，切断苏伊士运河和伊朗石油供应，他们认为这是重大的战略威胁。拉希德·阿里·吉兰尼（Rashid Ali Gilani）在伊拉克的崛起必然加强了他们的焦虑，伊朗人的态度也让他们很不放心。1940年7月，德国从北部、中部和南部三个方向进攻苏联。南部一支很快就占领了乌克兰，并威胁要切断伊朗西北部边境的高加索油田。对莫斯科和伦敦而言，局势令人绝望。

盟军开始向伊朗政府发出警告——起初只是非正式的私人接触，后来则是官方和公开的照会——表示如果德国特工在伊朗的活动得不到遏制，他们将对局势采取非常严肃的看法。他们指的是数百名在伊朗的德国技术和军事顾问，他们中肯定有些人是德国各情报部门的卧底。伊朗的回复一度是冷静和不屑的，仅仅只是对盟军重申伊朗的中立立场和德国国民的无害性。然而，在1941年夏，盟军显然打算对沙阿和他的奴仆政府采取强硬手段。绝对和专横的专制者的典型特征就是，当他们终于感受到局势的严重性时已经太晚了，他们再怎么施展手段也无法摆脱困境；无敌不败的幻想和仆人提供的阿谀奉承的错误信息害了他们。在最后时刻，礼萨沙采取了一些激进手段试图阻止盟军入侵伊朗，但是已经来不及了，1941年8月25日，盟军部队进入伊朗。礼萨沙愚蠢地下令进行全面动员，"帝国武装部队"只抵抗了几天。这暴露了表面光鲜的伊朗军队实则败絮其中，多年来他们的开销都要由伊朗人民承担，此外人民还要忍受他们的法外之权，现在却在盟军面前士气低落，迅速溃败。据报道，高级官员甚至戴着被禁的妇女"面纱"逃跑,尽管这可能是对军队的讽刺说法,但我们已经看到了"'波斯的救世主''现代伊朗的建造师'最珍视的作品"的真实模样。

最强大的国王陛下退位后,被一艘英国船只带到了毛里求斯,后来到了约翰内斯堡,1944年他在那里去世了,可能是死于抑郁症。现在仍不十分清楚他是怎样做出这个不可避免的决定的。最可能的解释是,当俄国人进攻德黑兰时英国拒绝对他提供保护。[14] 就这样,一个能干的、聪明的、白手起家的人结束了他不光彩的一生,他被古老的伊朗专制主义制度和伪现代主义的思想和技术彻底腐蚀。从他的身上我们吸取的教训是,伊朗永远不会实现社会经济的稳定和和平发展,除非彻底铲除伊朗专制主义这个痼疾。坚决不能让其得到现代主义、改革主义、马克思主义、传统主义或其他意识形态的庇护,否则专制主义的基本力量会趁机死灰复燃。

注释

1. 参见 Husain Makki, *Duktur Musaddiq va Nutqha-yi Tarikhi-yi U*, Teheran:' Ilmi, 1945,这篇演讲的转载。

2. 多年后摩萨台回忆说,为了装点门面,国家将一些独立的政治人物列入了新的议会"议员"名单,但是他们中很多人,如穆希尔·道莱兄弟和穆阿塔明·穆尔克拒绝担任并辞去了他们的"席位"。参见 Husain Kay-ustuvan, *Siyast-i Muvazineh-yi Manfi*, Vol. II, Teheran, 1950; rprt Paris: Musaddiq Publications, 1977。

3. 参见 Ibrahim Khajeh Nuri, *Bazigaran-i Asr-i Tala'i*, Teheran, 1943–1944。

4. 参见谢赫伊斯兰·马来耶里在议会第13届会议上的讲话(1941), Ibrahim Khajeh Nuri, *Bazigaran-i Asr-i Talai*, Teheran, 1943–1944。

5. 见上文第6章。

6. 在这里提及这些被利用的知识分子和学者的名字会很尴尬,可能也有些不公平,他们并不像其他人是知识分子流氓,他们只是在这个只有圣人和英雄能免遭污染的社会里,缺乏英雄主义的受害者。

7. 哈利勒·马利基(Khalil Maleki)在他的许多文章和论文中,包括他的政治回忆录,都提出了这一观点。参见 *Katirat-i Siyast-i Khalil Maleki*, 由霍马·卡图

第六章 伪现代主义者的专制主义的崛起和垮台（1933—1941）

赞编辑并介绍，Teheran：Ravaq，1980。

8. 参见 Buzurg 'Alavi，*Panjah-u-seh Nafar*（五十三人），Teheran，1944；2nd edn Teheran：Ulduz，1978；以及哈利勒·马利基对这一话题的零散著作和他的回忆录。

9. 与摩萨台的态度对比（没人可以指责他是"反动派"），他在十年后的议会演讲中说，尽管他自己戴了欧式帽子，他的妻子也撤下了头巾，但是当他们在欧洲的时候，他把自己关在家中八个月避免带巴列维帽的强制令（直到某条法律让它显得不那么任意），并且他一直反对礼萨沙"解放妇女"，因为这应该是通过进化的过程，经过人民的进步……而不是某个人掌权后……（说）我想让事情这样，它们就必须得这样……每个人都应该有自己的原则……人应该有自己的尊严，而不是屈服于棍棒的（语言）——参见 Kay-ustuvan，*Siyasat-i Muvazineh-yi Manfi*，Vol. II，pp. 78 – 79。

10. 这是当时的首相艾哈迈德·马提内-达夫塔里博士（Dr Ahmad Matine-Daftary）告诉 M. H. T. 卡图赞（M. H. T. Katouzian），他随后又告诉我的。马提内-达夫塔里曾经无视沙阿的这些命令，后来还对他假装忘记了这些指示。

11. 关于这一时期经济事件和问题的更多数据和信息，参见 M. Fateh，*Panjah Sal Naft-i Iran*（Teheran，1956）；V. Conolly，"The Industrialisation of Persia"，*Journal of the Royal Asiatic Society*，1935；A. Banani，*The Modernisation of Iran*，1921 – 1941，Stanford，Calif.：Stanford University Press，1961；M. Agah，"Some Aspects of Economic Development of Modern Iran"，Unpublished D. Phil. thesis，University of Oxford，1958；R. Arasteh，"Growth of Modern Education in Iran"，*Comparative Education Review*，III，Feb 1960；Z. Khosroshahi，*The Politics of Education under Conditions of Economic Growth*，with Special Reference to Iran，unpublished Ph. D. thesis，University of Sheffield，1978。

12. 我们在前面的内容已经展示和分析了相关证据，根据 Dawlat-Abadi，*Hayat-i Yahya*，Teheran 1949，Vol. III，1949 和 Musaddiq，*Kay-ustuvan*，*Siyasat-i Muvazineh-yi Manfi*，Vol. II，早在 1924 年，礼萨汗自己就说过"英国人让我（掌权），但他们不知道自己在和谁打交道"。这显然是一种双重吹嘘，不过是想表达艾伦赛德将军、霍华德和其他在伊朗的英国官员是 1921 年政变的幕后推手，并把礼萨汗提拔为赛义德·齐亚夺取政权过程中的军事骨干。从那以后发生的事情首先要由内部力量互动决定，礼萨汗在与英国和俄国政府打交道时展现了聪明才智。的确珀西·洛林爵士没有意识到他在和谁打交道。

13. 参见，William Shirer，*The Rise and Fall of the Third Reich*，London：Pan，1964。

14. 有大量的传言称英国政府通过里德·博拉德爵士（Sir Reader Boulard，英国政府在德黑兰的负责官员）积极鼓动礼萨沙退位。在他对当时伊朗的外交大臣阿里·苏海里（Ali Suhaili）的传记描写中，哈吉·努里称他从苏海里本人那里听到这是英国人的要求（Bazigaran-i Asr-i Tala'i）。总的来说不可否认英国在沙阿退位的过程中发挥了重要，甚至关键性的作用，尽管他们可能没经过这么多游说。除此之外，英国驻德黑兰大使馆还抵制王储穆罕默德·礼萨的宣誓加冕仪式。William Shirer，*The Rise and Fall of the Third Reich*，London：Pan，1964。

第三部分
政权空白、民主和独裁（1941—1961）

第七章
占领和政权空白期（1941—1951）

礼萨沙逃往国外对伊朗民众是件大喜事：专制者倒下了，空洞的专制机器也自动垮塌，尽管专制基础仍然牢固。这时的局势和1870年拿破仑三世的垮台颇为相似：都是外国的占领导致暴政垮台，但至少人民都为除去暴君感到高兴。不同的是，不像法国，伊朗并非因为战争失败而被敌国占领，占领后也没有发生争夺政治权力的阶级斗争。

政治犯被释放了；政治、宗教和其他集会现在可以公开举行；报刊书籍可以不经政治审查就出版；人们可以在家里畅所欲言，而不必担心被仆人或亲戚举报；妇女可以穿罩袍去公共浴室，只要她们愿意；曾被沙阿或他的官员们侵占财产的地主和农民，向法院提出申请，收回了他们的财产；那些曾遭遇严重不公的，或其亲属在狱中被害的人，起诉了不公正的官方代理人；那些著名的官方杀人犯，比如对政治犯实施注射死刑的假冒医生，被公开起诉、定罪和处决。然而其他人，如刑警队长穆赫塔里，只是被监禁，后来在穆罕默德·礼萨的干预下被释放，新国王甚至从自己的腰包中掏钱给这个罪犯发放了一笔抚恤金。事实上，礼萨沙专制机器的直接和间接的代理人并没有遭到严厉的惩罚。这在一定程度上是值得赞扬的，因为这符合伊朗人民一贯的历史特性，即不喜欢报复；但同时也有些不合情理：虽然我们并不主张全面的政治迫害，但至少要让伪现代专制主义15年来犯下的可怕罪行公之于众，并在一些细节上仔细审查。而对于以新沙阿为首的政治机构，尽量减少这种曝光的规模对他们显然有好处。

占领与政治经济

外国军队在占领后曾承诺不干涉伊朗的内部事务，在战争结束后会立即全面撤军，并对他们占用的国家资源进行全面补偿。但在实践中，不干预只是神话，有两个完全不同的原因。首先，正是因为占领军需要使用伊朗的资源，从食品和原材料到公路、铁路和电信，不一而足，所以在某种程度上，间接干预至少是不可避免的。其次，占领伊朗的各个国家间为了战后的前景展开竞争，因此不正当地干预伊朗的事务。因此，英国人和俄国人都试图培植和支持他们认为是天然盟友的政治团体、派别和人物。目前而言，他们最重要和最共同的目标就是打赢这场战争，为此他们尽最大努力避免国内出现严重的政治冲突和不稳定。后来，在德黑兰、雅尔塔和波茨坦，盟国首脑们达成了关于各自势力范围的协议。

占领带来了毁灭性的经济冲击。盟军需要粮食、烟草、原材料等，既要供他们在伊朗的部队使用，又要满足一般使用。因此，他们成功地迫使伊朗政府将国家的资源交由他们处置。他们通过"货币政策"实现自己的目的，特别是，让伊朗货币贬值，扩大货币供应量，并向俄罗斯和英国提供信贷。

首先，伊朗货币贬值幅度超过100%，从68里亚尔兑1英镑贬至140里亚尔兑换1英镑。根据不同的情况，货币贬值可能对政治经济产生有利或不利的影响。当伊朗货币贬值时，外国对伊朗出口产品的需求，即占领军对伊朗商品和服务的需求几乎是无限的，但是扩大这些商品和服务供应的可能性又极低。这两个事实放在一起，意味着伊朗货币100%的贬值使伊朗从出售（或出口）给盟国商品中获得的收入几乎减少了一半。另外，由于伊朗的进口商品具有很强的特殊性，所以哪怕外汇（以及外国商品）价格再昂贵，伊朗的进口额也不会因货币贬值而大幅减少。这些观察告诉我们货币贬值对伊朗出口收入和

第七章 占领和政权空白期（1941—1951）

贸易收支都是不利的，并产生了破坏性的通货膨胀，使本已贫困的伊朗人民雪上加霜。[1]

其次，在上述情况下，货币供应量出现四倍扩张完全是通货膨胀的结果，因为不可能存在囤积纸币的问题，而且货币供应量的增加显然是为了满足盟国对当地货币的"需求"，这样他们才能在伊朗进行更多消费。

最后，根据伊朗与英国和苏联分别达成的协议，伊朗与英国的年度贸易盈余的60%以及给予俄罗斯的全部年度信贷都将被冻结，等到战争结束后将根据新的（已贬值的）里亚尔汇率，以黄金偿还这些款项。用通俗的话说，整件事情——贬值、大量印钞以及向英国与俄罗斯贷款——就是对一个极度羸弱和贫穷的国家的武装抢劫。有些"大公无私的"读者可能会将这些事情简单归结为击败轴心国的需要，是一种"必要之恶"。然而同样的一批人在讨论纳粹在其征服的殖民地做出的类似行径时却换了种说法，我们抛开其中的双重标准不谈，正常人都会疑问，盟国是否真的有必要让伊朗货币贬值100%以上？一旦战争结束后，他们自己只需要支付购买伊朗商品和服务的一半价格，同时以双倍的价格向伊朗人出售自己的商品。[2]

尽管无法准确量化，但这些规定带来的全面通胀的后果不难想象。1936—1941年，批发价格指数从100上升到176，这既是因为国家开支持续增长，也是战争带来的国际初级产品需求的快速增长的结果。[3]1944年，摩萨台博士在议会上发表了一篇有分寸且有理有据的演讲，他估计自1941年被占领以来，价格已经增长了10倍（即1000%），当时的财政大臣没有对此提出质疑。[4]可以肯定的是，由于上述"政策"和贸易投机，再加上农民和地主的市场剩余农产品减少，导致商品严重匮乏，城镇出现饥荒。许多普通城市居民仍然记得当时为购买一条通常情况下无法食用的面包（小麦和大麦的混合物，其中还含有相当大比例的木屑），而排起长队的景象。

除了伊朗的商品和货币，跨伊朗铁路也被征用，主要用于向苏联运送补给品，这是伊朗人对盟军的战争做出的最重要的贡献。这就需要将线路从原来的终点站阿瓦士延伸到波斯湾的霍拉姆沙赫尔港,同时对其他地方进行维修和保养,这些工程都是由英国实施和支付的。在上述的那次议会演讲中,摩萨台还计算出,根据6%的资本利率,盟国欠伊朗1.4亿美元,而他们只准备支付520万美元,伊朗政府表示接受。即使伊朗接受了盟军提出的2100万美元的维修、保养和其他费用(以及一些二手货车,他们只是希望伊朗人买下这些货车),伊朗人仍然被掠夺走至少1亿美元。我们要强调的是,所有这些计算都排除了货币贬值和严重的通货膨胀率的影响,完全基于1944年伊朗货币的名义价值和汇率。

伊朗人民被迫承受这样的暴力,而右翼和左翼人士(保守的政客和人民党的"马克思列宁主义者")都容许对伊朗人民的掠夺。

在战争结束后,英国和美国按照最初的协议从伊朗撤军,英国人全额偿还了在占领期间伊朗预付给他们的信贷。而苏联拒绝撤军,直到美国向其发了最后通牒,并在离开前让伊朗政府承诺授予苏联在伊朗北部地区的石油特许权。此外,他们推迟偿还战争期间伊朗给予他们的信贷,还将其作为一种外交工具,直到1955年年初,他们才与扎黑迪(Zahedi)政府协商付款事宜,几个月后,他们把钱付给了侯赛因·阿拉(Husain'Ala)领导的新政府。

政治和问题

礼萨沙的离开并没有造成伊朗的权力真空,这要归功于盟军的占领:占领者们不会鼓励,甚至不能容忍伊朗爆发一场拔除专制政权并彻底瓦解其机器的革命,这不符合他们的利益。相反,一直俯首帖耳的议会代表们突然发现自己莫名其妙、毫无理由地拥有了任命和解散政府的权力。然而这本身也自动意味着专制权力的分散和分裂,尽管这与民主制度还相差甚远。此外,司法机构恢复了大部分的权力和独立性。旧的"机构"——那些懦弱的地主、官僚、记者和知识分子,他们在老国王统治下的高贵如今烟消云散,他们中的许多人肯定对此心生不满,他们团结在新沙阿的周围,希望能将他们的实际或潜在损

第七章 占领和政权空白期（1941—1951）

失降到最低。像曾经的审查长阿里·达什提这样的人物，甚至有胆量自称是民主和自由的伟大倡导者。

尽管如此，形成竞争性政治集团的时机已经成熟，伊朗出现了一批互相敌对的政治派系和党派。

人民党

人民党是在一场纪念塔基·阿拉尼博士的集会上，在他的墓前成立的。阿拉尼是"五十三人"中杰出的领导，在狱中被害。参加会议的几乎都是这个团体的剩余成员，还有一群年长和年轻的政治家、社会活动者和知识分子，他们或多或少地都曾反对过礼萨沙和他的专制统治。具有象征意义的是，苏莱曼·米尔扎·伊斯坎达里在集会上发表了讲话，作为一位年老的恺加王朝时期的贵族和前议会中的社会主义领导者，在礼萨汗（"资产阶级民族主义领导者"）登上宝座后，他一直十分后悔被其利用。因此在成立之初，人民党在象征上和实际上，都是一个由各种进步主义、反专制主义和自由主义者组成的联盟。它是一个群众的（或者说民族的）民主阵线，而非一个意识形态政党。该党的更广泛目标是建立议会制民主、重建政治经济，以及实现更大范围的公共福利和社会正义。

在这种情况下，党内的"马克思主义"派不可避免地在领导层中占主导地位。"五十三人"组的人头上有一个纯洁的光环；优秀的教育背景让他们在人民中获得了尊重；他们更年轻、更有活力、更善于组织工作；他们拥有一个意识形态框架，似乎能够解释每一个现象，并解决所有的问题。此外，苏联已经广受欢迎（不仅在伊朗，甚至在英国和美国也是如此），因为它在德国崩塌时展现了自己的力量。

从一开始党内就有一些分歧，在马克思主义派内部同样存在，主要是因为党内的领导人倾向于将决策权集中在自己手中。这件事情，像其他独裁关系一样，使年轻的党内活动家们感到沮丧，并招来了他们的批评，这反过来又对领导层构成了更大的威胁，诱使其进一步收紧控制。旧的伊朗专制主义的逻辑重演了。首都的各党小组中关键的活动家们聚集在哈利勒·马利基身边,马利基是"五十三人"中杰出的成员,当他们全都入狱后,马利基继承了同事们的优秀人格品质。

党内的斗争聚焦在党的年度会议(或称"大会")上,领导层们年复一年地拒绝召开大会,阿塞拜疆省爆发起义并宣布独立后,斗争变得更加尖锐。阿塞拜疆事件使许多其他非马克思主义倾向的人悄悄退出人民党,让该党越来越像一个共产党,尽管直到被议会禁止后(1949),人民党才公开宣布自己是共产党。在此期间,党内的争端和斗争导致了1948年年初著名的党内分裂。党内的反对派被赶走,反对派的领导人被描述为叛徒、帝国主义的代理人、群众的敌人等,人民党的领导层无可争议地统治全体党员,并实行铁腕控制。众所周知,在一场为谴责分裂集团而匆忙召开的党内会议上,党的领导成员法里东·基沙瓦尔兹博士(Dr Faraidun Kishavarz,从20世纪50年代末与人民党疏远)高兴地叹了一口气说:"真是松了一口气!"(Rahat Shudim)[5]

保守派政党

人民党一开始就是民族民主阵线,而不是共产党。然而对地主和礼萨沙高级官僚机构的残余分子等人来说,人民党显然对他们的经济和政治利益构成了威胁。他们第一次尝试建立一个保守团体,即正义(Idalat)党。当1921年政变中臭名昭著的首相赛义德·齐亚·丁·塔巴塔巴伊从流放地返回后,他接过了保守派领导人的衣钵,建立了民族意志党(Iradeh-yi Melli)。事实上,这些政治团体都不能被称为标准的政党,它们缺乏组织和计划,也没有定期召开会议;他们围绕着一两个实际或潜在掌权的人。因此,它们的"成员"随着政治风向的变化而增减。众所周知,1946年,当卡瓦姆·萨尔塔内成为首相并将赛义德·齐亚丢入监狱时,众人都弃他而去,赛义德·齐亚成为他自己"党"的唯一成员。[6]

卡瓦姆·萨尔塔内是一位强势的老派政治家,他在与穆达里斯和其他人密谋推翻礼萨汗后,(甚至早在巴列维王朝建立之前)就被迫流亡。他所在的民主党（Democratic Party），尽管广泛保守，但并不像正义党和民族意志党那样是一个完全的建制派集体。卡瓦姆不是一个民主主义者，但是他反对专制主义，他认为沙阿（他本人对伊朗国王并不尊重）应该作为宪法规定的国家元首行事。

根深蒂固的政治思想习惯、情绪化的评估、简单的分析方法等等，让当时和后来的伊朗人认为所有伊朗的保守派政治家都是"英国间谍"。这显然是不可能的，只要系统地研究一下事实就会发现这一说法的矛盾性。在伊朗肯定有一些英国的直接代理人，英国政府雇用他们，或给予他们恩惠，以实现自己在伊朗的利益。但许多保守派政治家只是依靠英国作为对抗苏联的力量。当然也有其他人，比如赛义德·哈桑·塔基-扎德，被流放后回国，他们是亲欧洲或亲英国的，主要是因为他们真心钦佩欧洲的社会、政治和文化安排。但这并不代表这些人的想法、目标和方法（他们之间绝非一致）是可取的或可接受的；这只是意味着在伊朗或其他地方，不是每个不受欢迎的政客都一定是外国力量的"走狗"或"间谍"。

人民党的领导层也是如此，保守派、民主派和右翼人士都指责他们，称他们全部都是苏联的"走狗"和"间谍"。也许人民党的领导中有几个是为苏联服务的，但是他们大部分都仅仅只是无能，或被误导，或傲慢，或渴望权力，或仅仅只是腐败，他们在任何情况下都会显露出这些品质。以穆尔提扎·亚兹迪博士（Dr Murtiza Yazdi）为例，他是个无可争议的彻彻底底的腐败分子，但他绝不是个案。在人民党领导层中还有其他成员，比如恺加贵族阿布杜斯-萨玛德·卡姆巴赫什（Abdus-samad Kambakhsh），他们除了意识形态上的承诺，对俄国和俄国文化也有深刻的感情。[7]

其他群体和人士

还有其他较小的政治团体，其中最重要的是伊朗党。同样，这并不是一个真正的政党，而是一个主要由受过欧洲教育、具有欧洲式自由主义和社会民主主义倾向的年轻技术专家组成的集体，有阿拉雅尔·萨利赫（Allahyar Saleh）、卡兹姆·哈西比（Kazim Hasibi）、卡里姆·桑贾比博士（Dr Karim Sanjabi）、巴扬尼博士（Dr Bayani）、古拉姆-阿里·法利瓦尔（Ghulam-ali Farivar）等人，之后他们中很多人都在摩萨台的政府中供职。另一个团体是一小群年轻人，以穆赫辛·皮兹什克普尔（Muhsin Pizishkpur）和大流士·福鲁哈尔（Dariyush Furuhar）为领导，具有极端的民族主义情绪和亲德倾向，他们自称是泛伊朗主义党。他们主要参与巷战，经常与人民党对抗，直到波斯石油国有化运动时，他们支持摩萨台博士和民族阵线。此后不久，该党分裂为两派。由福鲁哈尔领导的一派继续支持摩萨台博士，并且在政治观点上变得不那么沙文主义了，特别是1953年政变后。由皮兹什克普尔领导的一派则支持伊朗国王，并继续其秘密法西斯主义的论调，使得他们从1963年到1978年成为"帝国秩序"的有用宣传工具。

这一时期还有由纳瓦布·萨法维（Navvab Safavi）和赛义德·阿卜杜勒侯赛因·瓦希迪（Sayyed 'Abdulhusain Vahidi）领导的"伊斯兰无私牺牲者"（Selfless Devotees for Islam），这个团体由一小批原教旨主义者和一群激进的穆斯林活动家组成，他们因为参与公开暗杀进入大众视线。这一运动某种程度上与今天埃及的穆斯林兄弟会（Muslim Brotherhood）有些类似，尽管其成员不多，也缺乏民众基础。但这些人也被他们的对手称为"英国间谍"，这既是悲剧的，同时也能给我们带来启发，尽管这并不代表赞同他们的想法和方法。牺牲者团体在政治上不加区分地选择他们的目标。他们刺杀了赛义德·艾哈迈德·卡斯拉维（Saayed Ahmad Kasravi），他是一名杰出的学者，他既批评什叶派也批评巴哈伊，还有保守派政治家领袖阿卜杜勒和侯赛因·哈支尔（'Abdulhussain Hazhir），以及陆军参谋长和首相拉兹马拉将军（General Razmara，关于他的更多信息见后文）。他们还试图谋害杰出的记者和政治家侯赛因·法特米博士（Dr Husain Fatemi），但未成功，不久后法特米担任摩萨台的外交大臣和官方发言人。这个团体中还有人试图刺杀首相侯赛因·阿拉，他既是保守派政治家，也是

第七章 占领和政权空白期（1941—1951）

沙阿亲密的顾问，暗杀未遂后刺杀者连同这个团体的一些首脑都被行刑队处死。可能"英国人"想要用他们的这群"间谍"消灭另一群"间谍"吧。

牺牲者们不可能得到当时的宗教领袖们，尤其是在圣城库姆那一群领袖的支持和认可。但可以肯定的是他们和赛义德·阿布卡西姆（阿亚图拉）·卡尚尼，居住在德黑兰的杰出穆智台希德保持着一些关系。卡尚尼曾长期参加反英斗争：在第一次世界大战期间，美索不达米亚（后来的伊拉克）落入英军之手后，他曾被逮捕并被关在一艘通往巴士拉的汽船上，在库特他成功跳下船，在枪林弹雨中游到安全地带。他成功越过库尔德山脉回到了伊朗，最后到达德黑兰。在礼萨汗崛起后，他为穆达里斯和议会反对派提供背后支持，特别是在组织街头示威方面，尽管1926年他成为制宪会议的代表并投票支持建立巴列维王朝。礼萨汗在位期间，他没有直接参与任何政治活动。然而随着盟军占领伊朗，英军在没有任何预警的情况下将卡尚尼逮捕，认为他是潜在的捣乱分子。卡尚尼是一个非常务实的政治家，不可能成为一个狂热的或原教旨主义的伊斯兰领袖。毫无疑问，他的主要政治承诺之一就是消除英国对伊朗政治的影响。正是因为这一点，他成为摩萨台博士石油国有化运动中的天然盟友，尽管这两位领导人因为个人原因和理论原因不欢而散。（见第九章）

最后，也是最重要的人，摩萨台博士，他是一个相当有能力的政治家，并且从未参加任何一个党派。在礼萨汗任首相前他曾在各届政府中担任大臣和省长，成绩斐然。众所周知，他英勇地反对礼萨汗对王室头衔的觊觎，并最终被礼萨沙迫害。他是一个受欢迎的民主人士，但不是任何意义上的伪现代主义者（或西方主义者）。他曾在欧洲学习法律，但他总是以一个深深扎根于伊朗文化传统的受过教育的人的身份发言。他是一个有原则的人，但不是一个理想主义者，不会轻易将理论模型与现实混淆。他并非完美无缺，但他比这个世纪以来可以见到的任何伊朗政治领导人都要优秀。我们在其他章节会讨论摩萨台的优点和缺点，而现在要指出的是，摩萨台上述的优秀品质以及它们在实践中的展现为他吸引了越来越多的支持。1949年，在开展反对英伊石油公司（前APOC）的运动时，他带领一大群人来到王宫，抗议政府对大选的操纵。他们通过传统的伊朗抗议方式静坐（Bast-nishini）来表达他们的不满。经过与当权者的谈判，由摩萨台率领的19人代表团获准进入王宫花园。后来，这些人发表了一份公报，宣布成立民族（实际上是民众—Melli）阵线。签名者中包括阿里·沙耶甘博士（Dr Ali Shaigan）、莫扎法尔·巴高伊博士（Muzaffar Baqa'i）、侯赛因·马基（Husain Makki）、阿卜杜勒卡迪尔·阿扎德（Abdulqadir Azad）、马哈茂德·纳里曼（Mahmud Nariman）、侯赛因·法特米博士和卡里姆·桑贾比博士。

阿塞拜疆和北部石油

问题

阿塞拜疆一直以来是一个相对繁荣的省份，因为它有较好的自然条件和优越的地理位置，阿塞拜疆位于伊朗西北部，是通往俄罗斯和中欧及西欧的必经之路，因此与欧洲国家有更多的经济和文化联系。但是，由于其敏感的位置，它也曾遭受奥斯曼人和俄国人的入侵和占领，这使它对伊朗的社会文化实体有了更强的归属感。阿塞拜疆省人说一种突厥语，除了有大量的波斯语借词，与他们邻国的语言并没有什么不同。阿塞拜疆人对伊朗其他地区的依恋在对伊斯兰什叶派的坚定信仰中得到了最有力的体现。

阿塞拜疆人对立宪革命做出了最大的，某种程度上也是最进步的贡献。在革命期间，阿塞拜疆人发动建起了一个省级议会，或称anju-man，负责管理全省事务。我们曾提到过（在第三章和第四章）在恺加时期，伊朗并非被一个庞大的官僚机器统治；有些历史学家遭到了误导，他们认为——与奥斯曼帝国的制度相比——恺加王朝的专制主义是不集中的。这是错误的观点。因为在这个案例中，像其他情况一样，指挥系统来自中央，各省长官由沙阿本人任命，不管他们到底是

第七章 占领和政权空白期（1941—1951）

不是了解这个省，更不管他们是不是本地人，省长对省的权力像沙阿对全国的权力一样，都是绝对和专断的；该省的人民没有机会参与决策，对于影响他们自己生活和劳动的决策没有一点影响力。这就是为什么进步的革命者（尤其是在各省的革命者）最珍视的目标是分散中央的专制权力，同时通过设置省级和城市的常设议会，改变省一级权力的性质。这一想法在宪法中得到了不确切的表达。

然而，权力很快就回到中央手中，在历史上根深蒂固的由中央官僚任命省级长官的制度重新抬头。20世纪20年代初，阿塞拜疆民主党领导人谢赫穆罕默德·希亚巴尼（Shaikh Muhammad Khiyabani）领导的起义失败了，原因就是与阿塞拜疆（和其他地方）的这种宪法权利相悖。然而当希亚巴尼因起义失败被残忍杀害后，许多评论家们心怀愧疚并出于好心地指责他主张"分裂主义"，但他们的想法其实都是错误的。不管怎样，礼萨沙的专制主义既是中央集权也是官僚集权的。此外，沙阿首先是一名伪现代主义者，也是彻头彻尾的民族暴君，他格外蔑视语言上的少数群体，特别是说突厥语的群体，他们在其中人数最多、社会经济最发达；其次便是库尔德人，不过他们是"雅利安人"，库尔德语也是伊朗语族的一支，尽管他们尚武剽悍，但是在经济上不如阿塞拜疆人发达。在礼萨沙的统治下，各省各地都充斥着军事—官僚的不公，但总的来说，阿塞拜疆人在各个方面得到的待遇都是最差的。

阿塞拜疆起义

随着礼萨沙专制政权的倒台，阿塞拜疆人（以及库尔德人）不可避免地要求更多的公正待遇。争取地方自治运动的势头越来越大，中央政府明显的推诿搪塞进一步点燃了民众的怒火。这是一场广泛的城市运动，并得到了德黑兰的舆论支持。阿塞拜疆民主党（Firqeh-yi Demukrat-i Azerbijan）被重组，赛义德·贾法尔·皮什瓦里（Sayyed Ja'far Pisheh-vari）任该党的领导人，他曾经是老牌民主人士，后来又转变成共产党员，曾在监狱里待了12年，直到被大赦释放。皮什瓦里还任《澳支尔》（*Azhir*）的主编，并公开主张阿塞拜疆省自治。他曾被选为第十四届议会成员，但由于他对阿塞拜疆的观点，以及苏联占领军在选举中对他的干预，大多数当选议员反对他的议员资格。于是他回到了首府大不里士，继续领导自治运动。随后不久，省级议会召开，1945年12月，在一场短暂的不流血行动后，议会成功解除了驻扎该省军队的武装。但战争还没有结束，中央政府不可能向阿塞拜疆派遣军队，因为该省全域和进入该省的通道仍然在苏联占领军的掌控下。

苏联的存在是一把双刃剑，最终事实证明，其中的一边刃口比另一边更加锋利。一方面，俄国军队至少可以作为一种抗衡力量，抵抗中央的武装干预的威胁；另一方面，与德黑兰的对峙需要苏联政府的默许和苏联占领军的保护——这种情况下阿塞拜疆民主党不可避免地成为国际权力博弈中的一颗棋子。该运动的失败很大程度上应归结于对苏联的这种依赖。

失败的主要原因

以下简要概括了失败的主要原因。

第一，皮什瓦里和民主党人过早、过快地让压倒一切的短期政治目标——阿塞拜疆自治——同他们的长期意识形态愿望产生了混淆。在宣布自治后自然而然伴随着一系列的改革，以使该省人民看见经济、政治和文化状况得到了实际的改善。然而他们的"土地改革"计划匆匆出台，仓乱无序，他们没有时间、计划和人力在农民中进行有序的土地再分配，尽管他们的土地改革法是比较合理的；这就使空想的力量和犯罪的力量爆发了，而他们无法控制这一切。此外，他们实施土地政策的激进态度也吓坏了许多城市商人和其他人，他们担心自己是征收名单上的下一个对象。以工厂工人名义进行的干预就像是某种不祥的象征加深了这种恐惧，工厂工人的人数肯定不超过全省人口的1%。同样，他们强调要推广阿塞拜疆突厥语的教学，在行政中也要使用这种语言，这在原则上是正确的，但是在实践中却误入歧途。

第七章 占领和政权空白期（1941—1951）

他们要求所有省级机关，包括司法法庭，立即从波斯语改为阿塞拜疆突厥语，尽管他们很清楚许多官员根本不讲阿塞拜疆突厥语；他们还废除了小学教育低年级的波斯语教学，这个政策在德黑兰并不受欢迎，甚至在许多本来是他们的支持者中也是如此。最糟糕的是，他们不再强烈地攻击中央政府和专制制度的残余，而是把矛头指向了其他伊朗人民；他们公开威胁称如果他们的要求没有得到中央政府全部满足，他们就会从国家中分离出去。[9]

第二，他们正式（而非私下的协定）与库尔德民主党结盟，后者曾采取了相似的行动夺取了马哈巴德，这次结盟是一个战术性错误。阿塞拜疆问题和库尔德问题的性质和历史完全不同。库尔德人是逊尼派穆斯林，因此与伊朗其他地区缺乏强有力的民众联系，并且更容易被怀疑是分离主义者，因为他们广泛生活在伊拉克和其他地区。所以不像阿塞拜疆人，他们并没有得到来自伊朗其他地方的许多同情。除此之外，这两个团体的活动总是充满着巧合，双方领导人公开展现他们的友谊，这些都给人留下了深刻的印象，即这是协商好的行动，由俄国人指挥，目的就是拆碎伊朗的土地；这伤害了许多伊朗人，包括很多阿塞拜疆人的爱国情怀：他们乐于支持所有人获得自由和正义，但他们绝对不会接受自己的国家被巴尔干式地肢解，特别是当他们认为这一切背后是外国力量在阴谋操纵。

第三，参与其中的外国势力是苏联。苏联在早些时候享有很高的知名度，主要是因为其在战场上对敌时英勇的表现和赫赫的战功。不过，一方面，他们很快就让大部分的伊朗民众想起来他们仍旧是"俄国人"，这个词带有从沙皇时代的所有丑陋的历史内涵。另一方面，他们是共产主义者，而对大多数城市和农村居民来说，共产主义意味着官方的无神论、强迫劳动营、饥饿和饥荒、性混乱，以及包括一个人的"妻子"在内的一切事物都归集体所有和使用。显然，阿塞拜疆民主党人可以做些什么去消除民众对俄国和共产主义的误解。然而，他们可以做，但没有做的是公开与俄国保持距离，以及谨慎地在国内推行他们的口号和计划。相反，他们的术语、口号和策略吓坏了许多伊朗人，包括阿塞拜疆人，认为"共妻"就在眼前。[10]

第四，他们的策略是（通过苏联的代理人，例如在德黑兰的鲁斯图姆·阿利夫的施压）迫使人民党完全参与并对他们的日常决定和声明负责，这个策略对双方都是不利的。人民党是一个全国性的组织，虽然它应该支持阿塞拜疆人的运动，但是它无法对省政府的决定所引起的每个具体事件负责，也并不愿意这样做，因为它对这些决定没有任何控制权。此外，人民党迅速与共产主义和苏联绑定在一起，他们在阿塞拜疆事件中的全面介入只是加强了人们对共产党全面接管的恐惧。党内许多领导人都认识到了这些危险，但是他们的懦弱迫使他们屈服于苏联的压力，并"听从命令"。这在党内是一个不受欢迎的、不民主的决定，煽动了党内各阶层间纷争和批评的火焰。在如此多的麻烦里，人民党（引自列宁的话）开始"发烧颤抖"。

第五，阿塞拜疆民主党和人民党都没有认识到宗教不仅控制着人们的思想，而且控制着伊朗人民的日常生活，包括那些与他们有一样社会基础的人。

通往灾难之路

从他们的战略和意识形态看，除了来自苏联的支持，阿塞拜疆民主党根本没有为自己的生存留下任何权力基础。虽然他们自己没有认清这一点（然而这是相当不可能的），但是其他所有相关方（苏联、伊朗中央政府和英美势力）都已经看得清清楚楚。历任伊朗政府都在解决阿塞拜疆问题上连连碰壁，直到1946年2月7日，艾哈迈德·卡瓦姆（萨尔塔内），新成立的民主党领导人（关于各保守团体讨论见上文）担任首相，这个问题仍然悬而未决。卡瓦姆是个老手，有很强的个性，他一直是礼萨沙政治上和个人的死敌。因此，年轻的穆罕默德·礼萨沙必然会憎恨他，但是新国王还远不是一个无所不能的统治者，无论如何，当时的情况让他别无选择。[11]

卡瓦姆一上台就假装自己是个老实的代理人。他为解决阿塞拜疆问题提出三条策略：尝试直接安抚苏联；通过美国和联合国向苏联施

第七章 占领和政权空白期（1941—1951）

加压力，迫使其撤出占领军；在人民党和阿塞拜疆民主党与保守派团体间采取折中办法。上任后第 11 天，卡瓦姆率领一个代表团前往苏联，在三个星期里，他亲自与斯大林和莫洛托夫进行谈判，虽然没有取得明显的成功，但是他始终敞开对话的大门。1946 年 3 月，美国政府给斯大林下了最后通牒，威胁如果苏联不撤出伊朗，美国将进行干预。美国下最后通牒的消息在卡瓦姆莫斯科一行失利后才被放出，具体内容并没有公开。总的来说，美国人在挥舞"大棒"，而卡瓦姆则通过谈判喂苏联"胡萝卜"，即俄国人心心念念的伊朗北部石油特许权。伊朗与新任俄国大使在德黑兰继续谈判，并在 3 月底达成了全面协议。

在第六章我们简单提到 20 世纪 20 年代伊朗政府试图授予两家美国公司特许权，但未成功，当时此事被苏联反对。1944 年议会中的人民党议员领袖礼萨·拉德马内什博士（Dr. Reza Radmanish）明确声明人民党反对授予外国势力石油特许权。而不到 1 个月后，苏联政府要求伊朗北部石油特许权，包括阿塞拜疆、吉兰、马赞德兰和北霍拉桑。

1944 年 11 月，苏联外交部副部长卡夫塔拉泽（Kaftaradze）来到德黑兰，希望伊朗满足这一要求。当他还在德黑兰时，人民党和伊朗工会领导层（由人民党控制）举行了反对首相穆罕默德·赛义德（Muhammad Sa'id）的示威活动，而当时赛义德反对苏联的要求，示威者们在伊朗的首都得到了苏联红军的保护，这给各方面的政治舆论留下了不好的印象。[12]人民党之所以改变了立场，背后的主要原因是苏联大使馆对其领导层直接施压。但是他们支持苏联石油协议并不是毫无根据。他们认为这样的交易可以对抗英国在伊朗的势力和特权[13]，摩萨台尽管并非完全对苏联的要求无动于衷，但他还是表示反对，理由是这好比要求"已经被砍掉一只手的人砍掉另一只手"[14]。然而，摩萨台起初建议伊朗签订合同，在一定时期内将北部的石油只卖给苏联，而伊朗可以通过筹集国内和国际资本，以及在国际市场上雇用外国技术人才，开始勘探和生产。后来他又提出一个备用建议，伊朗可以将北部的石油提前卖给苏联政府，并将收益投入勘探和生产项目。这两个项目都将出售特许权排除在外，也没有考虑到苏联在合资企业中占多数股份，因此都没有被俄国人，以及人民党接受。在此期间，摩萨台成功在议会中通过了一项决议，禁止伊朗政府授予任何石油特许权，除非得到议会的批准。人民党议员对这条决议摇摆不定，但最终还是拒绝支持。无论如何，伊朗政府搁置了苏联的申请，直到卡瓦姆伸出橄榄枝，重启谈判。

多年来阿塞拜疆人民一直遭到蔑视和不公的对待，这一事实是无可争议的；而且在任何情况下，他们都很可能要求在管理自己的事务方面获得相当的发言权。事实上，如果他们对自治的野心没有与具体的意识形态或国际政治力量混杂在一起，他们可能已经成功实现了愿望。但是苏联政府抓住这个机会不放，将其作为制衡伊朗，夺得北部石油特许权的筹码。人民党对其所有决策不加批判的支持，在民众（即民族）运动的棺材上敲了一颗大钉子，因为要想有资格称为"民族"运动，就必须独立于国家的专制力量和外国势力。（见上文第二章）

1946年3月签署的卡瓦姆-萨奇科夫协议授予苏联对伊朗北部石油的50年特许权，其中包括建立一个股份制公司，苏联占51%，伊朗占49%（后25年变成50：50的比例）；协议要求苏联军队立刻撤出伊朗，并期待友好解决阿塞拜疆问题。苏联完全出卖了阿塞拜疆的民主党和人民党，他们却要以可悲的欣喜迎接协议的达成。阿塞拜疆政府派出一支代表团前往德黑兰，由皮什瓦里亲自带领，双方进行"谈判"并最终达成"解决方案"（阿塞拜疆民主党做出了重大的让步）。8月1日，人民党（和小规模的伊朗党）与卡瓦姆正式结盟，人民党掌控商业和手工业部、卫生部和教育部，而伊朗党掌控司法部。[15]

然而蜜月期并没有持续多久。阿塞拜疆人在极大的压力下接受了中央政府划定的区域边界，新边界将赞詹和邻近的突厥语地区划分在该省之外。驻扎在阿塞拜疆省腹地边界上的伊朗军队重新占领了该地

第七章 占领和政权空白期（1941—1951）

区，这些地区的人民和自由战士们遭到的对待预示了即将发生的事情。同时，人民党也从内阁撤下了它的大臣们。

1946年12月，政府宣布将向大不里士和其他地区派兵，以"确保阿塞拜疆省议会选举的完全自由"。可怜的省政府领导人，尤其是皮什瓦里、贾维德和沙比斯塔里，试图劝说中央当局这一举动毫无必要，但徒劳无功。阿塞拜疆省军队一些部门的领导人还没有被两面派的政治"艺术"污染，对中央部队的推进进行了英勇的抵抗。但是他们的政客们已经放弃了。贾维德和沙比斯塔里投降了，皮什瓦里越过了边界，最后被他忘恩负义的盟友杀害。在重新占领各城市后，威武的伊朗中央部队在他们的最高指挥官，穆哈默德·礼萨沙本人的直接授意下，对无辜和毫无还手之力的人民实施大规模的"惩罚"。他们大肆杀戮、焚烧、掠夺和强奸。因为这次阿塞拜疆不是被外国人，而是被自己的伊朗同胞入侵！从那天起，每年12月10日的"伊朗军队日"成为公共假日，人们在这一天隆重地庆祝"解放阿塞拜疆"。

后果

议会并没有批准对苏联的石油特许权。人民党的光辉此刻跌到历史最低点，党内龃龉不合，1948年1月初，人民党终于分裂。从此以后，人民党成为一个庞大的共产主义政党。1949年2月，在分裂整整一年后，一个名叫纳西尔·法赫勒阿拉伊（Nasir Fakhrarai）的男子，冒充摄影师向沙阿开火，他被当场击毙。沙阿幸存了下来，而这次暗杀却被归到人民党和赛义德·阿布卡西姆·卡尚尼的头上。赛义德被逮捕，未经任何司法听证，就被驱逐到黎巴嫩；议会匆匆通过了禁止人民党的法案。一些没能逃脱的人民党领导人被围捕听审，一个正规军中尉救了他们，他是霍斯鲁·鲁兹贝（Khusru Ruzbeh）领导的人民党秘密军队的成员，他造了一张委托他转移囚犯的假证明。他们开着一辆军车越过边境去了苏联。15年后，苏联为了庆祝两国政府之间的和解，将这位无私的军官，古巴迪中尉作为牺牲品交给伊朗当局，而后者马上将他投入监狱。

法赫勒阿拉伊刺杀一事，就像许多伊朗的政治事件，现在还没有水落石出。像往常一样，既没有官方调查，也没有报告；只是在媒体上对人民党和卡尚尼进行诽谤。[16]有传言称强大的军队司令阿里·拉兹马拉将军与此事有关，但现有的证据都是模糊和间接的。[17]不论怎样，禁党一事对人民党产生了致命的影响。因为不得不进行半秘密的地下活动，其领导层获得了新生，免受批评，也不会下台；部分（之后其全部）领导人依赖于东欧国家的款待；党内弥漫着对实际的警察特工和潜在叛逃者的恐惧和怀疑气氛，凡是政见不同者或左右摇摆的人都被施以铁拳，甚至党内暗杀。这些情况的发展让人民党在未来的几年不断犯下自我毁灭的错误，基本没有能力应对1953年政变后的冲击，最终走向安乐死。

石油和经济

这是一个充斥着占领、不稳定、冲突、混乱和不安全的时期。国家机器和权力已经被削弱，并被迫采取守势。政府面对当前的政治问题焦头烂额，并且频繁更迭。外部的占领和内部的不稳定导致供应短缺，进一步导致高通货膨胀率。投机交易和官方腐败使情况变得更糟。几乎可以肯定的是，城市经济活动出现了真正的衰退。国家投资支出的比例已经下降到可以忽略不计；私人投资有太多风险和不确定性；需求低迷，失业率高，普遍贫困；对纸币的信心大大减弱；出现了囤积和投资耐用资产，如城市房地产的现象。全靠石油收入这只无形的手，这个烂摊子才能支撑下去，使得国家能够履行许多当前的义务，并支付很大一部分的进口商品。

这种情况对农业部门产生了不同的影响：国内和国外对农产品的需求都很高；农民和农工至少可以保障自己的生活；专制机构的削弱强化了地主的地位。这总的来说并不能改变农民的地位，因为这只意味着权力在剥削者本身——地主和国家间——相对转移；但是，就其本身而言，这减少了国家官员（特别是宪兵队）在农村的社会和经济

第七章　占领和政权空白期（1941—1951）

权力，因此肯定给农民带来了一些好处。

　　石油的流动遮掩了城市部门真正的萧条。但是像往常一样，石油有两面性——稳定的一面和破坏稳定的一面。而这次，石油部门令人担忧的问题是政治上而非经济上的。礼萨沙的倒台迅速引发了1933年石油协议的问题，绝大多数政治公众认为这是对伊朗强加的不公。而伊朗北部的石油特许权问题则让整个伊朗石油资源和石油收入的议题成为焦点。新的自由使有组织的劳工参与工业和政治活动，这在南方油田最为明显和普遍，那里的工人效率更高，因为他们是技术最高的也是最富裕的工业劳动力。与在田间的英国工人相比，他们的许多社会和心理不满来自对他们的全面歧视——不仅在工资上，甚至在载他们去工作的公共汽车上。曾经爆发一场大规模的工业动乱，就是1946年的石油罢工事件，当时的中央政府（毫无疑问迫于英伊石油公司和英国使馆的压力）命令军队向暴动的罢工者开枪。

　　摩萨台在处理石油问题上始终发挥着领导作用，无论是达西特许权、1933年协议，以及授予俄国北部石油特许权的倡议，他始终将石油问题视为占主导地位的宏观政治问题。简言之，他的观点是，而且始终是，只要任何一家私营或公营外国公司在伊朗拥有石油特许权，伊朗的主权就会遭到质疑，其国内政治就会受外部势力影响：英国石油公司的存在使英国在伊朗政治经济中获得了永久的既得利益，使伊朗的国内和国际政治关系受到英国的暗中干预和操纵。如果伊朗想要实现真正的主权和独立，就必须永远摆脱这个由外国主导的飞地。这就是为什么他一直支持将伊朗北部石油出售给苏联，哪怕单独签署合同，但是他反对授予特许权，或成立一家苏伊公司开采石油。

　　AIOC试图通过一揽子协议来应对日益增加的反对和动荡，但是已经太晚了。新协议以两位主要谈判者的名字命名，称为加斯—古勒沙扬，或赛义德－加斯协议。在第十五届议会将结束时，该协议提交给议会审批。穆罕默德·赛义德领导的政府试图强迫议会通过这个协议，但是内部的重重阻挠以及外部的公众反对使这一协议没能通过，尽管政府人士在议会席位中占大多数。穆扎法尔·巴高伊·克尔曼尼博士（Dr Muzaffar Baqa'i Kirmani）、侯赛因·马基、阿卜杜勒卡迪尔·阿扎德、哈耶里扎德和阿卜杜拉·穆阿扎米博士（Dr.'Abdullah Mu'azzami）依次在议会上提出反对。

在此期间，沙阿和国家忙着强化他们的地位。1949年春，在一次由国家操纵选举的制宪会议上，通过了宪法修正案，授权沙阿在有生之年至少有两次机会解散一个或两个议院，这引起了一些公众的反对；尤其是艾哈迈德·卡瓦姆——著名的"英国间谍"——从巴黎给沙阿写了一封公开信，指出该修正案违背了宪法和君主立宪的精神，但沙阿以轻蔑的态度回应了他。此外，沙阿成功令议会通过了一项法案，这条法案以他自己监护的基金会为遮掩，实际上将礼萨沙非法获得的农村财产转移给他自己。这样做有两个目的：其一是增加他自己的私人收入，其二是为他的政治干预提供资金。

当第十六届议会召开时，立法院内外的火药味浓得快要爆炸了。当前的形势需要一个"强人"，因此，1950年春，军队司令阿里·拉兹马拉将军被任命为首相。他是一名聪明而训练有素的将军，也是一位能干而老练的政治策略家，还是一位专业的外交官。简言之，他是他那个时代的礼萨汗：一位无情的、高效的、雄心勃勃的——但受过教育，甚至很有教养的——政治家—将军。他有一位伊朗领导人的品质和抱负，但不像曾经的领导人最终堕落成伪现代主义的专制君主。因此他对"Melliyun"（不是"nationalists"，而是民主主义者）和沙阿本人都是一个威胁。这里有一个支撑我们对他评价的突出证据，拉兹马拉被民众同时指控为苏联、英国和美国的"代理人"。事实上，他只是自己的代理人，而且正因如此，他尽力确保任何一个外国势力都不会给他在国内带来严重的麻烦。

他试图通过在南部石油问题上走温和路线来抵消英国的影响，与苏联建立良好的关系（人民党一定完全赞同这个举动），并向美国人保证他是一个决心实现"现代化"的民族主义者。如果根据阴谋论的说法，伊朗现代史上发生的每一起事件背后都是一个精心策划的外国阴谋，那么拉兹马拉则应是"英国的代理人"，英国人利用他与俄国

第七章　占领和政权空白期（1941—1951）

人在伊朗问题上达成和解，并将美国人排除在外。[18]在这一点上，拉兹马拉作为陆军总司令，曾参与撤掉一名借调到伊朗内政部担任伊朗宪兵队队长的美国将军，此事被大做文章。然而可以确定的是，拉兹马拉的举动与其说是为了对付"美国人"，不如说是为了让宪兵队重回军队（即他自己的有效）指挥之下，就像礼萨汗撤除指挥宪兵的瑞典军官的职务一样，其目的是扩大和巩固他对全国的军事指挥权。但不管怎样，至少当拉兹马拉被任命为首相时，摩萨台和他在议会中的少数追随者认为他得到了美国人的支持，这就是为什么摩萨台和马基都称拉兹马拉的任命要"归功于美国和英国"。[19]此外，他还得到了美国对第一个（七年）发展计划的支持，这一计划于1949年形成草案，后来全面推行。(见第十章，第一个计划的命运)

总而言之，拉兹马拉不可能是任何外国势力的代理人，就像在他之前的礼萨汗一样，他是一个精明和务实的政治家，准备用任何手段去发展他自己的和他认为属于国家的利益。因此，就像礼萨汗一样，他希望能让每个外国势力都觉得他就是解决伊朗局势问题的最佳"方案"。我们毫不怀疑，如果他能幸存下来，至少在他全面掌权的关键时期，一定会被俄国人和人民党视为"资产阶级民族领袖"，被英国人视为"会赢的那匹马"，被美国人视作能从共产主义中解救伊朗的强大的现代主义者。拉兹马拉不是为了人民的人，并不是因为他是某个外国势力的代理人，而是因为他是根深蒂固的功能性专制主义的代理人，他想重新建立对自己有利的功能性专制主义。这是许多伊朗和外国的现代伊朗历史评论家要学习的一课：要想成为一个为了人民的个人、力量或政党，必须独立于外国势力，并且反对伊朗历史上的功能性专制主义。

然而，这是个困难的时代，拉兹马拉缺乏民众权力基础。虽然如此，如果他的反对派首领不是摩萨台，他可能已经迅速巩固了自己的地位。他很聪明，没有低估这个强大的对手和竞争者，这就是为什么他试图和摩萨台做一笔交易，但可惜没有成功。[20]他的计划本有机会成功，但1951年3月他遭到了暗杀。这次暗杀至今仍是一个谜，参与其中的人也是如此。自称是刺客的哈利勒·塔赫马斯比（Khalil Tahmasibi）是牺牲者小分队的成员。赛义德·阿布卡西姆·卡尚尼很可能已经知道将发生什么，尽管他没有直接参与组织这起暗杀。另外，沙阿和他的亲信或通过赛义德，或通过别的渠道提前知晓了此事。[21]此外，还有一个有些陈旧的说法（并不广为人知），即拉兹马拉身上发现的三颗子弹并不匹配，它们是从不同的距离和方向发射的，一名军士和塔赫玛斯比同时向拉兹马拉开枪。[22]然而可以肯定的是，摩萨台和他身边的大多数人一点也不知道这起阴谋及参与者的信息。无论沙阿是否参与密谋，毫无疑问当他收到这个消息时松了一口气：就目前而言，巴列维王朝的未来没有前几年那样看起来动荡不安了。[23]

拉兹马拉被暗杀后，在民众的喜悦和欢呼声中，伊朗石油立即被国有化。随后两年半的时间里伊朗政治出现双重主权，以1953年八月的政变告终。

注释

1. 在经济术语中，这意味着对伊朗出口产品的需求完全无弹性，而伊朗对进口产品的需求高度无弹性——因此"马歇尔—勒纳条件"（Marshall-Lerner conditions）几乎不可能得到满足，伊朗的对外贸易条件以及贸易收支和国际收支状况严重恶化。由于在现有技术条件下，伊朗商品的供应弹性很低，仅靠贬值引起的总需求的增加会导致高通货膨胀率，而货币供应量增加四倍，以及向盟国提供无限的信贷，使通货膨胀继续恶化。（详见下文）

2. 关于各种"协议"的更多细节，参见 Husain Kay-ustuvan, *Siyast-i Muvazineh-yi Manfi* ..., Teheran, 1948 – 1950；repr. Paris：Musaddiq Publications, esp. Vol. I, 1977。

3. 参见 *Ittila'at*（日报）No. 4702, 9 Nov 1941。

4. 参见 Kay-ustuvan, *Siyast-i Muvazineh-yi Manfi*, Vol. II. pp. 82 – 116。

5. 对导致1947—1948年人民党分裂的事件的准确和平衡的描述还有待撰写。赛佩·扎比在 *The Communist Movement in Iran*, Berkeley and Los Angeles, Calif.：University of California Press, 1966, 对这一事件的讨论包含了严重的事实错误和更重要的分析错误：例如，他在分析此事件时应用了左翼和右翼反对派的分析模式（无疑来自苏共的历史），尽管这与本案例毫不相关。在法里东·基沙瓦尔兹博士

第七章 占领和政权空白期（1941—1951）

（Dr Firaidun Kishavarz）对人民党中央委员会的"诉状"中，作为仍在德黑兰的中央委员会的重要成员，他几乎只控诉了自从1948年党内分裂后，该党领导层里的一个派别（以现在的党内第一秘书科亚努里博士为首）的错误和"叛国行为"，而没有讨论整个领导层犯下的几乎毁掉整个党，害得党内分裂的"错误"。当然这并不是说基沙瓦尔兹的披露毫无意义，而是强调那些不符合他利益，没有被他揭露的事情的重要性。参见 Firaidun Kishavarz, *Man Muttaham Mikunam…*, "I Accuse…", Teheran: Ravaq, 1977。关于人民党分裂的更多信息，参见 Eprime (Ishaq), *Cheh Bayad Kard: Alatur, Hazb-i Tudeh bar Sar-i Durah*, Teheran, 1947; Yalda, *Dar Rah-i Yik Inhiraf*, Teheran, 1947; *Du Ravish Baray-i Yik Hadaf* (written, but unsigned, by Khalil Maleki), Teheran: Splinter Group, 1948; Khalil Maleki, *Barkhurd-i 'Aqayed u Ara*, Teheran, 1950; Khalil Maleki and Anvar Khameh'i, *Pas az Dah Sal Inshi'abiyun-i Hizb-i Tudeh Sukhan Miguyand*, Teheran: 'Ilm-u-Zindigi, 1957; H. Katouzian (ed.), *Khatirat-i Siyasi-yi Khalil Maleki*, Teheran: Ravaq, 1980。

6. 这就是为什么这些"政党"通常不会在议会中以自己的名义设立议会小组。议会中的主要派别（除人民党外）包括祖国党（Mihan）、民族联盟党（Ittihad-i Melli）、自由党（Azadi）等，以及其他自由人士。

7. 卡姆巴赫什是部分人民党领导人的典型代表，也是党内一群年轻知识分子的典型代表，他们对俄国和俄国的一切事物都有情感上的浪漫依恋，可以说是凑巧生成伊朗人的俄国民族主义者。他的老战友基沙瓦尔兹现在指控他是苏联代理人。参见 Kishavarz, *Man Muttaham Mikunam…*

8. 等到1951年，伊斯兰牺牲者的领导人纳瓦布·萨法维在他们的报纸上写道："阿亚图拉布鲁吉尔迪（'Ayatullah Burujirdi）仍然对这个重要的事情（即石油国有化）保持沉默。"阿亚图拉布鲁吉尔迪在当时（直到他1960年去世后）是唯一一个公认的伊朗什叶派的效仿渊源。参见 *Nabard-i Mellat*, No. 5, 10 Feb 1951。

9. 比如皮什瓦里写道："如果德黑兰选择了反对的道路，那么就再见吧……让它失去阿塞拜疆省……（阿塞拜疆省）宁愿成为自由的爱尔兰，也不愿成为像印度那样的俘虏……如果事情以目前的方式继续发展，我们别无选择，只能完全脱离德黑兰，建立一个独立政府。"参见 *Azerbijan*, newspaper, Nos 1, 2 and 84, 1945。

10. 根据当时人民党在阿塞拜疆的首席代表哈利勒·马利基的说法（是皮什瓦里及其团体的公开批评者，也批评党内领导层对他们的无条件支持），大部分的麻烦是由那些从苏维埃阿塞拜疆流放回来的阿塞拜疆人,以及另一个层面上,苏联军队造成的,他们干扰了民主党的内部政治。马利基在很多场合都表达他对阿塞拜疆局势的认知和看法,包括 1965 年他在军事法庭上"受审"时,参见 *Socialism*(在欧洲的伊朗社会主义联盟发布的季刊),Vol. II, No. 7, 1966, pp. 37–56, 和他的 *Khatirat-i Siyasi*, 1980。根据法里东·基沙瓦尔兹所言,米尔·巴基尔·巴基洛夫(Mir Baqir Baqirov),苏维埃阿塞拜疆的斯大林共产党党首操控着伊朗阿塞拜疆的民主活动。参见 Kishavarz, *Man Muttaham Mikunam*…

11. 根据 Kay-ustuvan, *Siyasat-i Muvazineh-yi Manfi*, Vol. II, p. 214,苏联放出消息称准备与伊朗首相卡瓦姆单独谈判,这迫使沙阿和"拒绝支持他提名的亲英派议员"屈服。详见哈利勒·马利基对此事和相关事件的第一手资料,见他的 *Katirat-i Siyasi-yi*, 1980。

12. 年轻的贾拉勒·阿勒·艾哈迈德(Jalal Al-i Ahmad)曾是该党的成员并参加了这次示威,他在后来写到当他回到家时他羞愧地哭了出来。见他的遗作 *Khidmat va Khiyanat-i Rushanfikran*, Teheran:Ravaq, 1977。

13. 议会内外的党内领导层都采取了这一立场。伊赫桑·塔巴里('Ihsan Tabari)和哈利勒·马利基(他并不是党中央委员会成员)都阐述了这一观点,尽管马利基的说法更加灵活,措辞也没那么强烈,他们补充说到他们与摩萨台在这个问题上的立场没有本质区别。我们现在知道马利基当时一直是党内领导层的批评家,无论是在此事还是其他重要的事件上,他之所以温和地为塔巴里的观点辩护是为了维持人民党的表面团结(他在他的许多著作和回忆录中都提到了这一点)。塔巴里的观点见 *Mardum*(人民党党报)10 Nov 1944;马利基的观点参见 *Rahbar*(人民党机关报)28 Mar 1945。

14. 参见 Kay-ustuvan, *Siyasat-i Muvazineh-yi Manfi*, Vol. I。

15. 根据基沙瓦尔兹(Man Muttaham Mikunam…)的说法,他自己曾是人民党的教育大臣,苏联大使直接参与了这个联合政府的组建过程。

16. 基沙瓦尔兹(同上)强调说,由基扬努里博士(Dr Kiyanuri,现任人民党党首)领导的党内有影响力的一个派系一直与法赫拉里保持着联系,并参与了暗杀计划,而当时的人民党领导层不知晓此事;他进一步补充说这个派系早些时候还参与组织并实施了针对穆罕默德·马斯乌德,一个激进且没有道德原则的记者和作家的暗杀行动。有很多间接证据支持基沙瓦尔兹的说法,即基扬努里派参与刺杀沙阿。此外,我本人多年来一直知道(并不是通过基沙瓦尔兹的说法)马斯乌德肯定是被此派所杀,因此我倾向于相信基沙瓦尔兹关于基扬努里派参与刺

第七章　占领和政权空白期（1941—1951）

杀沙阿的说法（笔者以前并不知道）。

17. 正如基沙瓦尔兹（同上）暗示的那样，人民党的基扬努里派很可能在暗杀事件及后续发展中与拉兹马拉结盟。当人民党领导人逃狱时，有传言称拉兹马拉帮助他们逃跑。

18. 基沙瓦尔兹（同上，p148）提出了这个著名的观点，但是他还谨慎地补充了一个"假设"，即这可能是拉兹马拉的一个把戏，先接管国家，再"展现他民族主义的一面"。很明显像其他伊朗知识分子一样，基沙瓦尔兹把 melli 当作"民族主义"的同义词，因此，拉兹马拉独立于外国势力，很可能已经成功建造了他自己的专制民族主义和伪现代主义，但是正是因为这个原因（就像礼萨汗一样），不管他是不是"英国代理人"，他都没有"民主主义的一面"展示。关于这一点详见以下的内容，以及第二章和第九章。

19. 参见 *Nutqha-yi Duktur Musaddiq dar Dawreh-yi Shanzdahum-i Majlis*，Paris：Intisharat Musaddiq，Vol. I，Book 1，1969，esp. p. 56。

20. *Nutqha-yi Duktur Musaddiq dar Dawreh-yi Shanzdahum-i Majlis*，Paris：Intisharat Musaddiq，Vol. I，Book 1，1969，esp. p. 56，第 1 册和第 2 册。

21. 事实上伊斯兰牺牲者后来坚定支持沙阿，反对摩萨台，甚至连卡尚尼（他一直与沙阿保持沟通）也在 1953 年支持沙阿，这就证明他们以前勾结的可能性。由牺牲者出版的 *Nabard-i Mellat* 宣称，"真主告诉伊朗的众王之王：你是我的牧羊人，你是我的代理人，你是我的弥赛亚"（1953 年 5 月 7 日）。在更早的一期，引用了牺牲者团体的领袖纳瓦布·萨法维的话称，"摩萨台你这个骗子！把你丑陋的真面目展现给世界和穆斯林们吧"。

22. 这是此案的主审法官告诉 M. H. T. 卡图赞，他又告诉我的。然而这位自称是刺客的人被正式赦免了，1956 年沙阿—阿拉政府将其与纳瓦布·萨法维和其他牺牲者团体的成员一同处死（实际上谋杀）。

23. 赛义德·齐亚·丁·塔巴塔巴伊告诉他的一众朋友们，当阿萨杜拉·阿拉姆（Asadullah 'Alam，沙阿的心腹，见证了拉兹马拉被刺杀）把消息带给沙阿时，沙阿说，"他们杀了他，我们就放心了"（'Kushtand，Rahat Shudim）。

第八章
伊朗的民众运动：石油国有化和双重政权（1951—1953）

伊朗的民众运动是革命的先导，但还没等致使全面社会革命就失败了。这样的一场革命一是需要在短期内实现石油争端令人满意的（尽管可能并不是理想上的）解决；二是需要利用石油收入和人民的社会参与意识，以及新赢得的国际声望和主权，将伊朗专制主义连根拔起，以建立一个民主的（民众的）政治经济；三是需要通过实施相关的、进步的方案，进行社会和经济的重建和改造。一切都取决于石油争端的解决，而未能解决石油争端是运动最后走向幻灭、混乱和失败的根本原因。

在1951年4月至1953年8月，除了少数几天，摩萨台一直都是伊朗首相；但他既没有控制整个国家机器，也没有控制整个伊朗的土地。他仅仅只是民众（即Melli）政治运动的领导人，以及一个独立的政府行政部门的负责人；也就是说，在最好的时候，他也只负责国家的一个机构。国家机器的其他部分仍然掌握在专制代理人和机构手中，他们为了追求利益，与感兴趣的外国势力合作，共同反对民众运动。这种情况是双重主权的一个真实例子，由摩萨台领导的民主力量同沙阿领导的专制（或外国）力量进行斗争，沙阿最终成为胜利者。

然而，民主力量最终被击败并不完全因为敌人采取的战略战术：一支军队在向敌人推进的过程中遇到抵抗和报复是不足为奇的，最终的成败很大程度上取决于敌人和自己的决策，永远不应把失败完全归

第八章　伊朗的民众运动：石油国有化和双重政权（1951—1953）

结为敌人的反抗。然而伊朗的政治公众，尤其是他们的"科学"分析家们还并不了解这一浅显但重要的知识。[1]

政治趋势和权力平衡：一段评估

为了了解这一时期政治发展的前因后果，首先应评估一下各个社会团体和政治集团对摩萨台政府不断变化的态度。

各社会经济阶层

礼萨沙倒台后，专制主义的残余势力与反专制主义的左翼和右翼势力暗中开始政治权力斗争：地主和大商人属于保守派，中层商人、零售商、工匠、工人、年轻的知识分子和学生属于广泛反专制阵营的激进派。事情的转折推动保守派团体，尤其是地主们支持拉兹马拉，希望他能建立一个"财阀的"和独裁的政权，承认私有财产的经济政治权利和影响力，稳定现状。他们欢迎拉兹马拉的独裁统治，就像伊比利亚地主欢迎佛朗哥和萨拉查的独裁统治一样；但是他们不赞成专制主义，因为专制主义意味着权力的垄断，甚至把他们这个社会阶层排除在外。显然，他们没能分析到，拉兹马拉不仅是一个独裁者，还是一个潜在的专制君主。不管怎样，拉兹马拉在石油国有化进程中被暗杀，使保守的社会团体陷入了混乱和焦虑，他们无法支持摩萨台，但他们被迫容忍摩萨台的政府，认为它是所有可能成功的邪恶中最小的那一个。随着摩萨台的权力开始衰弱，沙阿和人民党的地位得到加强，他们团结在沙阿身后，为沙阿伪现代专制主义的复苏提供了帮助，而这最终让他们付出了惨痛的代价。（见第十章和第十一章）

其他的食利者，如投机者和大商人（特别是从事进出口贸易的）等与地主们的态度几乎相同。但是巴扎群体、零售商、工匠以及很大一部分知识分子、中级专家、学生和产业工人都支持摩萨台，尽管在他任首相的最后一年里，他们对国家的政治经济的热情越来越低。那些不支持摩萨台的工人、知识分子、专业人员等，一般都是人民党的成员或同情者。

最后，这个时期的伊朗农民，忠于其历史传统，作为一个阶级，在政治上保持沉默。

国内和外国政治势力扮演的角色
1. 人民党和苏联

在人民党显然成为伊朗共产主义政党的杰出代表后，其社会基础缩减为部分工人阶级、年轻的知识分子和专家以及大学生。起初人民党对摩萨台、石油国有化运动和民族阵线采取了明确的敌对和破坏态度，有压倒性和众所周知的证据证明这一点。人民党视摩萨台为国内反动派的代表和美国帝国主义的代理人，并指示他们的成员、机构和支持者以"进攻的利刃"对抗民族阵线。[2]如果我们广泛分析对这一自杀性对抗背后的原因，会远远超出本研究的范围，因此我们在这里只提出几个分析的要点。

第一，人民党自称是马克思列宁主义的政党，在理论和实践上都完全忠于对这一意识形态的斯大林式解释。因此，它存在两方面的问题。其一，它对马克思主义的理解是斯大林实用主义的二手版本；其二，它对伊朗局势的分析几乎与伊朗的历史、社会学、政治经济和制度的现实情况毫无关联，充满了空洞的术语。这些话改几个词，可以同样（错误地）应用于埃及、印度、巴西或任何地方。

第二，人民党全心全意接受了斯大林主义的神话，这对发展苏联的利益很有帮助，因为它主张为了"世界无产阶级"的利益，苏联的全球战略必须优先于所有地方问题、战术和战略。因此，当伊朗人直接与英伊石油公司（AIOC）和英国政府对抗时，他们更急于攻击苏联的主要对手——美国，尽管在石油国有化问题上，美国人反对英国并扮演着温和的角色。此外，人民党不加批判地接受了苏联将世界划分为两个阵营的做法：朋友和敌人，即"进步力量"和"美国帝国主义的代理人"，不接受中间立场。摩萨台在任期第一年私下得到了美国有条件的支持，因此伊朗的"进步力量"毫不犹豫地将摩萨台打

第八章　伊朗的民众运动：石油国有化和双重政权（1951—1953）

入"美国帝国主义代理人"一列。

第三，人民党特意将摩萨台成功实现伊朗石油国有化扭曲为帝国主义对抗苏联的阴谋，而当时的苏联还在索取伊朗北部石油特许权。因此人民党拒绝石油国有化政策，独自为废除1933年协议奔走呼号，这让所有人都感到惊讶，除了他们自己的成员以及那些相信他们是"俄国间谍"的人。

第四，在某种较低级的层面上，人民党的领导层和党内知识分子单纯蔑视摩萨台和他的支持者，称他们是帝国主义的代理人、反动势力、小资产阶级分子等。因此，他们为"这个侍奉帝国主义50多年的愚蠢的老头"夺走了他们的风头而感到痛苦。

第五，现代全能主义的"美德"和伊朗传统专制主义习惯相结合，使党内民主的痕迹荡然无存。党内有许多聪明的批评者，他们不同意党的路线，但他们没有机会表达自己的看法，因为一旦这样做就会招来被排挤和驱逐的危险。因此，人民党甚至无法从它忠实的党员的箴言中获益。

人民党的政策在多大程度上是以苏联当局的具体指令为基础的，我们不得而知。但总体而言，苏联似乎不可能会公开下达指示。首先，上文提到的人民党的广泛行为原则已经足够塑造人民党的态度，其次，苏联在党内肯定有一些专业代理人，他们会在内部控制局势。苏联官方对摩萨台的态度原则上与人民党对其态度一致，但是在苏联媒体和其他场合并没有那么尖锐的表达，而是更加温和。然而可以肯定的是，从苏联的全球战略来看，任何一个伊朗政府都比亲美的政府好，因此苏联不可能对人民党描述中的摩萨台政府感到满意。甚至有人提出假设，在这一阶段俄国已经与英国达成了默契，从而将美国的影响挡在中东之外。一些反对摩萨台的保守派的主要成员与人民党及其领导层关系密切——摩萨台发明了"石油共产党"（Tudeh-nafti）描述他们的动机——似乎也为这个假设提供了依据。[3]

总的来说，苏联没有直接积极反对摩萨台，但也没有给他提供任何帮助。苏联本可以改变人民党的态度，给予摩萨台政府道义和物质上的支持；至少，本可以还清对伊朗的战争欠款，这些债款早已逾期，尤其在缺少石油收入的情况下更是迫切所需。1953年政变后不到两年，苏联就把债款还给了伊朗国王和他的独裁政府，当时它正与沙阿建立一段为期四年的友好关系。

当摩萨台失去了美国的善意和他自己的一些政治盟友的支持后，人民党开始缓和对他的攻击口吻。但这只是立场的相对转变，人民党从来没有改变过对摩萨台的态度，甚至都没有转变成有建设性作用的反对派。

2. 沙阿、英国和美国

当伊朗石油被国有化时，民主党的杜鲁门和工党的艾德礼分别领导美国和英国政府，两党都分崩离析，两个政府也都走到了尽头。与其说是工党政府的态度，不如说是英国的态度，尤其是英国机构和媒体的态度，在（错误地）引导英国公众意见上发挥了关键作用。[4] 显然英国的利益受到了威胁，所以伦敦对伊朗石油国有化及其随后的发展抱有完全的敌意也就不足为奇了。然而一个人或一个国家捍卫自己的关键利益可能是基于对形势的实事求是的理解和分析，也可能是基于误解和偏见。英国当局完全没有理解在伊朗发生的种种事件的意义和重要性，因此他们没有能力去应对这些事件，哪怕是为了他们的最大利益。

他们眼中的摩萨台不是一个民主的国家领导人，充其量只是一个民族主义的煽动者，或者最糟糕的，一个亲共产主义的独裁者。他们认为卡尚尼是一个反英的法西斯主义者和宗教狂热分子，尽管随后不久他被许多曾经同情他的伊朗人称作"英国间谍"。他们自欺欺人地相信，除了一群"乌合之众"和"暴民"（相当于人民党的伪马克思主义"小资产阶级"和"流氓无产者"），摩萨台并没有获得真正的民众支持。他们固执地拒绝理解伊朗人的习惯和方法，因此始终对伊朗人战术和外交中展现的"非英国式"特点感到困惑。他们甚至认为摩萨台偶尔的崩溃和晕倒（很多都由于他长期患有癔病）是虚假的作秀，并称这些举动"怪异"且"可笑"。除了敌意和偏见，这种对伊

第八章　伊朗的民众运动：石油国有化和双重政权（1951—1953）

朗文化的彻底误解在1953年政变后英国媒体对摩萨台受审的报道中展现得淋漓尽致：他在这次审判中完美展现了伊朗人的勇气、尊严、道德、雄辩、机智、蔑视，将其融合成一场伟大的戏剧；这也是伊朗人民的看法。然而，英国的机构和公共媒体按照英国的评判标准，认为这只是一个老年神经病人的小丑行为。

正是在这种缺乏理解的基础上，英国政府做出了在阿巴丹"展示国旗"的愚蠢举动，伊朗政府随后决定控制石油设施。现在还不清楚当时英国是否真的可能占领油田，但是后来开拓苏伊士运河的事件为其增加了一定的可能性。然而，部分由于美国的压力，部分由于议会工党的态度（尤其是其左翼），工党政府接受了伊朗石油国有化，但坚持要求伊朗为废除1933年协议予以全额赔偿，这忽略了协议的部分精神。事实上，之所以没能达成双方都满意的解决方案，在很大程度上要归咎于英帝国主义者（或"帝国效忠者"）毫不遮掩地希望能彻底扭转局势，以及由此造成的相互猜疑和指责的气氛。1951年大选后保守党上台，进一步加剧了这样的情况。

美国普遍反对旧时的欧洲殖民主义，因此扮演了调和者的角色；美国视摩萨台为阻止共产主义在伊朗崛起的最佳选择，这很有可能受美国石油公司的影响，它们希望能在最终的解决方案中获得"一席之地"。这样的态度甚至在共和党赢下美国总统大选后仍然存在，约翰·福斯特·杜勒斯（John Foster Dulles）开始掌管美国的外交事务，他和苏联的约瑟夫·斯大林一样，把世界分为朋友和敌人两边。但是，由于摩萨台始终毫不妥协，伊朗经济陷入低潮，政治也动荡不安，无论是现实还是想象中的共产主义夺取政权的威胁都开始增长，美国人终于被他们的英国盟友和他们的伊朗客户说服，他们必须找到一个"最终解决方案"。他们在一次政变中找到了答案，这次政变由美国中央情报局设计，沙阿、他的扈从和伊朗的保守势力联合发动，为了反对摩萨台的政府和伊朗人民。毫无疑问，他们相信这种熟悉的大国的傲慢行径将使"自由世界"比以前更加自由。

伊朗沙阿和他的扈从的作用和地位可见一斑。刚开始，他们随波逐流，希望重新获得主动权；但他们低估了他们的对手，也低估了整个运动的民主意义。后来，他们试着与英国一起行动，尽管不一定要反对美国，比如利用反专制主义的保守派团体作为第三选择，我们必须从这个角度看1952年6月卡瓦姆首相下台事件（下文有更多介绍）。最后，国家局势的恶化，人民党的破坏性影响，沙阿及其追随者内部颠覆的企图以及要求改变美国态度的外部压力，这些都给伊朗人民带来了苦果。

3. 劳动者党（Zahmatkishan）和其他团体

在前面内容已经提到，伊朗党和一个泛伊朗主义倾向的团体支持民众运动、摩萨台和他的政府。然而，尽管支持摩萨台的态度和更大规模的公众政治参与使这些党派的成员有所增加，但是这些党派的人数仍然较少，而且在"意识形态上"完全依赖于摩萨台和他身后广泛的民众运动。伊朗党之所以在内阁和议会中的代表比例过高是因为该党基本由精英和技术官僚组成。总的来说，在所有支持摩萨台政府的政党和团体中，只有一个政党在思想、组织、出版物、活动、成员等方面可以替代人民党，那就是伊朗劳动者党（Zahmatkishan-i Mellat-i Iran），或称伊朗劳苦大众。

劳动者党是两个不同政治倾向组成的联盟：一是由哈利勒·马利基领导的人民党分裂集团的大多数人，以及他们有才智的工人阶级分会；二是一支由中间派知识分子、中小商人、工匠和普通的投机分子组成的杂牌军，他们聚集在穆扎法尔·巴高伊·克尔曼尼博士。这真是完美的搭配。马利基是一个精明的，现在看来也是无双的伊朗政治分析家，一位有能力的政党组织者，还是一位独到的社会主义思想家，也就是说他不只会引经据典，还有深刻的社会道德感，没有所谓的个人野心。[5]巴高伊是一位精力充沛、无所畏惧、冷酷无情的政治家，一位有能力的公众演说家，也是一个富有魅力的人物，他没有什么社会和道德准则，并且野心勃勃。只要有利于巴高伊支持摩萨台和他的政府，这个联盟就能存续下去，尽管巴高伊不是内阁成员，他却是仅次于"老家伙"本人的政府二号人物。但是，到了1952年中期，

第八章　伊朗的民众运动：石油国有化和双重政权（1951—1953）

他对摩萨台的支持开始动摇（后来发展为彻底的反对），联盟出现了分裂，"马利基"派成立了"伊朗劳动者党，第三力量"（Zahmatkishan-i Mellat-i Iran；Niruy-i Sevvum）。从此他们被称为第三力量（Niruy-i Sevvum）党。

第三力量党的理想是社会主义的，但它采取的手段和方式是伊朗式的。它既不是一个斯大林主义政党，也不是一个社会民主党；它完全支持摩萨台政府，但也不乏对其系统性和建设性的批评。从该党创立到1953年政变，不到一年的时间里，吸引了大量的学生、知识分子和工人，包括一些人民党的现有成员。它有一些定期和不定期的出版物，其中相对更重要的是由马利基本人编辑的每日机关报《第三力量》（Niruy-i Sevvum），以及由年轻的阿米尔·皮驰达德（Amir Pichdad）编辑的给知识分子阅读的月刊《知识与生活》（Ilm u Zindigi）。与人民党一样，第三力量党对许多知识分子和艺术人才的发展发挥了重要影响，其中知名者如贾拉勒·艾哈迈德（Jalal Ali Ahmad）、穆罕默德·阿里·洪吉（Muhammad Ali Khunji）、侯赛因·马利克（Husain Malek）、阿米尔·皮驰达德、阿里·阿斯贾尔·哈支–赛义德–贾瓦迪（Ali Asghar Haj-Sayyed-Javadi）、法里东·塔瓦鲁里（Firaidun Tavalluli）和纳迪尔·纳迪尔–普尔（Nadir Nadir-pur）。

4. 卡尚尼和他的追随者

伊朗国内主要的政治势力还有赛义德·阿布卡西姆·卡尚尼，以及他在更加宗教化的城市群体中数量可观的追随者。起初，卡尚尼积极支持国有化运动和摩萨台政府，但是从1952年8月，在巴高伊疏远摩萨台的同时，卡尚尼也开始停止对摩萨台的支持。从一开始，卡尚尼的个人声望似乎和摩萨台一样高，在大型城市示威活动中，两位领导人的照片经常并排出现。但是随着两人间的裂痕公开化，卡尚尼的支持者骤降到微不足道的比例。总的来说什叶派的宗教领袖，尤其是居住在库姆的唯一的效仿渊源（还有几位居住在伊拉克纳杰夫），从不对国家政治局势发表意见。与卡尚尼相比，许多年轻的传教士和学者更支持摩萨台和国有化运动。但高级宗教领袖的沉默并不是没有意义的，后来以两位阿亚图拉贝赫巴哈尼（Behbahani）和切勒苏图尼（Chelsutuni）为首的宗教领袖们，打破了沉默，对摩萨台表达了看法。

简单谈论一下这一时期伊朗民众运动（Nehzat-i Melli-yi Iran）更广泛的政治意义。这并不是一场民族主义运动，摩萨台也不是民族主义者。这是一场民主（即 Melli）运动，旨在在国外建立国家的主权，在国内建立国家的民主。伊朗的民族主义，从这一来自欧洲经验的词汇的历史概念看，一直是专制主义的意识形态，即礼萨沙、他的儿子和他们的追随者的意识形态。在当时，伊朗只有两个小小的民族主义"政党"，泛伊朗主义党（the Pan-Iranist Party）和伊朗国家社会主义工党（SOMKA-the Iranian Workers' National Socialist Party）。不同政治倾向的欧洲和欧洲化的分析家们在定义以摩萨台为象征的运动以及伊朗民众运动时都错误地以为它们是民族主义的。

事件概述

拉兹马拉首相暴毙后，作为反对派领袖和国民议会石油委员会主席的摩萨台设法让伊朗议会两院在 1951 年 3 月 20 日前通过了他的石油国有化法案。与此同时，侯赛因·阿拉，一个保守但温驯的政客，组建了代理政府。保守派的政客们不情愿地支持了国有化法案，希望能在国有化法案的规定下早日解决问题。事实上，此事发生后仅几周，一个英美技术官僚小组就在华盛顿开会决定：第一，英国应接受国有化法案；第二，英国应与伊朗政府达成新的协议，根据该协议，AIOC 应作为运营公司恢复活动，并且盈利五五分成；第三，美国将支持英国达成这样一个协议，如果伊朗政府拒绝这个解决方案，美国将支持英国在联合国和海牙的国际法院提起诉讼；第四，伊朗政府应就其单方面废除 1933 年协议的行为向 AIOC 进行赔偿；第五，美国愿为达成该方案向伊朗提供贷款。这些提议是不现实的，注定会失败。和往常一样，他们忽略了国有化运动所具有的显著政治性，也忽视了

第八章　伊朗的民众运动：石油国有化和双重政权（1951—1953）

伊朗人对英国这个帝国主义大国的不信任；他们对五五分成的利润分配方案不肯让步，他们所提到的"赔偿"让人感觉缺乏严肃性。除了一个全新的、双方都能接受的协议，还能有什么补偿呢？

同时，为了实施国有化法案，摩萨台还起草了一份新的法案，该法案将以伊朗国家石油公司（NIOC）取代 AIOC。阿拉企图争取他对英美方案的支持，遭到了拒绝，阿拉辞职，摩萨台成为首相。上台后，摩萨台决心实行国有化法案，他准备继续出口石油，但条件是油轮必须向伊朗当局提供货物的收据。作为回应，英国将油轮从阿巴丹撤回，以毛里求斯号战舰取而代之。从那时起，英国对伊朗的石油出口进行了有效的封锁。

1951 年 7 月，英国向国际法院提起诉讼，法院判 AIOC 胜诉，伊朗政府拒绝了这一裁决，理由是一家私营公司与一个主权国家之间的争端不属于法院的管辖范围（这一论点在一年后得到了法院的认可）。7 月中旬，杜鲁门派阿维尔·哈里曼（Averell Harriman）前往德黑兰寻求解决方案。人民党认为哈里曼的任务证明摩萨台是一个"叛徒"，是"美国帝国主义的间谍"。在哈里曼到访的当天，人民党召集了大规模的示威活动，最终升级成流血事件。这是对摩萨台的地位和威望的一次蓄意打击，摩萨台曾明确表示在没有得到他本人许可的情况下禁止对示威者使用火器。看起来似乎他的共产党反对者和保守派反对者事先在战术上达成了共识，无论如何，在此事件后，人民党和保守派齐声谴责摩萨台。这就是摩萨台"石油共产党"一词的由来。[6]

哈里曼的干预导致两国达成协议。由理查德·斯托克斯（艾德礼内阁中的掌玺大臣）率领的英国高级代表团前往德黑兰进行谈判，8 月初，代表团成员作为伊朗政府的来宾被正式接待。随后，双方进行了为期三周的旷日持久、但一无所获的谈判，英国代表团必须为谈判的最终失败负不可推卸的责任。根据摩萨台向议会提交的一系列详尽、公开和坦率的报告，伊朗人同意以下条件：一是向英国出售的任何数量的石油都以波斯湾价格（离岸价格）计算；二是与英国政府签订 25 年的合同以保证第一个条件中的石油销售；三是允许英国人或英国公司自己提供运输工具和其他服务,以运送他们购买的石油;四是允许英国为伊朗石油的任何其他客户提供同样的服务,如果这些客户自己同意;五是重新雇用 AIOC 的英国技术人员和管理人员,不包括他们的董事和首席执行官;六是对被国有化的英国财产以分期支付的方式进行全面赔偿,或为伊朗向英国出口的石油年价值的二分之一,或为伊朗石油工业净收入的四分之一,以对英国有利者为准。[7]

英国代表团最初建议:一是成立一个(英国)销售公司,与 NIOC 签订 25 年的合同,负责出口和销售伊朗石油,并与 NIOC 均分净收益;二是成立一个(英国)运营公司,负责"为并代表 NIOC"进行全部技术工作(包括勘探、开采、提炼等),该公司将在 NIOC 的董事会中有代表(开展技术工作的费用由拟议建立的销售公司承担);三是伊朗政府应对为了满足自己国内石油生产需求而(截止到该日期及以后)使用的英国财产进行补偿。[8]

通俗地讲,英国的提议意味着 1933 年的协议将在五五分成的基础上再延长 25 年(而不是 40 年),1954 年政变后,英国通过石油财团协议(The Consortium Oil Agreement)提出的"解决方案"大抵也是如此,尽管那时它不得不与其他国家分享战利品,因为它在当时成立的运营公司只有 40% 的股份。

在最初的分歧后,摩萨台和斯托克斯进行了两次长时间的私人会谈(哈里曼、翻译和其他人在场),当斯托克斯提出伊朗石油公司的总经理必须是英国人时,谈话就再也进行不下去了(摩萨台曾提议由其他欧洲国家的个人或团体担任)。[9]看起来摩萨台本人并没有注意到这些反复出现的议题(如英国人当总经理等)只是借口,真正的问题是,英国政府理所当然地要求在 25 年内获得伊朗石油收入的 50%,因为石油国有化结束了英国对伊朗石油(以及伊朗人民)长达四十年的剥削。

达西特许权是由一个专制政权的首脑,一个病态的、低能的伊朗国王授予的,这导致英国对伊朗 25 年的(真实的,而不是想象的或"情感的")剥削。1933 年,这个协议被一个冲动而傲慢的暴君废除

第八章　伊朗的民众运动：石油国有化和双重政权（1951—1953）

了，他立即发现，要想保住王位必须签订一份新的协议，于是他将以前的特许权期限又延长了33年。在英国和它的战时盟友们强行军事占领（并带来贬值、强制信贷、饥荒、通货膨胀等）这个积贫积弱的国家后，在英国人和他们的伊朗国内盟友们对伊朗民众运动做出的种种破坏后，他们这次想走后门，与领导民众运动的政府达成一项卑劣的协议，这样就能少花些力气。这就是他们为了自己的立场始终宣扬的国际合法性和道德性的真正基础（详见本章附录）。英国的要求不可能实现，摩萨台拒绝这些要求是正确的，尽管他这次拼命想达成一个合理的解决方案。但值得注意的是，英国代表团显然没有意识到这个问题在伊朗人眼中的政治意义（实际上这才是首要的）。摩萨台和英国人最终可能在财政—经济条款上达成一致，但他绝对不会同意用一家英国公司，或者一个英国的总经理，哪怕这是英国的唯一要求。而这一点，并不是出于不理性的恐英症，而是因为，AIOC和英国政府在事实上已经干预伊朗内政太久了。

9月25日，在斯托克斯回国一个月后，伊朗军队占领了阿巴丹炼油厂，并要求英国侨民离开。鉴于国际法院先前的裁决，英国认为此举是非法的，并将此案提交到联合国安理会。摩萨台率领一个高级代表团前往纽约，安理会决定国际法庭对此案的管辖权必须由法院自己确定。这对摩萨台是一次胜利，他延长了他的美国之行，以便向杜鲁门解释他的立场，并希望美国能更坚定地支持伊朗事业。

1952年2月，鉴于国内困难的经济形势，政府发行了价值2000万里亚尔（2500万美元）的特别债券，被称为"大众债券"，民众两年后可以赎回，还可以获得一些奖励。摩萨台亲自呼吁公众尽最大能力购买这些债券，虽然有人民党和保守派反对者的抵制，此举还是得到了巴扎社区、开明的专业人士和城市底层居民的热情支持，尽管如此，政府最终还是没能达到目的，因为富人拒绝提供帮助。[10]与此同时，摩萨台正忙于应对大选带来的问题。沙阿、他指挥下的警卫队和各省的富豪权贵联合起来推举他们自己的候选人，而英国在各省首府的领事馆则成为反政府运动的中心。[11]伊朗政府要求英国大使馆关闭这些领事馆,英国的临时代办不情愿地服从了摩萨台的要求,随后被召回伦敦"进行协商"。

第 17 届议会选举是一场惨败:沙阿的追随者和保守派反对者存在严重的违法行为,而政府的支持者也存在违规行为。情况如此地失控,摩萨台在已当选的 101 名议员的多数支持下(共 136 名),不得不宣布无限期推迟选举。这并不是一个光荣的决定,但也并不违法,摩萨台并不负主要责任。然而,人们并没有吸取教训,即在一个由专制主义、保守派和极权主义共同组成的反政府力量面前(这个政府曾公然反抗一个帝国主义大国),涣散的公众支持毫无胜算。

这一年的早些时候,世界银行以中间人的身份派遣了两个代表团前往德黑兰,其建议的主要内容是英国和伊朗应同意恢复石油业务和出口,条件是大部分产出由世界银行处理,在达成最终解决方案之前,银行将保管收益。摩萨台拒绝了这一提议,这是他职业生涯最大的错误,这个错误还导致了伊朗民众运动的最终失败,并且让伊朗人民、他们的独立和他们的民主运动遭受巨大打击。摩萨台本人意识到,世界银行的提议可以作为从实力地位出发,体面解决问题的开端;如果他的同僚们继续支持他,他可能已经同意这个提议,事实上他差点就同意了。但是他的一些贴身顾问指出,人民党可能以此协议作为摩萨台"叛国"的证据,并错误地认为这会毁掉政府的民众支持。这个心怀好意但实际懦弱无能的人提出的错误建议,以及摩萨台个人对失去民众支持的不合理的恐惧,才是导致新协议失败的真正原因;官方提出的原因实际上都是细枝末节的问题。[12]

新协议最终破产是因为摩萨台的顾问们要求在协议草案序言中加入"代表伊朗政府"的字样,这样他们就能勇敢地面对人民党,称世界银行是伊朗政府自己雇用的。[13]因此,为了几句空话,为了几个人的"荣耀",伊朗民众运动的生存和发展陷入了空前的危机。不论是什么协议,不论形式和内容如何,人民党都会试图从中捞取好处,但是伊朗公众们比摩萨台的贴身顾问更加聪明,更加忠诚于摩萨台。人民党为了对抗摩萨台采取歇斯底里的、毫不道德的手段,这是毋庸置疑

第八章 伊朗的民众运动：石油国有化和双重政权（1951—1953）

的。为了客观分析，我们必须保持公平，摩萨台和他的贴身顾问们必须为他们的决策负一定责任。世界银行不可能同意加入这几句毫无意义的话，因为，作为一个中间人，在争端中它不能声称自己"代表任何一方"。美国认为伊朗拒绝世界银行的提议是不合理的，因此拒绝了伊朗的财政援助申请，在国有化法案颁布近一周年时，摩萨台遭受了这一沉重的打击。一年以来热切的期盼和巨大的牺牲没有迎来任何实际进展，而未来也看不到任何希望。

5月28日，摩萨台率代表团前往海牙，请求国际法院审理伊朗案。7月初，他被新一届议会恢复了首相职务，但他的支持者比以前减少了。然而10天后，由于伊朗国王拒绝放弃他（符合传统但违背宪法的）对武装部队的积极指挥权，摩萨台辞去了首相职务。艾哈迈德·卡瓦姆，这位强大且保守的独立政治家担任首相，在一次粗鲁冒失的演讲中，他威胁称"暴民们"将被逮捕并处决，这篇演讲稿是他私人随从中的小人物穆瓦立赫·道莱（赛帕赫尔）写的。[14]人们嗅到了反革命的味道，亲摩萨台的议员们（他们曾在议会中静坐示威）与卡尚尼和亲摩萨台的团体呼吁在7月21日（波斯历4月30日）举行大罢工，事实上，人民的反应是自发的，他们用砖头、石头和赤手空拳来对抗坦克和刺刀，死伤惨重。卡瓦姆正卧病在床，直到当天下午，他还没有完全理解局势的严重性，也没有意识到那个"厚颜无耻的小子"（他自己曾这样描述沙阿）正把他带入陷阱。这时礼貌又胆小的宫廷大臣侯赛因·阿拉前来探望他，并带来了国王陛下（当时他已经被人民起义的规模吓坏了）的消息，建议他应该下台，"为了国家的利益"。卡瓦姆默默地听着，等阿拉说完沙阿的口信后，他用他洪亮的声音说道，"国王陛下可以下地狱了"。几个小时后，卡瓦姆辞去了职务并离家，不知去往何处。这对人民来说是彻底的胜利，他们收到了摩萨台复职的消息，几乎同时又听到从海牙传来的胜利喜讯，国际法院同意伊朗的观点，认为国际法院对英伊石油纷争没有管辖权。

1952年8月至1953年3月，伊朗与英国断绝了外交关系；摩萨台的一些同伴不再支持他，其中最难对付的是卡尚尼和巴高伊（顺便说一句，这两个人都不是英国或美国间谍）；人民党战术性地转变立场，从直截了当的辱骂和毁谤政府，转变为非建设性的反对；在美国，艾森豪威尔和杜勒斯接管了政府，就像一年前英国的丘吉尔和伊登一样；沙阿、他的追随者和保守派反对者坚定了推翻摩萨台的决心；伊朗人民经常上街高呼，"要么死，要么留下摩萨台"，但是示威的人数越来越少。国内形成了各种反摩萨台的阴谋中心，其中王室（包括沙阿的母亲和沙阿的妹妹阿什拉芙）以及新成立的退役（陆军）军官协会最为活跃。摩萨台强迫沙阿的母亲和妹妹流亡国外，但是阿什拉芙多次乔装回到伊朗。

在 1953 年 2 月 29 日，一场针对摩萨台的阴谋正在进行，由沙阿、一群保守派政客和宗教领袖们共同发起。几天前，沙阿告知摩萨台他决定出国两个月（去伊拉克的圣地"朝圣"，接着去欧洲"看病"），首相不情愿地同意了。然而，尽管之前达成了协议，沙阿还是把他要出国的消息"泄露"给了一些有影响力的人士，尤其是德黑兰有权势的穆智台希德，赛义德·穆罕默德（阿亚图拉）·贝赫巴哈尼。[15]在臭名昭著的沙邦·比穆赫（笨蛋沙邦）领导下，一伙被雇用的混混和小偷小摸的罪犯被组织起来，聚集在王宫外，与此同时，沙阿召见摩萨台，要和他进行正式"告别"。这伙人表面是为了劝说国王不要离开，实际上是为了趁机刺杀摩萨台。摩萨台成功从后门逃跑了。这群人很快收到"鸟儿飞走了"的消息，于是马上赶到在宫殿附近的摩萨台家，他们试图开吉普车撞倒铁门，但是摩萨台已经从屋顶离开，这群人被屋里的警卫和屋外的人群一起攻击，阴谋失败了。摩萨台自己也承认，作家贾拉勒·艾哈迈德带领的第三力量的党员在那天的对抗中发挥了关键作用。阴谋的失败迫使沙阿同意将曾被他父亲侵占，1949 年后由他"监管的"大量农村财产再次交还给政府。

与此同时，美国转而与英国的立场一致，称不会与摩萨台达成协议。摩萨台最后一次绝望地请求美国提供财政支援，但被总统拒绝。

第八章　伊朗的民众运动：石油国有化和双重政权（1951—1953）

在1953年3—8月，政府完全失去了存在的理由，除密切关注潜在的阴谋和政变外无事可做。事实上，各种阴谋层出不穷，议会反对派的力量和敌意也在增加。1953年4月20日，强势且臭名昭著的警察局长阿夫肖尔－图斯准将（Brigadier Afshar-Tus）遭到绑架，几天后，他的尸体在首都附近的一个山洞里被发现，身上布满了酷刑的痕迹，一众对其心怀不满的政客和退役将军被逮捕并面临指控。巴高伊博士直接受到牵连，但因为享有议会豁免权而免遭逮捕。这一阴谋始终未被揭开，因为在8月的政变后，指控被悄悄撤销，最后不了了之地结案了。可以肯定的是，这只是一系列有计划的绑架和谋杀行动的开始，目的就是迫使政府辞职。有间接证据表明，不仅那些被公开指控的人参与了这一阴谋，沙阿冷酷无情的弟弟阿里雷扎（Alireza）还是主谋。[16]沙阿本人可能也参与此事，但无论如何，阿里雷扎可能有自己的私密计划：两年后，他乘坐的轻型飞机在马赞德兰山区神秘坠毁，也许与此案有关。

8月3日，摩萨台举行公投，要关闭议会并进行新的选举。这样做的直接原因是议会威胁政府将对其擅自扩大纸币供应的行为发起不信任动议。同时也出于长远的考虑，当前议会中不断出现的背叛已经构成了威胁，这将会破坏政府在议会中的多数席位。全民公投并不符合宪法规定，也并没有在自由和公开的气氛中举行。这是一个战术失误，摩萨台的大多数高级顾问和支持者都反对这一举动，包括哈利勒·马利基、阿里·沙伊冈博士（Dr Ali Shaigan）和卡里姆·桑贾比博士。议会是唯一支持摩萨台的机构，自从1952年7月的人民自发起义以来，议会一直发挥着重要的凝聚和号召作用，没有了议会，这些都将不复存在（后来的确不复存在了）。

议会关闭让阴谋家们——沙阿、CIA、退役军官协会和保守派反对者可以轻而易举地发动政变。8月15日晚，包括侯赛因·法特米（外交大臣）在内的主要政客在他们的家中被绑架，并被关押在王宫。当天深夜，王室卫队的指挥官纳斯里中校（Lt-Col. Nasiri，未来的萨瓦克负责人）给首相递交了一份由沙阿签署的王室命令（Farman），解除了他的职务，并任命退役将军法扎鲁拉·扎黑迪（General Fazallulah Zahedi）为首相，而此时的沙阿正在里海的一个度假胜地"修养"。从宪法规定看，不清楚沙阿是否有权在议会缺席的情况下发布这样的命令，但是政府已经嗅到了政变的味道，政府利用宪法权利击败了政变：纳西里被逮捕，王室卫队被解除武装，犯人们从王宫的牢笼里被释放出来，而沙阿已经收到了政变失败的警告，逃往巴格达，后来又前往罗马。政变失败的消息让人民拥上街头，欢呼雀跃，民众（非官方）还要求废除君主制。但这并没有阻挡阴谋家们，他们早已为第一次政变失败准备了后备计划。然而在政变者的第二次政变过程中，以及成功后并没有招来民众自发的反抗，其中一个原因是，当时在普通民众中充满着混乱、迷惑、不安的气氛，以及对无政府状态或"布尔什维克"接管的恐惧。

1953 年 8 月 19 日（波斯历 1332 年 5 月 28 日），政变者实行了后备计划。军队内一部分人公开叛乱，政变者还花钱雇用了一批暴乱者，由臭名远扬的黑帮分子和诈骗犯领导，如笨蛋沙邦，以及专收德黑兰水果和蔬菜批发市场保护费的塔耶布。这群暴徒主要由保守派宗教领袖们组织管理，如赛义德·穆罕默德（阿亚图拉）·贝赫巴哈尼和米尔扎·阿卜杜拉（阿亚图拉）·切勒苏图尼。民众们都惊呆了，只能站在一旁；忠诚的政党也无能为力，摩萨台那天要求他们让成员回家，希望能遏制住前几天的无组织暴乱；人民党是唯一能通过民事和军事手段进行干预的力量，但是——由于解释尚不充分的原因——人民党选择保持中立。当天晚上，摩萨台的家被洗劫一空，尽管他的官方卫队在穆姆塔兹上校的带领下进行了英勇的抵抗。他本人被几个密友强行带到了安全地带。由扎黑迪领导的新政府发表了公开声明，宣布戒严，并从当晚 8 点开始实行公共宵禁。

于是，在保守派、专制和极权主义反民主力量的联合攻击下，在外国的直接干预下，以及受领导人判断失误的影响，一场争取主权和民主的历史性运动走向了终结。

第八章　伊朗的民众运动：石油国有化和双重政权（1951—1953）

民众运动的失败：简要剖析

　　由摩萨台本人发起、领导和代表的民众民主运动的失败对伊朗政治经济是一计重击，至今仍需多年才能恢复。这不仅仅是伊朗石油国有化的失败，这是一场伊朗社会、政治和经济命运的历史性灾难；它夺走了伊朗人对外部主权和内部民主的希望，这两者在当时，以及现在都是不可分割的民族理想；它为专制主义复活铺路，而这一次的专制主义将是伊朗有史以来见过最具破坏性和最丑陋的。问题是，这场运动为什么会失败？

　　首先，让我们抛开最盛行，也是最不能接受的对失败原因的解释，即外国阴谋势力与国内保守派和专制力量结盟。事实是无可争议的，这些国外和国内势力都在尽其所能地破坏伊朗民众运动，并且他们最终成功了。但这完全在他们的意料之中，显然阻止伊朗形式充分的主权，阻碍它发展成为一个民主社会符合他们的各种利益。这一论点可以用另一种方式来表述，即运动失败的基本原因不在运动本身，这意味着无论如何运动都注定失败；运动的失败是绝对不可避免的；国外和国内敌人如此强大，在任何情况下都会阻止运动成功。但这是不正确的，它与事实背道而驰；它没有给领导的艺术和人民的意志留下任何余地；这是一个在"帝国主义力量和他们的走狗"面前不作为和投降的秘诀。敌人们的确在拼死恶斗，但是这并不代表没有他们就一定能赢得这场战争。人民党的作用也是如此，在政治上，它毫无辩解的余地，只能忏悔，其造成的破坏性影响强化了其他国内外敌人的攻势；但当我们仔细分析，对一个由一群没有原则的人领导的斯大林主义政党还能期待什么呢？它造成的破坏性作用只是让运动更可能失败，而不是让失败不可避免。

　　我们必须问自己的是，这场运动及其领导层本可以做些什么来确保伊朗人民和伊朗政治经济的长期成功。答案是，应该在石油争端上达成一个体面的解决方案，并立即着手开展基本的政治和经济改革，以提高人民的生活水平，孤立并击败保守的少数派，并将古老的伊朗专制主义连根拔起，永除后患。奇怪的是，在多年将失败简单归咎于"帝国主义及其走狗"之后，更多开明的伊朗分析家现在将重点放在运动缺乏积极方案这一点上。也就是说，他们更加强调的是，在他执政的两年半时间里，摩萨台从来没有进行一场重大的社会改革。然而，当讨论石油争端问题时，这些分析家们又自豪地宣称，政府在这一问题上的失败正是其最大的成就，这是摩萨台反帝国主义的最佳证据。浪漫的理想主义是一种非常安全的，但同时毫无生产力的立场。这种疾病至今仍折磨着伊朗和其他地方的进步知识分子团体，并破坏了他们所代表的人民的期待和愿景。

在石油争端尚未解决之前，不可能进行任何严肃的改革。作为政府财政和外汇的主要来源的石油收入现在已经消失了；经济衰退，进一步减少了政府的其他收入（如税收等）；政府如此地困窘，以至不得不拖欠国家官僚机构的工资，向公众借款并印发纸币；政府连运行国家日常事务需要的资金都没有，何谈支付重大改革的费用；任何的改革尝试都会导致由外国势力支持的强大的国内既得利益集团在全国范围内的全面对抗。在如此多的问题悬而未决的情况下，该运动很可能会走向失败。[17]

应当解决石油争端并不是一个新奇的说法，许多保守派人士（不一定是"帝国主义走狗"）从一开始就敦促摩萨台达成协议。但是他们这样做忽略了伊朗民众运动更广泛和更重要的层面。对于他们而言，整个问题都在于为伊朗政治经济达成一个更好的协议，以及赚"更多的钱"；而摩萨台和他背后的人民则认为石油国有化是实现伊朗社会民主转型的第一步。这就是为什么自20世纪40年代初开始摩萨台本人始终强调石油问题更广泛的政治意义，而非其相对狭隘的经济意义（遗憾的是他经常过于轻视经济意义）。实际上，保守的"现实主义者"和上文提到的浪漫的理想主义者并没有意识到，他们在一件事上的观点是一致的，尽管他们的动机大相径庭，但这两个群体都把石油国有化看作目的本身。对于保守派来说，只要能尽

第八章 伊朗的民众运动：石油国有化和双重政权（1951—1953）

快达成协议，并赚到"更多的钱"，其他任何事情都可以牺牲掉；对于浪漫主义者来说，为了不达成协议，为了空洞地吹嘘运动领导人没有在战略问题上向敌人做出任何让步，哪怕是以运动本身毁灭为代价，以伊朗人民、伊朗社会和政治经济的灾难性后果为代价，都是值得的。

石油国有化只是争取主权和民主之战的一项战略，是实现一个更伟大目标的重要手段。因此，摩萨台应当从实力地位出发尽可能达成最有利的条款，并解决问题，而不去理会那些浪漫的理想主义者、斯大林主义的诽谤者和他自己的跟随者中那些软弱无能、煽风点火之辈的反应，这些人自然会加入进来并享用社会政治的成果，只要问题能这样地解决：英国政府至少暂时停止对摩萨台的行动；沙阿和保守派无力抵抗；流入的石油收入由一个廉洁和民主的政府使用，社会经济的水平和成果普及度都得到提高；重大的社会和经济改革势不可当，最后，这些发展将在几年内轻松地对石油收入进行全面的，甚至理想化的矫正。我们呼吁那些最为古板苛刻的反帝国主义的伊朗人，用他们的智慧和社会良知告诉我们，这一连串的发展与运动失败给伊朗政治经济带来的不可挽回的伤害相比，哪个更好？

哈利勒·马利基是当时和之后很长一段时间内唯一对事情发展持有这样全面观点的人。但他没有担任任何公职，甚至也不是议会议员。他经常被人民党诽谤为英国间谍。他并没有与摩萨台系统性接触过，他的才华被伟人身边的一些小人物幼稚地嫉妒。因此，摩萨台只能依靠自己的个人判断，以及一些好心人传达给他的建议和信息，他们中的大部分（尽管不是全部）或缺乏勇气，或缺少判断力，或缺乏能力，或者三样都没有。这并不是要洗脱摩萨台对这个致命错误的全部责任，相反，是为了以现实主义和体谅宽容的态度来分析他的境况，并且更重要的是，指出这个悲剧对伊朗当时的处境和未来的前景造成的影响。在持续了25年的逆历史潮流后，在撰写本书时，一场伟大的革命（1979年2月）推翻了沙阿的专制主义，所有曾经挫败民主运动的力量,如浪漫的理想主义、传统的保守主义、左翼的现代主义,以及受到重击但仍然存活下来的专制主义和外国干涉主义的机构,再次回到了不稳定的状态。我们希望在几个世纪后,伊朗历史的辩证法将形成一个进步的综合体。

附录:关于石油争端和经济形势的一些说明

关于石油争端的经济说明

我们已经从民众运动的视角强调了石油争端的政治意义。然而,石油争端的经济方面本身也很重要,而且还是在本案中维护伊朗的最实际的论据。

表8-1　　　　　　　　AIOC 收入和支出,1948年

	百万英镑	总值的百分比
净收入(税款总额)	79	100.0
支付给英国政府的税款	28	35.5
资本投资、留存利润等	34	43.1
(支付给英国和其他非伊朗股东)的股息等	7	8.7
支付给伊朗政府的收入	10	12.7

资料来源:根据1950年10月17日,AIOC 公布的账目中被议会石油特别委员会主席摩萨台引用的数据。

表8-1对 AIOC 公布的1948年的账目进行了重新编排和扩展。斯托克斯的任务失败后,摩萨台在一次公共讲话中,向全国发表了1933—1949年整个时期的经济数据,这些数字与表8-1显示的1948年 AIOC 的数据是一致的。然而,从摩萨台的讲话中可以看出,他自己似乎都没有意识到这些数据对 AIOC 是多么的不利。在表8-2中整理并扩展了他提出的基本数据,我们从中可以观察到以下几点。

第八章 伊朗的民众运动：石油国有化和双重政权（1951—1953）

表 8－2　　　1933—1949 年 AIOC 收入和支出：总计

	百万英镑	占总额比	占净利润比
净收入	895	100.0	—
支付给英国政府的税款	175	19.5	—
净利润（净收入减去税款）	720	81.5	100.0
资本投资、留存利润等	500	55.8	69.4
（支付给英国和其他非伊朗股东）的股息等	115	12.8	16.0
支付给伊朗政府的收入	105	11.9	14.6

资料来源：基于 1951 年 8 月 30 日，摩萨台的"致伊朗人民的讯息"中的数据，Ittila'at。

第一，支付给伊朗的收入仅占该公司总净收入（纳税总额）的 11.9%。第二，这远远少于该公司向英国政府支付的 19.5% 的税款，而英国政府本身拥有该公司的控股权。第三，这个数字也远低于支付给公司股东的 12.8%，而英国政府又是其中最大的股东。第四，公司 55.8% 的总净收入留作投资，或作为未分配利润持有。第五，伊朗在公司净利润中的份额（即甚至将支付给英国政府的税款刨除在外）仅有 14.6%，即使在 1903 年达西特许权的协议下，伊朗人也能获得公司净利润的 16%。

因此，根据 1933 年协议（其中的特许权又被延长 33 年），伊朗人从一家英国政府控制的，向英国政府纳税的，通过销售伊朗石油获得收益以进行投资的，向英国"股东"支付红利的英国公司那里，只能获得自己本国石油收益的 11.9%。换句话说，资源是伊朗的，英国通过出售伊朗的资源收回自己的资本投资和其他成本（除了最初的历史成本），而超过 88% 的收入都要支付给英国人（或由其保留）。

关于经济形势的说明

英国的石油封锁，美国拒绝提供财政援助，苏联政府拒绝偿还对伊朗的战时债务，政治不稳定，等等，导致伊朗陷入经济困境，读者对这些情况应该已经非常熟悉。这种情况通常会在短时间内推翻任何政府。然而，读者可能会惊讶地发现，政府为应对这种情况采取了现实主义和相对有效的措施；以及人民为了实现更大的社会目标，坚强地忍耐着物质困难。政府在外贸领域做得特别成功，限制了进口量，但并没有将其大幅削减，同时，大力推动国家的非石油出口。结果，伊朗的非石油贸易账户上甚至积累了贸易顺差，在摩萨台首相任期的第二年也是最后一年里，贸易顺差已经相当大了。表8－3列出1948—1953年非石油贸易的数据，读者可以比较摩萨台执政前后的数据。在第十章，我们将看到沙阿的独裁统治使伊朗的贸易收支变成了日益严重的赤字，尽管这一时期石油收入迅速增长也仍旧不能挽回局势；同时尽管有美国和其他国家的大量捐赠、贷款和投资，伊朗的国际收支也陷入了赤字。

推动非石油产品出口的努力取得了成功，尤其是地毯。1952年，地毯的出口额达13.39亿里亚尔，是两年前的2倍。除此之外，政府还推动如活羊（向沙特阿拉伯）和烟草（向俄国）等产品的出口，以往这些产品的出口量不会太大，这意味着伊朗人自己必须比往常减少消费本国产品。

表8－3　　　　非石油贸易差额，1948—1953年　　（单位：百万里亚尔）

年份	（1） 出口（不包括石油）	（2） 进口	（3） 差额（1）－（2）
1948	1867	5480	－3613
1949	1785	9320	－7535
1950	353	7109	－3546
1951	4391	7405	－3014
1952	5832	5206	＋626
1953	8426	5756	＋2670

资料来源：基于1966年的 Vizarat-i Iqtisad, Amar-i Bazargani-yi Khariji Iran（经济部的官方贸易统计）。

游戏还能继续下去，因为政府并不腐败，并且人民也愿意配合。

第八章 伊朗的民众运动：石油国有化和双重政权（1951—1953）

比如，1952年年初，伊朗刚刚从苏联的手中夺回里海鲜鱼的开采权（苏联的开采特许权已经失效，伊朗政府也没有续期），政府通过有效分配大量的里海鲜鱼，避免了羊肉价格大幅上涨。这些证据证明，在正确的社会政治气氛下，即便存在巨大的财政和经济匮乏，也可以取得很大的成就；然而在错误的社会政治制度下，即使有巨大的财政经济资源和机会，也会造成巨大的损失。我们在随后的章节里就能看到这一点，然而，显然这些努力不可能长期成功，政府自己也明白（但遗憾的是，没有采取相应的行动），一切都取决于石油争端能否得到体面的解决。1953年，摩萨台决定增加货币供应量，以扩大国内经济活动，但同时又秘而不宣以防止贸易中的投机行为。这是一种"凯恩斯主义"政策，在当时的特殊情况下，它甚至具有"纯粹"的经济意义：总需求被人为地降低到明显低于国内生产力的水平，出现需求不足型失业的情况，这可以通过货币扩张来缓解。然而议会反对派抓住了秘密印钞一事作为借口向政府提出不信任动议，这导致摩萨台犯了战术错误，即在1953年8月为关闭议会举行全民公投，两周后，政变爆发了。

注释

1. 运动失败的原因分析详见下文。
2. 关于这种现象的例子，参见 *Nashriyeh-yi Ta'limati...*（党内刊物），No. 12, 1951。
3. 除了英国、俄国、人民党和伊朗保守派对该运动的敌视态度，还有一些事实可以支持该假设。其一，美国人在第一年不准备支持英国，甚至在之后也犹豫不决；其二，苏联和人民党称摩萨台是"美国的代理人"；其三，出于战略考虑并不顾对伊朗人民的影响，苏联在可能出现的两种伊朗政权里，倾向于不那么依赖美国支持的那个。这也部分说明为什么它冷落摩萨台，而在20世纪50年代与沙阿达成了谅解；也解释了为什么它攻击阿米尼（Amini），但在60年代与沙阿达成了协议。（见下文第十章和第十一章）
4. 随便调查这一时期的英国报刊和议会辩论，就能很快证明这一点。关于这个话题的详细讨论，参见 Hamid Enayat, "The British Public Opinion and the Per-

sian Oil Crisis", an extended and unpublished MA dissertation, University of London, 1958。

5. 马利基思想的独创性，以及他在政治分析和应用方面的批判现实主义是相当突出的，这也是他在生前很少被理解（更不用说被赞赏）的主要原因。更多的例子，参见他的 *Du Ravish Baray-i Yik Hadaf*, 1948, *Barkhurd-i 'Aqayed u Ara*, 1950, *Niruy-i Sevvum Chist?*, 1951, *Niruy-i Sevvum Piruz Mishavad*, 1951, *Socialism va Kapitalism-i Dawlati*, 1952。详见下文第十一章和第十五章。

6. 摩萨台解雇了内政大臣扎黑迪将军和警察总监巴高伊将军，军事法庭后来"洗脱"了后者不服从命令的罪行。不论人民党领导层中是否有人参与了这场阴谋，人民党此举都正中沙阿及其支持者下怀。奇怪的是，十年后沙阿也玩了一个类似的把戏，迫使阿里·阿米尼（Ali Amini）辞职，这次第二民族阵线领导层中的一些人很可能事先就知道这个阴谋，尽管如此他们还是会被阴谋者利用。详见下文第11章。

7. 参见 *Nutgha va Maktubat-i Duktur Musaddiq* ..., Vol., book 1, Paris: Intisharat-i Musaddiq, 1969, 特别是 pp. 41 – 70。

8. 参见 *Nutgha va Maktubat-i Duktur Musaddiq* ..., Vol., book 1, Paris: Intisharat-i Musaddiq, 1969, 特别是 pp. 41 – 70。

9. 参见 *Nutgha va Maktubat-i Duktur Musaddiq* ..., Vol., book 1, Paris: Intisharat-i Musaddiq, 1969, pp. 64, 69 – 70。

10. 例如，参见 Khalil Maleki, *Niruy-i Sevvum Chist?*, Teheran: Hizb-i Zahmatkishan, 1951, 1952年4月，摩萨台本人在议会演讲中承认了这一事实。

11. 例如，参见 *Nutgha va Maktubat-i Duktur Musaddiq*..., Vol. II, book3, Paris; Intisharat-i Musaddiq, 1972。

12. 这些人中包括卡兹姆·哈斯比，他骄傲地发出个人宣言，"我们将封锁所有油井"。他对民众运动充满善意，但毫无疑问没有意识到这对政治经济产生的破坏性影响。

13. 包括哈斯比在内的摩萨台身边人对媒体的表态让人感觉争论的主要焦点在世界银行提议的销售价格上，毫无疑问在这些问题上曾存在分歧，但这些都是细节问题。摩萨台曾在德黑兰对一群美国记者发表讲话，他自己提出没能达成协议的三个原因，第一，世界银行要求"英国技术人员回归"，摩萨台公开表示只要不涉及英国高层管理人员就可以接受；第二，世界银行不同意伊朗的要求，拒绝宣称自己"代表伊朗政府行事"；第三，世界银行提议采用每桶1.75美元的波

第八章 伊朗的民众运动：石油国有化和双重政权（1951—1953）

斯湾价格，而非每桶2.75美元的墨西哥湾价格。但是摩萨台在早先与斯托克斯谈判时已经接受了波斯湾价格。毫无疑问，这些原因和其他因素都对协议没能达成有一定影响，根据一些密切参与此事的人回忆（在此我不方便透露他们的名字），协议没能达成主要是由于上述的第二个原因。参见 *Nutqha va Maktubat*, Vol. II, book 3, pp. 74 – 82。

14. 然而那篇演讲中真正致命的部分是，"尽管我对政治中的蛊惑和煽动感到厌倦，我也憎恨宗教事务中的虚伪和欺诈……我尊重伊斯兰教的神圣教义，但同时我将把宗教与政治分开，我将阻止迷信和落后思想的传播"。卡尚尼对这篇演讲的谴责恰如其分，"艾哈迈德·卡瓦姆必须认清……他不应该公开威胁扼杀人们的思想和观念，更不应威胁大规模处决人民。我郑重地宣布，所有穆斯林兄弟都有义务发起伟大的圣战（jahad-i akbar）"。两篇声明见 *Kayhan*（日报），18 July 1952。

15. 当时的议会主席卡尚尼还亲自写了一封支持沙阿的信，宣称伊朗非常需要沙阿的存在。此事并未广为人知，直到本章草稿完成后，才在伊朗被披露。见 *Parkhash*（周报），4 July 1979。

16. 最近在各期的《伊朗希望》（*Umid-i Iran*）周刊上关于此案有一系列的"披露"，这显然造成了更大的混乱，而非澄清问题。

17. 然而必须指出的是，在行政、司法和其他改革领域，民主政府的成绩（尽管必须忍受许多困难）已经很突出了。从政府各部门向议会提交的详细活动报告中可以看出这一点，这些报告在历史上是绝无仅有的。参见 *Nutqha va Maktubat-i Duktur Musaddiq*…, Vol. II, Book 2, Paris: Intisharat-i Musaddiq, 1970。此外，1953年摩萨台颁布了一项法案，迫使伊朗地主将他们得到的农业产量份额的10%返还给农民，并再支付10%作为农业发展的公共基金。1946年艾哈迈德·卡瓦姆（萨尔塔内）政府时期已有先例，当时立法要求从地主的产量份额中拿出15%补贴农民收入。然而，摩萨台的法案实际上被政变后的政权（见下文第十章和第十一章）破坏了。关于国家的经济状况和经济政策，详见本章附录"关于经济形势的说明"。

第九章
政治独裁和经济"自由主义"
（1953—1961）

脆弱的联盟

1953年8月的政变赢得太容易了。在沙阿还逃亡在外，军队松散地分为"亲沙阿"和"亲摩萨台"两派，军队内部有一个组织严密、布局合理的人民党网络，存在几个相对较大的政党，政府全面控制行政机构等前提下，叛乱分子仅仅在一天之内就能获得控制权，令人大吃一惊。更令人觉得奇怪的是，他们在几个月的时间里成功地稳定了自己的地位，并使政治经济正常化，这怎么可能呢？我们可以从两个相互关联的层面回答这个问题，一是团体、组织和个人的作用；二是社会经济状况及其对人民态度的微妙影响，以及他们的各种社会阶层。

团体、组织等

让我们先来研究叛乱分子的手段和目的。他们的手段简单且众所周知，他们的组织技术是 CIA 提供；资金由美国政府通过其驻伊朗大使罗伊·亨德森（Roy Henderson）提供；兵力方面，部分是忠于沙阿的军人和警察，部分是在普通社区中四处游荡的游民（Lumpen）。但必须强调的是，伊朗的游民并不是马克思笔下模糊的、短暂出现的流氓无产者（Lumpen Proletariat），他们一直是伊朗城市大众社区生活中

第九章　政治独裁和经济"自由主义"（1953—1961）

的一个组成部分，并且具有重要的、或好或坏的社会功能。

政变制造者的动机、目的和目标根据他们代表的特定外国或地方势力而有所不同。美国和英国追求的利益是相当明显的；但美国人的态度很可能主要由全球政治因素而非地方经济因素决定，尽管后者必然会给前者施加作用。沙阿和聚集在他身边的强硬的伪民族主义者是传统专制力量的代表，在这时已经极度虚弱，并且在很大程度上依赖于其他外国和伊朗势力，无论是资金还是人力支持。事实上，政变背后最强大的伊朗势力是保守的政治团体和宗教团体，没有他们的积极支持，政变很难成功，而继任政权也不可能在没有重大挑战的情况下轻松建立起自己的力量和权威。这些保守势力主要包括地主、老派政客、乌莱玛中的一个强大派别以及他们的侍从、宗教追随者和个人拥护者，以及大商人群体中的"飞地"，这群人至少有一只脚迈出了传统巴扎，跨入了新兴的现代进出口部门。还有许多个人不属于以上任何一个社会团体，但总的来说正是这种保守派组合为政变提供了积极的支持。

社会经济根基

上一章的最后概述了摩萨台首相任期的后半段国家的总体经济情况，石油开采和提炼的停止直接和间接地导致了公共收入和外汇的急剧下降，从而通过乘数效应使经济的其他部分陷入严重的萧条，同时因为看不到解决的希望，工商业界的经济信心也大大减少。第一个（七年）计划已成一纸空文（下文将详细介绍）。人民越加贫穷，街头乞讨的现象越来越多，辍学生和大学毕业生都找不到工作。同时，国家正因政治热潮而颤抖——从每天的街头示威和暴乱，到政治阴谋和有组织的骚动，这既是经济不稳定和萧条的结果，又反过来加剧经济恶化。这种复杂的社会经济萧条和不确定性迅速说服了保守派力量致力于推翻政府。保守派从未对摩萨台的民主政治方式感到满意，但摩萨台也并没有采取任何重大措施破坏他们的经济利益（如果没有事先解决石油争端，可能会产生反效果）。事实上，在运动的早期，保守派中的激进者是支持摩萨台的，温和的保守派分子则摇摆不定，只有顽固的保守派始终反对他。因此，后来保守派力量进行联合并与专制核心和外国势力结盟，并不是因为摩萨台的强大，而是他的政府越来越衰弱。不论有没有苏联的干涉，保守派都特别害怕人民党会夺取政权。关于这一点有个重要的例子，法尔萨菲（Falsafi），一名有能力且人脉广的宗教教士，在政变前后总是抓住每一个机会，宣称人民党的集会正吸引越来越多的人，比支持摩萨台的人还要多。上述的三个保守派可以简要并象征性地分为三类。反帝国主义激进保守派，以宗教领袖阿亚图拉卡尚尼、政客哈耶里扎德和马基为代表，他们曾有段时间积极支持民主运动，但最后要么默许了政变，要么对政变无动于衷；中立保守派，以在库姆的一些宗教领袖和侯赛因·阿拉为代表，在1951年11月前，他们曾对摩萨台提出批评，但并不积极反对他；专制保守派，以宗教领袖阿亚图拉贝赫巴哈尼和政客贾迈勒·伊玛米（Jamal Imami）为代表，几乎从一开始就用各种手段积极反对摩萨台。后两个派别构成了支持政变和政变建立的政权的主要保守力量。这一保守派组合的任何一个都不可能是帝国主义雇用的代理人，为了帝国主义的利益才干预活动；相反，可能是在冷战的情况下，他们认为没有别的选择，只能依赖东方或者西方，而他们选择后者也就不足为奇了。更主要的是，他们一定是受到了刺激，才下定决心维护他们经济、社会、政治和宗教利益，或许还有他们作为社会和文化实体的存在。

在结束本节前还要做一些说明，仍然有许多激进的宗教领袖、教士和活动家始终全心全意地投身于伊朗民众运动，其中突出的如阿亚图拉赞詹尼和赛义德·马哈茂德（现在是阿亚图拉）·塔利高尼。但可以肯定的是，宗教力量作为一个整体，要么默许了政变，要么直接参与了政变及随后的事件。

失败的直接原因

导致民众运动失败的长期原因已经简要讨论过了。现在应该对叛

第九章　政治独裁和经济"自由主义"（1953—1961）

乱分子迅速取得胜利以及反对派在缓过劲后，并没有大规模发起挑战的直接原因进行补充说明。的确，第二次也是最后一次政变（8月19日政变）打得政府措手不及。事实上在前一天，摩萨台本人要求支持民众运动的党派——第三力量、伊朗民族（泛伊朗主义者分裂出来的派别）和伊朗党——让他们的成员和支持者在8月19日不要上街，因为政府希望让普通民众确信它仍然掌控着局势。因此这些党派的指挥部里基本没有留下几个活动者，而还没等他们组织抵抗前就遭到了攻击并被俘虏了。否则，这些政党，尤其是成员和组织能力最强的第三力量党，本可能发动群众上街，并进行重要的抵抗，就像是在波斯历12月9日（公历2月28日）那天发挥的作用，尽管这次的敌人更加强大，也更有组织。

有人批评摩萨台没有分发武器给公众以对抗叛乱分子，但是只要有点现实主义思考的人就会明白这是根本不现实的，政府的资金已经不允许这么做。如果有值得批评的地方，那就是在12月9日阴谋事件后，哈利勒·马利基和第三力量党提议帮助他建立一个民兵组织，但被摩萨台拒绝了。尽管当时有很多人反对他，但他的拒绝理由可能很明确。

另一个问题是，在政变后为什么没有爆发类似一年前波斯历4月30日（公历6月21日）的自发起义。这背后有很多原因，以下是其中最重要的：4月30日起义时，政治经济状况比现在更好，还有很大的希望成功解决石油争端；议会正在运行，支持民众运动的议员们在议会内静坐示威，反对卡瓦姆被任命为首相，他们给示威者提供了极大的号召力；支持民众运动的政党团体有时间组织并领导示威活动；保守反对派，无论宗教的还是"世俗的"，都站在摩萨台和民众运动一边；最后，不像5月28日政变（公历8月19日），在当时外来势力并没有直接和积极地干预。

还有一个谜题没有解决，人民党在当时有庞大且纪律严明的民间组织，甚至还有强大和广泛的秘密军事网络，包含600名能力最出众、最聪明的（初级和高级）军官，但为什么始终按兵不动？尽管在

12月9日事件后，人民党一直喊"狼来了"，称政变迫在眉睫，真正政变的时候却在打盹。人民党称在那个决定命运的下午，他们曾致电摩萨台告诉他，他的房子已经被包围了，他们将自由地做出自己的决定。[1] 人民党的领导人们那天可能已经决定坐视不管，在仔细地从党自身利益的角度研究了新出现的情况后，采取了明确的立场，而他们的利益与民众运动的利益并不完全吻合。毕竟这种情况已经不是第一次了，在4月30日起义中他们已经做过类似的决定。然而令人惊讶的是，在之后的很长一段时间里，他们依旧毫无作为，允许（当时被称为）沙阿—扎黑迪政权巩固地位，甚至放任新政权积极摧毁人民党在伊朗的整个机构，先是民间组织，随后是军事组织，它们曾经完好无损地正常运行，现在遭到残暴野蛮的镇压并被拆成碎片。而人民党的领导人什么都没做，甚至进一步打击成员们的士气，他们整天讨论着要爆发"起义"，甚至给出了日期，但又在最后一刻取消了。[2]

对这些怪异行为的全面解释肯定不像党内领导人和党内外的批评家们说得那样简单。但答案肯定是综合的，人民党领导层习惯对保守派轻易妥协，对民主势力则全然不同；苏联的态度，尤其是在沙阿—扎黑迪政权建立后，以及控制人民党的人物的个人性格。不论怎样，人民党的领导人都不是革命者。

沙阿—扎黑迪政权，1953—1955

政权性质

普通人有时会有识别真相的准确直觉。政变后上台的政权是从一个广泛联盟中产生的，因此使用"沙阿—扎黑迪政权"这一称呼。这一点可以从支持政变的人员中看出，也可以从政变后的内阁、第十八届议会的组成，以及扎黑迪政府的总体态度和政策中观察到。

扎黑迪本人领导内阁，他是一个有才干的军官，一个保守派政客，总的来说，他可以成为一个好的盟友但不能成为一个好的仆人。他在礼萨汗登基前就已经是一名杰出的军官，早在1926年以前，他

第九章 政治独裁和经济"自由主义"(1953—1961)

在逮捕谢赫哈扎尔和击败库尔德叛军首领伊斯玛仪·阿伽·斯米特古(Isma'il Aqa Simitqu)过程中发挥了领导作用；1941年，作为伊斯法罕的军事总督，他因与德国间谍秘密沟通而被英国占领军逮捕，并被流放到巴勒斯坦。他甚至曾经担任摩萨台第一届内阁的内政大臣，尽管并没有任职很久。扎黑迪内阁的财政大臣是阿里·阿米尼博士，他是恺加国王的孙子，也是恺加王朝的首相；他是一个大地主，一位有能力且一直坚定的政客，曾任职于摩萨台内阁。除此之外，扎黑迪内阁的其他人都是老派政客或重要的军官。

当然第十八届议会的选举并不是自由的，不可能允许任何摩萨台的支持者，更不用说人民党人被选入议会。像穆扎法尔·巴高伊这样特立独行的政客也不能迈进议会的大门，当然即便他当选了，也要先控诉国家操控选举才能满意。然而，像哈耶尔扎德和穆罕默德·德拉赫舍什(Muhammad Derakhshish, 反人民党的独立政客, 教师联盟的领导人)是可以进入议会的。

因此，1953年政变并没有推行一个专制制度，而是建立了一个保守主义—集权主义政权。事实上，我们在前面的内容已经看到，伊朗专制主义不能容许任何形式的分权，在最差的情况下，连任何法律、传统审查或者平衡也不允许。值得注意的一点是，在悔过书中，人民党成员，甚至包括总书记，不仅被迫宣称忠于沙阿，更强调忠于伊斯兰信仰。另外重要的一点是，法尔萨菲，这位能干的教士在国家广播电台有一档每周节目，这么多年来他不仅在广播上进行布道，提供建议，还与"唯物主义者"、摩萨台和民主运动展开尖锐的论战。[3]直到1955年年初扎黑迪被解职后，权力才逐渐集中在沙阿手中，直到1960—1963年，这个链条被经济和政治危机打破。

在1953—1960年，统治伊朗的政权从保守财阀向更加个人化的独裁政权发展，但这并不是伊朗传统意义上的专制。

政治迫害

政变之后是大规模的逮捕。摩萨台、他的内阁成员和曾效忠于他的有影响力的前议会议员都被逮捕并入狱。支持民众运动的政党领袖，如哈利勒·马利基和大流士·福鲁哈尔也被投入监狱。在军事法庭审判政治犯这一违宪行为（在1964—1978年臭名昭著）就是从这一时期开始的。摩萨台在军事法庭上公开受审，他在庭上展现了极大的勇气和尊严，以及超凡的政治技巧。这位伟大的议会反对派领导人，在整个议会的历史上除赛义德·哈桑·穆达里斯外，无人能与他比肩，现在他有了施展自己最大能力的舞台，他奉上了一场精彩的表演。他称自己还是宪法上的首相；他出示了证据，证明新政权自己都称8月19日的暴动是一场政变，而非"民族起义"；并且他公开抨击英国和美国帝国主义干预伊朗人民的命运。他落泪过，大笑过，叫喊过，还绝食抗议，乃至一两次晕倒。而英国和美国大众媒体从这位72岁老人英雄般的、娴熟巧妙的表现中看到的，是一个崩溃的老傻瓜的滑稽行为。然而伊朗人民看到的却是完全不同的景象。由于我们已经广泛讨论过的原因，摩萨台在政变前失去了一些民众支持。但是对他不公正的、非法的审判，尤其是他在审判过程中和向法庭上诉时的表现让他赢得了从未有过的支持和敬佩。摩萨台被判处三年单人监禁，上诉军事法庭维持原判。但是——这再一次证明了政权的性质——审理此案的最高法院法官们屈服于国家的压力，同意定罪，而没有通过法律论证支持他们的决定。他们告诉世人他们的决定是"出于特殊原因"做出的，把这场戏演砸了，之后不久他们就丢了工作。

摩萨台政府的外交大臣侯赛因·法特米博士，躲藏了几个月后被发现，他遭到了攻击并受重伤，最后被逮捕，并被军管部门的几个军官押送到了监狱。这期公开藐视法律的事件是官方策划的，准确地说，几乎全部出自沙阿本人的命令，由臭名昭著的笨蛋沙邦实施。法特米在镜头前受审，被处以死刑，最后被行刑队处决。可以肯定的是，恶毒的沙阿一手促成了他最终的命运，沙阿始终对法特米在自己逃亡国外时发表的言辞激烈的演讲和文章怀恨在心。

其他人，如沙伊冈博士、萨迪基博士、卡兹姆·哈斯比和桑贾比。都被处以数月到十年（尽管在服刑三年后被减刑）不等的监禁。

第九章 政治独裁和经济"自由主义"（1953—1961）

许多低级别的游击队员和活动家也被关进了监狱，尽管他们通常不会被关很久。

同时，在1953年12月7日，数百名德黑兰大学的示威者遭到了疯狂的枪击，三名学生被杀害。德黑兰主要的和平抗议中心是巴扎和大学。巴扎社区被系统地处置，个体商人被威胁和逮捕，大多数商人被无差别地制裁。大学校园被军队占领，但是学生们仍然时常进行和平抗议，并在被捕前迅速逃跑。对那三名学生的恶意射杀肯定是事先预谋的，目的就是阻止其他人进一步行动。从那时起，12月7日就被非正式地定为大学日。

对人民党干部和成员的攻击是野蛮的，肆无忌惮的。人民党高层并没有展现出英雄主义，尤其是总书记巴拉尼博士，在被捕后不久就投降并被释放。亚兹迪博士，人民党内掌权的、见利忘义的领导人，后来很快就成了沙阿的支持者，尽管他在狱中度过了近十年（沙阿同意饶过他一命很大程度上要归功于赛义德·齐亚·塔巴塔巴伊的干预）。许多党内的第一级和第二级领导人已经逃到了东欧，留下的少数人也设法偷渡出境。对人民党干部和成员的攻击导致了不同的反应，一些人民党干部迅速转变立场，加入当权，并参与追捕他们曾经的战友；其他人拒绝同流合污，受尽了折磨，最终被害（无论是否符合官方的流程），或者被长期监禁。大多数的普通党员会写下悔过书，并根据他们此前在党内的职务和活动，或早或晚地被释放。其间，人民党内部的秘密军火库、媒体等，一个个都被揭露并销毁。对人民党最大的打击是党的强大军事网络被意外发现，并遭到摧毁。人民党文职领导人迅速换上了冷酷无情的面孔，尤其是贾达特博士（Dr Jawdat），1954年8月新政权意外逮捕了军官阿巴斯，贾达特给当权提供了充足的机会，利用这个军官将当时运行良好的军事网络一举揭开。[4] 只有霍斯鲁·鲁兹贝上校（Colonel Khusru Ruzbeh），这个能力出众、果断干练的组织者和军队网络负责人，与文职领导一直不睦，在政变之后更是彻底分道扬镳，他趁他们不注意逃跑了。1959年他被抓捕并被处决，作为对他背叛的惩罚。600名军官被抓捕并接受审判。他们中有 27 人，包括穆巴什希里上校（Colonel Mubashshiri）、斯亚马克上校（Colonel Siyamak）和阿塔鲁德少校（Major Atarud）被行刑队处决，其他人被判处长期监禁；他们中有一些人叛投新政权，随即立刻（或一段时间后）成为萨瓦克的成员（臭名昭著的秘密警察机关，1955 年正式成立）。

在这一时期，实行迫害和追捕的主要是由铁木尔·巴赫提亚尔准将（Brigadier Taimur Bakhtiyar）领导的军管部门，军队情报部门在一定程度上也有所参与。当萨瓦克成立后，巴赫提亚尔（当时已经升级为将军）成为其首席长官，也成为这个国家里最强大、最残暴无情，也是最令人憎恨的人。

权力的逐渐集中

扎黑迪的倒台

1955 年，沙阿礼貌但坚决地解雇了扎黑迪，并送他去瑞士治疗不存在的病。20 世纪 60 年代初，扎黑迪在那里去世，再也没有回到伊朗。扎黑迪曾经忠诚地侍奉沙阿和美国人，他的儿子阿尔达希拉德最近还娶了沙阿的女儿沙赫纳兹公主为第一任妻子。沙阿之所以迫使他下台，是为了强化自己对国家事务的控制。当扎赫德将他即将辞职的消息告知内阁时，他强调称这是由于国王陛下对他身体状况的无端担忧。而当他站在前往瑞士的飞机的台阶上时，他向他的一众密友道别，他的最后一句话是，"可怜的摩萨台博士终究还是正确的"。

在扎黑迪卸任后，年老的保守派政治家和宫廷大臣侯赛因·阿拉接任一段时间，这主要是为任命一个更长久、更温驯的政府铺平道路。新政府由马努切赫尔·伊格巴勒博士（Dr Manuchehr Iqbal）带领，他是 1941 年来第一位公开宣称自己不过是"国王陛下的家养奴才"的伊朗首相。扎黑迪之前的"任务"是稳固新政权的权力、破坏民众运动、摧毁人民党、达成新的石油协议，以及使政治经济正常化。他在美国人的财政和军事支持下相对顺利地完成了这些任务。

第九章　政治独裁和经济"自由主义"（1953—1961）

在石油流出收入流入的循环开启前，美国人的资金注入既增加了国家的购买力，也增加了收入和需求，对安抚民众起到了关键作用。这些资金直接使军官、官僚和专业人士受益，也间接帮助了地主、商人和工匠。它不足以让大多数人致富，但足以（尽管是不均衡地）恢复更多城市居民的生活水平，至少恢复到1952年以前的水平。此外，它还增加了商业信心，激发了社会期望和愿景，在两年内，曾经长期部分闲置的德黑兰大学与一些较小的大学及进修学院已经满员，以至不得不提高入学门槛。

总而言之，对国王陛下而言，曾经的首相越来越不顺眼，他不仅有强大的支持，他的地位也并不完全依赖于沙阿，是时候换一个"家养奴才"取代他的位置了。

伊格巴勒的任期：1956—1960

马努切赫尔·伊格巴勒博士是一名医生，出生在马什哈德的一个"中产家庭"。他依靠国家奖学金在法国进修医学，他的名气和财富主要源于他的创业能力。在他年轻时，曾凭借自己的魅力与阿什拉芙公主建立了亲密的友谊，他的顺从和忠诚让他成为沙阿的自己人。20世纪40年代，他曾在几个内阁中担任大臣，同时还身兼多个重要职位，包括德黑兰大学校长和伊朗参议院议员。在他49岁这个相对年轻的年纪，他就利用学术头衔与国内外各种人士广泛沟通交往，凭借此，以及他对下级的傲慢和对沙阿的顺从，让他成为国王陛下计划的完美人选。可以肯定的是沙阿对那些帮助他回到王位的国内盟友并不完全满意，他厌恶分权，哪怕是与地主、宗教领袖和老派政客们分权；他从小被他的父亲培养成一个伪现代主义和伪民族主义者，与伊朗文化产生隔阂，为其"落后"感到尴尬，并且迫不及待地用肤浅的现代主义进行自我美化。他表明自己不是一个"传统的统治者"，而是一个"进步的君主"，希望他的美国朋友和赞助者能对此感到满意，因为特别是在20世纪五六十年代，西方（特别是美国）现代主义者们对不发达国家的主导思想就是"土地改革""议会制"政府、"自由主义"

经济政策等。这些沙阿都做到了，除了土地改革，我们将在后面章节部分更全面地分析其原因。

伊朗政府已经是"议会制"了，包括一个下院和一个上院。我们知道，选举并不自由；但我们也知道第十八届和十九届议会的议员们不全是由沙阿任命的，因此他们享有一些真正的权力和影响力。议会每届的任期从两年增加到了四年，主要是为了减少选举的频率，也是为了避免选举所涉及的潜在麻烦。因此，第十九届议会应从1956年任职到1960年，但为了进行第二十届议会选举解散了。与此同时，沙阿希望在现有的宪法框架内建立一个"两党"的政治制度，来获得一些加分：向他的美国赞助者表明他支持"自由民主"；彻底堵上通过政治团体或作为独立候选人进入国民议会的通道；让自己的心腹和亲信扮演选择 A 和选择 B 的角色。所谓两个"政党"：Melliyun（意在指民族主义者）和 Mardum（即人民），都是凭空捏造出来的。一个政党由首相伊格巴勒博士领导，另一个由内政大臣阿萨杜拉·阿拉姆（Asadullah'Alam），沙阿的童年伙伴和忠实的仆人带领。人民无视这两个"政党"，只吸引了一小撮阿谀奉承者、追名逐利者和地痞流氓加入。事实上，他们也没有影响到议会的议员们，议员们仍然按照传统路线工作。

这就是沙阿的积极民族主义时期。尽管没有明确说出来，但是这一新的王室"意识形态"指的是，摩萨台的"民族主义"是消极的，而国王陛下的则是积极的。抛开这场蛊惑人心的表演不谈（这场表演没有骗到任何人，只有沙阿自己信了），这个口号在一定程度上反映了摩萨台和民众运动的影子。它是为了证明沙阿也是这场运动的精神的一部分，而根据沙阿的说法，是因为摩萨台的"消极否定"（Manfi-Bafi）以及他"身边人"的背叛使这场运动误入歧途。

伊格巴勒的政府存活了4年，直到1960年，沙阿不得不牺牲掉它以应对危机。

第九章　政治独裁和经济"自由主义"（1953—1961）

对外关系

难怪西方国家，尤其是美国和英国政府，普遍地欢迎并帮助建立新政权：毕竟这个新政权有一部分是他们自己打造的。两国政府都渴望石油争端能以对自己有利的方式解决，英国人更多的是为了经济利益，而美国人更多出于政治考虑。美国人不仅想"为了自由世界拯救波斯"，还想利用它作为冷战时期包围苏联的战略工具。这就是为什么他们没有简单停留在配备和训练伊朗军队上，而是紧锣密鼓地建立了一个地区军事条约，并缔结"双边的"伊—美防务条约，允许美国人在伊朗建立空军基地。

1955年，伊朗、英国和美国与土耳其的巴亚尔和曼德列斯、伊拉克的努里·赛义德和阿卜杜勒·伊拉、巴基斯坦的伊斯坎达尔·米尔扎签署了巴格达条约（Baghdad Pact），签署的过程很顺利。与北约不同的是，这个条约的真正目的并不是保护成员国免遭（不太可能发生的）苏联入侵，而是阻止成员国内部出现"共产主义颠覆"，即任何西方不能接受的力量崛起。然而，1958年7月阿卜杜勒·卡里姆·卡西姆（'Abdulkarim Qasim）在伊拉克发起的政变并没有让英国和美国接受教训，而沙阿却认真对待了此事，因为6个月前，伊朗陆军情报局局长瓦鲁拉·卡西姆（Vallullah Qasim）将军被逮捕，并且私下里被指控预谋推翻政权。因此，沙阿决定强化他的国内地位，这要求他要么从苏联获得更直接的保证，要么获得来自美国人的更多军事和财政支持。与此同时，随着伊拉克退出了巴格达条约，条约不得不重新命名，中央条约组织（CENTO）就这样诞生了。

苏联对1953年政变的反应，可能直到现在，依然让许多浪漫主义者和教条主义者困惑不已，但是现实主义者则毫不奇怪。俄国从未向伊朗民众运动提供任何实际支持，而它忠诚的兄弟人民党则一直攻击并阻碍民众运动，默许了政变，还与沙阿—扎黑迪政权建立了友好关系。除此之外（包括人民党领导人的不作为，这肯定与苏联的态度有关），苏联这时还清了欠伊朗的战时债务，而在摩萨台政府时期经济极度困窘，迫切需要这笔钱时，苏联却拒不支付。沙阿本人在前往苏联的国事访问中受到了热情的接待，而苏联大众媒体，特别是莫斯科广播电台的波斯语部，对国王陛下和他的政府的赞扬也越来越多。实际上，复杂的"意识形态"分析往往会误导我们，这种态度的真实原因实际简单得多。俄国人认为，新的政权不像摩萨台的那样，是会存留下来的；他们眼中的沙阿不仅是美国人的走狗和傀儡，而且是一个追求私利的政治动物；他们认为，通过向国王陛下保证俄国不会反对他，他们就能在现有的情况下得到最好的条件。

这种亲切的关系后来发展成为友谊，但在1959年急转直下，变成了敌意和对抗。原因是沙阿背叛了俄国，在苏伊互不侵犯条约几乎达成的时候，突然又与美国签署了"相互"防卫条约。在理解这些政治伎俩之前，我们应当先回顾下一个奇怪的案例，即1957年年末卡拉尼将军（General Qarani）政变未遂事件。

卡拉尼于1958年1月因不知名的指控被捕。可以确定的是，尽管从未公开宣布，但对他真正的指控一定是他参与了一场有计划的政变。在军事法庭上，他在镜头前受审，并被判处三年监禁，这是伊朗公民"试图推翻君主立宪"罪的最低判刑，无论是在此事之前还是之后，仅仅参与系统性政治活动的反对派领导人或活动家都会被判此刑。卡拉尼被指控和受审一事都是保密的，他并未受军法审判，也未被处决，仅仅只是获得了如此轻的刑罚，使人确信他与外国势力勾结，而这个外国势力只可能是美国。此前在伊朗邻国巴基斯坦也有一个西方支持的"白色政变"的先例，伊斯坎达尔·米尔扎被赶下台，取而代之的是阿尤布·汗（Ayyub Khan），他上台后推行他的"土地改革计划"和"基本民主"政策。由此可见，以卡拉尼为代表的一众伊朗政客一定是被美国人说动了。[5]

在这一点上我们必须依赖在政治精英中流传甚广的言论（但是我相信大部分是可信的），这些传言称阿里·阿米尼博士很可能参与了这场阴谋。根据政治意识看，阿米尼属于激进保守派，或者（可能并

第九章 政治独裁和经济"自由主义"(1953—1961)

不完全准确)西方术语中的右翼自由派;他相信美国的财政支持和战略保证对于伊朗的温和改革派政权是必不可少的,从这个意义上看他是亲西方的,尽管我并不像其他人想的那样,认为他是一个"受雇用的美国帝国主义代理人";他本质上是一个有才能有野心而又自重的政治家,他不会当国王陛下的"家养奴才";他并不是一个自由主义者,但他反对独裁和腐败;他曾在摩萨台的一届内阁中担任经济事务大臣,也在扎黑迪的内阁当过财政大臣。显然,这种个人特质和政治倾向的结合让沙阿相当不爽,这也是为什么他将阿米尼送去美国担任伊朗驻华盛顿大使,从而体面地解除了他的职务。然而这正中阿米尼下怀,他利用他的人格魅力和亲美的信誉,成功说服美国人放弃沙阿,把他们的长期利益压在自己身上。显然,如果没有伊朗其他有影响力的政治家为他铺路,阿米尼不可能走到这一步。例如,有人进一步传言,伊朗的元老政治家赛义德·哈桑·塔基-扎德曾在德黑兰担任阿米尼的联络人,尽管这段故事听起来没有那么可靠。在卡拉尼被捕后,阿米尼几乎立刻被撤职,并被召回德黑兰;这次在机场,他没有遇到第一次他去华盛顿时为他送行的一群祝福者。

既然陆军情报局局长被指派策划政变,那么另一个神秘之处就在于这场政变是如何被揭露的。毫无疑问萨瓦克在某些阶段参与进来,但是,根据或真或假的传言,是俄国的情报部门发现了不对劲然后将情报泄露给萨瓦克的。事情可能是这样,如果这是真的,在政治上也很合理。俄国人肯定更喜欢沙阿,而不是一个由强大的政治人物领导的,被美国直接扶持上台的温和改革派政权。除此之外,苏联与沙阿的友谊关系也如日中天。

六个月后,伊拉克的卡西姆政变(没有外国势力参与)推翻原来腐败的亲西方政权,而新政权变得越来越亲苏。难怪伊朗国王试图利用一个超级大国来对付另一个超级大国,以便为他自己的政治生存获得更坚实的保障。俄国人显然更加急于求成,1959年年初,俄国派一个高级代表团前往德黑兰,准备与伊朗签署互不侵犯条约,他们甚至准备撤销1921年伊朗—苏联条约第6条,根据这条规定,当苏联的安全受到在伊朗活动的外国势力的威胁，苏联可以派兵进入伊朗。然而，在最后一刻，伊朗人退缩了，转而与美国签署了"相互"防卫条约，以换取更多的军事和财政援助。苏联被激怒了（而这让人民党的领导层欢呼雀跃，他们还在等待自己政治生涯被彻底埋葬），作为报复，他们掀起大规模的反沙阿宣传，直到1963年两国和解。[6]

最后说一下与现在流行趋势相反的猜想。如果没有来自保守派政治力量和宗教力量的压力，沙阿有可能决定赌到底，与苏联签署互不侵犯条约。但是也许未来会揭开有关于此的一切事实和假想，以及伊朗现代史的许多其他插曲。

经济政策和政治经济

概述

经济政策和经济活动，尤其是在政变后前几年，仅仅只是退位后时代的正常化。礼萨沙离开后，甚至早在从德国进口的钢铁厂部件腐烂之前，伪现代主义的经济战略就已经消失了。在战争期间，伊朗经济受盟国需要和要求的影响出现混乱。在战争后，爆发了持续一年的阿塞拜疆事件，随后是石油工人起义，以及反对加斯—古勒沙扬石油协议的政治斗争。这是伊朗石油国有化和伊朗民众运动的开始。虽然如此，作为一个现代主义者，拉兹马拉打算通过广泛的公共投资来刺激和扩大经济，还专设了一个国家投资"机构"以实施为期七年的公共支出计划，委婉地称为"七年计划"。但是，在进行任何实际行动前，石油争端、英国的封锁以及石油收入的缺失等，使公共投资和经济正常化都毫无机会。因此，自1941年以来，政变后的经济首次开始沿着相当传统的、没有野心的保守路线正常化。在扎黑迪的领导下，1954—1955年美国的援助和石油收入普遍被用于消费，将经济从大萧条中拯救了出来。但后来，石油收入和美国的援助迅速地增长到前所未有的水平。1955年，伊朗建立了计划组织（the Plan Organisation），作为一个常设机构，拥有广泛的支出权，下文将详细介绍。

第九章 政治独裁和经济"自由主义"(1953—1961)

土地占有和租佃制度被保留下来,这很好地证明了扶持沙阿—扎黑迪政权上台的联盟实际一片松散。在短时期内,土地资产达到了自1921年来前所未有的强大水平,而与土地资产相关的新法令则是倒退的。1953年,摩萨台通过了法案,要求地主从自己那部分产出份额中分出20%补贴农民的收入,还要拿出一部分支付给农村发展基金。1955年,新议会将这一比例降低,在某些情况下只需支付7.5%。[7]然而在实际中,如果地主能给任何人支付任何费用,这一定是出于他善心大发。另外,沙阿本人在政变后重新控制了所谓的王室土地,通过"重新分配"这些土地实现一举多得。他并没有不合法地额外占有那些不属于他的不动产,而是通过公共财物支出来实现其全部价值。他还派国内和国外的使节到处宣扬国王陛下"在农民中分配了他自己的土地"。

1955—1956年,这种对本土经济部门的传统主义态度与相对现代主义的国家投资"战略"结合,同时国家获得了越来越多的石油收入和外国援助。伊朗遵循了美国的全球政治经济方案,实行高私人消费支出和低关税(因此,带来高进口)相结合的政策,即伊格巴勒所说的"门户开放政策"。抛开腐败、贪污和无能不谈,正是这一政策使伊朗大肆挥霍石油收入和美国援助,直到1960年自食其果。

石油、外国援助和经济

1954年的石油财团协议严重破坏了国有化的精神,尽管保留了国有化的外表。一个由数家英国公司(占40%的股份)、美国公司(也占40%的股份)以及法国和荷兰的公司(共占20%股份)组成的财团负责生产和销售伊朗石油,为期25年,并将净收益的50%支付给伊朗政府。这显然比摩萨台各方面的要求更低,为此哈利勒·马利基在卡兹姆·哈斯比的技术帮助下写了一篇全面的长长的批评文章,并说服穆罕默德·德拉赫舍什提交给议会。[8]伊朗的当事谈判代表阿里·阿米尼在一次回答中泄露了内幕,他表示该协议远非理想,但在国家的特殊状况下他们不得不同意该协议。如果没有摩萨台和民众运动的努力，达成这样的协议是不可能的。回顾一下 AIOC 在国有化运动之前的态度就会意识到，它能同意将 1933 年协议的特许权期缩短这么多年，并将伊朗的份额提高到 50%，实在是令人难以置信。此外，它还为其傲慢的愚蠢行为付出了代价，将 60% 的伊朗石油输给了别人，但他们并没有接受这个教训，否则就会避免 1956 年的苏伊士灾难了。

如前所述，1949 年伊朗特别设置了一个规划机构，该机构起草了一份名为"七年计划"（1949—1956）的国家投资项目说明。该计划将其拟支出的 1/4 用于农业，32% 用于社会福利、邮政和电信计划，24% 用于工业和采矿项目，包括在 AIOC 领域之外的石油勘探。然而由于这项项目所需资金的 69% 来自石油收入和世界银行贷款，另外 21% 来自国内信贷，英伊石油争端使第一个发展计划实际上成了一纸空文。[9]

1955 年，计划组织成为永久机构，其职能覆盖广泛，负责第二个发展计划（1955—1962）的规划和执行。第二个发展计划也只是关于拟议的国家投资项目的声明（尽管更加精确），而非一份详细的经济发展蓝图，但预计的总支出是第一个计划的三倍半。表 9-1 总结了该计划的预计和实际支出，可以看出实际支出（872 亿里亚尔）超过了预计支出（702 亿里亚尔）。然而这个数据是值得怀疑的，如果官方提供的最后三年的"实际"支出数据是他们自己的（相当乐观的）估计。总的来说，第二个计划的实际支出可能没有超过预计的 700 亿里亚尔。从第二个计划的部门拨款中可以让人感受到这一时期伊朗西方式的经济发展方式，发展"基础设施"被放在首位，"农业"次之，工业则排在最后。这与后来在 W. W. 罗斯托（W. W. Rostow）的《经济成长的阶段》(*Stages of Economic Growth*) 中规划的蓝图是一致的，尽管当这本书问世时，美国的伊朗客户已经对"这个模式"感到失望，并准备进入钢铁领域，实行进口替代和全面规划（仅仅只是纸上谈兵）。

第九章 政治独裁和经济"自由主义"(1953—1961)

表 9-1　　第二个发展计划(1955—1962):预计和实际支出

	预计支出		实际支出	
	十亿里亚尔	占总额比值	十亿里亚尔	占总额比值
基础设施	41.3	59.0	42.1	48.0
(交通和通信)	(22.9)	(33.0)	(30.4)	(35.0)
(公用事业和其他服务)	(18.4)	(26.0)	(11.7)	(13.0)
农业(包括水坝建设)	18.3	26.0	18.9	22.0
工业和矿产	10.6	15.0	6.7	8.0
地区项目	—	—	12.2	14.0
意外支出	—	—	7.1	8.0
总计	70.2	100.0	87.2	100.0

资料来源:基于 *Second Seven Year Development Plan of Iran and Review of the Second Seven Year Plan Programme of Iran*, Teheran: Plan Organisation, 1956 and 1960。另见 P. B. Olsen and P. N. Rasmussen, *economic consultants to the Plan Organisation*, "An Attempt at Planning in a Traditional State: Iran", in E. E. Hagen (ed.), *Planning Economic Development*, Homewood, Ill.: Irwin, 1963; G. Baldwin, *Planning and Development in Iran*, Baltimore: Johns Hopkins, 1967。

然而这种经济发展的标准配方更多地反映在计划拨款,而不是"实际"的支出中。特别是,对公共设施、社会服务以及工业和采矿业的实际投入远比计划支出少得多,尽管一直宣称实际总支出要比计划支出多。假设对实际支出的估计是正确的,在表 9-1 中我们看到,农业支出在总额中的比例是下降的,而且对"农业"方面的投资大部分都浪费在水电大坝的建设上,这些大坝在计划期间没有完工,完工后也没有给农业带来任何好处。在交通和通信方面的支出,除实际用于军事后勤的支出外,还包括铁路建设项目,如将德黑兰—米亚内段的铁路延伸到大不里士;修建德黑兰—马什哈德铁路段,这个项目主要为了提供旅游服务,实际上是在浪费钱。翻修现有的公路便宜得多,对沿途六百多千米上的各个城镇和村庄也更有利。私营现代制造业的发展主要集中在已有领域,如纺织品、食用油、玻璃、木工和橱柜制造等,还有一些新的投资项目,如机造的地毯和鞋子。在现代制

217

造业的公共投资是有限的，而且一般都是毫无意义的项目，比如设拉子的化肥厂，1972年该厂因为没有顾客下订单停业6个月之久，无人问津的主要原因出在工厂选址上，沙阿本人出于某种晦涩的原因坚持选择设拉子。对于阿布勒哈桑·伊布提哈支（Abulhasan Ibtihaj）来说，这是最后一根稻草，这位有才能、有自我意识的计划组织负责人，为了抗议沙阿的破坏性干预，辞去了职位。

为了给计划里的项目提供资金，伊朗决定将这一时期平均75%的石油收入用于计划组织的各种活动。然而支出的石油收入，实际上比预期的要多得多，此外，伊朗还收到了外国的大量捐赠、贷款和投资。表9-2显示，在1955—1962年，石油收入达到21.29亿美元，加上12.78亿美元的外国援助和投资的额外外汇，达到了34.07亿美元的巨大数额。关于这笔钱的潜力，读者只要知道它相当于伊朗过去二十年外汇收入总额（将石油和外国贷款加在一起）的五倍以上就可以了。即使我们刨去价值4.69亿美元的免费军事援助（尽管并不完全合法，至少有一部分的开销来自其他来源），我们仍然剩余29.38亿美元供国王陛下实现这几年的"成就"。

表9-2　　　　　　　可用外汇金融资本（1955—1962）

	百万美元	占总额比值
石油收入	2129	62.5
外国援助和投资	1278	37.5
美国非军事赠款和贷款	(681)	(20.0)
美国军事赠款（无偿）	(469)	(13.8)
英国援助	(28)	(0.8)
外国投资（截至1961年）	(100)	(2.9)
除军事赠款外的总额	2938	86.2
总计	3407	100.0

资料来源：基于 Bank Markazi Iran, *National Income of Iran*, 1959 – 1972, Teheran, 1974；USAID Mission to Iran, *Summary Highlights of A. I. D...in Iran*, 1950 – 1965, Teheran, 1966 和拉赫马图拉·穆贾达姆·马拉盖伊在第20届议会上发表的讲话，23 April 1961, repr. from the official Majlis minutes, *Teheran*, n. d., in Persian。

第九章 政治独裁和经济"自由主义"（1953—1961）

从官方提供的数据看，第二个发展计划的实际支出为 872 亿里亚尔（11.47 亿美元），假设这个数据是正确的，在表 9 - 3 中，我们将这个数字与这个时期财政资本数额（以外汇计）进行了比较。因此，根据当局的说法，实际支出只占石油收入的 54%，军事拨款外的可用资金总额的 39%，以及外汇总收入的 34%。事实上，实际的支出总额低于外国援助的金额，就好像根本没有石油收入一样。

表 9 - 3　　　1955—1962 年国家的资本收入和"发展"

支出[a]：资产负债表摘要

	收入（百万美元）	支出 百万美元	支出 占收入比值	超过支出的收入 百万美元	超过支出的收入 占收入比值
总收入	3407	1147	34.0	2260	66.0
除军事赠款外的总收款	2938	1147	39.0	1982	61.0
石油收入	2129	1147	54.0	982	46.0
外国援助和投资	1278	1147	90.0	131	10.0

注：a、"收入"（Receipts）是指直接支付给国家（外汇）的资本金。它们不包括整个国家的税收、关税和其他收入，也不包括伊朗非石油产品出口可获得的外汇额。

资料来源：表 9 - 1 和 9 - 2。

1955—1962 年，伊朗从石油和外国援助中获得的外汇收入，平均每年占国民收入的 17%。对于发展经济学家来说，通往天堂的道路一定已经铺好了。他们告诉我们，阻碍经济快速发展的主要原因是缺乏国内资金和外汇；他们认为当储蓄和出口收入占国民收入的 12% 时，就足以满足稳健的经济增长和发展；他们教导（和宣扬）说，问题在于不发达国家太穷了，以至无法在国内积累并向国外出售其国民产出的合理份额，这就阻碍了持续的增长和进步；基于这些观点，他们为外国援助和投资辩护。在伊朗，如果私营部门不储蓄任何从自己的生产性努力获得的收益，国家最多可以积累国民收入的 17%，这些就是从天堂撒下的甘霖。但是到了 1960 年，几乎没有实现任何永久的和有益的成就，国家已经破产了。我们在本研究的下一部分可以看到，这仅仅是一个开始。

现在我们对伊朗在这一时期的贸易收支与国际收支情况进行简要回顾。从表9-4中可以看出，一是货物进口增长迅速（到1959年，进口额是1954年的六倍以上）；二是非石油产品的出口下降了，而且再也没恢复到1954年的水平；三是在1954年和1955年，非石油和包括石油的贸易差额都是顺差，但是贸易赤字却迅速增加，尽管石油收入持续增长。事实上，这些数字生动地展现出伊朗传统（非石油）出口的下降，外国商品对伊朗市场的入侵，对石油收入的挥霍，国家和官员的腐败，以及通过石油收入和外国援助使伊朗一小撮人得以发家致富。显然表9-4中并没有外国援助的数据，因为这些通常会记录在国际收支的资本账户中。但很明显，如果没有12.78亿美元的援助收入，货物进口量不可能达到表中这么高。然而，即便是这样大额的收入也不能挽救"门户开放政策"的命运，长期的国际收支赤字（区别于贸易赤字）从这一时期开始发展，是政权破产的确凿证据。

表9-4　　　　　　　　　　1954—1962年贸易差额　　　　　　　　单位：百万美元

年份	石油收入[a]	非石油出口	货物进口	除石油收入外的差额	含石油收入的差额
1954	10	135	106	25	35
1955	88	106	143	-37	11
1956	146	104	345	-241	-95
1957	167	109	429	-320	-153
1958	291	104	610	-506	-215
1959	323	101	656	-555	-232
1960	364	110	693	-583	-219
1961	395	126	620	-494	-99
1962	443	113	551	-438	-5

注：a 在伊朗官方出版物中，此栏中的条目展示的是伊朗石油出口的价值，仿佛国家收到了其石油出口的全部价值。研究伊朗经济专业的一些学生不加批判地采用了该研究方法（例如，J. Bharier，在他的 *Economic Development in Iran* 1900-1967），就好像这是伊朗的原始资料一样，他们最终得到的伊朗贸易差额的全貌是完全错误的。

资料来源：基于1966年的 Vizarat-i Iqtisad，*Amar-i Bazargani-yi Khariji-yi Iran*（经济部的官方贸易统计）；Bank Markazi Iran，*National Income of Iran*，1959-1972，and *National Income of Iran* 1962-1967，Teheran，1969；和国际货币基金组织各时期的国际金融统计。引用的里亚尔数据已按 $1=76 rials 的比例换算。

第九章　政治独裁和经济"自由主义"（1953—1961）

社会和经济变化

国家对政治经济的态度的社会经济逻辑是试图建立一个城市"中产阶级"作为政权的社会基础，这与西方自由主义的蓝图是一致的，理论上它将为经济发展和自由民主提供动力。然而，真正的目的是让受过教育和受过部分教育的城市群体感到满意，以防止出现严重的政治反对；提供另一个权力基础来替代地主，地主在经济上过于独立，在政治上又过于强大，他们既是国王陛下的盟友，也是令国内外感到难堪的对象；通过用进口冰箱、汽车、国产的"汽车影院"来取代曾经的"落后"，让美国人看见他们的财政和军事支持在打击共产主义方面取得了成果。

正是凭借着这个机制，实现了进出口（主要是进口）业务的繁荣，并相应地催生出现代产品的消费浪潮。一下子，伊朗在各个部门，各个社会阶层，同时呈现出了罗斯托的"传统""转型"和"大众高消费"三个阶段，但并没有"起飞阶段"和"向成熟推进阶段"的迹象。在这一时期即将结束时，小规模银行开始被划入已经广泛发展的伊朗商业银行（Bank Bazargani，在摩萨台政府时期接管了旧的英国帝国银行的资产）、出口银行（Bank Saderat）和波斯银行（Bank Pars）。在流动性过剩的情况下，投机买卖城市土地成为最赚钱的手段，但这牺牲的是普通购房者和租户的利益。汇票开始高速流通，但往往以违约告终。1959年，整个市场在发烧颤抖。

自战争以来，人口约以平均每年2%的速度持续增长。1956年的人口普查估计人口为1850万人，其中70%为农村人口，其余30%的人口中有三分之一在德黑兰。农村向城市的迁移仍然微不足道，首都的人口日益集中主要来自其他城镇居民的流动，因为德黑兰有更好的社会和经济前景。官僚机构都集中在德黑兰（无论住在哪里，伊朗人想申请护照都必须去德黑兰），德黑兰也集中了现代的魅力，比如汽车影院。相比较之下，农民越来越穷，而城市里的"中产阶级"却越来越多，收入和消费也显著增加。他们开始购买冰箱、电视机等，所有这些都是进口的,尽管他们要分期付款。

城市二元论(对城市人口完全的社会学划分)就是这一时期的产物。从前,旧的住宅区里住着各个社会阶层的人。高级官员、居住历史长的家庭、商人、普通工匠和小商贩在同一城区里居住。显然,富人家和穷人家的房子在各个方面都完全不同,但是总的来说,都是在伊朗传统建筑风格的基础上建造的。更重要的是,这确保了不同阶级之间的社会联系,富人每天都与普通人、穷人甚至乞丐接触。然而,新的财富导致德黑兰北部出现了完全意想不到的改变,国家向军官和高级公务员免费提供城市土地,促使一栋栋新楼房拔地而起。当开始在衰落的地区定居时,这场破坏彻底完成了。富人离开后,城市当局并没有因此进行环境保护或改造旧城区。在德黑兰的南部,大多数老房子,连同房子里树木葱郁的花园,都被房地产投机者夷为平地,他们在原地新建起一排排简陋小屋——没有人关心这一切。同时,那些在比赛中落后的,长时间居住在旧城区的老家庭忍受着巨大的社会和心理压力,迫使他们不惜一切代价搬出他们生活已久的传统街区。尽管存在阶级分化,但是伊朗城市中一直存在的社区意识这一次可能永远地丧失了。

国家对军事—官僚网络扩张的投入增加最为明显。征召部队达20万"兵力";国家官僚机构共有26万人,其中很多人无法充分施展才干。然而,中等教育(以及在很小的程度上,高等教育)的无计划扩张使一大批辍学生和毕业生找不到工作,并且由于国家的投资战略,他们都无法被安置在生产活动中。因此,国家不得不暗地给他们提供施舍,让他们找到一张办公桌,但这让大批没有能力与上层人士沟通的不幸人群处境更加艰难。与此同时,城市非熟练劳动力的失业率直线飙升。

1960年,累积的国际收支赤字、失业和高通货膨胀率一下子刺破了"门户开放政策"、罗斯托夫的"经济增长"说(早于罗斯托)、分期付款消费主义和积极民族主义的泡沫。随之而来的是长达两年的经济萧条、政治不稳定,以及激烈的权力斗争,在这过程中,沙阿的

第九章　政治独裁和经济"自由主义"（1953—1961）

伪现代（石油）专制主义应运而生，给伊朗社会带来了空前的破坏和毁灭。

注释

1. 基扬努里博士称他曾致电摩萨台，但是前人民党中央委员会委员法里东·基沙瓦尔兹博士最近对这一说法表示怀疑，他表示除了基扬努里本人，没有别的目击证人，而他并不相信前者的话。参见 *Kishavarz*, *Man Muttaham Mikunam…*, Teheran：Ravaq，1977。

2. 政变后几个月，人民党的执行委员会出版了一本小册子，"分析"政变、党的作用等问题，在其中将政变归结于民众运动的"资产阶级领导"，必须亲眼看见才能相信，参见 *Darbareh-yi Bist-u-hasht-i Murdad*，1954。然而，1955年12月（即政变后两年半），人民党执行委员会又出版了一本小册子，收回了它之前的一些表态，除熟悉的"理论分析"外，对人民党在政变过程中和政变后短时间内发挥的作用只字不提，并且"解释了"在中间时期人民党领导层的彻底失败，以下是其中的一个例子。

在8月19号（即政变）后的头几个月里，相对强大的布兰基派倾向在党内占了上风。中央委员会没有与这些不正确的倾向做斗争，反而自己被他们控制，跟随着他们。在这个时期，我们犯了许多战术上的错误……这些决定的消极影响是，党没有充分注意到当时最重要的问题，也就是保护党的各机关不受敌人侵犯的问题。

3. 此外，在1954—1955年，法尔萨菲（在国家广播上）被委以重任，领导一场对巴哈伊团体突然的，而且显然是无端的袭击，最后官方没收了该团体在德黑兰的中心（Hazirat al-quds），并将其作为军管机构的总部（即后来的萨瓦克）。这也许就是为什么在1955年6月3日的伊斯兰保守派报纸《民族战役》（*Nabard-i Mellat*）上，将军管机构比作伊斯兰教的宣传中心（在最近一次接受《信息报》的采访中，卡兹姆·哈斯比披露这场运动是当时在库姆的效仿渊源阿亚图拉布鲁吉尔迪要求沙阿发动的）。

4. 在阿巴斯被捕后，他们真的闲坐了好几天，空想着他们通过赛义德·塔巴塔巴伊的干预可以将阿巴斯救出来，而与此同时他们没有采取任何安全措施保护他们的军事网络和文件。（许多政治活动家已经知晓这场灾难的细节，在周刊《伊朗希望》1979年4—5月辑中发表了有关于这些细节的一系列文章。）

5. 卡拉尼亲自联系了许多反对派领导人，包括哈利勒·马利基，他告诉我他曾怀疑过卡拉尼是否真心对当权进行强烈批评。在撰写本书时（1979年3月），卡拉尼将军任巴扎尔甘临时政府的陆军参谋长（后记：就在最近被暗杀身亡前，卡拉尼公开承认他曾在1957—1958年策划过一次政变，但他关于美国人没有参与的说法是不可信的，这既由于他当时行动的情况以及在政变失败后当权对其异常温和的对待，也由于现在的环境使他不得不否认。然而他曾确认在此过程中，与"伊朗民众运动的政治家"进行了接触。）参见 *Umid-i Iran*, 30 Apr 1979。

6. 沙阿和他的首相甚至以浅显的借口拒绝见他们的苏联客人。更多细节见 *Ittila'at* 和 *Kayhan*（日报），1958年10月—1959年2月。另见 R. Sukhanvar, *Darbareh-yi Munasibat-i Kununi-yi Iran va Showravi*, "On the Present Relations of Iran and Soviet Union", Dunya, *theoretical organ of the Tudeh Party*, No. 2, 1960, 在其中解释了苏联对伊朗不受欢迎的政权一系列示好行为的原因，并将当时苏伊关系的敌意归咎于伊朗国王与美国签订相互防御条约的背叛行为。然而三年后苏伊关系改善后，该党的立场发生了很大变化。详见下文第十、十一和十六章。

7. 参见 H. Katouzian, *Land Reform in Iran: A Case Study in the Political Economy of Social Engineering*, Joumal of Peasant Studies, Jan 1974, 以及下文第十五章。

8. 参见 *Nutq-i Jinabi Aqay-i Muhammad Derakshish*…, Teheran, 1955。

9. 参见 Plan Organisation, *Second Seven Year Development Plan of Iran*, Teheran, 1956 和 *Review of the Second Seven Year Plan Programme of Iran*, Teheran, 1960。另见 B. Olsen and P. N. Rasmussen, "An Attempt at Planning in a Traditional State", in E. E. Hagen (ed.), *Planning Economic Development*, Homewood, Ill.: Irwin, 1963, esp. pp. 224–225。

第四部分

石油专制主义、"经济发展"与人民革命（1961—1979）

第十章
经济危机、政治不稳定和权力斗争（1961—1963）：石油专制主义的前奏

阿米尼的首相任期

1960年，经济困难，美国逐渐认识到沙阿政权的腐败和无能，苏联也公开敌视沙阿政权，这些情况迫使沙阿再一次采取他惯用的"自由化"战术。随着大选的临近，他在一次公开演讲中说，这次选举将是完全自由的，实际上隐晦地承认了此前的选举都是被操控的，这个信号让各种政治反对派再次活跃起来。沙阿希望用一些空洞的承诺克服这些情况，等到经济复苏让形势走上正轨。如果美国人同意合作的话，也许沙阿的愿望能够实现，但是他们没有：大选在即，美国无法做出明确的承诺，特别是主要的民主党人，如参议员约翰·肯尼迪和威廉·福布莱特都批评共和党人对不发达国家的腐败政权的态度，尤其是对伊朗采取的态度。古巴革命的胜利在当时也证明这种批评是正确的，尽管其后来的发展让未来的肯尼迪政府更加坚持自己的态度。艾森豪威尔不能再竞选总统了，而他的共和党合法继任者副总统理查德·尼克松可能认为等到选举结束再去帮助这位密友比较合适。

与此同时，1960年夏，荒唐的议会选举还未等结束就被取消了，沙阿"建议"那些已经当选的议员辞去他们的席位，而他们顺从地听取了沙阿的"意见"。9月，伊格巴勒"辞去"了首相职位。沙阿任命

工业和矿业大臣贾法尔·沙里夫-伊玛米（Ja'far Sharif-Imami），（在当时还没有在反对派中吸引太多个人仇恨）为首相，希望他的朋友尼克松能成为美国总统，并为他火中取栗。（据传说）他甚至向尼克松的竞选基金捐款几百万美元。1960年11月，约翰·肯尼迪当选总统，1961年1月，他入主白宫。

在此期间，沙阿的主要挑战来自重组后的民族阵线，以及聚集在阿里·阿米尼身边的一群政客们。民族阵线有阿米尼集团不具备的在人民中的社会基础，而后者宣布了一个政治方案，其中包括土地改革方案，但前者没有，此外，阿米尼集团更能吸引美国的支持。学生运动的力量越来越大，尽管他们的意见各异，但他们都坚定地支持民族阵线。巴扎是民族阵线的另一个重要的民众力量基地。第二十届议会的第二轮选举与第一轮一样被操控。事实上在1961年2月德黑兰议员选举时，5000名学生在大学文学院静坐（然而这一抗议活动仅持续一晚就被一个愚蠢的民族阵线领导人，沙普尔·巴赫提亚尔博士叫停），几乎所有民族阵线领导人都被囚禁在参议院大楼里。[1]唯一获得公平投票机会的反对派领导人是阿拉希亚尔·萨利赫（Allahyar Saleh），他是卡尚的当事代表，曾经是摩萨台政府时期伊朗驻华盛顿大使，然而他尚未正式加入民族阵线，并且最重要的是，国王陛下个人并不厌恶他。

事情的发展迫使沙阿在民族阵线和阿米尼之间做出选择，1961年4月，他选择了后者。无论如何，一场重大的变革是不可避免的。在那个特殊时期，教师工会因工资问题举行的罢工成为变革的导火索，这场罢工由穆罕默德·德拉赫舍什（一位阿米尼的支持者）组织和领导，一名警察上校在议会外向示威人群开枪，导致一名兼职教师和神学研究生惨遭杀害。沙阿既憎恨阿米尼，这股恨意多年来越来越强烈，同时也忌惮他。他当然更偏向萨利赫或者民族阵线的其他领导人，而不是阿米尼。他不得不选择阿米尼的原因有两个方面：其一，美国更支持阿米尼，主要是因为民族阵线在一些关键问题上的立场（特别是外交关系、土地改革和人民党）不太明确；其二，任命民族阵线的领导人无异于沙阿自己打开了装满老问题的潘多拉之盒，特别是摩萨台这个不祥之兆，

第十章　经济危机、政治不稳定和权力斗争（1961—1963）：石油专制主义的前奏

这个年迈的政治家是伊朗国内最受欢迎的人，也是沙阿最憎恨、最嫉妒、最恐惧的人，自从1956年服刑期满后，他一直被非法囚禁在他的农村庄园里。然而，这并不意味着阿米尼必然会赢过民族阵线：如果民族阵线的组织和领导更强大（下文会有更多介绍），就会有很大机会让沙阿和美国人认识到它才是唯一明智的选择。

经过一番讨价还价后，阿米尼才接管首相办公室，特别是，沙阿承诺将解散议会，为阿米尼计划的土地改革扫清道路；他还同意一定程度的新闻自由和其他自由，甚至对民族阵线也是如此；并且沙阿和他的第三任妻子法拉赫王后（最近为他生了一个孩子）将立刻离开伊朗，前往挪威访问。作为回报，沙阿仍将控制军队和萨瓦克，但双方同意限制萨瓦克的行动；沙阿提名他自己的一些心腹，如劳动大臣阿塔乌拉·霍斯鲁瓦尼（Ata'ullah Khusruvani）担任内阁职务；并且在政策问题上都要征求沙阿的意见。新内阁是由沙阿自己的心腹、阿米尼自己的心腹和折中的候选人组成的大杂烩。农业部的哈桑·阿尔桑贾尼（Hasan Arsanjani）、司法部的努拉勒-丁·阿拉姆提（Nural-Din Alamuti）、教育部的穆罕默德·德拉赫舍什和工业部的古拉姆-阿里·法利瓦尔由阿米尼钦点。阿尔桑贾尼是一名训练有素的律师和记者，他曾同情人民党，后来在20世纪40年代跟随卡瓦姆·萨尔塔内。阿拉姆提是一位受人尊敬的高级法官，作为马克思主义"五十三人"小组的成员，他曾于1937年被捕入狱，1941年加入人民党，1945年离开人民党，此后不再参与党内政治活动。德拉赫舍什是一位独立的政治活动家，他曾在第十八届议会的一次演讲中对哈利勒·马利基的石油财团协议进行了全面的批评，他在政权任职的机会就此破灭。法利瓦尔是伊朗党的创始成员，是摩萨台在第十四届议会的盟友，作为民族阵线的领导之一广受尊敬。

在1960年的一次选举宣言中阿米尼就已经公开了他的计划，其中最重要的是进行全面的土地所有制改革，包括在农民中分配土地。因此，新内阁刚组建完成，阿尔桑贾尼博士就负责起草实施该计划的法律和行政细节。但此事遭到了巨大的反对，下文将详细介绍。与此同时，

经济进一步陷入萧条，这主要是由于紧急削减公共开支、信贷紧缩，以及沙里夫-伊玛米政府早先征收的进口附加税所致。城市土地价格的急剧下降严重打击了土地投机者，一些在以前的繁荣中诞生的小银行开始倒闭，进出口商处于破产边缘，巴扎社区也陷入了财政困难。人民普遍感到不满，并对未来感到担忧。

阿米尼任首相后，政治环境发生了自1953年政变以来从未有过的改变。议会被解散，沙阿出国，德黑兰机场被暂时关闭，反对派得到了更多的新闻自由和其他自由，许多臭名昭著的金融诈骗犯和耍手腕的政客（如阿萨杜拉·拉什迪扬和法特胡拉·福鲁德），以及那些遭到公众鄙视的人（比如曾经亲自审理摩萨台案件的军事公诉长侯赛因·阿兹穆德将军）都被逮捕。事实上，在一次新闻发布会中，司法大臣阿拉穆提将阿兹穆德比作最近在以色列受审的纳粹战犯阿道夫·艾希曼。[2]

然而在几个月内，情况开始发生变化：在国内，沙阿、保守派和民族阵线联合起来反对阿米尼；在国际上，苏联的全面敌视日渐削弱阿米尼的地位，同时加强了沙阿对阿米尼和民族阵线的控制。经过14个月的动荡，阿米尼辞去了职位，并被萨瓦克管制。这之后是国王陛下发起的"沙阿与人民的革命"，或者更准确地说，是沙阿反对人民的革命——1963年6月的流血起义，以及石油伪现代专制主义的发展。

政治团体和政治倾向

第二民族阵线

1960年8月，在一场匆匆召开的小型会议上，新的民族阵线诞生了。召集此次会议的主要是前任大臣们以及摩萨台博士的主要支持者，主要有巴基尔·卡兹米、古拉姆-侯赛因·萨迪基、卡里姆·桑贾比和迈赫迪·巴扎尔甘，以及年轻的、不太出名的人，如沙普尔·巴赫提亚尔和大流士·福鲁哈尔，还有一大群不知名的人，他们以各种方式与民众领袖保持联系。第二民族阵线成立的方式是导致其日后出现的错误和失败的重要原因：新阵线忽视了许多重要人物，如萨利赫和拉扎维，二

第十章 经济危机、政治不稳定和权力斗争（1961—1963）：石油专制主义的前奏

人在几个月后表示拒绝与新阵线合作；创建了一个由36个人组成的大型委员会（他们的观点、性格、能力、知名度等都各不相同），在很长一段时间内这个委员会是阵线的唯一决策机构。这意味着所有的决策，哪怕是一份公开声明的措辞都必须一致同意才能决定；新阵线故意将哈利勒·马利基和他的集团排除在外，这一点下文将详细介绍；阵线的组成和行为与部分成员的意见不符，特别是迈赫迪·巴扎尔甘、赛义德·马哈茂德（随后成为阿亚图拉）·塔利高尼、亚度拉·萨豪比博士（Dr Yadullah Sahabi）和哈桑·纳兹赫（Hasan Nazih），他们在6个月后成立了一个新的独立团体——伊朗自由运动（the Freedom Movement of Iran）。第二阵线领导人的名望几乎全都来自他们过去和摩萨台的关系，而他们不知名的同事则通过与他们共事获得自己的人气。第二阵线最后由穆罕默德·阿里·洪吉博士和沙普尔·巴赫提亚尔博士掌控，前者是一位著名的知识分子，曾经与哈利勒·马利基私交甚好，但在1953年政变后，马利基入狱时，他对其掀起一场毫无意义的讨伐；后者是摩萨台时代一位意志坚定，但并不出众的小人物。事实上，洪吉成为理论战略家，而巴赫提亚尔则是这条"路线"的实际执行者，这条"路线"最终将第二阵线和忠实支持他们的伊朗人民引入了一场彻底的政治灾难，但这并不意味着其他人，尤其是重要的领导人们，可以摘除自己的责任。第二民族阵线的历史本身是一个严肃且具有启发性的研究课题。然而在本书中我们必须聚焦在对其出现、失败和消失的分析。

人民党

人民党组织在国内几乎已被摧毁。但是，尽管它在1953年政变前后犯下灾难性的"错误"，党中央委员会还是得到了前党员和同情者广泛的支持，尽管他们中的许多人处于相对不活跃的状态。广大成员之所以采取这种非理性的态度，以下的原因一定起到了决定性的作用。苏联在伊朗很受欢迎，一是因为它公开敌视伊朗政权；二是因为它最近在太空工程方面取得成功；三是因为它表面上是（虽然并不真正是）社会主义国家统一体，这是人民党支持者中唯一合法的反帝国主义阵营；四

是因为苏联公开反对帝国主义干预古巴和比属刚果；除此之外，中央委员会一直扮演着殉道者的角色，强调着忠实的党员们被当权迫害、监禁、折磨以及处死的悲惨故事，而基层党员也希望能与这份遗产建立联系。然而，尽管该党通过其在东德的每日波斯语广播、"伊朗信使"电台、其出版物以及在欧洲学生中的支持者，扮演了独立的角色，但是它没有，也不可能在国内坚持自己的独立立场，或者直接对事件造成影响。总的来说，人民党的积极支持者（主要是年青一代）加入了民族阵线的各种机构，并追随它的步伐。也正是在这个时候，有一些批判性地支持人民党的大学生，主要有比詹·扎赞尼（Bizhan Jazani）和哈桑·齐亚-扎利菲（Hasan Zia-Zarifi），他们为未来的独立马克思主义运动组成了一个秘密核心，这导致后来形成了马克思主义游击队"人民的奉献者"（Fada'ian-i Khalq，或称人民牺牲者），也导致他们在监狱中被暗杀（1975年）。

社会主义联盟

民族阵线起初包括所有曾经支持摩萨台和伊朗民众运动的党派，伊朗党、伊朗人民党（从伊朗党分裂出来）和伊朗民族党（从泛伊朗主义党分裂出来）。伊朗劳动者党和第三力量党是例外，它们被改组为伊朗民众运动社会主义联盟（SLPMI）。事实上，早在1958年，哈利勒·马利基就安排了一次与民众运动主要人物的会议，包括萨利赫和桑贾比。马利基建议他们开始为"下一轮的斗争"做准备，组建一个广泛的社会主义联盟，称为"伊朗社会主义联盟"，其中包括各种倾向的社会主义阵营，无论右翼社会民主党人还是独立的马克思主义者。然而马利基接触的那些人都回避了此事，他们的主要理由是要等很久才会有重大的行动机会，尽管马利基已经试着向他们证明这是不正确的。但是沙阿关于自由选举的讲话让他们大吃一惊，沙阿甚至鼓励他们快速"组建"民族阵线，马利基和第三力量党剩余的活动者组建了SLPMI："民众运动"被添加到该组织的名称里，主要为了使这一组织的主张与它的实际力量和资源看起来相一致，在当时的情况下，"伊朗社会主义联

第十章 经济危机、政治不稳定和权力斗争（1961—1963）：石油专制主义的前奏

盟"听起来是一种空洞的吹嘘。

民族阵线没有邀请联盟加入，就是为了将马利基排斥在外。那时，由于人民党以及他自己曾经的战友穆罕默德·阿里·洪吉的宣传，他已经被彻底描绘成当局的（甚至是萨瓦克的）代理人；但是由于他在阵线的广大支持者中相对不为人知，这不可能是他被排斥的真正原因。阵线的领导层毫不怀疑马利基的真心诚意，他们也知道一旦将其纳入阵线领导层，所有无根据的指责就会不攻自破。因此，他们利用了对马利基的污蔑，主要是出于以下原因：所有的阵线领导层们都见识过马利基超凡的分析能力和组织能力，除一两个人之外，其他所有人都担心如果他被吸纳进委员会，会自然而然地掌控阵线；此外，他们中有些人，尤其是沙普尔·巴赫提亚尔，有一种错觉，认为与马利基直接合作会使他们在下次选举中失去"人民党的选票"。事实上，洪吉—巴赫提亚尔的战略，即将所有附属的政治团体和政党拆解成一大群个人成员，也是为了阻止社会主义联盟加入的权宜之计，尽管这个战略最终疏远了其他政治团体，让阵线本身瓦解。社会主义联盟继续给予阵线重要的支持，特别是在各个会议和示威中；但是，联盟先是私下里，后来又公开警告阵线不要犯一些严重的战术和战略错误，阵线的领导人物没有听进去教训，反而被激怒。社会主义联盟是一个组织良好的政治机构，由一群才能出众的年长知识分子、作家和学生组成，但是它没有，也从未寻求民众基础，这主要是因为联盟希望阵线能在下一轮的斗争中获胜。[3]

1960年，在欧洲和美国已经有许多伊朗学生会和社团，但总的来说，它们并没有公开沉溺于政治活动。西欧的学生组织已经组成了欧洲伊朗学生联合会（the Confederation of Iranian Students in Europe）。1962年1月，在巴黎举办的联合会的第三次年度大会上（已经被明确地政治化了），其成员产生了分裂，表面上是由于美国的伊朗学生会加入联盟的问题，但实际上是因为人民党的学生成员和支持者担忧民族阵线的成员和支持者将支配学生运动。在下一年中，人们的热情和精力主要浪费在了派系斗争上，而不是协调行动反对当局，直到下一次大会（在洛桑举行）才弥合了这一裂痕，尽管有些迟了。侨民民族阵线组织在1961

年末才出现。而几年前，一些第三力量党和人民党的前成员和支持者成立了欧洲的伊朗社会主义者联盟，该联盟独立于后来在伊朗成立的社会主义联盟，尽管二者关系密切。人民党在西欧的成员和支持者直接从东德的党领导层接受指示。

沙阿和当权派

支持1953年政变的松散的国内势力"联盟"主要有沙阿、他在军队和官僚机构里的强大专制基础核心，以及三个保守派集团，即传统派、温和派和激进派。阿米尼是激进保守主义者的代表，尽管他本人是大地主。他可以轻松地将其他保守派团体召集在身后，形成一股强大的保守派力量，对抗沙阿、民族阵线和左翼分子。但这与他的信念背道而驰，即在共产主义之外，伊朗要实现长期救赎，必须建立一个独立的农民群体，作为一个坚实的经济和政治基础，在此基础上培育混合资本主义经济并促进现代制造业发展。因此他很快就遭到地主阶级，以及一些有影响力的宗教领袖的反对。

沙阿在当时已经彻底控制了军队和萨瓦克，他对地主和任何宗教领袖都毫无好感，因为，尽管现在流行的"分析"在政治上极度地幼稚，他不是，也从不曾是地主利益的代表，仅仅只是1952年以来地主们越来越不放心的盟友。沙阿的理想是垄断政治权力，既是为了权力本身，也是为了追求他肤浅的民族主义和现代主义梦想，而这两者都与一个强大的地主阶级或一个自治的宗教权威不相适应。然而，在一开始他让地主和其他保守派以为他们之前的联盟仍然有效。对我们具有启发意义的是，1961年年初，沙阿的亲信之一，德黑兰的市长候选人法特胡拉·福鲁德组织了一帮暴徒，由"记者"和政治商人阿巴斯·沙汉德和德黑兰蔬菜市场有势力的保护费征收者塔耶布领导，袭击并驱散了民族阵线在总部内举行的和平且经过批准的会议。这位福鲁德，与其他类似的人物如阿萨杜拉·拉什迪扬，甚至侯赛因·阿兹穆德将军一起在阿米尼任首相后煽动众人反对他；而塔耶布则被沙阿的机构杀害，罪名是作为1963年6月人民起义的同谋，在那时候国王陛下的政治态度发生了180

第十章 经济危机、政治不稳定和权力斗争（1961—1963）：石油专制主义的前奏

度的大转变。

沙阿的胜利：对权力斗争的分析

民族阵线的作用

在 1961 年春末，人民渴望伊朗社会的生活和劳动进入一个新的、更好的季节。沙阿的地位处在微妙的平衡中：阿米尼任首相，民族阵线强大且受欢迎，美国人改变了对伊朗的独家支持，苏联的好战态度，更糟糕的是，铁木尔·巴赫提亚尔将军，这位手握重权的萨瓦克负责人，开始发现"自由"和"君主立宪"的优点，他在 1961 年 3 月被取代。两年后，国王陛下摆脱了阿米尼，破坏了民族阵线，击败了温和与传统保守派反对者，用血腥的手段扼杀数以千计的男女老少，封住了所有保守派残党的嘴，将他们或监禁，或流放，或逼迫他们转入地下行动。这样的变化是如何发生的？

阿米尼曾希望成功实现他的计划，并在民族阵线的战术配合下，将国王永远放在他的王座上。为此，在他任首相前几天或几天后，他甚至与民族阵线领导层召开了一场小型的私人会议，并把他手中的一些牌亮在了桌上，即他与民族阵线没有个人恩怨；他对他的土地改革计划是认真的，为此他还要求沙阿解散新成立的议会；他不能在土地改革之前举行议会选举，因为地主和沙阿的人将再次操控议会；伊朗经济正处于绝望的境地，而经济进一步恶化现在正中沙阿下怀；以及，假如沙阿想要凿沉他的船，民族阵线也必将一同沉没；虽然并不确定，但是他还可以为阵线候选人提供一些内阁职位，尽管这不是一个正式的联盟。阵线领导人对他表示同情，但没有达成任何（正式或非正式的）协议。

为了取得成功，阿米尼采取的策略是简单且明智的：他准备向民族阵线做出重大的让步，条件是他们不会与自己的政府展开生死搏斗，这样他就可以默默地利用他们的力量和存在对抗沙阿和地主。当沙阿启程去挪威时，民族阵线自 1953 年以来第一次获准举行露天会议，据估计这次会议吸引了超过 8 万名群众。同时，国家新闻媒体，此前一直被禁

止承认民族阵线的存在，这次争相报道这次会议，并宣传其观点。

然而仅仅几个月内，民族阵线就将枪口彻底转向了阿米尼政府。在德黑兰大学，阵线的支持者继续频繁示威，他们这次主要的口号是"阿米尼，下台"！阵线自己的口号、战术、战略、目标和目的全都围绕着"立即进行大选"。阵线开始（直接和间接地）对反阿米尼分子（除沙阿外）怪异地示好，以至为了20万里亚尔（2500美元）的资金支持，将一名保守派大地主阿米尔·铁木尔（卡拉里）选入其高级委员会。在公开场合，阵线对阿米尼提出的土地改革不予置评（直到他下台），但是私下里宣称土地改革是一个彻底的谎言。相反，它专注于对阿米尼开展人身攻击，因为他在石油财团协议中发挥的作用；还攻击阿尔桑贾尼，因为他以前与卡瓦姆·萨尔塔内的关系。哪怕是沙阿本人控制着阵线，他都不能如此高超地将阵线为己所用，并攻击他的所有反对派（包括阵线本身）。为什么民族阵线，这个掌握着民族命运，背负着一大批政治公众的信任的团体，有如此不折不扣的自杀之举？简短的回答，因为分析能力不足、政治判断失误、没有一个果断的领导人、缺乏内部民主，以及组织上的混乱。因此，这个继承了摩萨台和民众运动伟大遗产的政治组织只不过在虚张声势，最终将另一场民众运动引入彻底的无法避免的失败，并为沙阿个人专制主义造成的可预见的灾难铺平道路。

结果是可以预见的，甚至哈利勒·马利基和社会主义联盟已经详细、准确地预测到了。他们从一开始就指出，阿米尼被沙阿击败不仅会给民主反对派带来灭顶之灾，还会给整个国家带来前所未有的"法西斯独裁"；他们强调称，民族阵线应提供一个进步的方案，包括真正的土地改革、政治民主、国际不结盟、重组国家官僚机构、减少军事开支等，从而将自己变成一个替代的（影子）政府；他们批评了阵线在组织上的混乱，并提出将其变成有效政治力量的方法；他们认为，从现实主义的角度看，即使立即举行大选，阵线也只能送几个议员进入议会，因为其缺乏组织（甚至都没有足够数量的候选人）、内部争斗，并且军队和各省保守派力量都在干预；他们建议，阵线应该继续站在反对派一边，但避免与阿米尼政府彻底开战。抛开对阵线领导层中比较著名人物

第十章 经济危机、政治不稳定和权力斗争（1961—1963）：石油专制主义的前奏

的个人建议不谈，有大量公开的证据表明联盟对这一形势的分析是正确的。但是民族阵线公开对这些警告和建议不予理睬，私下则含沙射影地进行回应，尤其是针对哈利勒·马利基个人。在阿米尼倒台的几天前，社会主义联盟发布了一份长篇公开公报，其中对阵线的错误进行了尖锐的分析，并为最近的未来提供了智慧的建议，包括以下预言般的声明。

如果事情继续这样发展下去，民族阵线作为一支政治力量将被摧毁，它将不再是那些伊朗民众运动中的奋斗者的指挥部，而会成为一座荒废的寺庙，最忠实的信徒们会在此参加彼此的葬礼，并互相点头致意，心中满是悔恨。[6]

1962年7月，阿米尼政府在成立14个月后被解散。然而这还不是民族阵线学到的最后一个教训。相反，阵线还以为自己的转机就在眼前。

除组织混乱、政治幼稚、强大的个人野心，以及在一定程度上遭到可疑人物的外部破坏外，民族阵线态度和行事的"逻辑"可以被归纳如下。它拒绝提出哪怕最起码的政治纲领，因为它公开表示，任何的纲领（除了争取自由选举、外交政策保持中立以及建立民主政府等）都会"造成分裂"。不说别的，这至少证明阵线高级委员会内部聚集的某种不和谐。引申开来，阵线甚至真心地害怕宣布它普遍支持土地改革，因为担心保守派的反对。事实上，在1962年秋，阵线出版了第一本，也是唯一一本此类的小册子，在这本迟到的册子中成功地论证了，既然伊朗从未有过封建主义，因此没有必要进行土地改革。[7]的确正如我们在第二章论证的一样，伊朗并不是一个封建国家，但是这并不构成允许现在的地主继续剥削70%伊朗人民的理由，事实上自1941年以来，特别是1953年政变以来，他们的财产权得到了极大的加强。主管土地改革的大臣阿尔桑贾尼已经用这个观点为土地分配计划辩护，从而避免被指责为攻击私有财产，因为私有财产在伊斯兰教中是神圣的。[8]

此外还有苏联和人民党。来自苏联的敌意可以追溯到1959年，虽然系统性地针对沙阿和阿米尼等人，但莫斯科广播电台的波斯语节目却给人一种明显的印象，即攻击的主要对象是阿米尼和他的政府。例如，

在为伊朗政治犯的辩护中，他们特别提到了声名狼藉的诈骗犯拉希迪扬和福鲁德，这二人因其腐败记录以及以沙阿的名义进行阴谋活动，被阿米尼关了起来。在各种背景下我们已经讨论了这种态度背后的"基本原理"：阿米尼被视为美国的最佳人选，因此他必须承受苏联的敌意，直到他建立起自己的地位，但很遗憾他失败了。在国外的人民党领导层并不了解情况，他们仍然在忙于将马克思列宁主义错误地应用于伊朗政治局势的分析；人民党没有预见阿米尼失败带来的后果，无论是为了它自己还是其他人，人民党对阿米尼的命运毫不关心；最后，人民党的态度基本不会与苏联有太大的不同。

苏联和人民党结合的战略让民族阵线无端的恐惧更加加深，它担心自己会在舆论宣传中败给人民党，害怕自己的成员遭到离间，甚至担心有些成员会被人民党抢走。

沙阿和他的"白色革命"

为了摆脱阿米尼，沙阿在国内和国际上耍了不少手段。正如我们看见的，他先给地主和他们的盟友留下了这样的印象：土地改革是美国人的阴谋，他在其中没有扮演任何角色，也没有任何作用。同时，他动员萨瓦克和臭名昭著的诈骗犯和暴徒反对民族阵线和阿米尼政府。此外，他召集了一批有野心的、意识形态上没有地位的、政治上毫无原则的年轻技术官僚，组成一个私人团体，称为进步中心，作为他自己的另一个政府。这个团体的核心人物如阿米尔·阿巴斯·胡韦达（Amir'Abbas Hovaida），后来成为沙阿十五年来专制统治的代理人和管理者。然而，在阿米尼执政的几个月，国王陛下就认识到如果他继续对土地革命保持批判态度，就不可能获得美国人对自己的支持，而阿米尼和阿尔桑贾尼会实施他们的计划，抢走他的风头，在权力阶层中把他挤到一边。于是他不请自来，前往华盛顿，在那里不论他做了什么交易，他一定向肯尼迪承诺全力支持土地改革，并为自己争取到一些保证。

在他回国几周后，沙阿策划了一场阴谋，通过给民族阵线埋下陷阱，逼迫阿米尼辞职，不出所料，民族阵线中计了。1962年1月21日，

第十章　经济危机、政治不稳定和权力斗争（1961—1963）：石油专制主义的前奏

军队的精锐部队强袭了德黑兰大学，驱散了一场大规模的校园示威，他们野蛮地攻击、殴打和残害许多青年男女，闯入院系大楼，砸毁门窗和实验室设备，将学生们连同他们的桌椅和书籍全都从楼上的窗户扔了出去。这次突袭是事先计划好的，有两个目的：给学生一个严厉的教训，以及更重要的，推翻政府。这起案件没有经过彻底的调查，因为并不紧迫，并且何必用木槌敲核桃（即没有必要为这起相对较小的事件举行一场大规模的政治示威）。此外，事件的前一天关于沙阿阴谋的一些消息已经泄露出去了，而负责学生活动的民族阵线领导人却对此视而不见。事实上，很有可能一些民族阵线领导人明知这场阴谋的消息，仍然坚持在那天举行示威，尽管他们这么做的动机并不明朗。因此，除非他们是沙阿的代理人（这是不太可能的），否则他们肯定相信阿米尼的倒台在当时的情况下可以为他们所用。[9] 突击队的袭击是如此恣意妄为，野蛮残暴，以至大学校长和评议会集体辞职，称这是自蒙古人入侵伊朗后从未有过的恶性侵犯。然而，阿米尼比沙阿预想的还要倔强顽固：他发了一篇公开声明回应此事件，他表示他对这次袭击一无所知，直到事件发生后才知道。谁提前知道此事不言自明，我们并不知道他私下里和沙阿说了什么。

阿米尼在1962年7月的辞职大概是出于他自己对形势的判断失误，尽管在当时的形势下他的倒台已经不可避免：他在军费开支的规模上与沙阿发生争执，而当国王陛下坚持他自己的更高数字时，阿米尼辞职了，大概是希望美国人会来帮他。但是沙阿已经和美国人达成了协商，美国人已经意识到阿米尼无法在伊朗建立起他自己的政治权威：他缺乏民众基础，甚至社会基础；而且所有的政治力量——沙阿、他的文官和武官、民族阵线、地主等，都反对他的政府。

沙阿命令阿萨杜拉·阿拉姆，他最忠实的仆人和人民"党"（Mardum "party"）的领袖组建一个代理政府，由沙阿亲自掌控局势。但是，为了在国内外保持形象，沙阿让哈桑·阿尔桑贾尼，这个最可能实行土地改革计划的农业大臣在他的位子上又坐了一年。沙阿要动手对付所有的反对派了，包括阿里·阿米尼，现在沙阿对他的恨意仅次于对摩萨台

的恨意。但是民族阵线的领导人们私下得到了一根橄榄枝：起初，他们将要达成一个交易，包括几个内阁职位，但因为摩萨台的间接干预失败了；接着，阵线领导人有机会提名两个独立的老政治家，其中之一将由沙阿钦点作为首相。他们推出了老派政治家纳支姆·穆尔克（Najm al-Mulk），但是沙阿对他强势和率直的性格并不满意，沙阿已经在这样的人身上跌过跟头了；阵线还推出了受人尊敬的首席法官穆罕默德·苏鲁里（Muhammad Sururi），尽管双方都对此人很满意，但他本人很聪明，不愿做这样完全吃力不讨好的工作。[10] 就这样，民族阵线错过了甜头，沙阿对他们的态度强硬起来了。

在将阿米尼赶走并确保美国人对自己的支持后，沙阿意识到他对土地改革计划的支持仍然会对他的地位造成严重的风险：地主和其他保守势力不会轻易放弃；经济虽然有复苏的迹象，但仍处于低迷状态；尽管民族阵线领导层的实力微弱，但政治上的不满和反对仍很强烈；并且阿里·阿米尼在辞职后立刻获得了一些民众支持，他还没有放弃斗争。因此，沙阿做出了他一生最重大的决策——在国外与俄国人达成协议，在国内进行一场"革命"。

与苏联的和解将会，也的确停止了苏联的破坏性宣传以及其他煽动行为；让那些天真且健忘的伊朗公众大受打击，他们在绝望地忍受内部压迫的时候，还将外国对伊朗政权的战术性敌意视作该国天生的美德，以及对伊朗人民的善意；同时有效地让人民党领导层失去了信誉。这场"革命"将会，也的确向外部世界展现出沙阿强大而进步的领导人形象；至少在关键时期内，将（非政治性的）伊朗农民团结在他的身旁；消灭地主阶层以及他们的权力基础；限制传统上自治的且有潜在危险的团体，如巴扎群体，特别是宗教领导人们；让那些广泛的民主反对派，特别是左翼反对派陷入混乱，他们中大部分人接受了一种简单而机械性的分析理论，认为沙阿是封建阶级的代表和美国帝国主义的傀儡。

沙阿和人民的革命（或称"白色革命"）计划包含六点原则，但没有具体细节。第一，分配耕地（阿米尼政府已经开展了这一任务的第一阶段）；第二，树林和森林国有化；第三，选举改革，包括给予妇女投

第十章 经济危机、政治不稳定和权力斗争（1961—1963）：石油专制主义的前奏

票权和当选为议会议员的权利；第四，取消国家垄断行业国有化，用于资助土地改革计划；第五，企业与产业工人分享利润；第六，组建一个"扫盲队"，将受过教育的应征入伍者派到农村地区开展"扫盲运动"。1963年1月26日，整个革命计划以戴高乐风格接受名为"国民批准"的公民投票，像往常一样，有90%的选民（其中还有弃权者）投了赞成票。接下来的15年里，还有许多其他的"原则"被随意地纳入这个清单，包括建立卫生队、牧场国有化等，直到现在，人民反对沙阿的革命终于摆脱了沙阿对人民的革命。

1963年6月大屠杀

民族阵线和人民党被这一事件彻底搞晕了头脑，因为他们的理论机构没有能力分析清楚目前的局势。阵线面对来自沙阿的致命一击，甚至都无法制定一个合理的战术来接招。直到当时，阵线不仅没有提出行动方案，甚至自我阉割了其三项基本原则的两项：将要求"民主政府"改为要求"合法政府"；将其明确的国际不结盟原则降格为在对外关系中"保持独立的国家态度"这一模棱两可的口号（很快沙阿就利用这个意义不明的句子作为他自己的外交政策原则）。在国王陛下准备进行革命的几个月中，阵线从未对各种"原则"发表任何评论，除了早先在小册子里表示，既然伊朗从未有过封建主义，进行土地改革则毫无意义。

民族阵线已经被脱掉了政治底裤，在公投前夕，阵线领导人发表了一篇公开声明，主要讨论伊朗缺乏自由的问题，在最后建议公众以"土地改革等——我同意；独裁统治——不，我不同意"应以直接的肯定或否定答案回应公民投票。无论如何，看到他们公开声明的投票者应该不超过数千人。在6月大屠杀近5个月后，1963年10月的理事会会议清楚地证明了阵线领导层的彻底混乱，其中一位领导人对形势做了以下总结。

在东方和西方的支持下，当局的地位更加巩固，以至于它认为

自己已经彻底胜利……除此之外，显然当局声称自己已经完成了我们一直想做的事情，也就是我们一直想推进的改革：那些人人都接受的进步思想。现在还存在的问题是，沙阿应该当统治（reign），而不是支配（rule），另一个我们还要指出来的任务，也是一直没有完成的任务，就是建立自由……[13]

除这些话中流露出来的极度绝望之外，人们不禁要问，阵线领导层之前在何时，何地，如何提出要执行任何方案？第二民族阵线已经在经历解体过程，很快就会枯萎。

其他的社会和政治力量，他们在知识上没有缺陷，在实践上也并不优柔寡断，他们以清醒的头脑看待局势，并得出完全不同的看法。地主们意识到白色革命不仅在纯粹的经济方面，而且在更广泛的社会意义上，都会给他们带来厄运，即白色革命会抹除掉地主这一强大的社会经济阶层。他们的老牌政治盟友，如侯赛因·阿拉和哈支·阿伽·礼萨·拉菲，也很不高兴。因为国王陛下白色革命面临的最重要的挑战来自宗教群体。

我们需要仔细评估宗教领导层和信徒们的态度。在政治社会学层面上，宗教领袖有三种不同的倾向。首先，是传统保守倾向，代表人物是阿亚图拉·霍梅尼、贝赫巴哈尼和切勒苏图尼，他们既反对土地改革和"妇女权利"，也反对沙阿的潜在霸权（几乎所有宗教领袖都以不可思议的直觉看到了这就是"革命"的结果）。[14]其次，是反专制倾向，代表人物是阿亚图拉·米拉尼（Milani）和沙里亚特马达里（Shari'atmadari），他们主要担忧的是礼萨沙式的专制主义回归。最后，是激进民主倾向，阿亚图拉·赞詹尼和塔利高尼是最符合这一倾向的，他们支持摩萨台和民众运动，其倡导者反对1953年政变以及随后的独裁统治，也反对专制主义。

这场运动由阿亚图拉霍梅尼、沙里亚特马达里和米拉尼，三位库姆和马什哈德的效仿渊源领导，而暗地里，德黑兰有权势的乌莱玛阿亚图拉·贝赫巴哈尼和切勒苏图尼也领导了这一运动。阿亚图拉·赞詹尼和

第十章 经济危机、政治不稳定和权力斗争（1961—1963）：石油专制主义的前奏

赛义德·马哈茂德（后来成为阿亚图拉）·塔利高尼在1953年政变以来一直积极反对当权。然而，阿亚图拉霍梅尼发起了最有力、最直率的挑战，因此他领导并象征整个运动。

沙阿在政治和军事上都处于强大的地位，足以应对这场挑战。传统宗教倾向的言论直指土地改革和"妇女权利"（事实上，男人也没有享有任何政治权利，更何况妇女了），有时还将其印刷出来，因此沙阿进一步加强了宣传力度。他将这场运动称为"黑色反革命""封建阴谋"等，很长一段时间内许多天真且带有偏见的人，尤其是外国的学术界和大众媒体都接受这一观点。

这场运动在神圣的穆哈拉姆月聚集了势头，宗教领袖和教士们公开将沙阿比作伍麦叶哈里发叶齐德，13世纪前，伊玛目侯赛因及其家人就是在他的命令下被害于卡尔巴拉平原。1963年6月6日（伊朗历1342年3月15日），全国各地爆发了大规模的骚乱。沙阿逃到德黑兰北郊的萨德阿巴德宫，接着，正如《每日电讯报》（*Daily Telegraph*）的头条新闻报道，命令他的部队"射杀"。屠杀持续了三天，直到人们认为他们为这场战役做出了足够的牺牲。目前还没有被害人数和受伤人数的具体统计，这仅仅是因为，不论是死是活，他们都被迅速从街上清走，或被埋在匆忙挖好的万人坑里，或者从空中被丢进位于德黑兰和库姆之间的、难以靠近的霍兹苏丹盐湖里。官方估计伤亡人数低于90人——这与非官方统计的5000—6000人相去甚远。从整个国家看，这个数字至少有几千。

这不是一场纯粹的宗教的，或保守派的，或激进派和民主派的起义——这是一场人民针对国家的起义，各个政治倾向的人都参与其中。这场起义由宗教领袖，特别是霍梅尼领导，其主要成员包括巴扎群体、小商人、老板和工匠、学生、工人、失业者和政治活动者。宗教是整体外衣，反专制主义是共同特性。领导权交给宗教群体有几点原因：什叶派的传统角色和意义；宗教领袖们是一股强大的独立自主的社会力量；宗教领袖和信徒们对事件性质有清醒的认识，这种清醒与民族阵线领导人（以及人民党领导层）的混乱形成鲜明对比；以及领导此次运动的

宗教人士具有的历史背景、道德品质和胆量气魄，尤其是阿亚图拉·霍梅尼。

在此事发生后一段时间内，在国外（事实上，可能是整个世界上）唯一诚实的且有智慧的总结评价来自 A. K. S. 莱姆顿一篇鲜为人知的文章。

> 骚乱后来被指为是由土地改革和妇女投票权的反对者所挑起的。毫无疑问他们干预了此事（have a finger in the pie），但是如果把整个骚乱都归咎于他们也是将问题过度简单化……除非人民觉得不公已经超越了所有合理的界限，否则不可能以这样的形式反对……有趣的是政治反对派仍然倾向于以宗教伪装自己。[15]

经济概要

1960—1963 年，伊朗的经济形势受政治冲突和权力斗争影响，反过来经济状况又实现并加剧了二者。此前的经济繁荣、通货膨胀和国际收支赤字迫使国家实行信贷紧缩，征收进口附加税，减少公共开支，甚至向国外乞讨。这些政策辐射到了商业部门，致使许多企业破产，银行倒闭。此外，大环境下政治上的不确定性和糟糕的经济前景减少了国内储蓄和投资。在这样的情况下，紧缩性货币政策可能发挥了最关键的作用：城市商业部门的非官方利率上升到 30%；而城市土地，当时几乎是唯一的投机资产，其价值骤降了 500%。一般而言，货币政策在不发达国家是有效的短期工具，因为投机余额在货币总需求中相对不重要。

经济虽然不景气，但并没有停滞不前：由于石油出口量上涨，收入快速增长；而且美国的援助也让经济短时间缓解了压力。1960—1962 年，人均国民生产总值的年平均增长率为 1.6，石油收入的年平均增长率为 10.0，制造业和建筑业的年平均增长率为 5.6，服务业为 0.8，农业为 1.6。服务业平均增长率较低，部分原因是阿米尼的影响，他在第一个预算中减少了军队—官僚支出。农业的表现非常差，直接原因是几

第十章 经济危机、政治不稳定和权力斗争（1961—1963）：石油专制主义的前奏

乎所有的石油收入和外国贷款都用在了城市部门，间接原因是土地改革运动。制造业和建筑业的增长要快得多，特别是在1962年，这也是因为石油收入和外国援助都付给了城市部门。在这些简单的观察中已经可以看到未来石油收入对经济的影响模式。

储蓄和投资的规模和模式让我们可以一瞥未来的发展。从表10-1可以得到以下观察结果：首先，总投资的三分之二用于"建筑"，只有三分之一用于机械；其次，大部分的国家投资都集中在建筑领域；最后，私人投资约是国家投资的两倍，即使国家直接获得石油收入和外国贷款。

表10-1　国内固定资本形成总额的分配百分比，1960—1962年

部门 \ 年份	1960	1961	1962	1960—1962平均值
建筑业	60.8	67.2	71.8	66.6
私营部门	(34.8)	(39.6)	(41.4)	(38.6)
国有部门	(26.0)	(27.6)	(30.4)	(28.0)
机械等	39.2	32.8	28.2	33.4
私营部门	(32.0)	(22.5)	(21.3)	(25.3)
国有部门	(7.2)	(10.3)	(6.9)	(8.1)
总计	100.0	100.0	100.0	100.0

资料来源：基于 Bank Markazi Iran, *National Income of Iran*, 1959-1972, Teheran, 1974, table 86, p.89。

表10-2为我们提供了许多生动的信息。外国资本的净流入，在1960年约为国民生产总值的3.5%，而在1961年变得微不足道，等到1962年增长到3.0%。非石油产出的总储蓄通常可以忽略不计，而净储蓄则为负数。国家获得了全部的石油收入，以及直接和间接的税收（由于缺乏完整数据，没有将这两项分开展示），但投资明显少于私人部门。1960年，石油收入加上外国信贷总额为412亿里亚尔，但国家只投资了18.4亿里亚尔，尽管其从间接税中就获得了207亿里亚尔，从直接

税中获得了相当多的里亚尔。随后几年的经济萧条改变了这一局面，但是模式仍然不变。在这几年中，国内资本存量增加，即国家和国外的投资（或撤资）总额，平均每年为 9.9%。然而从表面看，"储蓄"和"投资"的年平均率为 17.2%。

表 10 - 2　　　国民产出和支出的构成，1960—1922 年　　（单位：亿里亚尔）

年份 类别	1960—1961	1961—1962	1962—1963
1. 非石油总产量（按市场价格计算）	268.0	273.4	284.2
2. 石油收入	31.0	35.2	40.0
3. 外国资本净流入	10.2	1.3	9.5
4. 国民生产总值，按市场价格计算：(1 + 2)	299.0	308.6	324.2
5. 国内生产总值，按市场价格计算：(3 + 4)	309.2	309.9	333.7
6. 总消费	253.7	254.9	265.3
7. 国民储蓄总额（不包括石油收入）(1 - 6)	14.3	18.5	18.9
8. 股本重置	20.9	21.6	22.7
9. 国民储蓄净额（不包括石油收入）(7 - 8)	-6.6	-3.1	-3.8
10. 国内投资总额 私人投资 国家投资	55.5 (37.1) (18.4)	55.0 (34.2) (20.8)	49.4 (31.0) (18.4)
11. 国内投资净额 (10 - 8)	24.6	33.4	26.7
12. 国家净投资 (11 - 3)	14.4	32.1	34.2

资料来源：Bank Markazi Iran, *National Income of Iran*, 1959 - 1972, 各表。有关制表的理论和技术基础，请参见第十二章附录。

在这些年里，一个外国专家小组正忙于起草一份 1962—1967 年全面计划。那时候，全面计划在西方技术人员中已经广受好评，在伊朗的（和类似国家）技术官僚中也很流行。该计划的框架建立在一系列与事实极不相符的假设上，比如，连即将发生的土地改革都没有提及。政权的态度并不严肃，只是为了跟上制定全面计划的大潮流，而这个计划的内容或是精神都没有被实际采用。有兴趣的读者可以参考鲍德温、奥尔

第十章 经济危机、政治不稳定和权力斗争（1961—1963）：石油专制主义的前奏

森和拉斯穆森的作品，他们作为咨询小组的成员，清楚地讲述了这个传奇故事，并描述了背叛现实的社会官僚主义心理。[16]

注释

1. 笔者自己亲眼看见了德黑兰大学静坐事件，包括其结果和不光彩的结局。此事以及本书对沙普尔·巴赫提亚尔博士在1961—1963年事件中角色和地位的批判性说法与他在极度困难的条件下任首相后，在最近的革命结束时的态度和行为毫无关系；它们也不应该与最近发生的事情相混淆。详见下文第十七章。

2. 沙阿意识到这个比喻背后对自己的引申义，并为此勃然大怒，但是他没能解除阿拉穆提的职务。4年后，他终于足够强大开展他幼稚的报复，他拒绝让生病的阿拉穆提前往欧洲看病。还有一个事件对我们认识国王陛下的性格具有启发意义（而且从这个意义上，我们可以更好地理解当沙阿有强大的力量彻底掌控整个国家的命运时，发生的种种大事件），1965年阿拉穆提去世后，沙阿再一次大发雷霆，因为阿米尼宣布并要求，当法官们去参加阿拉穆提的葬礼时，司法部要暂停运行；数月后，他公开指责司法大臣，这位卑躬屈膝的大臣"代表"了那些法官，用沙阿自己的话说，他们"应一个腐败的叛徒的邀请，参加另一个腐败的叛徒的葬礼"。

3. 关于对联盟的立场更细致的研究，参见我在 *Khatirat-i Silyasi-yi Khalil Maleki*, Teheran: Ravaq, 1980, 书中的引言；详见联盟的各个出版物，特别是其1960—1962年的季刊《科学与生活》（*'Ilm u Zindigi*）及其同名周刊。这些正式出版物后来被官方禁止了，但是联盟继续发布声明、公报和小册子，直到1965年联盟的领导人被逮捕。

4. 我是此次袭击的目击者，这次袭击以公共和平和秩序为名义，实际上是为了恐吓反对派，并为官方禁止政治集会（甚至在私人场合下）寻找借口。

5. 塔耶布（哈支·雷扎伊）受德黑兰两位最有权势的宗教领袖贝赫巴哈尼和切勒苏图尼的怂恿，是1953年政变当天反摩萨台的街头示威活动的主要组织者。

6. 参见1962年7月伊朗民众运动社会主义联盟的公报，转载于《社会主义》（*Socialism*, 欧洲伊朗社会主义者联盟的季刊），1, No. 5, No. 11, 1962。1963年3月，哈利勒·马利基在给摩萨台博士一封长长的私人信件中，坦率而清晰地分析了阵线失败的原因，现在这封信应被视为这个时期一份重要的政治文件。（这份遗作现在已经被穆尔提扎·穆扎法里出版，尽管出版的版本与我手中的原文复件略有出入。参见 Khalil Maleki, "Two Letters", *Du Nameh*, Teheran: Murvarid, 1979。

7. 关于伊朗不是封建社会的论述极其不严谨，缺乏理论和历史依据，只是笼统地提到了许多地主在礼萨沙统治下被迫害的事实。参见 *Mashy-i Asli-yi Jibhi-yi Melli*（民族阵线的基本准则），Teheran，1962。

8. 事实上，可以说只有个人财产和商人资本在伊斯兰教中是神圣的，而非生产性资产，尤其是土地资产。

9. 在反对派高层圈子中有这样流传甚广的谣言（来自民族阵线高级委员会自身）称，在事件发生的前一天晚上，铁木尔·巴赫提亚尔将军曾给阵线传信，表示如果阿米尼政府倒台，他自己被扶持上台取代他，他会为他自己过去的错误对阵线表示同情，并"亲自向摩萨台博士道歉"。

10. （外国事务）高级委员会，尽管他并不是阵线的成员，公众也并不知道他和阵线的特殊关系。沙阿对他的厌恶很早以前就开始了，尤其是1955年，沙阿要求纳支姆取代侯赛因·阿拉出任宫廷大臣，纳支姆拒绝了，称他会是"一个好的顾问，但不是好的走狗"。这条消息以及寻找一个折中的候选人，最后以苏鲁里拒绝出任首相而告终的消息，来源于这两个政治家中的一位。

11. 在下文将讨论这些"原则"的实施及结果。

12. 该声明于1月22日发表，但即使在德黑兰也没有流传很广。

13. 参见 *Mukatibat-i Musaddiq*（摩萨台的往来通信），Paris：Intisharat-i Musaddiq，1975，document No. 59，pp. 126-134，esp. p. 128。

14. 我本人在1963年看到一篇由阿亚图拉霍梅尼签字的印刷出来的公开声明，上面建议信徒们反对土地改革、"妇女权利"以及沙阿的独裁统治等。详见下文第十六、十七、十八章。

15. 参见她的 *On the Position of the Marja'al-taqlid*，in Studia Islamica，1964。详见她的 *The Persian Land Reform*，London：Oxford University Press，1970。十年后，当我对1963年6月的起义做出如下评价时（我一直坚持这个观点），西方的自由主义者和伊朗的激进分子都对其进行了嘲讽，尽管他们的理论和意识形态理由完全不同。

改革发生在政治剧烈动荡的时期。民族阵线仍然在要求自由选举。一些地主们认为他们被自己人背叛了。出于种种不同的反动的和自由主义的原因，乌莱玛们不再心存幻想。但是有一件事是清楚的，所有的势力都认为，如果允许1962—1963年的事件继续发展，会导致他们完全丧失自1941年来享有的自主权。毫无疑问，总体来说，反对派视之为生死攸关的大事。叛乱

第十章 经济危机、政治不稳定和权力斗争（1961—1963）：石油专制主义的前奏

在"意识形态上"是混杂的。参与成员思想各异，在某种程度上是不相容的，他们被召集到一起进行最后一次绝望的尝试，试图阻止传统中独揽大权的情况在波斯再次出现。

参见 M. A. H. Katouzian, "Land Reform in Iran: A Case Study in the Political Economy of Social Engineering", *Journal of Peasant Studies*, Jan 1974, pp. 220 – 239。

16. 参见 G. Baldwin, *Planning and Development in Iran*, Baltimore, Md.: Johns Hopkins, 1967; P. B. Olsen and P. N. Rasmussen, "An Attempt at Planning in a Traditional State: Iran", in E. E. Hagen (ed.), *Planning Economic Development*, Homewood, Ill.: Irwin, 1963。

第十一章
石油专制主义（1）：石油与政治经济

通往 1977—1979 年革命之路

1977—1979 年革命标志着两个社会历史周期的结束。首先是从 1921 年的政变开始，到礼萨沙伪现代专制主义的起落，随后是持续 12 年的过渡期和双重统治时期（1941—1953），以及沙阿独裁统治的 10 年（1953—1963），直到长达 15 年的石油伪现代专制主义结束，这一长社会历史周期；其次是自沙阿 1963 年血腥的反革命运动起，1973—1974 年的"石油价格革命"达到了这一周期的高潮，以人类历史上最伟大的革命之一为终结，这一短社会历史周期。革命之所以能够在短时间内如火山般爆发，正是因为它标志着这两个周期的终结。

美国人常说的"一事成功百事顺"有一定合理性；"成功"是自我维持的，不断累积的。但是古波斯谚语"水涌得太高，终究会落下"（水满则溢）也有一些道理；"成功"积累得太多，会导致失败。自然变化和社会变化的机制可能是不同的；但是它们都是上述简单含义中的辩证。主要的区别在于，人类意识可以促进或阻碍——有时候甚至可以改变或扭转——社会辩证运动的进程。在这种情况下，石油专制主义的周期（并非不可避免的）自我走向衰退，最终被伊朗人民的意志终结。然而，这并不意味着伊朗专制主义的历史制度被彻底铲除。沙阿的"成功"显然不是为了伊朗社会，而是与伊朗社会作对，

第十一章 石油专制主义（1）：石油与政治经济

这就是为什么最终他会失败，尽管那些几乎不懂得，也不尊重权力话语的记者和学者在当时有不同的看法。

在完成照看任务后，阿拉姆的内阁被一群唯利是图的知识分子和技术官僚取代，这些人是沙阿在进步中心（Progressive Centre）培养起来的，他们随时准备为权力的源泉当牛做马，有时甚至可以献上他们的灵魂，不论他们的身体素质、意识形态、经济战略、政治态度等如何。哈桑·阿里·曼苏尔，一个能力平庸的人，是前首相的儿子；阿米尔·阿巴斯·胡韦达，在贝鲁特长大，后来在法国接受教育，曾是法国共产党的成员，几年前回到伊朗，对伊朗的情况几乎一无所知；胡尚格·纳哈万迪（Hushang Nahavandi），曾同情人民党，后转而支持民族阵线，他在法国获得了经济学博士学位，但他并没有学到什么；阿卜杜勒·阿里·瓦里扬（'Abdul' ali Valiyan），萨瓦克的上校，被安排在文职部门工作，他的身世不详，其思想和行为与笨蛋沙邦颇为相似；胡尚格·安萨里（Hushang Ansari），一个善于钻营的人，仅受过初级教育，通过投机取巧闯出一条路；马努切赫·阿兹蒙（Manuchehr Azmun），在他还是人民党成员时就已经和政权达成了交易；曼苏尔·鲁哈尼（Mansur Ruhani），曾是反对派伊朗党的成员，因腐败行为恶名远扬，还与瓦里扬分工合作，破坏伊朗的农业和农村社会；巴希里（Bahiri），前人民党官员，据说曾私用党费在瑞士学习法律，以此作为政治"成功"的通行证；等等。

还有一些重要的个人，在1963—1968年，在专制主义的技术官僚机构中为奴为仆，充当走狗。读者可以设想一下运行萨瓦克、军装警察、宪兵队和军队的都是什么样的人物。哪怕只列出主要行政官员，这份名单都太长了。但并不是所有的官员都是上文描述的那样；更具体地说，有一些官员（主要是二级官员）他们并不一定是腐败的、无能的，或是无耻的投机者；但这些人相对较少，并且，无论他们对自己的良知说了什么，他们都默许了普遍存在的腐败、不公和邪恶。

1963年秋，新一届议会选举是自礼萨沙以来第一次完全由国家操控的选举。议员的组合也标志着重大事件即将到来：这些人是从所有愿意充当无灵魂的傀儡的人中精心挑选出来的，无论其社会地位和阶级、职业、政治经验等如何。他们中大部分都没什么名声；有几个是知名的摔跤手、举重运动员、喜剧演员等，以这些人物作为"废除封建主义"和"政治民主化"出现的证据。这届议会与其名义上选举出的行政内阁没什么两样，前者是后者"立法机构"的对应。

与此同时还成立了新的官方"政党"：Melliyun 和 Mardum 两个双生的王室政党，前者几乎在一夜间消失了，而一个新的"政党"，现代伊朗党（the Iran Nuvin Party）横空出世，由曼苏尔、胡韦达等人领导。甚至这个"党"的名字都是象征性的，尽管人们普遍忽视了这一点：礼萨沙曾打算以自己的名字创立一个政党，但他后来放弃了这个想法。[1] 1973 年的"石油价格革命"导致了很多后果，其中之一就是，国王陛下发现，尽管他早先一直（完全虚伪地）宣扬西方民主和多党制政治体制，但是这些现在已经过时了（甚至在西方社会也是如此）。这就是为什么民族复兴党的黑色喜剧取代了现代伊朗党和 Mardum 党的闹剧。

转眼 1963 年已经到了尾声，沙阿可以带着适当的自豪和自我满足感回顾他的成就。他领导了白色革命；以农民大会、自由人大会等名义上演了一系列戏剧表演；在全球敲响了"废除封建主义"的鼓声，甚至将"无地农民"一词从波斯语字典上抹去；削弱了民族阵线的力量；将人民的反抗扼杀在血泊中；从两个超级大国处购入援助；把那些没有根基，依赖性强的，他自己的手下安置在内阁、议会和军队中（尽管军队仍有一些相对独立的将军，但他们不一定诚实且有能力）；把好管闲事的前萨瓦克负责人巴赫提亚尔将军赶出了国家，清除萨瓦克内所有受恩于巴赫提亚尔，得到其任命或晋升的人。现在是时候以增长和发展的名义继续推行伪现代主义政策了。

1963 年阿拉姆在预算中采用显性赤字的手段使经济通货再膨胀，因为正如表 12-2 所示，从揭秘的账户看，国家已经出现了年度赤字。从 1963 年到 1973 年，石油收入开始迅速增加，起初是由于石油

第十一章　石油专制主义（1）：石油与政治经济

出口量的快速增长，后来还因为石油价格相对温和地上涨了。此外，早些年仍有一些美国政府的信贷（主要用于购买武器），而在这一时期的后期，外国投资额不断增加。长期繁荣期始于1964年。

1964年也是对战略进行根本性反思的一年，或者对沙阿而言，是重建伊朗专制主义的一年。独裁、财阀、寡头政治和类似的非民主制度与存在的部分社会阶层、团体和社区是一致的，由于他们的财产、收入、教育和其他地位、宗教信仰、种族等因素，他们在伊朗享有一定程度的自主权，只要他们不逾越界限。相反，专制主义，即对绝对和任意权力的垄断，是任何此类自主权彻底的对立面。这就是本书第二章所论述的，专制主义是如何破坏社会阶层之间的任何功能区分（functional distinction），尽管这些阶层在财富、收入等方面存在经验意义上的差异。专制主义将每个人都变成了主体，或者说是客体，不管他的地位如何，他的地位要么归功于国家，要么国家在一瞬间就可以让他的地位起落。剥削，甚至是私人剥削，可以而且确实正在进行，但是私人剥削者本身可以被国家剥削；并且，更重要的是，他们并没有剥削的权利，仅仅有剥削的特权；而这种特权可以根据国家的喜好转移给任何其他人。

阿米尼集团打算将土地分配给现有的65%的农户家庭，这些农户拥有传统的耕作权（the nasaq-holders）；主要通过出售国有财产补偿地主，从而节约改革资金；通过鼓励地主（地主一直是城市阶级）在城市部门投资（或者至少资助那些已经准备贷款和投资的其他人），以及直接拨款或提供其他支持，促进城市部门的私营企业发展。理论上讲，这将创造一个庞大的自耕农阶级；通过无地农户的广泛就业，传统农村制造业将会扩张，并且鼓励他们的剩余劳动力转移到城镇；在国家和曾经的地主的资助下，在私人部门的控制下，在配备足够的农民移民劳动力的条件下，城市现代制造业也将实现扩张；同时在城镇和乡村中，为稳定的多中心政治制度创造社会基础。在实践中，这可能会催生出独有的"混合"政治经济。这些发展是否可行或可取是另一回事（但比重建专制主义不知好了多少倍），不过这就是或者说似乎曾经是阿米尼集团的愿景。

阿米尼集团的直接遗产使沙阿在白色革命公投中加入了出售国家财产的内容,尤其是因为阿尔桑贾尼,这位土地改革的设计师在阿米尼倒台后继续当了一年的农业大臣。当沙阿自己的人入驻各部门时,取消国家垄断企业国有化以支持私营部门发展的想法仍然在议程上:他们称为"把人民的事业留给人民"[2],或者,像哈利勒·马利基被捕和受审前不久的一篇文章中所说的那样,"致非人民"(na-Mardum)[3],这是他们对自由放任的波斯语说法。

然而情况很快发生了变化。少数国家垄断企业的私人股份被发行给了地主。但是石油收入的上涨以及经济的持续繁荣导致现有的国有产业发展和新的国有产业增长,而这些像往常一样是按照完美的官僚主义路线运行的。从这个角度看,国家银行和内政部之间没有什么区别!同时,土地改革计划的精神很快就被推翻了,这就为农村社会的所有权、生活和劳动的日益集中和官僚化开辟了道路。(详见第十五章)沙阿既是伪现代主义者,又是伪现代民族主义者,还是伊朗的暴君,这三重身份的集合让他有了这样的梦想,石油收入帮助他实现了梦想,但这个梦想损害了伊朗人民的利益,最终也害了他自己。他希望使伊朗政治经济"现代化",主要手段包括,投资重工业;进口耐用消费品的替代品,从而创造消费热潮,这样可以让富裕阶层和受过教育的阶层闭上嘴巴;破坏传统形式的农业和游牧生活,因为这二者不仅在政治上难以控制,而且是社会"落后"的标志;进口最新的,也是最肤浅的科技,这样整个世界都会承认(实际上许多评论家,不管他们诚不诚实,已经承认了这一点)伊朗正在成为"中东的日本"。他还希望建立伊朗陆军、空军和海军,部分是为了他自己的国内安全,但主要是作为他的沙文主义吹嘘(可能也是计划)的实用工具;建立一个警察国家,镇压所有敢于在他的新"国家使命"规定之外思考的人;并且不惜一切代价,购买并维护超级大国和其他正在崛起的大国对其的支持和友谊,这既是为了避免出现破坏稳定的外国煽动,也是为了迷惑大部分激进的反对力量,因为他们头脑简单地认为

第十一章 石油专制主义（1）：石油与政治经济

真理、正义、激进的意识形态或其他东西在任何时候都与外国有关。

自然，国王陛下的梦想需要时间才能完全实现。除此之外，外交政策的要求以及沙阿的西方盟友的需求和要求同样很重要，例如，英国在1968年撤军后要求监管波斯湾地区。沙阿当然无法独立于外国势力，尤其是美国；在这个CIA（美国中央情报局）和KGB（克格勃）横行的时代，几乎没有国家是"外交"的。但是如果将沙阿的石油伪现代专制主义完全，或者主要归咎于沙阿奉命执行的宏伟的帝国主义计划，这种想法在理论上缺乏历史背景，在事实上也是错误的。事实上，随着石油收入的快速，到后来的爆炸性增长（他自己也直接参与其中），沙阿逐渐不再那么依赖美国了；这就是为什么沙阿本人认为1977—1979年的大革命不过是美国人为了惩罚他过于自我而策划的阴谋。他既不是帝国主义的纯粹代理人，帝国主义也没有阴谋在伊朗制造革命。但是，旧的观念，就像旧习惯，是很难改变的。[4]

1964—1966年，旧反对派的残余势力仍在试图让火种继续燃烧。第二民族阵线的领导层即将自然死亡，而这时摩萨台，这位来自艾哈迈德-阿巴德的老人，哪怕是在监禁中也能比整个高级委员会更清楚地看到问题，他通过（私运的）信件进行直接干预，给予民族阵线致命一击：阵线领导人集体辞职，而摩萨台带头成立了第三阵线，由自由运动、社会主义联盟、伊朗民族党和伊朗人民党（the People of Iran）组成。但为时已晚。当权已经开始对那些不准备沉默退出的反对派领导人进行野蛮的镇压。

自由运动的迈赫迪·巴扎尔甘、赛义德·马哈茂德·塔利高尼、亚杜拉·沙哈比以及其他人（在军事法庭上）被"审判"并被监禁；不久后，连"法庭"指派给他们的军事顾问都遭到了迫害，因为他们诚实地为受害者进行辩护。社会主义者联盟的哈利勒·马利基、阿巴斯·阿基利扎德（'Abbas Aqilizadeh）、阿里江·尚斯（'Alijan Shansi）、礼萨·沙扬（Reza Shayan）和其他人也遭受了同样的命运。伊朗民族党的领导人大流士·福鲁哈尔和伊朗人民党的领导人之一卡兹姆·萨米也是如此。还有许多来自这些党派的基层人员、学生活动者等，他们挤满了监狱，不论有没有经过审判；或者不符合一切规定，被征召为普通士兵，并被派到穷乡僻壤。

同时，反对派的全面失败，以及苏联与沙阿政权的和解（此事得到了人民党新闻媒体不加批判的支持）揭开了党内的旧伤疤。[6]同时，中苏之间古老而根深蒂固的敌意开始公开化，这既为越来越多的人民党成员提供了权力基础，也提供了一个心理逃避的路径，这样的情况首先出现在欧洲，后来在伊朗本土也是如此。党内出现了亲华派的分裂，在几年的时间里，人民党分裂成若干个对立的团体。但后来的事态发展，尤其是中伊友谊在外交层面的发展，阻止了这条大规模转变的新道路。1965年年初，几位年轻的亲华的前人民党成员连同跟他们有联系的一些反对派青年一起被逮捕，他们被指控策划刺杀伊朗国王：此前帝国卫队的一名年轻士兵试图刺杀沙阿不成，最后被杀，此事就发生在大理石宫沙阿的行政办公室里。

这一指控绝对是错误的。这个士兵（曾经也是民族阵线的支持者）很可能完全是自己主动行动的；无论如何，被逮捕的青年都没有参与这样的阴谋活动。他们仅仅在讨论发动农村游击队运动反对政权的可能性。这个想法起源于五个20—26岁年轻人在英国时进行的一系列非正式会谈；当抓捕行动开始时，有三个年轻人不在国内。在逮捕过程中，政权通过缴获的信件和讨论文件发现了这些计划，随后用酷刑逼他们招供。他们被指控阴谋推翻"立宪"君主等罪名。审判过程只是摆样子罢了，在庭上，小组的领导帕尔维师兹·尼克哈（Parvisz Nikkhah）表现直率，直抒胸臆，展现出非凡的勇气，成为人民的英雄，但五年后他放弃了信仰，加入了政权，成为人民的恶霸。他被判处十年监禁；其他人被判处三年至无期徒刑，但他们中的大多数人都被提前释放了。在《观察家报》（*Observer*）上，庭审上国际特赦组织的法律观察员路易斯·布洛姆-库珀（Louis Blom-Cooper）总结说，"检方没有证据"。

但是一场重要的政治暗杀已经发生了，其原因更加贴近普通民众的心。由于此前发生的一些涉及美国在伊朗的军人和其他人员的事

第十一章 石油专制主义（1）：石油与政治经济

件，美国政府忠于大国傲慢的普遍原则，要求伊朗法院不得审判这些人，否则美国将不再提供技术顾问。沙阿同意了，他要首相曼苏尔向议会提交合适的议案。此类事已经有了一个可恨的先例，在1828年俄国打败伊朗后，俄国就强迫伊朗接受这样的条款，以使自己的公民获益，直到1921年的伊朗—苏联友好条约将其废除。伊朗人民对这种公然攻击伊朗主权和伊朗司法机构的行为义愤填膺，甚至原本从不表态、唯唯诺诺的议会也对此大为恼火，但最终在极端压力下，该议案还是通过了。[7]此事的影响比违背宪法要大得多，这是对伊朗人民民族尊严的伤害，是帝国主义干涉的赤裸裸的体现：这伤害了人民的道德和宗教感情，他们甚至认为，他们的个人生活、隐私和尊严都处在蓝眼睛外国人的魔爪之下。不彻底理解这片土地上社会和文化复杂性的人不可能感受到这样的情感有多深刻。宗教界变得焦躁不安，传单被四处散发，讲坛上传来了谴责声。最重要的是，阿亚图拉霍梅尼，他自1963年7月的起义以来一直被禁闭，后来又受到严密监视，但这次公开打破了沉默，发表了一篇言辞激烈的演讲反对该法案。他很快就被逮捕并被流放到土耳其；随后，由于来自其他效仿渊源，如阿亚图拉沙里亚特马达里的压力，他获准前往伊拉克的省城纳杰夫，但在1978年9月他又被迫飞往巴黎。[8]

曼苏尔在议会大门前被刺杀，刺杀者叫穆罕默德·布哈拉伊（Muhammad Bukhara'i），是一个年轻的伊朗穆斯林，他对伊朗在涉及美国国民的案件中放弃管辖权而感到愤怒。随后，大批活跃的穆斯林被逮捕，并被虚假地审判，四人被处死，其中三人并没有直接参与暗杀。从1966年开始，传统的反对派从表面上消失了，让政权有一种虚假的、彻底安全的感觉。这就是为什么政权一直在急于取悦政治上不活跃的知识分子，甚至分配较低等级的职位和特权，允许出版和发行诸如马克思主义经典著作（外文版）等书籍，并且与1953—1963年不同的是，让知识分子在对非正统文人进行不加批判的宣传上展开内部竞争，这类文人包括萨迪克·赫达亚特和诗人尼玛·尤师吉，无论怎样，他们已经安全地去世了。只要不是用于反对国家，或者要求自治，一切都是可能的。例如，在1968年，国家电视台的摄像组匆匆赶到德黑兰大学文学部的一个文学集会上，在那里，反对派伊朗作家和小说家贾拉尔·阿勒·艾哈迈德（当局认为自己不够强大，无法拘禁他）正在讨论尼玛的生平和作品。

然而，传统反对派的失败为非传统的观点和方法开辟了道路。第二民族阵线的可悲的失败让曾经的支持者分成两派，一派更忠实于什叶派和其他伊朗传统，另一派受到越南和巴勒斯坦事件鼓励，开始发展马克思主义倾向。由比詹·贾扎尼领导的秘密小组发展了一个批判人民党的马克思主义阵营，但是其成员在行动前就被逮捕并关了起来；然而，他们已经播下了后来城市游击队运动的种子，即随后的"人民牺牲者"（Fada'ian-i Khalq），这个团体于1970年开始行动。另一个独立的马克思团体是由前民族阵线成员帕克内扎德（Paknezhad）领导的巴勒斯坦小组（Guruh-i Filistin），但该团体也在行动前被发现。与此同时，社会学家、前自由运动组织成员阿里·沙里亚提博士，开始发表他对伊斯兰教和什叶派的革命性解释。同样，他也先是被逮捕（1971年年底），然后被释放并被放逐（1974年），1977年逃往伦敦，在那里不幸去世。在那时，一支由激进穆斯林组成的城市游击队运动团体，人民圣战者（Mujahidin-i Khalq）已经与马克思主义游击队团体并肩作战多年。这就是为什么国王陛下，现在他自称为雅利安人之光，对伊朗知识分子感到愤怒，又为之深深地困扰，他曾在私人谈话中称他们为"狗屎知识分子"。这也是为什么酷刑机器对伊朗的征服甚至比宗教裁判所对西班牙的征服还要彻底。在第十七章我们将讨论相关的发展。

曼苏尔被刺杀后，阿米尔·阿巴斯·胡韦达接过了首相职位。在他任首相的近13年里，他对伊朗社会造成的伤害仅次于他的主子：他是一个有聪明的、有野心，但毫无道德准则的见利忘义的人，他这样的人不会有太多的自尊心；但他更擅长取悦他的主人，告诉（编造）主人想听的"信息"，并让他继续成为自己宣传的受害者。

1979年10月石油收入的爆炸性增长几乎让沙阿和他的党羽仅剩

的现实主义思想都荡然无存，他们彻底得意忘形了。1974年3月，沙阿通过与伊拉克人媾和，清除了外部敌对其政权最后的前哨（在阿尔及利亚举行的"伊斯兰"峰会上，胡阿里·布迈丁总统介入了此事，从而背弃了他承诺支持的伊拉克库尔德游击队），这时他突然推出新噱头：在民族复兴党（National Resurgence Party）的干预下建立一党制国家。然而这一次，雅利安人之光并没有遭到人民的拒绝：沙阿告诉所有持有伊朗出生证明的人，要么加入这个"包容各方的党"，保持沉默，但"不要指望我们"；要么拿着他们的护照离开这个国家，因为伊朗不需要"叛徒"。一个奉承的议会议员高兴地宣布波斯年的最后一个月（波斯历第12月，约为公历3月）是"决定命运之月"；英国记者和前工党裁军大臣查尔方特勋爵（Lord Chalfont）在《泰晤士报》发表了亲政权的文章，记录了这段令人作呕的内容。讽刺的是，历史很快就证明这两个人以错误的理由得出了正确的结果。这个党派并没有做出什么事情：许多人在签名加入后继续咒骂沙阿和他的专制机器；一些人没有加入，也"并没有遭受什么"，只是忍受着不同程度的骚扰；党本身成为提供无益的虚职、官僚主义的自我提升和金融腐败的又一个渠道。

1976—1977年的危机终于迫使沙阿给自己的政府做了一次整容（就像他自己已经做了整容），他任命了一个新首相——善于投机钻营的胡尚格·安萨里差点得到了这个职位，但最后沙阿选择了石油事务发言人和内政大臣，傲慢的技术官僚贾姆希德·阿穆泽加尔（Jamshid Amuzegar）。胡韦达被留下来，并担任新的宫廷大臣，甚至晋升了官职；而忠实的阿拉姆此时因患癌症病入膏肓，他被沙阿毫不留情地抛弃了。1977年8月，新内阁组建完毕（胡尚格·安萨里继续任职，在伊格巴勒博士死后，他很快担任伊朗国家石油公司的主席），这是一支更好的团队，其中甚至有两三个正直的人；但是在整整一年之后，他们就被革命的浪潮冲走了；而在这之后的六个月，雅利安人之光本人沦为一名国际逃犯。（详见第十七章）

以下是石油国家的理论模型，其中介绍了国家获得的石油收入对经济、政治和社会造成不可分割的影响的机制，单纯以现有的理论无法完全理解这些情况。之所以在此提出这个模型的简化和节略版本，是因为它将在随后几章关于伊朗政治经济及其发展的讨论中为我们提供参考框架。此外，它还让读者看到在过去的 15 年里，石油收入在强化伊朗政治经济的历史特征上发挥的重要作用，并让读者洞察未来的发展前景。在介绍该模型前，我们对 20 世纪政治经济学的趋势进行简要的总结，这有助于我们回顾之前讨论的要点，也有助于强调该模型的相关性。

石油和政治经济：理论框架

历史视角

传统的伊朗专制主义的力量来自土地私有财产在庞大的国有资产基础面前的软弱无力（引申开来，商业资本也是如此）、其对国家收入的直接贡献，以及从对非国有土地产出的各种税收中获得的间接收入。这些不同来源的收入和财富使国家能够负担相对庞大的行政、军事和社会支出，同时通过分配土地和予夺特权对官僚和有产阶级进行奖惩。社会各阶层——地主、农民、商人等一直都存在，但是这些人并不一定一生都能维持自己的阶层地位，更不用说他们的后代了。因此，在其他条件不变的前提下，只要国家出于经济原因，享有大量的收入，并能借此维持甚至增强其对所有社会阶层的权威，那么在这段时间里伊朗国家（至少内部）就会保持强大和安定。

而由于我们之前在第 3 章简要讨论的原因，当 19 世纪以来国家的财政状况出现疲软时，国家通过向外国出售特许权来获得外国的拨款和贷款，从而试图补充财政。然而，事实证明这个政策起到了反作用，实际上大大削弱了内部经济，从而减少了国家自己的国内收入，并加剧了商人和地主的不满情绪。伊朗爆发了一系列回应性的运动，立宪革命就是其中的高潮，它是在宗教异端邪说的意识形态背景下爆发的，源于 1848—1850 年失败的反对国家的城市起义。

第十一章 石油专制主义（1）：石油与政治经济

我认为，这些早期的、根本上是政治性的起义失败的主要原因来自他们的官方意识形态框架。这样做使他们疏远了大部分的宗教领袖和宗教团体，并使得国家更容易镇压他们，因为宗教领袖和团体整体的态度在反对国家的斗争中起着重要的，有时甚至是决定性的作用。例如，1890—1891年的烟草特许权事件；立宪革命；成功反对1919年协议；甚至逼迫礼萨汗最终逊位（礼萨汗通过私下谈话和公开表现，让乌莱玛接受他很快就会退位的保证）；[9] 摩萨台和民众运动的兴衰起伏（尽管我们观察到情况更为复杂）；以及虽然并未成功，但充满戏剧性的1963年6月的叛乱。人们似乎没有普遍吸取到这个教训，尽管最近在伊朗爆发了重大的革命，宗教界在其中发挥了塑造作用，而基于"小资产阶级"作用的"分析"仍然在不断涌现。[10]

自1921年以来，特别是1933年以来，石油收入一直是国家财政的相对可靠的来源。在这段时间，石油收入的总价值和在伊朗出口和产出中所占的份额也开始上升。这一点，再加上以礼萨沙为代表的伪专制主义和伪民族主义思想，使得专制主义披着现代的皮重新恢复，如上文第六、七章所述。然而，石油收入（除国家收入和财富的传统来源外）、伪现代主义和伪民族主义这三个因素导致专制制度扩张到一个（城市）社会实体，这一实体通常享有并小心翼翼地保卫着国家授予的很大程度的自治权——这就是宗教领袖和团体。这种自治有许多历史和意识形态方面的原因；但它的经济基础是依靠（通常是不可侵犯的）土地和其他财产的公共捐赠（the Owqaf-i Am），以及乌莱玛直接向富人征收的宗教应付费，使宗教领袖和机构的财政独立于国家。

石油收入的增长强化了国家财政独立和政治权力的数量和质量，这只是相对于有产阶级和宗教机构而言；国家官僚机构的发展（部分依赖于此）导致对欧洲式教育的需求和供应扩大，这成为官僚机构内晋升的最重要渠道；而这些变化与其他物质和意识形态因素相互依存，将宗教和宗教团体推向了社会经济综合体的边缘。如果没有第二次世界大战的介入，迫使礼萨汗退位，离开伊朗，谁都说不准这样发展的后果是什么。但是，一旦这样发展，在前面讨论的一系列事件（直到1963年）都会涉及对各种社会团体和机构的权力和自治权的重新确认——尽管程度不同，且以各种不同的（有时冲突的）政治形式。1963年，保守反对派和传统激进保守派被击败；地主们失去了他们的经济权力基础；人民起义（由宗教团体组织并领导）被击垮；之后不久，宗教捐赠开始由国家"管理"。与此同时，大量石油收入快速涌入国库。这就是石油专制主义兴起的主要原因和具体特征，我们将在后面看到，在它的兴起过程中也埋下自身毁灭的种子。

理论框架

下面是一个基本的、简单的、抽象的理论框架，用以阐释复杂的政治经济的纯粹机制。该框架基于一个相似的石油出口国家政治经济发展的普遍模型，尤其是那些人口相对较多，相应地有一个大规模农村社会的国家。[11]该模型当然需要适当的重新调整，以便有意义地适应和应用于每个相关国家：在任何地方纯粹机械地应用任何理论都会导致严重的错误，有时甚至会对现在和未来的事件和趋势产生灾难性的误解。

1. 石油、国家和社会阶层

石油是一种稀缺且效率高的能源，在能源生产和工业品制造（如石油化学产品）等领域有广泛的用途，主要集中在中东地区。这些众所周知的事实有助于我们分析各种技术、经济和政治性质的地区和国际问题。然而，从生产国的角度来看，石油生产、出口和收入的最显著特点是，除了在初始阶段，它们几乎不需要国内生产资料的任何贡献。特别是，国家劳动力参与石油生产的程度几乎可以忽略不计。这就是石油生产和其他重要矿物，如煤、铜、金刚石，甚至黄金生产最重要的对比。在其他矿物的生产中，其收益是由私人、公共资本和劳动力共享的；国家在收入中的份额（除其自身投资的回报外）通常来自对产品征收的间接税以及生产资料所有者支付的所得税。相比之下，石油收入作为一个巨大而独立的资金来源直接归属于国家：国家甚至不需要依靠国内的生产资料来获得这一收入，也不需要像公有制的生产型企业，将其中很大一部分用作工资及其他开支。

因此，石油收入在本质上是直接支付给国家的纯粹的集体经济租金（从这个术语的技术含义上讲）。一旦这些收入上升到较高水平，即至少占到国民产出的10%，国家就开始在生产力和社会阶级上拥有前所未有的经济和政治自主权。对于整个社会来说，这些收入成为一种无形的（有时候甚至是神秘的）不断增长的国家"福利"来源，直到他们开始认识到其中的隐形机制（当然，那些几乎完全依靠石油生产的石油国家就不是这样了）。然而，考虑到石油收入的技术和社会学特征，它也为国家支出提供了很大的灵活性。换句话说，"这些钱并不是国家要对其负责的'纳税人'的钱"。

在一定程度上，石油收入使国家不必再依赖国内生产资料和社会阶层，而后者在就业，获得直接支援和特权，借贷投资资本，发展国内市场以获取生产、贸易和投机活动的高额利润，以及享受从教育卫生到食品补贴的普遍福利计划等方面都要依赖国家。因此，国家支出作为经济和政治权力的源泉（它也想继续保持和加强这个地位），影响着各个社会阶层的命运。在一个更大的出产石油的农业国家，人均石油收入不足以满足每个人理想的生活水平，这种关系促成了一种新型的、与石油相关的社会分层体系：哪怕是最低程度的理想生活标准，国家也必须有选择地向个人提供，而那些受益者只是城市人群中的一小部分。

不断扩大的军事—官僚综合体、专业人士、其他受过教育的群体，甚至包括商人阶层，共同构成了国家的侍从群。显然，无论是作为群体还是个人，这一客户群中越来越多的成员将以不同的方式和程度从国家中受益；将他们归入同一个类别的理由是，他们都依赖国家获得与他们不断增长的愿望相对应的收入和财富，同时他们作为各种享有特权的社会群体的成员，可能是对国家权力垄断的最大潜在挑战。接下来是城市人口中的广大民众，他们仰仗着国家获得实际就业机会、有保障的最低工资、食品补贴、公共卫生和教育计划等，以及跃升进侍从群的机会。这也是一个成员混杂的社会群体，他们中有些人的期望可能会落空，他们得到的只有苦涩和失望。最后是广大农村社会的大多数人，即农民，他们人数众多，而且太过贫穷，不能算作石油收入的受益者，在某些情况下伊朗也是如此，在政治上太软弱（因为各种社会经济和历史原因），无法威胁做出直接报复。农民们的报复很可能就是脚上的功夫，比如向城市进军，在城市门口冲击那些归功于国家过上一定程度的幸福生活的城市群众。这是制度本身造成的第一对辩证对立关系；但是正如我们看到的，这并不是其中唯一的辩证关系。总而言之，与石油相关的分层制度将国家转变为一个不断增长的侍从群的恩庇者；城市大众生活和劳动力的世袭监护人；以及将农民逐出社会的代理人/主体。如果像伊朗的情况那样，已经存在专制主义的历史力量和制度，同时城市社会对农村社会进行传统统治，那么石油体系仅仅只是重塑或加强已经存在的，或幸存下来的关系和趋势。

2. 国家开支：模式和影响

整个系统——经济、社会和政治，以及它们的各种要素——都取决于国家开支的规模和战略。国家的消费支出将迅速扩大国家的军事—官僚网络，无论是成员的规模还是他们的收入，而官僚机构的收入则为其他人和活动设定收入底线。侍从群体不劳而获收入的增长导致消费支出率增高，刚开始是购买更好的食物和住房（甚至私人宫殿）、摩托车、现代家用电器等，最后是更高额的私人服务消费，从法律和医疗服务到餐馆、娱乐、酒店、度假等。因此，国家消费支出的扩张直接和间接地导致了（尤其是）官僚和现代服务的扩大，以及建筑和现代耐用消费品的增加。另外，侍从群中的成员，如官僚、军官、进口商、专业人员、现代酒店和餐馆老板、建筑承包商、装配厂主等，正是这些活动的雇主或雇员。因此，无论是在需求方还是在供应方，侍从群都能从经济结构这种不断循环和累积的变化中获益。这一过程中唯一的突破点在于（特别是）高质量食物的日益短缺，而这一点可以通过提高国内农业的投资和生产力或扩大进口来弥补。但稍

第十一章 石油专制主义（1）：石油与政治经济

后我们会看到，前者并不会实现，而后者也不会真正地缓解压力。

国家的投资支出重点在城市部门，主要在建筑、现代服务活动（如银行和保险）以及重工业（钢铁、机床等）领域，并采用最新的资本密集型和技术密集型现代科技。这是伪现代主义经济发展的通常模式，无论是否涉及石油，其中复杂的原因在此不便讨论。[12] 不同之处在于其适用的程度和时长：伪现代主义石油国家认为可以进行资本投资，进口机器，雇用大量外国专家，扩大对国内和国外产品的城市消费，通过进口弥补国内的粮食赤字，并让农业自然死亡，不担心国际收支赤字的问题。事实上这种战略并不容易奏效，即使是在"纯粹的"经济领域，也是必须从艰苦的经历中学习的。

因此，国家的投资战略也促进了建筑业、服务业等的发展，却歧视农业。这导致农业停滞不前，城乡差距迅速扩大，粮食和农产品供应短缺，农村向城镇迁移的人数增加。

3. 现代技术和熟练劳动力

在制造业和服务业中使用现代高科技和更多的资本（即机械）而不是劳动力的"理论依据"（实际上是借口）是石油国家拥有"丰富的"金融资本和外汇，因此，可以也应该使用更多资本密集型的生产技术。然而，这一论点存在着一些严重的缺陷，甚至可能没有引起许多发展经济学家和专家的注意。

首先，当且仅当一种经济资源被无偿使用时，它才是丰富的：例如，当一定比例的劳动力在任何地方都会被无偿使用时，经济中或其中一个部门才会有充裕（或过剩）的劳动力。但是在这种情况下，不可能存在丰富的外汇；因为其"剩余"要么被投资，即在国外被有偿地使用，要么通过减少石油出口而被阻碍，要么出现两种结合的情况。其次，"资本密集型技术"这一笼统的说法本身就有误导性：资本（即机械）来自哪里，体现了什么技术，都有很大的区别。国内研制的设备和进口的外国设备的金融和技术影响也不同；外国设备本身也可能在成本和技术特征方面有不同的规范。选择"资本密集型"的手段是一回事；使用进口的高技术机械又是另一回事。最后，石油国家可能有"丰富的"外汇，但是他们技术工人的短缺又怎么办呢？

当然，"专家们"已经认识到"技能限制"的问题。他们中有些人甚至承认，如果主要通过雇用所需类型和水平的外国技术工人来缓解短缺，在技术上是不可能的，经济上太昂贵，社会文化上也很麻烦。然而，他们会争辩说，问题可能被夸大了，这些国家可以通过大量的"人力资本投资"来解决他们技术工人不足的问题，这个术语是使高等教育和技术教育的神秘化的把戏。但是这种观点过于简单和机械化：人力资本投资需要的时间太长；其计划和执行将需要一个行政机构，但在当时的情况下，并不也不可能存在；需要大量各领域目前和未来需求的正确信息；等等。此外，数量上的快速增长并不能保证维持质量；并且不管怎样，很容易在不考虑社会背景的情况下总结出社会效能（适用性）的结果。如果社会体系是"技术工人"倾向于集中在一个或两个大城市里，而且更糟糕的是，他们占据着官僚的办公桌，而且普遍没有职业行为准则，只为了不惜一切代价实现收入的最大化，那么谁也不会知道社会获得的净收益是什么。

"专家"们忽略了另一个重要问题，这个问题甚至可以帮助他们建造几个数学"模型"：除非一个国家（不论否则它总会有没有石油）刚刚登上世界舞台，否则它总会有自己的传统生产技术，以及相关的熟练劳动力，如织工、纺工、染工、补鞋匠、铁匠、裁缝等。因此，"熟练劳动的短缺"指的是现代技术工人；也就是那些至少在理论上可以运用进口高科技的人。由此可见，应用这种技术会立刻使进口费用成倍增加，造成现代技术工人的严重短缺——抬高了他们的工资，使生产能力闲置——并导致传统技术工人的浪费，淡化了他们的技能，降低了他们的收入，甚至将他们转化成（有可能是失业的）非熟练劳动力。这是一个简单的经济学问题，其社会影响甚至更容易设想到。然而，这些情况的前提假设是采用这种资本密集型科技的经济将会长期遭受缺乏技术工人的困扰；因为若情况不是这样，国家迟早会面临失业问题，这一问题将会盖过所有其他"成就"。这就是在

（石油还是非石油的）不发达国家，"专家"们的现代主义和他们的客户们的伪现代主义的一个方面。

4. 货币、通货膨胀和国际收支

货币主义者和"凯恩斯主义者"之间存在着巨大的家庭纠纷，即无论经济、社会和文化背景如何，货币扩张是否会导致通货膨胀。我倾向于让他们自己确定他们的普遍真理，而我相信，通常在不发达国家，尤其是石油国家，货币扩张往往会引发通货膨胀，尽管我的理由并不在这两组理论家的同质经验范围内。当在一个社会中，炫耀卖弄成为决定一个人社会地位（甚至决定他是否为人）的最重要因素，并且收入、消费和家庭财产所有普遍较低，那么人们倾向于将他们多余的流动资金用于购买商品；而由于这个或其他原因，通货膨胀成为日常生活的一个特点，即使那些有大量现金可供处置的人也会购买大量的耐用品，特别是城市土地和房产，以保护和提高其流动资产的价值。此外，由于政治经济制度带来普遍的不安全气氛，他们普遍会进行投机活动，但是他们的投机行为以及他们购买的资产类型本身就会助长通货膨胀的势头，而官方的利率费用不太可能对他们的决定产生太大影响。

这并不意味着货币是通货膨胀的原因，或者说主要原因。由货币扩张和实际收入增长（在不同的部门以不同的速度）导致的结构性通货膨胀可能是问题最重要的"原因"：在对石油经济的理论案例研究中，对食品（尤其是各种高质量食品）的需求快速增长，农业停滞不前，而进口的物理能力（港口、道路、运输设施、储存能力、分销网络等）正在被潮水般涌入的机器、工业品、原材料和其他物品的浪潮拉伸到极限，任何数量的外汇都无法在合适的时间以合适的程度缓解瓶颈问题。

这就是国家支出战略和技术选择的净结果：创造过剩的流动性；高总消费量；强调进口的高级工业技术——这不仅挤满了港口，更重要的是，塞满了现代技术工人的钱包；并且狂热追逐更高的收入、更多的消费、更多的炫耀以及其他方面。这种不劳而获的个人财富和收入不仅在"道德上"是错误的，更重要的是，它腐蚀了经济，破坏了社会，使人们的心理动荡不安。不需要任何数学模型和经济测试，单看"成功的"赌徒，甚至彩票赢家的案例就足够证明这一简单的事实。

这样一个石油国家的国际收支会发生什么，取决于石油收入的相对规模和增长。即使允许存在外汇"盈余"（在部分情况下可能如此），浪费仍旧是浪费，哪怕社会（或者国家）可以"承受"。当然，还要考虑未来，不管是近期还是遥远的。

5. 总结说明

总的来说，以上是很早之前建立的（甚至早于1979年石油收入爆炸性增长）一个简单模型的总体框架，目的是预测石油收入对（尤其是）更大的出产石油的农业国的政治经济的影响并解决问题，在一定程度上兼顾了现实主义。这个框架可以在具体案例中被检验、改进或反驳，只要仔细考虑所有相关的政治经济的定性和定量因素。历史已经证明了它在伊朗政治经济的案例中是正确的，我们将在下面的章节进行研究。

图 11-1 所示为"农业"石油出口国的社会经济结构和关系。在

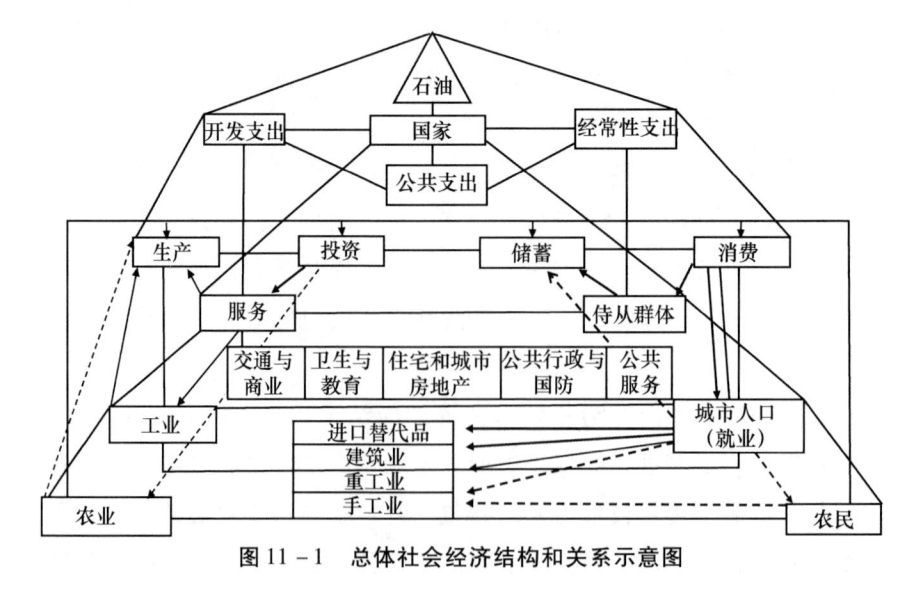

图 11-1　总体社会经济结构和关系示意图

第十一章 石油专制主义（1）：石油与政治经济

这张图中，与石油和国家的相对距离反映了每个部门在国民经济中的联动水平和重要性。此外，连线的相对粗细显示双方相互依赖的相对程度。图11-1总结了我们对"农业"石油出口国的政治经济发展的简要分析框架。我们可能会注意到，一旦去除掉图中的底部部分，其余部分可能仍与较小的沙漠型石油经济体相吻合。

附录：技术说明

以下内容旨在用简单的技术术语介绍我们的模型在储蓄、投资、增长、通货膨胀等方面的含义。

在这个简单的基础上建立复杂的数学和计量经济学模型并不困难，但我并不认为这些模型会对我们了解相关问题有很大帮助。

让我们假定

$$Y = O + R = C + I + X - M \quad (1)$$

此处 Y = 国民收入；O = 非石油产出；R = 石油收入；C = 总消费；I = 总投资；X = 总出口；M = 总进口。

让我们进一步假定，$X - M = B$；$O = C$：在更大的出产石油的农业国家情况大致是这样，而在非农业的石油国家甚至有可能是 $O < C$。因此，

$$R = I + B \quad (2)$$

符号 B 即贸易收支在理论上是不确定的，这取决于石油国家的类型、石油出口的水平、其他出口和进口等。

如果 $B = O$，那么

$$R = I \quad (3)$$

这种情况对于像伊朗这样的石油国家是不可能的，因为从会计概念看，I 指的是净投资，即总积累减去在生产期间用完的资本设备的替换。由此可见，如果非石油产出 O 去除了资本折旧，那么 $O < C$

并且

$$R > I = S \quad (4)$$

如果 r = R/Y 是石油收入的固定年收取率,那么 s = S/Y 表示固定的年积累率,这时 s < r。因此

$$g = s/v < r/v \tag{5}$$

其中 v = 总资本－产出比率。

这意味着经济增长率会更低,即使全部的非石油产出都用于消费品消费,并且将石油收入用于投资,可能也是这样的情况。然而,由于国内不可进口的投入,从现代的熟练劳动力到进口的物质设施都存在短缺,导致出现严重的瓶颈,并出现生产产能不足和部门工资膨胀的情况。现代熟练劳动力的增长率将低于匹配的资本积累率允许的潜在增长率,因此,既存在着较低的实际增长率,又存在着高通货膨胀率。

总而言之,即使国家的石油收入绝对大于国家支出,也只能以不可进口的国内投入限制所允许的速率增长,而这些限制本身可能因技术选择不同而不同。进一步的扩张迎来的是生产能力的浪费(过剩)、高通货膨胀,同时对缺少特权的人群的收入分配将进一步恶化。

注释

1. 礼萨汗曾打算登基后将他的巴列维集团转变成一个政党(现代伊朗党)。在这一点上,他受到了阿塔图尔克·凯赫的影响,并得到了他的随从的鼓励。然而最后礼萨沙放弃了这个想法,可能是因为他担心这个党派将成为一个部分自治的政治机构。参见 Mustafa Fateh, *Panjah Sal Naft-i Iran*, Teheran, 1956; Ibrahim Khajeh Nuri, *Bazigaran-i'Asr-i Tala 'i*, Teheran, 1942 – 1944 和 Husain Makki, *Tairkh-i Bist Saleh-yi Iran*, Vols. 1 – 3, Teheran: 'IImi, 1945 – 1947。

2. 参见 *Ittila'at* 和 *Kayhan*(日报),1963 – 1964,各期。

3. 参见他在 *Socialism*(欧洲的伊朗社会主义者联盟的月报)发表的未署名文章,1963 – 1964。

4. 详见下文第十六、十七和十八章。

5. 参见 *Mukatibat-i Musaddiq*(摩萨台的往来通信),Paris: Intisharat-i Musaddiq, 1975, Appendix, Part II。

6. 这一抵抗性战略却以一场进攻性运动开端,人民党喊出"伊苏友谊万岁"

第十一章 石油专制主义（1）：石油与政治经济

的口号。参见 *Mardum*（人民党的机关报），1963—1965，各期。关于人民党在不同背景下对伊苏关系系统性辩护的严肃评价，参见 *A Study of the Views of the Tudeh Party Leadership concerning Irano-Soviet Relations Socialism*（欧洲伊朗社会主义者联盟的季刊），II No. 5，1965，pp. 4 – 14。

7. 该法案于1964年11月通过，曼苏尔于1965年2月被暗杀，布哈拉伊和他的三个同伙于1965年7月被处决。

8. 霍梅尼被威胁可能被逮捕甚至遭到指控，但由于米拉尼和沙里亚特马达里的介入（他们写了一份证词，大意是说霍梅尼也是一位效仿渊源），迫使政权将他流放至土耳其。后来在沙里亚特马达里的干预下，霍梅尼前往伊拉克的圣城纳杰夫。参见 *Umid-Iran*（周刊）中1979年6月对沙里亚特马达里的采访。

9. 参见上文第五章，关于乌莱玛默许礼萨汗上台。

10. 就在最近的1979年6月，人民党的创始人和资深领导人对在伊朗占主导地位的政治力量进行了以下的分析。（迈赫迪·巴扎尔甘的）政府是全国资产阶级的代表，而伊玛目（即霍梅尼）是城市和农村小资产阶级的代表……我们不支持以政府为代表的民族资产阶级立场……我们捍卫人民，因此，我们支持反对资产阶级的小资产阶级的正确立场。见对伊拉治·伊斯坎达里的采访，载 *Tehran Musavvar*（周刊）xxxvii，No. 21，15 June 1979，pp. 35 – 39。详见对人民党总书记基扬努里博士的采访，载 *Iranshahr*（双周刊），No. 30，15 June 1979，pp. 17 – 19。这样肤浅的"分析"（直接复制了马克思等人对法国大革命、路易·波拿巴的政变等事件的出色研究）是非常方便的，因为他们不必花很多时间学习欧洲前人学者应用的分析方法，也不必去了解伊朗历史和社会，并利用相关的理论和方法对伊朗的社会和政治事件进行现实的评估。然而不仅是人民党的领导人是这样。见下文第十七和十八章。

11. 该模型的完整版本参见 H. Katouzian，*The Political Economy of Development in Oil Exporting Countries*，Peuples Mediterraneens，No. 9，1979，pp. 3 – 22。该模型的雏形是在十年前形成的，我将其作为理论框架，用于我早期对伊朗经济和农业部门的研究，发表在 *Tahqiqat-i Eqtesadi*，1972，*Quarterly Journal of Economic Research*，1972 和 *Journal of Peasant Studies*，1974 and 1978。

12. 参见 H. Katouzian，*Peasant Societies and Industrialisation：A Critique of Modernism and Pseudo-Modernism in Economic Development*，国际研讨会"三个世界还是一个世界？"的论文。该文章的德文译本将在1980年的研讨会论文集中发表。

第十二章
石油专制主义（2）：
经济变化的数量和质量

1964 年开始，从数量和质量上看，影响生活和劳动的最重要的因素是石油收入的（随后爆炸性的）增长。其他因素也在起作用；但是，如果没有石油收入，这些因素会导致截然不同的结果。如果没有不断增长的石油收入，以及其带来的虚假的经济增长，恢复伊朗专制主义的企图就不会成功，至少不会完全成功。不会有足够的资金来贿赂各种社会团体和个人，换取他们的合作、默许或共谋（或者只是绝望地保持沉默），或者资助伪现代主义的经济发展战略；除此之外，基于军事和财政的需求，政权将会越来越依靠西方力量，特别是美国，而不太可能与苏联、中国等国家建立友好关系。相比之下，对外贸易以及外国资本和劳动力的经济存在也会越来越少。总而言之，（如果没有不断增长的石油收入）国家的权力会大大缩小，而政治经济会越来越独立于国家权力。石油是整个社会经济结构中的独立变量。滥用这一变量导致了城市社区购买力的不均衡增长；从根本上改变了经济结构；有效地摧毁了伊朗的农业和农村社会；极大地增加了社会和地理流动性；导致了难以想象的城市地区和环境问题；将传统的、较低层的社会阶层带入伪现代主义的大众消费领域；摧毁或淡化了一些技能和产业，而同时提升或扩大了其他的技能和产业；提出不可能实现的社会和物质期望；破坏了文化传统和社区关系，但没有功能上的替代物取代它们;导致在各经济部门和实体之中以及之间出现了严重的瓶颈和不平衡;使国家与社会严重分离,这种情况在人类历史上都很罕见;大大增加了因事故、心脏骤停和脑溢血造成的死亡和残疾案例;广泛出现精神障碍、抑郁症和自杀案例。这些都是伊朗朝着沙阿完全幻想的"世界第五大工业国"和"伟大的文明"的目标迈进的过程中付出的主要代价。

经济变化

关于个别经济部门的讨论我放在了下面的三个章节。以下是对经济在各领域整体变化的描述和分析。

经济增长和结构转变

石油收入在1979年年末爆炸性增长。在此之前的十年是第三和第四个(五年)计划时期;在这之后的五年是第五个计划时期。我们没有必要总结这些"计划"的资料,以及拨款和支出等情况,部分是因为这些信息在许多官方出版物中可以看到,并已经在其他地方转载;[1]但主要原因是,这些信息对我们独立于已经讨论的基本因素和问题,了解经济决策和事件的起因及后果并没有帮助,并且我们将在下文详细讨论。在专制主义的政治经济中,"经济计划"不过是将奇思妙想和政治宣传书面化和正式化,它们本身又容易遭受剧烈的波动。

根据不同的计算方法,1963—1972年,国民生产总值的年平均增长率为8%—9%,人均国民生产总值为5%—6%。制造业、建筑业和非石油采矿业(后来包括向苏联出售天然气的不断增长的收入)的年平均增长率为10%—11%;服务业的年平均增长率为8%—9%;农业增长2%—3%;而石油收入年平均增长率达到了20%。由于1973年10月石油收入爆炸性增长,接下来几年的国民生产总值增长率并没有太大的参考意义。在这一时期更重要的是国内非石油部门的不同扩张速度:"服务业"飞速发展;如果不是因为水泥、砖头、建筑工人、水管工等出现严重短缺，建筑业本来可以增长得更快；尽管经过与苏联谈判，达成了更高的天然气价格，但是制造业和采矿业的增长相对较慢；而农业从来不是发展大热潮的参与者。

表12-1显示出在三个五年"计划"期间经济出现的数量变化和结构转变。表中第5行的数字显示，国民生产总值（表示国民收入水平）在这15年里增长了十倍以上：假设汇率为1美元兑75里亚尔固定不变，这意味着国民生产总值从1963年的43.23亿美元上升到1978年的493.65亿美元；按人均计算，这些数字分别为188美元和1410美元。由于1973年后伊朗货币升值，不然1978年的实际美元数字会更高。

表12-1 1963—1978年国民生产总值的部门分布，特定年份

（单位：十亿里亚尔）

	1962—1963 总量	1962—1963 占GNP比值	1967—1698 总量	1967—1698 占GNP比值	1972—1973 总量	1972—1973 占GNP比值	1977—1978 总量	1977—1978 占GNP比值
1. 农业	88.8	27.4	111.1	21.6	271.0	10.3	339.0	9.2
2. 工业 制造业和采矿业 建筑业 水力	57.8 (41.5) (14.1) (2.2)	17.8 (12.8) (4.3) (0.7)	106.3 (72.5) (24.9) (8.9)	20.7 (14.2) (4.8) (1.7)	333.0 (224.4) (91.4) (17.2)	12.6 (8.5) (3.5) (0.6)	684.3 (468.2) (179.5) (36.6)	18.5 (12.6) (4.8) (1.1)
3. 服务业 国有服务业	119.8 (24.7)	40.0 (7.6)	187.0 (48.6)	36.4 (9.4)	629.4 (207.8)	23.9 (7.9)	1281.3 (402.3)	34.6 (10.9)
4. 石油	40.0	12.3	92.4	18.0	1333.3	50.6	1284.9	34.7
5. 国民生产总值，以市场价格计算[a]	324.2	—	513.8	—	2635.7	—	3702.4	—

注：a 这并不是第1—4行数据直接相加的总额，因为它包括间接税和国外非石油净要素收入。

资料来源：基于伊朗中央银行各年度报告和其他官方出版物。

1963年的石油收入为400亿里亚尔，占国民生产总值的12%以上，随后保持高速增长（在1971—1972年跃升至国民生产总值的四

第十二章 石油专制主义（2）：经济变化的数量和质量

分之一以上），在1973年突然爆炸性地增长到1333.3亿里亚尔（近180亿美元）。这里有一个最明显的证据证明此类经济增长不过是虚假的繁荣，1973年，由于石油价格增长了四倍，石油收入占国民生产总值的比例上升到50%。但是，一旦其有机会渗透整个经济，这一占比在1978年下降到34%；也就是说，国民生产总值的三分之一以上是由石油收入直接提供的。

从一开始服务业就在国民生产总值中占据很大的比重。然而问题是，为什么在"经济发展"过程中，这一成分混杂的活动体应当与国民收入保持同样的增长速度？[2]教育和住房方面的支出增长很快，尽管有很多钱挥霍在昂贵和无意义的项目上。运输和贸易行业扩大了。但是道路建设及类似的活动的数据必须归入"建筑业"。通信和航空服务快速增长，但它们在服务业整体中的份额仍然非常小。银行业和保险业的情况也是如此，这些活动不过是将石油收入分配给有影响力的人和社会特权人士的一种变相的方法。在"国家服务"这一项目才能找到服务业快速发展和高份额比重的真正线索；除石油收入外，这一项目的增长速度比国民生产总值的任何其他类别都快；1963年，它还不到服务业支出总额的五分之一（1198亿里亚尔），而在1978年，它几乎占据了服务业总支出的三分之一（12813亿里亚尔）；事实上，在1978年，国家服务的总价值几乎等于国家的全部制造业产出（见表12-1中制造业和采矿业以及国家服务业）。然而可以肯定的是，国家服务的数据，尤其是在后期的数据，被刻意低估了，原因是将萨瓦克大部分的预算以及一部分其他官僚和军事支出掩盖在其他项目下了。如果将不断增加的购买尖端军事设备的费用部分归入国家对"机械和设备"投资的数据，也是不足为奇的。还有其他原因导致服务业类的普遍膨胀，而机械地应用计量经济学技术不太可能将其揭示出来。现代技术人员食利阶层的生产中的高收入率；他们和他们的同类人对诸如酒店、餐馆、度假、现代教育和医疗服务等昂贵的奢侈服务消费水平很高。总的来说，服务部门提供了石油收入、国家和政府之间紧密联系的交汇点。

从表面上看,"工业"的增长也很快;1977—1978 年,工业占国民生产总值的 18.7%。但是建筑业长期在工业中占比较大,并且其增长速度通常比制造业快,在随后的几年里更是快得多——事实上石油收入的爆炸性增长带来了建筑业的火热,以至 1974—1977 年(表 12-1 未显示这一情况),建筑业在国民生产总值中的份额几乎赶上了制造业本身(见资料来源);制造业和采矿业产出的数据包括从天然气和其他非石油矿产、传统艺术、手工艺和工业,到汽车业和钢铁生产各个门类;制造业和采矿业产出对国民生产总值的总贡献,正如我们在上文看到的,并没有超过 1977—1978 年国家服务的官方数据。

农业的情况不言自明,我们将在第十五章中对其详细讨论。总而言之,伊朗站在成为"伟大文明"的门口,所有农业和工业产品的产出加在一起,只相当于"中东的日本"整个国家产出的五分之一左右。

人口和劳动力

1963—1978 年,总人口以 2.9% 的年平均增长率从 2300 万人增长到 3500 万人。然而,农村人口的年平均增长率(相对地)低至 1.2%,而城市人口的年平均增长率(绝对地)高至 4.6%。3.4% 的差异几乎完全是农村—城市的高迁移率造成的,而这样的迁移率是农业经济衰退和农民社会被整体社会驱逐的结果:1963 年,农民人口占总人口的 65%;1978 年,该比例已经降至 53%。沙阿在 1973 年年初,甚至早在石油收入爆炸性增长前就已经立下了豪言壮语,等到 1980 年农民人口将下降到 200 万人,即占总人口的 5% 或 6%,虽然这是一个无法实现的噩梦,但是真实情况已经够糟了。[3]

城镇人口高增长带来的地区和环境问题(涉及就业、住房、城市交通和其他公共设施等)可想而知,尤其考虑到应对这些问题的是官僚化的、腐败的、冷漠的、见利忘义的、完全没有效率的国家机器。

劳动力的统计数据缺乏全面的细节,这主要是为了避免官方的尴尬。但是总体的数字也前后矛盾,这是因为官方技术人员和技术官僚为

第十二章　石油专制主义（2）：经济变化的数量和质量

了掩盖真相而采取了神秘化的策略，推出了所谓的"人力资本投资"。例如，同一官方来源提供的数据中存在一些差异，根据来源自己的解释，这些差异是法定最低就业年龄的变化造成的。这也许是事实。但是，即使考虑到"法定调整"，从该来源的一份出版物中引用的1973年的就业劳动力的数字，甚至比该来源在随后的出版物中引用的1973年劳动力总人数还要多。总的看来，似乎在用"人力资本"竭力掩盖劳动力失业。根据中央银行最近的一份年度报告显示，1977—1978年，"潜在雇员"的数量是990万人，而"实际雇员"的数量只有900万人；简单来说，900万工人，即9.1%的劳动力，处于失业状态。[4]

表12-2　　　　总劳动力的部门分布，1963—1978年　　　（单位：千）

	1962—1963		1967—1968		1972—1973		1977—1978	
	数量	占总额比值	数量	占总额比值	数量	占总额比值	数量	占总额比值
农业	3672	55.1	3861	49.0	3600	40.9	3200	32.2
工业	1372	20.6	1947	24.7	2550	29.0	3300	33.2
服务业	1584	23.8	2020	25.7	2600	29.5	3379	34.0
石油部门	36	0.5	46	0.6	50	0.6	60	0.6
总计	6664	100.0	7874	0.6	8800	100.0	9936	100.0

资料来源：见表12-1所示。

由于这些以及其他原因，我们很难清楚地了解（就业或未就业的）劳动力的部门分布情况。表12-2显示，占国民收入三分之一的石油部门雇用的劳动力占总劳动力的比例微乎其微（约0.6%）：因此造成的集体经济租金以及其各种影响，我们在第十二章已经进行了讨论。从事农业活动劳动力的相对和绝对数量都有所下降。然而，农村劳动力并不完全从事农业活动：1977—1978年，农村劳动力（未在表中显示）超过550万人，而农业劳动力为320万人（见表12-2；剩余的230万人不可能全部从事农村手工业和贸易；因此，这为我们提供了农村失业规模的线索）。然而可以预见的是，从事工业和

277

服务业的劳动力水平和百分比份额迅速增加。但是服务业的就业率较低，增长速度也较慢，无法以服务业在国民产出中的份额来解释。

以 1977—1978 年为例。在这一年，服务业在国民产出中的份额（不包括石油收入，因为石油收入不是由国家劳动力生产的）为 55.6%，而在非石油劳动力中从事服务业的比例为 34.2%；工业在产出中占 29.7%，而在就业人数中占 33.4%；农业在总产出中的份额为 14.7%，在就业中的份额为 32.4%。这些和其他数据在表 12-3 中已经列出。

表 12-3　非石油经济部门对产出和就业的贡献，1977—1978 年

	产出		就业（不包括官方失业）	
	亿里亚尔	占总额比值	百万人	占总额比值
农业	339.0	14.7	3.0	33.3
工业	684.3	29.7	2.8	31.3
服务业	1281.3	55.6	3.2	35.6
总计	2304.6	100.0	9.0	100.0

资料来源：同表 12-1 和表 12-2。

问题是，为什么会这样？假设我们相信农业产出和就业人数占比间的巨大差异是产量较低的结果，考虑到（也许）该部门对资本机械的使用更为有限。但为什么服务业在国民产出中的占比要比其在劳动力中的份额高得多；并且与工业相比，这种情况又怎么解释呢？尽管不一定准确，但人们通常认为，服务业的生产力低于工业；然而，可以确定的是，工业并不会高出服务业太多。

这个问题可以借助表 12-4 来分析。表中第（1）栏和第（3）栏中的数字显示，1962—1963 年和 1977—1978 年，三个部门中每个劳力创造的产品价值（或称劳动生产率）；而第（2）和（4）栏中的数字显示这些部门每个劳力的相对产量，即第（1）栏和第（3）栏与相应的总数字的比率。第（2）和（4）栏中的数字比较来看，可以观察到在这两个年份区间里每个劳力的相对产量在农业略低而在服务

第十二章 石油专制主义（2）：经济变化的数量和质量

业略高；（b）在 1977—1978 年，农业的情况恶化了，因为在农业每个劳力的相对产量比其他部门的下降幅度更大。

表 12-4　各个经济部门中各工人的绝对和相对产出

	1962—1963		1977—1978	
	各工人的产出（亿里亚尔）（1）	各工人的相对产出（2）	各工人的产出（亿里亚尔）（3）	各工人的相对产出（4）
农业	24.2	0.60	105.9	0.45
工业	42.1	1.00	267.3	0.88
服务业	75.6	1.90	380.3	1.62
各工人的非石油总产量	40.2	1.00	233.6	1.00

来源：基于表 12-1 和 12-2。

让我们再一次假设，农业部门的情况完全是因为机械投资相对较少导致劳动生产率较低（这肯定是一部分原因），而且有证据表明石油国家放弃了农业部门。但是为什么服务业的"劳动生产率"几乎是工业的两倍？现代服务业确实使用了大量的新机械，但相对而言肯定没有现代工业多，特别是在这个后来成为"第五大工业国"的国家。除此之外，伊朗的国家服务以及服务链的低端雇用的大部分劳动力是小商贩、店员等，在这些部门里一定存在着大量的隐性失业，即劳动力的过度就业，这一情况可能比其他任何国家都多。那么，是什么原因导致了服务业的人均产量大大高于工业？这个问题的答案只有一个：在这个部门，劳工的人均收入要更高，因为现代服务业和国家官僚机构（现代技术"工人"、专业人士、官僚和技术官僚、银行家、保险经纪人、旅馆老板、餐馆老板、电影院老板等）享有高额的垄断性租金；也就是国家大部分的侍从以及国家的"人力资本"。

上述讨论让我们对城市和农村部门之间以及城市部门内部的收入分配模式有了一定了解。

消费、储蓄和资本积累

在上一章中我们假设，在一个不民主的，并且特别是政治经济专制的框架下，石油收入使国家挥金如土，无论是直接开销，还是对有特权的少数人群（即国家的侍从群）进行资助，都毫不吝啬。

表 12-5　　　　按来源和用途分列的国家产出和支出

（不变价格），特定年份　　　　（单位：亿里亚尔）

	1962—1963	1967—1968	1972—1973	1977—1978
1. 非石油产出	284.2	421.4	1302.4	2417.5
2. 石油收入	40.0	92.4	1333.3	1284.9
3. 国民生产总值（以市场价格）（1+2）	324.2	513.8	2635.7	3702.4
4. 累计消费	265.3	404.2	1234.5	2208.5
5. 资本抵补	22.7	36.0	86.4	161.3
6. 非石油储蓄总额（1-4）	18.9	17.2	67.9	209
7. 净非石油储蓄额（6-5）	-3.8	16.8	-18.5	47.7
8. 国内投资总额 私人 政府	49.4 (31.0) (18.4)	113.1 (58.0) (55.1)	410.5 (198.9) (211.6)	1152.6 (505.4) (647.2)
9. 国内净投资（8-5）	26.7	77.1	324.1	991.3
10. 外资净流入	9.5	3.5	-923.8	-129.8
11. 国家净投资（9-10）	17.2	73.6	1247.9	1121.1
12. "统计差异"	—	—	66.9	211.5

资料来源：见表 12-1 所示。

一般来说，对于个体、各个社会阶层和其他社会实体而言，当他们的大部分收入并非来自他们自己的生产性努力时，他们可能会采取这样的消费行为模式。这就是为什么欧洲的封建阶级事实上（同时根据理论假定）不是资本积累的社会代理人。这也是为什么赢钱的赌徒和彩票赢家最终会浪费大部分的收入和财富。这个简单的概括也给我

第十二章 石油专制主义（2）：经济变化的数量和质量

们提供了重要的教训，比如，其他国家对不发达国家提供援助和信贷可能对其造成的影响。但实际问题可能更加复杂，因为我们知道，尽管习惯、规范和行为模式有社会和物质的根源，但当其物质基础被移除的时候，它们并不会轻易改变。即使是在没有灵魂的机械世界，运动的物体也不会在其动力消失后立即停止，更何况在人类个人和社会的意识世界中。这一理论同样适用于实际和预期的消费水平。可以比较表12-5中的第1行和第4行。在1963—1968年（包括那些没有在表中列出的数字），伊朗经济几乎消费了所有它生产的产品（的对应物）；也就是说，农业、工业和服务业的产出（所有都包括间接税）几乎等同于这些商品和服务的消费。值得强调的有两点。第一，这一观察现象与伊朗在1973年物质财富的爆炸性增长无关。例如，在前一年（表中未显示），总消费和非石油总产出只有1972—1973年相应数额的一半，而且同样，1977—1978年的总消费和总产出大约是1972—1973年的两倍。因此，那些姗姗来迟的"专家"们曾指出沙阿的"错误"在于以非常高的速度加速增长，现在可能不得不再次修正他们的观点了：石油收入的消费造成的超级繁荣一定是真正的罪魁祸首。第二，看一下表格的第6行和第7行就会发现，除1977—1978年外，真正的"储蓄"（即产量减去总消费）一直是负数。储蓄总额（第6行）包括用于维持现有资本存量的必要数额，是一个间接消费类别。在这种情况下，净储蓄才是有意义的数字：如果我"攒钱"买一双新鞋，只要这双鞋不是为了替换一双已经穿坏的鞋子，这将增加我现有的鞋子存量。

表12-6的数据有助于将这些观察进一步清晰化。从第2行可以看出，只有在1977—1978年，产出中的净储蓄率才是正数，也仅为2.0%。为了了解资本积累率的概念（即经济增加资本存量的速度），其相关的概念是国内净投资。也就是所有对额外资本存量的投资，既包括伊朗人的投资，也包括外国债权人和投资者的投资。从第4行可以看出，1962—1963年国内净投资较低，1967—1968年和1972—1973年相对合理，只有1977—1978年较高。自1973年石油收入爆炸性增长以来，国家净投资率始终很高，这已不是什么秘密：这表明大

量的资本以伊朗的外国投资的形式从国内向国外输出。

表 12-6　　　　储蓄和投资率（稳定价格），特定年份　　　　（单位:%）

	1962—1963	1967—1968	1972—1973	1977—1978
1. 非石油总储蓄率（占非石油GNP的百分比）	6.6	4.3	5.2	8.7
2. 净非石油储蓄率（占非石油GDP的百分比）	-1.3	-4.2	-1.4	2.0
3. 国内总投资率（占GDP百分比）	14.5	20.3	15.4	32.1
4. 国内净投资率（占NDP百分比）	8.4	14.8	12.5	27.9
5. 国家净投资率（占NNP百分比）	5.7	15.4	48.9	31.7

资料来源：基于表12-5。

总消费大于非石油净产出，几乎与非石油总产出相等。现在的问题是，谁消费了多少？我们不可能精确地回答这一问题；但是现有的数据提供了一些更广泛的信息。首先，让我们看一下表12-7中第4行国家消费的情况：1962—1963年为315亿里亚尔，等到1977—1978年这个数字已经上升到7860亿里亚尔。此外，在每个五年时期结束的时候，国家消费支出都会增长不止一倍；在1973年，也就是石油收入暴增的那一年，国家消费直接比前一年猛涨了220%以上。个人消费的增长也非常快，但是速率明显更慢：在1977—1978年，与1962—1963年相比（参见表12-7的第4行和第3行），个人消费增长了近7倍，而国家消费则增长了近25倍。然而这些都是基于官方提供的国家消费数据是真实的基础上，而事实上，这些数据很可能不包括国家在军队和萨瓦克上的一些支出，这些开支可能被纳入"公共投资"的数据。

第十二章　石油专制主义（2）：经济变化的数量和质量

表12-7　　　　　不同类别的消费支出分布，特定年份　　（单位：亿里亚尔）

	1962—1963	1967—1968	1971—1972	1972—1973	1977—1978
1. 城市消费	122.9	187.2	293.0	590.3[a]	1052.5[a]
2. 农村消费	110.5	143.4	158.4	290.0[a]	370.0[a]
3. 个人消费总额（1+2）	233.4	330.6	451.4	880.3	1422.5
4. 国家消费	31.5	73.6	159.3	354.2	786.0
5. 总消费（3+4）	264.9	404.2	610.7	1234.5	2208.5

注：a 估计。

资料来源：基于伊朗中央银行（各年度报告）和伊朗统计中心公布的数据。

对农村和城市个人消费的比较也具有启发性。在石油收入暴增的前一年，农村人口约占总人口的60%；但农村消费只占个人消费总额的35%。然而更重要的是，约有80%的国家消费一定局限在城市部门。这两点结合起来使我们对城市和农村地区实际（直接和间接）人均消费的巨大差距有了一定印象。虽然如此，这些观察都过于笼统：它们并没有显示出个人和国家消费支出在德黑兰以及其他几个大城市的集中程度；对（城市）侍从群和城市大众的人均消费份额的巨大差异也只字未提；也没有告诉我们类似的在农村社会本身存在的消费的地区和功能差异。我们将在接下来的两章中回顾这些问题。（然而请先参考本章附录中关于伊朗贫困状况的内容。）

想要理解这种石油政治经济的"逻辑"，特别重要的是观察1973年石油收入暴增前居高不下的消费率。在这一时期，所有石油出口国都在激烈地竞争，以出口更多数量的原油，从而增加收入。当时的情况是，国际上经营石油的公司一直担心国际市场上会出现原油过剩，而非短缺，它们竭力缓和石油国家通过销售更多的原油来提高年收入的强烈欲望。在伊朗的案例中，一支来自伊朗国家石油公司的代表团，由该公司举世无双的主席伊格巴勒博士带领，每年都会与财团的代表会面，地点通常是伦敦，并表达国王陛下要求大幅提高伊朗石油出口量的强烈意愿。他们会带着光鲜亮丽的伊朗官方出版物，其中包含沙阿的发展计划所需的投资资金估算。整个过程是漫长的，双方一直在讨价还价，有时候双方甚至会为了比自己的内心价位多出或少的2%或3%而争执不休。有时候（如1965—1966年），雅利安人之光为了达成目的，甚至会命令他的公众喉舌，新闻界和其他大众媒体，以"伊朗人民"可能出现的反应恐吓对方，提醒那些外国公司摩萨台和民众运动的教训！直到1970年，石油价格都没有出现大幅上涨；那时候当然没有人希望，更不用说期待，石油价格会如此迅速和戏剧性地暴涨。

为了实现这一目标，沙阿决心以当前不公平的价格尽可能多地出售伊朗可耗尽的资源，从而尽可能地提高收入，表面上看是为了经济迅速发展。此外，他还疯狂地向国外借款，吸引外资进入伊朗，等等。然而在1963—1972年，伊朗的国际收支几乎始终处于赤字状态，大量资金被浪费在浮夸的消费和不当的投资项目上。

这种对伊朗社会财富的牺牲真的是为了经济的快速发展吗？是的——如果"经济发展"指的是少数特权日益增长的即时消费，如汽车和家用电器、出国旅游、餐馆和赌场提供的娱乐活动、奢华的住宅等；军事—官僚支出的飞涨；以及在迟来的加冕礼（1968年）上不知廉耻地挥霍金钱；为庆祝虚幻的波斯帝国成立2500周年举办的一场荒诞的国际宴会（1971年）；沙阿的血腥反革命十周年纪念会（1973年）；以及他的妻子每年在设拉子举办的闹剧。在那里，以"艺术节"为名，实际上资金被浪费，当地人的生活被破坏，现代派的西方音乐在古老的设拉子巴扎里播放（如果商人们不打开门充当小白鼠就会被报复），波斯波利斯的废墟成了现代国际化宫廷小丑的舞台，台下坐着的是伊朗的伪现代主义者观众。我们将在后面的章节中讨论这种疯狂行为带来的社会影响。

同时，那些将专制主义传统、新颖的石油经济，以及伪现代主义者和伪民族主义者的梦想描述为私有或国家资本主义发展的人可能要再想想了，除非他们理解的资本主义（私有或其他）的概念与人们从其他国家的历史经验中熟悉的社会经济概念完全不同。让我们研究一

第十二章 石油专制主义（2）：经济变化的数量和质量

下投资在私人投资者和国家之间的分配情况：表 12-5 第 8 行显示，在 1973 年以前，"个人"投资更多，而在 1973 年以后，国家投资更多，但个人投资并没有少很多。这表明什么？"私有资本主义"还是"国家资本主义"？抑或二者兼有？这些严肃的问题不能只从简单的数据中得到答案；然而，即使在合适的社会背景下应用这样的数字，也并不能支撑这样的论断。相对较高的"个人"投资，尤其是自 1973 年后，实际上是国家将大部分石油收入通过赠予和低息信贷转移给其侍从群的结果。接收者用这些资金"投资"并从中赚取高额收入，而那些已经从事商业活动的人用国家赠送的石油收入替换了他们自己的资本（用于土地和财产投机活动，或在国外投资，以避免高社会政治风险）。简言之，传统的向国家侍从群直接转让土地的制度已经是过去式，取而代之的是向他们间接分配资本（即石油收入）的新政策：国家仍然是经济和财政资源的垄断者，它可以随心所欲地向任何人予夺特权。除此之外，国家的"投资"本身可能掩盖了许多事，比如为军事目的进行的建设，以及为武装力量购买"机器和装备"。这根本不是什么"资本主义"，而是伪现代的石油专制主义。

资本积累是通过增加实物（"固定"）资本的存量来进行的，即机器和其他固定设备的库存。国内固定资本形成总额与总产出的比率可以告诉我们，必须平均在实物资本上花费多少钱，即需要多少固定投资才能生产单位价值的产出。考虑到石油部门在固定资本形成中的份额微乎其微，在伊朗的案例中我们必须把固定投资与非石油产出的比率作为第一近似值。

表 12-8　固定资本形成、产出和就业之间的关系，1963—1972 年

（1）年份	（2）$I/\Delta X_1$	（3）$I/\Delta X_2$	（4）$In/\Delta L$（十亿里亚尔每个工人）
1963—1964	3.3	3.9	91.0
1964—1965	2.8	3.4	209.7
1965—1966	2.1	2.8	298.9

续表

（1）年份	（2）$I/\Delta X_1$	（3）$I/\Delta X_2$	（4）$In/\Delta L$（十亿里亚尔每个工人）
1966—1967	2.7	3.6	174.1
1967—1968	2.8	3.9	438.1
1968—1969	2.5	3.3	372.4
1969—1970	3.2	3.8	356.0
1970—1971	2.5	3.0	334.0
1971—1972	2.6	2.6	513.6

注：I = 国内固定资本形成总额；ΔX_1 = 非石油 GDP 的变化；ΔX_2 = 非石油 GDP 的变化，不包括农业产出；In = 净国内固定资本形成；ΔL = 总劳动力的变化。

资料来源：基于伊朗中央银行各年度报告和其他官方出版物。

表 12-9　　固定资本形成、产出和就业之间的关系，1973—1978 年

（1）年份	（2）$I/\Delta X_1$	（3）$I/\Delta X_2$	（4）$\ln/\Delta L$
1973—1974	2.4	2.6	1973—1978 年平均值：150 万里亚尔（=21633.0 美元）
1974—1975	2.7	3.0	
1975—1976	3.6	3.9	
1976—1977	4.3	4.6	
1977—1978	7.3	7.1	

注：I，ΔX_1 和 ΔX_2 同表 12-8。然而，为了获得国内实物资本投资的实际数字，In 的总数字已减去伊朗在国外的投资额，因为只有这样才会影响国内就业。

资料来源：基于伊朗中央银行各年度报告和其他官方出版物。

表 12-8 和 12-9 的第（2）栏显示了 1963—1978 年每单位非石油产出的投资额。在 1963—1972 年这一时期，投资—产出比率的平均数为 2.7，与平均值的差异并不显著；在 1973—1978 年，平均值上升至 4.1，这显著高于预期的 3.0 左右的比率。然而，从表 12-9 中可以清晰看出这一增长完全是由于 1975—1978 年第五发展计划目标突然加倍导致的投资迅速增长；投资—产出比率之所以这样高且不断上升，部分原因是国家对具有高度复杂技术和较长酝酿期的大型项目

第十二章 石油专制主义（2）：经济变化的数量和质量

加大了投资，此外则应归结于对高度专业化人员供应的压力，这通常会导致生产能力的利用不足，即浪费。这两个表的第（3）栏显示了非农业投资与非石油产出的比率，即工业和服务活动的总产出之和。因为（尤其是在后期）大部分的投资花费在这两个部门中，在此我们将农业排除，从而对城市（主要是现代的）部门的投资—产出比率有更好的理解。1963—1972年该比率的平均值为3.4，在1973—1978年这一时期为4.3。这一数值比包含农业产出时要更高，这并不令人奇怪，但有趣的是，现在与平均值的偏差相对较小。从理论上讲，人们会认为生产技术越趋于资本密集，其投资产出比会越低。我们的观察并没有证实这一点，似乎主要是由于"熟练劳动力"日益短缺，导致了产能不足。

然而更重要的是这两个表的第（4）栏中投资—劳动力的比率。在这种情况下采用的投资数据是国内净投资的数字，以避免比率被过高估计。但即使在1963—1972年，这些比率也是相当高的：这些年的平均投资—劳动力比率为30万里亚尔，或约4千美元（1美元=75里亚尔）。这可能意味着，平均而言，为了多雇用一名劳动力，必须进行价值4千美元的资本投资。第（4）栏中显示的1973—1978年的平均数据还要高得多，达到了1514317.3里亚尔，约20190.89美元（1美元=75里亚尔），即在之后的几年，雇用一名新的工人要进行超过2万美元的资本投资。[6]应当强调的是，1973—1978年的国内净投资数字已经减去了伊朗海外投资的总额，为了避免过高估计这一比率。

然而这些平均比率是如此之高，以至不管用什么修正方法都无法改变其基本内涵：在1963—1972年这一时期，年人均国民生产总值（甚至将石油包括在内）始终低于500美元，国家采取并推动发展战略和生产技术，使得每雇用一名工人平均要支出4千美元；在1973—1978年，这个数字上升到了2万多美元，但即使只有这个数字的一半，也并没有什么区别。事实上，4000美元和2万美元这两个平均数之间有一种怪异的一致性：在每个时期（石油收入暴增之前和之后）平均投资—劳动力比率大约是人均年国民生产总值的12倍。而这是一个人口年均增长率为2.9%的国家,农业在不断衰退,农村—城市的人口迁移率很高,并且现代熟练劳动力供应受限。

劳动力对新投资的吸收异常之低,这背后有两个机制。一是国家本身(通常)在自己的大型投资项目中采用资本密集型技术;并为私营部门提供廉价的货币资本,鼓励其也这样做(甚至在较小规模的投资中)。当我们考虑到有很大一部分总投资流入建筑项目时(即相对劳动密集的项目),我们就会意识到新投资创造的就业比工业和其他生产部门创造的低得多。[7]虽然如此,新工厂创造的低就业不能仅仅解释为生产技术的高资本密集造成的结果。这种现象的部分原因是现代(行政以及技术方面)熟练劳动力有限,致使生产能力利用不足,这反过来又导致雇用的普通工人甚至比本来可能的还要少。二是在社会学方面(官僚主义和高度集中的国营企业管理制度,管理层和工人都缺少奉献等)可以获得对整个现象的进一步解释,尽管我们无法精确地表达出来。在此有一个重要的案例,国家及其代理人无法以他们常用的伎俩掩盖此事:1977年夏,新建立的全国性电力供应系统出现故障,当时德黑兰的家庭供电(由于政治原因德黑兰的家庭供电优先于其他客户,包括工业客户)平均每天被切断四个小时。国家对此的种种"解释"都相互矛盾,但最重要的原因可能是电力系统本身的规格不正确。由于长时间的电力短缺,有多少产出被损失了,我们不得而知。显然,"中东地区的日本"可以支付费用建造这个简单的电力系统,但并没有能力运行好它,在这种情况下这个国家还在继续建设巨大的核电站。沙阿决心不惜一切代价证明,伊朗已经不再"落后"了。

在接下来的章节中,我们将通过研究政治经济中的城市、农村和外贸部门来更详细地讨论这些问题。

附录:关于伊朗贫困问题的说明

对各社会阶层或各社会部门的生活标准的变动,或"收入分配"

第十二章 石油专制主义（2）：经济变化的数量和质量

进行严肃的分析通常很困难，在伊朗这样的国家更是几乎不可能：除基本数据不充足且不可靠之外，还存在着许多问题，如对社会阶层很难进行定义（例如，将哪些人划分为产业工人）；不同地区生活成本的差异；就业的性质、保障等差异；农民对自己产品的消费；等等。我们总还是能得到一些粗略的指标，例如什么比例的工作人口收入在国民收入中是什么样的水平，但很难从这样的"研究"中得到有意义的结论，只能体现出一个明显的事实，即收入存在着某种不平等。

然而贫困是，或者说可以是，一个可以被更加精确地、不那么困难地量化和讨论的概念，从而获得有意义和重要的结果。当然，抽象的贫困概念本身并没有多大帮助，贫困是一种政治经济学现象，只能在特定的社会背景下，对一个特定的发展阶段进行定义。早在两个世纪前，亚当·斯密就意识到英国的生存（Subsistence）概念可能与中国不同。看上去似乎生物学中的生存指数（即维持生存所必需的物质福利数量）更加客观和清晰。然而，即使是这样的指数也必须隐含其他具体的假设，涉及一个人的职业性质、他的工作日、周和年的长度；以及他的预期寿命；等等。例如，在"生物上"足以支持一个工作的人生存和活动超过20年的条件，可能不足以让他维持生存和活动超过40年。

表 12-10　　　　1972—1973 年伊朗人民的营养不足状况：

全国数据　　　　　　　　　　（单位：百万人）

	A 线	B 线	(A+B) 总额
城镇地区	5.4	3.3	8.7
农村地区	6.6	0.7	7.3
总计	12.0	4.0	16.0

资料来源：基于侯赛因·阿兹米对伊朗贫困的研究，第四章，表3。

表 12-11　　1972—1973 年伊朗人民的营养不足状况：全国数据　（单位:%）

	A 线	B 线	总额
城镇人口	39	25	64

续表

	A 线	B 线	总额
农村人口	38	4	42
总人口	39	13	52

资料来源：表 12 - 10 和在上文中所引用到的人口数据。

接下来的观察完全基于侯赛因·阿兹米（Husain 'Azimi）对伊朗贫困问题的广泛和深入的研究。[8]根据伊朗的特殊条件，阿兹米划定了三个卡路里摄入等级，用于表明三条不同的"贫困线"。他采用了一个符合伊朗普通福祉标准的最低卡路里需求的指数，将 A 线定义为卡路里摄入量在最低需求的 90%—99%；B 线为摄入量在 75%—90%；C 线为摄入量小于等于最低需求的 75%。阿兹米将这些概念应用于全国范围内的消费支出群体样本中，得到了启发性的结果，表 12 - 10 和 12 - 11 就基于此。这些表中的数据不言自明：在 1972—1973 年，有 1600 万人（即总人口的 52%）的卡路里摄入量低于最低需求；其中 400 万人（即总人口的 13%）遭受严重的营养不良（见表 12 - 10 和表 12 - 2 中的"B 线"）。还有两个有意思的现象值得指出，一是农村部门的营养不良情况的绝对和相对数量比城镇少；二是这种情况在严重营养不良的情况下（即 B 线）尤为明显。我们将在下文简要讨论存在这些部门差异的可能原因及影响。

这些结果是基于全国范围的数据得出的，并没有考虑到像伊朗这样的国家存在着很大程度的地区差异。因此，阿兹米扩展了他的研究，对伊朗 23 个省中的每一个省都进行类似的单独分析，然后将这些分析结果汇总成全国的情况。表 12 - 12 和 12 - 13 就是基于各省的原始结果汇总的数据。根据这些表来看（其数字比表 12 - 10 和 12 - 11 的数据更可靠），营养不良人口总数为 1350 万（占总人口的 44%），低于全国范围研究得出的 1600 万。然而，这两个表中显示约有一百万人（即人口的 3%）处于 C 线，即危险的营养不良，这些人大部分生活在农村地区；有 600 万人（即总人口的 20%）处于 B 线，与全国范围研究中的 400 万人（13% 总人口）的数据形成对比。

第十二章 石油专制主义（2）：经济变化的数量和质量

表 12-12　　1972—1973 年伊朗人民的营养不足状况：各省总数据　　（单位：百万人）

	A 线	B 线	C 线	(A+B+C) 总额
城镇面积	4.5	3.7	0.3	8.5
农村面积	2.0	2.3	0.7	5.0
总计	6.5	6.0	1.0	13.5

资料来源：基于伊朗中央银行各年度报告和其他官方出版物。

表 12-13　　1972—1973 年伊朗人民的营养不足状况：各省总数据　　（单位：%）

	A 线	B 线	C 线	总额
城镇人口	34	28	2	64
农村人口	12	13	4	29
总人口	21	20	3	44

资料来源：表 12-12 和表 12-1 的人口数据。

总的来说，第二种研究结果显示，总共有 21% 的人口（大部分生活在城镇）营养不良，20% 的人口（也主要生活在城镇）处于严重营养不良状态，3% 的人（主要在农村）处于危险的营养不良状态。

导致城市和农村结果之间存在差异的原因可能是多方面的，我们在这里无法对此问题进行彻底的讨论。简言之，耕地的农民至少可以依靠他们的劳动产品实现部分的自给自足；他们用自己的家庭劳动满足其他生活需求（住房、衣服、床上用品等），从而使他们能将更大比例的收入用于购买食品。

除此之外，阿兹米的各省研究结果显示出伊朗某些极度贫困地区的绝望困境：例如，在库尔德斯坦的农村地区，几乎每一个消费组（即几乎所有的库尔德农民）都被发现患有营养不良；而胡泽斯坦、克尔曼、巴赫蒂亚里等（即少数族裔—部落的主要集中地区）省份的状况明显比伊朗其他地区更糟。

根据阿兹米的计算，农村部门患有营养不良的家庭的实际支出需要每年平均增长 10%，才能在 8 年内消除这种营养上的贫困现象，而城市地区需要 6 年。[9]那些呼吁关注此事，要求采取政策，提高效率的人最终可能会得出结论，在目前的状态下这种问题很可能会继续恶化，而非得到缓解：每年营养不良的人口都必定高速增长，但是目前的（革命后）政治经济环境、态度、承诺和机制是否能认真解决这些问题，却非常令人怀疑。

注释

1. 关于伊朗经济及其近期发展的研究样例，参见 Robert E. Looney, *The Economic Development of Iran*, *a Recent Survey with Projections to* 1981, London：Praeger, 1973, *A Development Strategy for Iran through the 1980s*, New York：Praeger, 1977, *Iran at the End of the Century*, New York：Praeger, 1977；Jahangir Amuzegar, *Technical Assistance in Theory and Practice：the Case of Iran*, New York：Praeger, 1966；Jahangir Amuzegar and M. Ali Fekrat, Iran, *Economic Development under Dualistic Conditions*, Chicago, Ⅲ.：University of Chicago Press, 1971；Jahangir Amuzegar, *Iran：an Economic Profile*, Washington：The Middle East Institute, 1977。另见过去 15 年发表在专业期刊（如《中东研究》*The Middle East Journal*）的文章。这些问题或相似问题研究中的分析和预测现在可以更轻松地同伊朗政治经济的实际情况进行比较。

2. 关于服务部门的性质和重要性的总体研究，参见 H. Katouzian,'*The Development of the Service Sector：a New Approach*', *Oxford Economic Papers*, No.11, 1970, pp. 362 – 382，和 '*Services in International Trade：a Theoretical Interpretation*' in, Herbert Giersch (ed.), *International Economic Development and Resource Transfer*, Kiel：lnstitut fur Weltwirtschaft, 1978。

3. 参见 Bank Markazi Iran, National Income of Iran 1959 – 1972, Table 57, and Guzarish-i Iqtisadi…2534（Annual Report 1975）, Appendix Table 8。

4. 参见 Bank Markazi Iran, National Income of Iran 1959 – 1972, Tables 43 – 46, Guzarish…, op. cit., Appendix Table 87, and Annual Report and Balance Sheet 1356 (1977), Appendix table on p. 162。

5. 类似的计算，如资本存量变化与非石油产出变化的比率，即"资本—产出"比率，进一步显示出这一数据异常地高，或者说，统计学上的"资本生产

第十二章 石油专制主义（2）：经济变化的数量和质量

率"异常地低。这与发展经济学的预测相矛盾，因为其假设"资本深化"将直接地并通过"技术进步"提高资本的生产力。参见下文，简要讨论了在这样的情况下总体的预测并不一定能得到证据支持的原因。

6. 为了避免混淆，应该强调这并不意味着没有从非石油的，或生产的产出部分（与收入的已赚得部分相同）获得任何储蓄。这意味着非石油和石油的产出部分（即赚得的收入和石油租金）的消耗总量比非石油的，或生产的产出部分更高。在一定程度上，这只是一个描述性的统计评估；其分析意义在于，如果石油收入消失或大幅减少，那么为了维持目前的总消费水平，目前为止生产的全部产出必须用于当前的消费，而资本积累则将变得很少或者没有。

7. 建筑业，甚至包括道路建设（可以使用一大批廉价的未充分就业和无业的农村劳动力）是高度资本密集型的行业，甚至使其专门雇用的非熟练劳动力也很难操作先进设备，同时抬高了应用这些设备所需的熟练人员的工资率。参见 G. W. Irvin, *Roads and Redistribution…in Iran*, Geneva：International Labour Office，1973；以及我在 *International Journal of Middle Eastern Studies*，1978 对欧文一书的评论。

8. 侯赛因·阿兹米目前是牛津大学的研修生。本附录中使用的数据摘自他的博士论文的第四章，他慷慨地将这些数据交由我使用。

9. 侯赛因·阿兹米目前是牛津大学的研修生。本附录中使用的数据摘自他的博士论文的第四章，表 9。

第十三章
城市生活、工业和服务业

国家的政治经济政策导致城镇、城市和都市活动飞速增长：城市收入和消费的增长，以及农业和农民的消亡，造成了农村人口向城镇的累积性流入；国家官僚机构的扩张以及行政决策进一步的现象级集中，导致了从小城镇到大城市的移民洪流。

1972年11月，为最终敲定第五个发展计划（1973—1978年），在繁华的设拉子市召开了一场国家峰会。因此，每日的内阁会议也在这个城市举行。当地电台报道称，前人民党成员、法尔斯省（设拉子为该省首府）省长马努切赫·皮鲁兹（Manucheh Piruz）受邀在内阁会议报告该省情况。他提请大臣会议注意本市公交服务的困难，内阁承诺将采取适当的措施改善设拉子市的公交服务。这就是国家官僚机构过度集中对一个大型的、历史悠久的、繁荣的和非工业化的城市的日常事务的影响。由于宣传的原因，设拉子还是沙阿及其配偶最喜欢的城市。

当时我正好在设拉子。在雅利安人之光本人到达的前一周，整个城市生活陷入一场混乱——国家机构停摆、交通瘫痪等，而人们正忙着"美化"城市，对所有中心街道进行修补和重新粉刷，甚至用肥皂粉——清洗掉树上叶子的灰尘。然而，除了广泛的贫民区，这个每年都召开"艺术"节的城市还有两片大型的棚户区，它们隐藏在暗处，并受萨瓦克特工的密切监控。在两位导游的帮助下，我参观了这些地区，以及一个有代表性的家庭小屋。这间小屋完全是用镀锡板（取自废弃的大油罐）搭起来的；整个空间约为 15 立方米；"容纳"了一个八口之家——六名 6 个月至 12 岁大的儿童以及他们的父母。这个家庭的父亲（Baba Safar）是季节性失业者，他的固定工作是一桶桶地清理城市贫民窟的厕所坑，那里并没有排污系统。他有鸦片瘾，他解释说，如果不吸鸦片，他从身体上抗拒钻到厕所坑里，他已经将毒瘾传给了他的妻子，他的妻子又传给了他们最小的孩子。五个更大的孩子明显患上了沙眼。他们的小屋里没有家具，只有几大块硬纸板，是用没人要的货箱做的，还有几件破旧的"床上用品"，以及一个用于取暖的开放式炭炉（Mangal）。那是一个严寒的冬天，地面上有皑皑积雪。整个地区都没有私人或公共浴室和厕所。有一个伊朗国家石油公司的卖石蜡油的小摊子，棚顶上挂着一条大横幅，上面写着，"礼萨·巴列维王子殿下万岁，我们敬爱的王储"。

在伊朗出现的不是社会和经济进步，也不是现代化，而是由石油收入推动的伪现代主义；同样，经济结构的转变并非因为城市化（Urbanisation），而是由于城市生活（Urbanism）。当国家站在成为"伟大文明"的门口时，所有（包括农村和传统的）制造业在非石油GDP 中的份额为 20%，"服务业"占 56%。然而全国各地，尤其是德黑兰的城市交通状况仍然糟到无法描述；人们的住房条件，除国家的侍从群和贸易群体外，要么是糟糕的，要么是可怖的；大多数城镇，包括德黑兰，都缺乏可用的污水处理系统；医疗和医院设施对于富人而言是极其昂贵且存在隐患的，而对于穷人则是昂贵和危险的。

工　业

让我们首先简要地研究一下工业部门的结构和增长。工业部门，根据伊朗的统计惯例，这个部门包括所有的制造业和非石油开采活动、各种建筑工程，以及水电供应。表 13-1 显示，工业总产值从 1962—1963 年的 578 亿里亚尔上升到 1977—1978 年的 6843 亿里亚尔，增长了近 12 倍，增长率最高的时期是 1973 年石油收入暴增之后。在1963—1978年，水电供应基础量很低，但是增长最快；不过1978年它们在工业产出中的总份额仍然仅为5.5%。建筑业始终占比很高，整个时期约占工业总产值的四分之一，而制造业和采矿业虽然增长迅速，但其份额从1963年的近72%降至1978年的68%以上。

尽管水和电在总产值中占比相对较小，但它们这些年来获得了大部分的国家财政投资。昂贵的水电大坝在全国许多地方如雨后春笋般涌现，国家引进并运行传统的发电厂，最后还订购了大型的核电站，并安装其部分设施，但（也许幸运的是）从来没有达到实用阶段。

表13-1　　　　　1963—1968年工业产值的部门分布

	1962—1963		1967—1968		1972—1973		1977—1978	
	十亿里亚尔	占比	十亿里亚尔	占比	十亿里亚尔	占比	十亿里亚尔	占比
制造业与采矿业	41.5	71.8	72.5	68.2	224.8	67.5	468.2	68.3
建筑业	14.1	24.4	24.9	23.4	91.7	27.4	179.5	26.2
水力	2.2	3.8	8.9	8.4	17.2	5.1	36.6	5.5
总计	57.8	100.0	106.3	100.0	333.4	100.0	684.3	100.0

资料来源：基于伊朗中央银行各年度报告。

在经济快速增长的时期，建筑业必然会在工业总产值中占有相对较高的份额：公路、铁路以及其他全国和地区的交通和通信网络、学校、医院以及其他此类公共和私人服务、工厂和办公场所；公共建筑和住房计划，私人建房和房地产开发——所有这些扩张都导致建造更多的建筑。因此，如果没有大量的详细资料，通常很难知道建筑投资的相对重要性。我们在上一章中看到，建筑业始终在固定投资总额中占据很高的份额；事实上，建筑业在国家投资中占的份额比"机械和设备"还要高。我们无法彻底分析建筑活动的增长和分布并得出相应的数据；只能指出，建筑业中有很大一部分是非生产性的国家项目（特别是用于军事目的）、雄伟奢华的私人别墅、现代酒店、餐馆、度假胜地和类似的投资项目。不论如何，这个部门提供了良好的城市就业来源。这既是因为其持续繁荣，也是因为该部门的相对劳动强度。[1]的确，随着1973年后建筑活动的爆发性增长，建筑业成为维持和增加城市就业的最可靠的部门。这也是为什么在1974—1978年，建筑工人的一般工资指数（从100）上升到275.6。许多具有传统（或普通机械）技能的工人离开了他们的岗位，成为建筑工人、货车司机等。

让我们对作为最重要工业部门的制造业进行更详细的讨论。在这方面，读者可能已经熟悉了国家的工业化战略及其工业主义了。这一战略的优先事项是投资一些重工业工厂，如钢铁和机床，并扩大进口替代的现代耐用消费品，如汽车和家用电器；而在后期，决定在创建石化工业以及鼓励传统艺术和手工艺发展（尽管不是传统工业）方面进行微弱的尝试。当然，这个所谓的战略名不副实：这些都是随着石油收入暴增而出现和累积的杂乱的伪现代主义突发奇想和强烈愿望。

"向钢铁进军"是重中之重：这将是"经济发展"最好的证据；这将堵住反对派知识分子的嘴，他们总是不放过任何一个机会指出国家仍然缺少一座"金属熔炼厂"（即钢铁厂）；沙阿等人还希望这将为伊朗的重工业和工程部门奠定基础。除了上述的总体考虑，沙阿在伊朗的"金属熔炼厂"的建筑规划中，再次实现一举多得。1963年，沙阿和苏联正讨论着两国最新的、持久的蜜月期，一个新的议题出现在议程上，苏联提供一座钢铁厂（以及一座小型机床厂）以换取伊朗的天然气：这将为俄国人提供廉价的天然气，同时在一定程度上弥补他们历史上未能在伊朗石油中分一杯羹的"怨气"；这将为两国良好和持久的政治关系提供物质基础；这也将实现伊朗各种类型的伪现代主义者的梦想，同时避免反对派知识分子（尤其是其中的亲苏派）可能普遍提出的控诉，即西方帝国主义将"认证过的柠檬"强塞给伊朗人民。"认证过的柠檬"（Certified lemon）是在北美常用的短语，指那些已经破烂的、无法使用的二手（或用过的）汽车。碰巧的是，在苏联钢铁厂交付和安装后，许多直言不讳的伊朗官员也是这么描述它的。这个说法是否公平，我没有资格去评判。[2]

根据最后的协议,伊朗人承诺修建一条天然气管道,这条管道从国家西部的天然气源头延伸到苏联边境。也许人们永远也不会知道伊朗为此付出了多少代价。整个建设成本可能在7亿美元左右,而且肯定比最初的估计要多得多。[3]这个项目成为此类宏大的,但往往毫无价值的国家项目的代表:1972年,雅利安人之光出席在设拉子举办的第五计划峰会,当得知最近在法尔斯省建成的大流士水坝耗资3亿美元,而非最初估计的1亿美元时,他勃然大怒。然而这座钢铁厂预计在1969—1970年将为国家带来6亿美元的出口额,在那一年却只赚了400万美元!无论革命后临时政府的经济"政策"如何,目前这座工厂和其他类似的工厂对国家而言只是高成本的负债,而非有用的资本资产。

供应进口替代的耐用消费品主要由"私营"部门负责,该部门得到了大量的财政援助和国家的间接支持。这并不是一个私营部门;而享受其成果的人也不是工业资本家。这类人的典型代表是海亚米兄弟(Khayyammi brothers),他们自己的资本相对较少,只是作为国家的代理人,被授权使用公共资金和其他特权,他们则提供组装的汽车等,从而彰显伊朗的经济进步,使不断增长的国家侍从群感到满意。作为回报,他们享受了高额的利润,但这些利润中的大部分并不是他们通过使用自己的资本,甚至不是付出管理上的劳动而真正获得的。

在20世纪60年代中期,伊朗国家石油公司和官方的技术官僚开始考虑为遥远的未来建设一个合理的出口部门。还有什么比建立石化工业更合适的呢?这些人对这种工业的技术基础、各种产品目前和未来的世界市场、他们的主要国际市场供应商的相对生产成本等几乎都一无所知,只是单纯地认为,基于国家的石油资源,伊朗能够成为世界石油化工市场的重要竞争者。在一个石油出口国发展石油化工业的想法本身并非毫无根据;因为这可以在石油部门和其他经济部门之间建立技术联系,不仅向邻国的市场供应产品,而且可以供应本国市场。对于后者而言,至少在运输成本上更有优势,同时也能增加就业。荒诞之处在于,人们相信在一段时间内,这样的产业就能成为国家出口的主要贡献者，从而进一步成为外汇收入的主要来源。[5]在1977—1978年，所有工业和农业产品的出口总值不超过伊朗出口总值的2%（见第十六章）。

1970年购自捷克斯洛伐克，安装在阿塞拜疆大不里士市的机床厂，其产量不到总产能的10%：当前的国内市场无疑是有限的，但造成这种公共浪费的主要原因在于，一是技术和管理人员相对短缺，这既是因为普遍的绝对短缺，也因为很难说服这些人决定在伊朗最大的城市之一，而非直接在首都生活和工作——这清楚地证明了一切都集中在德黑兰所造成的影响；二是如上文所述，国营企业的决策和关系高度官僚化；三是生产成本高，这在一定程度上是前两个问题造成的结果。但是，伊朗现在有了一座现代的机床厂，而一个社会主义国家也已经从伊朗的石油收入中得到了自己的份额。

国家另一项相对较新的项目是对植物油生产的投资，20世纪50年代末在私营部门率先开始。除供应不断扩大的国内市场外，其目的是促进现代制造业和国内农业原料之间建立更强的技术联系，而在此之前这两者只有纺织业和制糖业之间存在联系。没有人对这个项目的理念有异议。然而，问题在于，鉴于国家对农业部门的总体态度（在下一章将讨论），这一政策没有给小农带来任何好处，他们中的大多数并不参与此类相对资本密集和土地密集的生产。因此，这个项目主要使大庄园受益，而且再一次地，"声誉"相比成本和其他技术因素更加重要：例如，选择栽培和使用向日葵，而非其他更适合生长条件的、栽培成本更低的油料作物，因为前者有利于彰显声誉。罗马尼亚为该项目提供了大部分的专家和顾问。[6]

还有其他相对较新的工业产品，由于得到了国家的直接和间接支持，发展很快。此类产品一个很好的例子是水泥，水泥供应商享有使用国家资金的特权，并且由于国家的整体政策，水泥行业保持着稳定的繁荣和长期的发展。事实上，在石油收入激增后的几年里，水泥和其他建筑材料供不应求，其价格被炒到了离谱的高度，国内黑市也发展起来了，官方买家和有特权的私人客户优先于其他所有人。国家试图通过进口水泥来弥补缺口，无论是从正规的国际供应商还是从黑心的国际经销商那里（以高价）进口都可以，但并未成功。原因一是世界上普遍存在水泥短缺（由于所有石油国家突然增加需求量引起的）；原因二是在伊朗港口运送这种笨重产品的速度非常缓慢；原因三是各种进口货物堵塞在这些港口，以及内部运输设施的相对短缺；原因四是中间商、承包商和国家官员的腐败和投机行为，他们只想为自己牟利。总的来说，情况变得如此糟糕，以至国家必须时不时地禁止私人住房建设一段时间。这个例子只是为了证明石油伪现代主义者的"战略"中的矛盾，这已经超出了"纯粹"的经济考虑：享有特权的石油收入的受益者，即国家的大部分侍从，实际上被收买来换取盲目的服从，他们越来越感到沮丧，因为土地投机行为使城市土地价格上升了5—10倍，而且，即使以离谱的价格买到了一块城市土地，他们发现自己无法立刻建造新家，或者他们的小型宫殿，除非他们能够且愿意支付天价。不论怎样，我们从中能了解到关于住房成本显著增加的情况，这对城市大众的打击的确很大。

尽管伪现代主义者提出了工业化"战略"，但在伊朗的工业中占据主导地位的仍然是纺织业，几十年来他们一直在不断增加现代设备，但纺织业依旧属于伊朗的传统产业。直到石油收入暴增后的一段时间内，纺织业的地位才逐渐被汽车组装厂取代。同样，也是在这个时期，曾经有数十年生产经验且市场不断扩大的制糖业和烟草业，其制成品的市场份额遭遇下降。

基于表13-2，我们能从现代制造业产出的水平和构成中获得有益的观察结果。该表举出了21个现代的或现代化的制造业，以及这些行业在1971—1976年的单独数据。这些肯定是1964年以来建立或发展的最重要的行业，因此它们为国家的直接和间接工业化战略描绘了一个相当可靠的图景。第一，在1975—1976年，这些行业的总产值（按1969—1970年的价格计算）约为2080亿里亚尔，或不到28亿美元，为同年制造业和非石油采矿业总产值的57%（其中包括天然气销售收入）。由此可见，大约35%的工业总产值一定是由小规模的传统城市和农村产业构成的,包括地毯行业;其余8%为非石油采矿业。第二,这表明整个现代和现代化的私营和国有制造业的产出仍然只占石油收入对国民生产总值贡献的14.5%左右。第三,从表13-2中可以看出,现代制造业主要由新的(进口替代)耐用消费品、较早的(但现代化的)伊朗行业以及现代重工业:汽车、家电、纺织品、基本金属等组成。

表13-2　　1971—1976年21个特定行业的产出
（按1969—1970年价格计算）　（单位:十亿里亚尔）

	1971—1972	1972—1973	1973—1974	1974—1975	1975—1976
1. 纺织品	19.7	22.2	25.0	26.8	28.0
2. 机动车	16.2	20.6	26.3	35.0	44.8
3. 糖	11.3	11.4	11.9	12.9	13.2
4. 基本金属	908	12.8	14.1	16.0	19.5
5. 烟草制品	906	9.5	9.9	10.9	12.0
6. 家用电器	7.0	8.7	11.4	13.5	1703
7. 植物油	7.0	7.6	7.8	9.7	10.7
8. 水泥	4.0	4.8	5.0	6.6	7.8
9. 收音机、电视和电话	3.8	4.8	6.4	9.2	10.0
10. 石化产品	3.6	4.8	5.9	5.7	5.9
11. 化妆品	3.3	3.9	4.3	5.3	5.8
12. 其他[a]	15.5	19.3	24.2	27.6	32.8
总计	110.8	130.4	152.2	179.2	207.8

注:a 该项目通常由多个行业共同组成。(按1971—1972年产值的降序排列)包括鞋履、轮胎、电器配件、药物、油漆、皮革制品、非酒精饮料、酒精饮料和玻璃器皿。鞋履在这一组中占主导地位,在1971—1972年和1975—1976年,占整个样本总产量的2.2%。

资料来源:基于伊朗中央银行1975—1976年年度报告(波斯语版),表50。

想要研究这组产业的构成变化最好的方法是参考表13-3。该表显示,在1971—1972年,纺织业仍然在这组现代的,尽管可能并不是最新的制造业行业中占据总产出的最大份额（17.8%）。相似的行业，如制糖业和烟草业，在现代制造业总产出中占有较大的份额。而到了1975—1976年，1973—1974年的石油收入暴增已经彻底改变了这一状况，特别是，机动车的份额迅速增加到21.6%，而纺织品已经失去了主导地位，其份额下降到总产出的13.5%。糖、烟草的份额也已经下降了，而金属、家用电器、广播、电视和电话的份额都有所增加。这反映了石油对家庭需求水平和消费的影响，以及与此相关的，伪现代主义者在投资和供给中的优先项。即使是在石油收入激增的情况下，所有新旧现代制造业的份额仍然不超过制造业和采矿业总产出的四分之一。然而重点要注意的是，大部分的新行业出口潜力很小，发展前景也很渺茫，它们的扩展，甚至生存都完全依赖于国内市场，而国内市场又取决于石油收入的供应以及国家分配石油收入的策略。这也是沙阿的石油专制主义最终倒台后，仅几个月这些行业就陷入困境的部分原因。

表13-3　　21个特定行业的产出分布，1971—1976年　　（单位:%）

	1971—1972	1972—1973	1973—1974	1974—1975	1975—1976
1. 纺织品	17.8	17.0	16.4	15.0	13.5（3）
2. 机动车	14.6	15.8	17.3	19.5	21.6（1）
3. 糖	10.2	8.7	7.8	7.2	6.3（6）
4. 基本金属	8.8	9.8	9.3	8.8	9.4（4）
5. 烟草制品	8.6	7.3	6.5	6.1	5.8（7）
6. 家用电器	6.4	6.7	7.5	7.5	8.3（5）
7. 植物油	6.4	5.8	5.1	5.4	5.1（8）
8. 水泥	3.6	3.7	3.3	3.7	3.8（10）
9. 收音机、电视和电话	3.5	3.7	4.2	5.1	4.8（9）
10. 石化产品	3.2	3.7	3.9	3.2	2.8（11）

续表

	1971—1972	1972—1973	1973—1974	1974—1975	1975—1976
11. 化妆品	2.9	3.0	2.8	3.0	2.8（12）
12. 其他	14.0	14.8	15.9	15.4	15.8（2）
总计	100.0	100.0	100.0	100.0	100.0

资料来源及注释：同表 13-2。

上述 21 个现代行业的样本中，劳动力总人数从 1971—1972 年的不到 12.9 万人增加到 1975—1976 年的 17 万多。[7] 在此处我们应当暂停一下：自 1971 年以来，工业劳动力（建筑业、制造业以及采矿业雇用的劳动力）总人数平均约为 250 万人。现代制造业（占制造业和采矿业总产值的 57%）平均只雇用了 15 万人，或占整个工业劳动力的 6%。这一观察结果表明第一，现代工业，特别是新兴工业明显是资本密集型的；第二，传统和半传统的（城市和农村）工业贡献了制造业和采矿业产值的 35%，它们一定雇用了 65% 的工业劳动力（其余劳动力被建筑业雇用）；第三，因此在传统和半传统的制造业部门中，一定存在一定程度的隐性失业（礼貌的人士称为"人员配置过剩"）。

通常情况下当机器与人的比率很高时，产出与劳动力的比率也相对较高。这是劳动生产率的一个简单的统计指标，通常也被用作一个行业的相对效率的指标——尽管就其本身而言，它可能不过是同义反复：只有当劳动生产率随着其他生产手段（机器、管理等）的现有存量（和技术特征）的增加而提高时，效率才会提高；否则，每个工人的产出数据并不能告诉我们多少他们的相对表现和效率。然而，我们不仅有上述行业样本中劳动力规模的数据，还掌握了他们的年收入总额；这些数据是表 13-4 的基础，从中我们能对现代制造业以及其他产业的其他方面有一定了解。

表13-4　　　1971—1976年现代制造业中各劳工的产出和
　　　　　　　各工人的收入　　　　　　　　　（单位：美元）

	（1）各劳工年产出	（2）各劳工年收入	（3）各劳工周收入	（4）（2）：（1）＊100
1971—1972	11944.4	1222.2	23.5	10.3
1972—1973	13100.0	1416.6	27.2	10.8
1973—1974	14113.2	1667.0	32.1	11.8
1974—1975	15453.4	2066.3	39.7	13.4
1975—1976	16943.9	2763.2	53.1	16.3

资料来源：基于表13-2和伊朗中央银行的1975—76年年度报告，附录表52和表53。

表13-4第（1）栏显示每个劳工从1971—1976年的年产出，或称"劳动生产率"；第（2）和（3）栏分别是指劳动力的年收入和周收入。我们先讨论第（3）栏，从表面看这一栏的数据让人印象深刻：看起来似乎这些行业的工人的平均收入从23.5美元增加到53.1美元，即在5年内增加了226%。但是是具有欺骗性的：第一，工人收入的数据没有根据这一时期的高通货膨胀率进行调整，这5年来的通货膨胀率不可能低于150%；第二，大部分工人的收入都花在了食品和住宿上面，而这两个领域的通货膨胀率比总体的通货膨胀率高得多（例如，在1971—1976年工人阶级的住宿价格至少上涨了400%）；第三，这些数据是指所有雇员的平均收入，从董事长到门卫都计算在内。因此，考虑到管理、行政和技术人员异常的垄断性工资收入，普通工人的平均收入肯定大大低于表13-4第（3）栏的数字，特别是在后来的几年里，现代技术人才更加稀缺，这增强了他们讨价还价的底气；第四，已经明确表明这些数据不是指每周平均工资和加班费，而是指总工资和所有其他福利，其中必然包括奖金以及所谓的工人在公司利润中获得的份额。

在考虑了以上四点后，让我们再来看看在1975—1969年，每周赚取53美元能过上怎样的日常生活，我们必须始终记住这些现代工业样板的广大普通工人的实际收入肯定比这一数额要少得多。这笔钱

第十三章 城市生活、工业和服务业

相当于德黑兰一个衰落地区的五室小房子的周租金；相当于五个人在德黑兰一家相对更现代的（但并不时尚的）餐馆吃一餐的正常花销；相当于一件普通男士外套的价格；12千克新鲜伊朗羊肉，或23千克白奶酪，或47千克进口大米（伊朗大米本身很稀缺，质量更高，价格也更高）的价格。这些数据告诉我们那些在传统工业和服务业就业的人的生活是怎样的，至于那些居住在地下的失业者以及围绕着城市居住的农民移民，他们的生活最好留给读者自己去想象。下一章会对广大的农民群体有更多的介绍。

我们已经指出，想要全面且准确地讨论在全国范围内，各地理区域和经济部门之间和内部，或者各社会阶层之间和内部的收入分配是不可能的。但我们可以从表13-4中了解在现代制造业中资本（包括国有的和"私有的"）和劳动力之间的产品分配情况。该表的第（4）栏显示了工人的年收入占年产出的百分比。因此，在1971—1972年，工人的份额占现代制造业总产出的10.3%；这个数字在1975—1976年显著增长到16.3%。然而我们应该强调的是，由于产出数据是以恒定价格（1969—1970）计算的，而收入数据反映了他们在每一年的购买力，那么在这一时期，工人份额增加了6%，很可能只是反映了通货膨胀率；事实上，1971—1972年的10.3%的数字本身肯定被高估了。总而言之，按实际计算，工人的年平均份额约为产出的10%。然而，这些行业是享有最多特权，发展最快的；正如我们所说，收入指的是所有的福利，包括支付给现代技术人员的费用；而这些行业中大多数受雇的工人就是整个工业部门中工资最高的一群人。没有进一步的评论了。

总而言之，石油工业主义强调现代资本密集型制造业以及建筑业的扩张，这是市场供需方的共同要求。虽然如此，在这一时期结束时，只有四分之一的工业总产值是由这个部门贡献的，另外四分之一是由建筑业贡献的，其余的二分之一是由传统和半传统（城市和农村）、制造业、非石油采矿业以及水电部门产出的。新兴行业的劳动力吸收能力极低，所占的劳动力份额也很低，而其他工业部门的状况肯定更糟糕，建筑业除外。

服务业

作为一类经济活动，服务业在某些方面与建筑业相似：这两个行业都会在经济发展的过程中不断扩大；很难分析它们对经济发展是否有贡献。这一点很清楚，不过是因为很多建筑活动本身就是提供多种公共或私人服务的第一步。然而，服务业的情况甚至比建筑业的情况更复杂：在此仅提出一个重要的问题，在不发达国家，服务业在国民生产总值中的份额，以及（有时）在就业中的份额通常很高，但是发达国家的经验证明，只有在工业成熟后，服务部门才会快速增长。我已经在其他地方以一个一般性的框架讨论了其中的一些问题，感兴趣的读者可以参考。

然而，正如本书第十一章所论述的那样，在石油出口国的具体案例中，石油机制本身会促进不同种类服务的使用和提供，从而使服务部门在国民生产总值和非石油国民生产总值中都占有很大的份额，但并不一定在劳动力中也占有这样大的份额。现代服务业密集使用资本设备和现代技能，因此，其劳动力吸收能力会很低，而参与提供服务的技术人员将获得垄断性的工资。我们已经见到两个关于服务业的预测（服务业在总产出中占有的份额很大，而在就业中占有的份额相对较小），在伊朗都得到了证实。1978年，服务业在国民生产总值中的份额为34.6%，在非石油产出中占55.6%，在劳动力中占34%。由这一部门的收入来衡量服务业产出的"价值"显然是高估了，因为其中包括了参与提供服务的资本和熟练劳动力所享有的垄断性租金。1978年，根据公司的规模和地位，以及受雇者的背景，私营银行和保险公司总经理的最低年薪在50000—170000美元。另一方面，该部门的就业规模也被高估了，因为许多供职于传统和国家服务部门的人（即雇用了该部门大部分劳动力的服务团体），表面上是全职工作，但他们中的部分人是多余的，也就是我们看到的隐性失业或人员配置过

第十三章 城市生活、工业和服务业

剩的情况。

必须强调的是，虽然服务业本身在产出中所占的份额比农业、制造业、建筑业、采矿业和水电部门加在一起还要多，然而其在劳动力中的份额只相当于这些行业总和的一半。特别是，自从1973年石油收入暴增以来，服务业作为一个整体，其增长速度远超国内任何其他经济活动。简言之，石油产业和服务业与他们的社会媒介（即国家和它的侍从群）之间存在的功能性联系几乎是不言而喻的。我毫不怀疑在许多石油出口国的案例中可以找到相似的政治经济模式。

第十三章包括对部分服务业类别规模和增长的总体观察。特别是，我们注意到，在1963—1978年，国家服务的增长速度比国内任何其他社会经济活动都快。官僚机构、军队、萨瓦克、穿制服的警察和宪兵在这一惊人的扩张中占据最突出的位置，我们很容易因强调这些国家"服务"群体而忽略在其他门类服务的提供中，国家也发挥着越来越重要的作用，尤其是在1973年石油收入暴增后。通过教育和卫生领域，我们可以更好地，也更复杂地，同时也更具说服力地阐述石油伪现代主义的"逻辑"。

教育和卫生被视为公共投资的重要领域，特别是在不发达国家，这些国家现有的社会经济"基础设施"太弱，无法为工业政治经济奠定基础。除其内在的价值外，更好的教育和卫生设施可以提高识字率和识数率，提高公众意识水平，增加技术人才的储备，维持劳动人口的合理健康标准等，这些都有助于提高生产力和创新力，促进吸收新的技术和价值观，并且扩大社会公民意识以及政治参与度。这些优点以及其他许多理论和定性的论据都体现出教育和卫生在国家发展过程中毋庸置疑的重要性。然而，令人质疑的是各个派别的专业社会科学家们所采取的标准做法，他们令人遗憾地主要以数字（根据数字本身，或者人为将其神秘化）来分析特定国家（尤其是不发达国家）在各个领域的表现。

从表面上看，伊朗发展教育和卫生的战略看起来非常合理，尽管国家最初的设想很可能并非以下这样：通过派遣年轻的应征入伍者在乡村的扫盲和卫生队中服务，从而提高广大农民的识字率和健康水平；在现代技术和学术教育以及医院服务方面进行投资，从而增加现代技术人才和更先进的医疗和医院设施的供应。然而，主要的问题是，这些政策是如何实施的，在实施过程中涉及什么，以多大的成本实现多少成果，谁会从这些政策中受益，而最困难也是最重要的问题是，这些数字的质量（社会效益）如何。

让我们先来介绍一些数字。在1962—1972年，中学生的总数以超过14%的年均增长率从26万人增至140万人。到了1978年，这个数字几乎增加了100万人，达到了230万人。[9]同样，继续教育学院、理工学院和大学的学生人数增加了250%以上，从1968年的59000人增加到1978年的154000人。[10]初等教育，包括扫盲班的增长并没有那么惊人，但仍然十分可观：注册学生的数量从1973年的320万人增加到1978年的480万人。幼儿园、教师培训机构和工业培训中心也增长迅速（特别是从1973年开始），尽管他们在教育部门中所占的比例较小。[11]所有这些数据既包括国立也包括私立教育：大学和教师培训学院由国家垄断，幼儿教育几乎完全由私人投资者资助，其他的教育部门既有国家也有私人参与。然而，国家在教育部门的其他领域也占据着主导地位，即使私营部门的教育质量普遍更高。除此之外，可以肯定的是，公立学校和学院的发展速度比私立的更快。尽管对于国家的侍从群来说，私立教育无疑是一个有利可图的投资领域。

随着石油收入的增长，国家对教育部门的开支也在增加，同时在所有社会服务中将其摆在第一位。在1972—1973年第五个发展计划的预算中，当时石油收入尚未出现爆炸性增长，教育的经常性支出占经常性支出总额的8%以上；而教育的开发支出占总开发支出的10%；教育支出总额占计划预算总额的9%。[12]我们绝不能轻视这些百分比份额及其所指的绝对值，尽管这样的预算目标可能并没有完全实现。石油收入激增后，教育支出和其他部门支出一样，被热切地，且愚蠢地增加了一倍。这就引出这一问题中不太容易量化的那些方面。

第一，大量的资金用于建设昂贵的教育网络，而当时国家缺乏一套基本的识字和识数标准。尽管有扫盲团,但到 1978 年,在 6—29 岁的特定年龄段人口中,只有 65.6% 的人能够读写:这一年龄段的人口中有 81.9% 是城市居民,农村居民只占 48.0%。[13]由此可见,基于这些以及其他官方数据,有 65% 总人口以及 80% 的农村人口(6 岁以上)仍然是文盲。由于扫盲团只关注农村地区的扫盲工作,因此在扫盲团发展的 15 年中,其资产负债表的贷方看起来非常糟糕。在借方一栏必须堆砌大量的、不断增加的数额,这些钱表面上花费在这一几乎完全是政治宣传的事业上,实际上是给国内和(尤其是)国外的伊朗政权卫道士增加底气。除此之外,扫盲队以及卫生队项目给乡村和村镇造成了巨大的社会困难和混乱,因为许多年轻的、"受过教育的"、现代应征者完全蔑视农村人民;他们对"学生"和"农民"进行各种剥削;在单纯的农民群体中组织卖淫活动;实施强奸却能逍遥法外;等等。事实上,一些目击者的描述简直令人落泪:1965 年,一位卫生队的官员,一位医学博士和他的助手,一位中士,分别买下了一个 9 岁和一个 6 岁的农家女孩以获得性满足。他们的直属上司是一个有良知的年轻人,当他得知发生了什么后(已经过去几个月了),他将他们逮捕并交付审判,但这两个人依然逃脱了惩罚。[14]然而,这些白色革命活动无意间造成了一个重要的影响,它们使受过教育的有良知的年轻人同他们国家的生活和社会现实联系起来;让他们学习到了很多东西,即使他们没有设法教给其他人。

第二,大量的教育支出集中在城市地区,特别是较大的城市;1973—1974 年,受到暴增的石油收入的迷惑,国家第一次向更广泛的侍从群实行政治贿赂,这些举动轰动一时,其中之一就是宣布所有的初等和中等教育全部免费,甚至包括"私立"学校,也就是说国家开始承担全部的高额费用,在此之前这些费用由中等和高收入群体支付给教育公司。顺便说一句,任何聪明的政治公众都能预见这一举动将给通货膨胀率带来的影响,除了沙阿、他的党羽以及他们收买的国内外的宣传人员。教育支出的大幅增长显然没有增加学校和学生的数量——这只不过是对富裕的家庭明晃晃的恩惠。然而,"教育"贿赂还不止于此，国家还突然向学生免费发放牛奶以及其他"好东西"，这个项目更加全面，获利也没有那么多，直到"中东的日本"发现，国家的牛奶供应几乎无法支持这种"善举"。很快，冷冰冰的财政和物质经济现实让政权彻底打了退堂鼓，尽管当初它在推进这些愚蠢的政策时很认真。

第三，初、中等学校及其学生和高等院校、大学及其学生的数量确实在快速增长。像雅利安人之光那样的人也能及时认识到牛奶及类似产品的供应限制，即使是更加理智的人可能也会忽视限制学校和大学突然扩张的非财政问题：不断增加的建筑和设施可以靠提高投资来支撑，如果不存在严重的财政问题；但是缺少教学人员、学术研究人员和行政人员的问题则难以解决，没有他们就没有教育。因此，标准下降，教育机构开始培养出比他们的前辈更不合格的毕业生。更不用说典型的教育体制过度官僚化产生的问题了，德黑兰的教育部和科学与高等教育部荒唐地卷入遥远地方的教育机构出现的问题；或者是萨瓦克向大学工作人员施压，要求他们在行政和学术上宽松对待学生，希望以此防止出现政治上的不满。[15]根据科学部1973年6月公布的一项抽样调查，在高等院校中，有48%的学生来自官僚家庭，35%来自工商业阶层，7%来自地主和独立农民家庭，2%来自城市工人阶级，1%来自农民阶级。[16]有必要补充一点，在1973年后两个阶级约占全国总人口的85%。

第四，教育开支已经成为国家政策的一部分，既是对沙阿的党羽和支持者的间接奖励，也是一种政治上的支付手段，偶尔资助那些在学术上被选中的学生出国进修。前者通常从巴列维基金获得丰厚的奖赏，后者则从相关的国家部门获得资助：教育部（后来是科学部）、中央银行、伊朗国家石油公司，甚至中央条约组织（CENTO）。尽管资助的数量在增长，但仍然有限，直到石油收入激增后。在几个月内，所有在国外的伊朗学生都有权获得"部分"国家补助金，在英国的伊朗学生只要提供在高等教育机构注册的证明，每季度就能获得210英镑；那些在大学注册的学生可以申请每季度750英镑的全额补

第十三章 城市生活、工业和服务业

助金，还可以获得学费和"其他费用"的补贴。起初，他们需要签署某种声明，大意是他们学成后将返回自己的国家，并在国家部门服务一段时间；后来，国家开始收紧这一条件，并试图确保学生们履行他们的承诺。等到1976—1977年，这一政治贿赂的做法同样不得不面对严峻的财务事实。这些出国学习的学生本身有"私人"（但仍然是石油的）资金资助，而国家还在给他们提供这些他们基本不需要的恩惠，除此之外，为了增加"人力资本储备"，国家还给伊朗大学毕业生、学校教师、年轻的公务员、没有博士学位的大学教员等提供大量的补助金和奖学金，供他们出国留学。来自不同的（现在主要是传统的）社会阶层的青年男女，他们往往缺乏相关的外语知识，教育基础也相对薄弱（尽管这并不是他们的错），已经受石油伪现代专制主义在心理和社会的各方面影响而感到困惑，他们的唯一目标是带着更高的学位回国，无论什么专业，学位越高越好。因此他们踏上了异国他乡的土地，却对那里的情况和教育体系等一无所知，无人事先指导他们，他们甚至连教育安排都没有，还被萨瓦克线人和密探一对一甚至多对一地跟踪——这些情况如何在一本政治经济学的书中描述？

教育本身是有价值的，而伊朗历史的逻辑（并没有建立贵族阶层；通过为国家服务，社会流动性相对较高）始终将教育放在高位，尤其是对于那些没有特权的人来说，他们视教育为在这个世界上取得成功的通行证。石油专制主义过分地强化了这种历史趋势：它使40岁以上的人试图获得更高的学位，也许是博士学位，不论是哪里颁发的，从而在社会生活中有更好的表现，能跻身高位最好；其余的情况读者可以简单猜测。因此，在评估由此造成的"人力资本"（特别是具有高级学历的那些人）大幅增长的质量时必须格外谨慎。通俗地讲，有些学历是假的，有些是从可疑的机构获得的，有些只是受人尊敬的学术机构面对学生的绝望和潜在的自杀威胁而做出的"仁慈善举"。然而，它们中也有很多是真实的，这些学历的拥有者在合理的社会环境下是有用的、合格的公民。但是，在社会和精神混乱的石油国家里，这些人中的大部分甚至成为纯粹的社会负担，他们为一官半职争得头破血流，狂热地追求社会认可，对财富的贪欲更是永无止境。

这就是教育的情况。在这一时期，国家和私人部门提供的医疗服务也在迅速扩大。然而，医院和医疗服务的质量和社会效益与教育的情况类似：私人的医疗实践不过是积累财富的盈利渠道，从中获得的收入被投资到其他地方，甚至包括橘子园和葡萄园；投资私立医院是最赚钱的商业活动，人们支付高昂的费用（当然比其他地方，如英国的费用高得多），换取通常不尽如人意的，有时甚至是危险和致命的医疗"服务"。相比而言，后者（私人医疗）的职业态度更加严谨，不会像那些唯利是图的、完全物质主义的医生和医院那样不负责任地治疗和护理病人；然而显然，这二者不过是一丘之貉。经常出现的情况是，医生弄混了重要的实验室报告，或者将一个病人的报告给了另一个病人；有时候甚至没有进行必要的检测就填写实验室报告。很多时候病人因神经官能症和神经抑郁症入院，却被当作胃病和心脏病治疗，甚至住院并接受了手术，而这些病人通常在一次廉价的出国旅行后才发现，他们的病不在身体上而在精神上。药品的进口、生产和分销无异于敲诈勒索，在这一流程中进口执照领有人、贸易商、化学公司，以及最重要的，卫生部的官员都要分一杯羹。此外，由一个个木箱装着的正品的、价格昂贵的药物却被丢在港口，在烈日下暴晒数日，甚至数周。这就是为什么前往西方的伊朗游客会带大量的普通阿司匹林回国，因为在伊朗出售的同样品牌的阿司匹林是无效的，或者效果较差。[17]

像其他部门的支出一样，国家在卫生保健部门的支出同样采取了伪现代主义形式，重点是在主要城市中心建造大型综合医院，而不是广泛地提供基本医疗服务、临床治疗以及建立治疗常见病所需的小医院。公立医院分为两类：一类是免费的，几乎提供不了任何真正的医疗服务；另一类专门为每年缴纳固定保险费的低收入人群提供服务。后一类医院的数量较少，并且集中在部分城市。只有亲眼观察他们工作的人，才能体会到他们的病人遭到的无端蔑视和困难。仅举我自己

第十三章 城市生活、工业和服务业

见到的一个例子：1977年夏，一位丈夫陪他怀孕的妻子（两人都是工人阶级）从医院回家，此前这位孕妇在医院里接受"密切观察"，现在却被告知几天后再来；而刚一到家，女人就开始分娩，在返回医院的路上，孩子在出租车上呱呱落地了。这样的情况发生在德黑兰条件优越的谢米兰区，在一家需要患者缴纳私人保险的医院。

第五计划拨出1270亿里亚尔（即国家经常性开支的4%）和1910亿里亚尔（即开发支出的5.7%）作为公共卫生、社会安全和公共福利的开支，其中包括"营养"部门，这意味着国家必然会胡乱地提供粮食补贴，以抵消主食价格快速上涨的一些影响。这些社会支出项目占第五计划总预算的6.2%。[18]然而，当我们考虑到"国防"和"安全"资金额（这个数字必然被低估了）达到了19690亿里亚尔，即总预算的31.5%，前者的数额以及在总预算的百分比份额简直可笑。[19]不过我们更应该注意的是，无论绝对数额是多少，这些支出都是相对无效的。1974年，在高杰雷（Gajereh）专家会议上，第五计划的预算增加了一倍，在随后的拉姆萨尔（Ramsar）会议上，经过沙阿和他的大臣们的确认，由侯赛因·哈提比博士（一个曾经很有前途的波斯文学教授）领导的国有医院中央局启动了一个疯狂的计划，他们打算在全国各地建立20家新的综合医院，每家医院有1000张床位。官僚们愚蠢地想借此在各地区普及公共卫生设施。他们想以高薪资和"福利"雇用外国医务人员，包括医疗顾问、普通医务人员和护理人员等。他们意识到必须打造合适的"社会环境"才能吸引这类外国医务人员，他们甚至打算建立宫殿般的庄园供这些人居住，内部还要设置专门的娱乐中心。如果这个低能的"计划"在探索阶段就夭折了，并不是因为官僚们突然有了常识；而是官僚主义无能的结果，同时1976年国际收支赤字逼迫这个"资本盈余"的国家削减开支——这一现象使国内外的"专家们"都感到困惑。[20]

1976年，根据官方数据，每3000人中有1名医学博士，每19000人中有1名牙医，而平均每711个伊朗人有一张医院床位。这些都是全国范围内的平均数据；其中一半的医生、牙医和医院床位肯定都集中在德黑兰。

最后，在1973年石油收入暴增之前和（尤其是）之后，运输和通信、银行和保险、住房和城市房地产，以及各种私人现代服务都经历了快速增长。[22]运输和通信部门的大部分支出用于道路和港口建设（和重建），很多项目主要出自军事考虑。银行业和保险业的快速发展在一定程度上是城市经济总体扩张的结果，但主要是因为这些活动是国家的上层侍从用国家施舍给他们的石油收入获利的渠道，他们同时还能进一步从信贷服务中受益。我们已经提到过私人服务，包括旅馆、餐馆、高级俱乐部和度假胜地等，这些服务大部分由沙阿和他的亲属提供。同样，对外贸易即进出口业务，也在发展壮大。

有一类服务值得特别注意，即国内批发和零售业，其发展和繁荣带来了社会和政治影响。这是城市经济活动中唯一一个主要群体，其富人是偶然出现的，也就是说，他们并没有成为伪现代主义国家设计的一部分，参与这个行业的许多人并不是国家的侍从。在政治经济学方面，这一特征的影响是非常巨大的：它丰富了商人和小商贩群体，这两个群体必然在经济和社会上跳脱出伪现代专制主义的框架，并且反对这一制度的一切行为、价值和愿望。这些商人并不效忠这一制度，必然会不断反对这一制度的政治和文化规范，而他们财富的不断增加又是这一制度的必然结果。

因此，国家此前通过全面的贿赂、镇压、暴力和非法行为竭力破坏的社群自治权，由于商业和贸易群体，以及（主要是）宗教领袖的财富的连带增长，正在悄悄恢复，并得到强化。如果"上帝以神秘的方式行动"，历史也必然如此。

注释

1. 然而我们已经看到，连这个部门都过于资本密集。见第十三章，第6节。
2. 关于用天然气交换钢铁厂的协议在1966年6月达成：参见《信息报》和《世界报》（日报）。在这一时期伊苏还达成了其他重要的贸易和政治协议。详见下文第十六章。
3. 该项目由苏联的贷款提供资金，利率为2.5%，共计2.86亿美元。因此，天然气管道建设的总成本最初估计约为3亿美元，事实上，有一位伊朗的高级官员证实最终建设成本为7亿美元（尽管他没有提到这对他所服务的政权造成的破坏性影响），这个估计应当是真实的。参见 Jahangir Amuzegar, *Iran: An Economic Profile*, Washington, DC: Middle East Institute, 1977。

4. 这是笔者掌握的信息，当时我正好在设拉子。该大坝是由以色列技术人员建造的。

5. 1965年，伊朗国家石油公司被要求建立一个石化子公司，作为与外国资本的合资企业。从那时起到1978年，伊朗国家石化公司在全国各地建立了5座工厂，其中3家是与美国石油和石化公司的合资企业；第6家工厂计划于1978—1979年建造，由日本资本参与。

6. 1972年11月在设拉子举行的官方会议上，这一问题得到了广泛的讨论，但出席会议的罗马尼亚技术顾问普遍支持伊朗的官方路线，这可能与他们自己的判断相悖。我碰巧在大厅里见证了这一持续的辩论。一位来自设拉子大学的农业教授（古莱希博士）几乎是唯一一个有勇气（因为这需要勇气）坚持批评官方战略的技术专家。

7. 参见 Bank Markazi Iran, *Annual Report* 1975 – 1976, Appendix Table 52。

8. 见第十三章，第2节。

9. 参见 Bank Markazi Iran, *Annual Report* 1977 – 1978, table on, p. 163。

10. 参见 Ministry of Education, *Conference Report*, various years (in Persian); 和 Bank Markazi, *Annual Report* 1977 – 1978, table on, p. 165。

11. 参见各年份的伊朗中央银行的年度报告和教育部的会议报告。

12. 参见 Plan and Budget Organisation, *The Fifth Plan*, 1973 – 1978, Teheran: Plan Organisation, 1973。

13. 参见 Bank Markazi Iran, Annual Report 1977 – 1978, Table on, p. 166。

14. M. 拉萨博士向我讲述了这一事件，他现在已经是伦敦的一名放射学顾问，他曾经作为他们的上级官员，逮捕了这两名罪犯。

15. 1972年，一系列此类的压力（大学校长完全认同）迫使德黑兰大学经济学院院长和副院长辞职。

16. 见其统计报告。

17. 这些事实是受过教育的伊朗人在一系列直接和见解的经历后所了解的常识。M. R. 阿米迪 – 努里博士亲眼见证了许多具体的案例，并为我证实了这些事实。然而必须强调的是，此处只是描述总体情况，并不适用于所有的伊朗医生和医务人员。

18. 参见 Plan and Budget Organisation, *Fifth Plan*。然而要注意的是，1974年夏，在为修订第五计划而召开的高杰雷会议后，由于石油收入暴增，绝对数额有了大幅增加。正是在此次预算大幅上调中，产生了新建20所综合医院的想法。详见下文。

19. 应当注意，此处给出的是"国防事务"在总支出预算中的比重（包括经常性支出和开发支出）。但是，由于整个"国防事务"支出属于经常性支出的一部分，因此（根据官方数据）"国防"在普通预算中的份额达到了69%。

20. 详见下文第十六章。

21. 根据 Bank Markazi Iran, *Annual Report* 1975–1976, Appendix Table 93。

22. 关于更详尽的数字描述，见上文第十三章第1节所引用的参考资料，或他们使用的伊朗官方数据。

第十四章
农村社会：土地改革和农业困境

序 言

  在经济发展的历史上，农业一直是资本积累的来源，也是城市部门工业化廉价劳动力供应的来源；17—18世纪的圈地运动和农业技术进步削弱了封建主义的基础，促进了工业资本的积累，并把无地农民赶到工业城镇，从而为现代工厂生产提供了源源不断的廉价雇用劳动力；在日本，明治维新后，农业对工业化做出了重大贡献，它释放了大量的储蓄资金，这些资金被投入工业，为产业工人提供了充足的食物，对国家的贸易平衡做出了重大贡献（主要通过出口丝绸和茶叶），并普遍地保留了农业的劳动力，因为在日本的条件下（直到1914年），高比率的农民迁移到城镇对经济发展是无益的；在苏联，农业被迫在短时间内为工业扩张做出重要贡献（通过释放资本和劳动力），主要是因为国家遭到来自外部的严重威胁，而且（尽管它尝试过）苏联没有办法获得外国信贷以进一步发展工业化。在过去的两个世纪提出的大多数关于工业资本原始积累的模式和理论都是基于这些国家以及当前的工业国家的相似经验。[1]

  一般来说，这些理论（以及它们更具体的衍生理论）存在的问题是，当把理论转化为国家或国际的经济发展政策时，人们往往没有充分地研究这些理论与个别情况的潜在关联性，也没有根据具体的政治经济资源、需求和要求进行适当的调整，就将这些理论直接应用在各个案例中。不论如何，许多不发达国家的土地改革和农业战略的失败案例就是本书所说的理论和方法的普遍主义以及政策和实施中的伪现代主义造成的最明显、最重要和最痛苦的恶果。然而，正如托尔斯泰写的那样，"不幸的家庭各有各的不幸"，伊朗的土地改革和农业战略有其独特的政治经济特征，我们现在将对其进行简要评估。

历史背景和前期发展

土地改革前

伊朗从来都不是一个封建的政治经济体：私人财产所有权（尤其是土地所有权）是很脆弱的，是一种基于各种土地分配制度的军事—官僚特权，而非一种贵族权利，并且基于各种原因，它既不能自我延续也不能集中；国家本身拥有相当大份额的农业用地；不存在庄园制度，地主独特地形成了一个城市社会阶层，也不存在农奴制，没有传统的农民义务制度，农民只需要向相关的剥削者缴纳作物份额（或偶尔支付租金）和税款；城镇和城市相对较大，数量较多，商业贸易广泛且复杂，货币作为交换媒介和价值储藏的手段在城市部门发挥了重要作用。因此，在历史上政治经济权力集中在城市，而不是相反：政治权力既是绝对的，也是专断的（在所有的"行政"层面都是如此，无论是否存在一个大型的中央官僚机构），社会流动性很高，在时间或空间上，既不存在贵族也不存在资产阶级公民身份。

在第二章已经对这一主题进行了更详尽的阐述，我们将在下一节进一步展开。

由商人、地主和他们的各种社会和知识分子盟友领导的，反对传统专制主义的立宪革命，势必会分散政治权力并强化私有财产（包括土地和商人资本）。第一届议会废除了土地分配制度，这一具有象征意义的举动不仅代表着地主的利益，也代表着商人的利益（商人和他们的知识分子盟友实际上在议会中占多数席位）。该法案实际是在宪法上认可了现有的土地所有权，将地主的传统特权转变为一种契约性

第十四章 农村社会：土地改革和农业困境

的所有权，这同样在以下方面符合商人的利益。它减少了国家的政治经济权力，这也是支持革命的各个社会阶层所希望的；它实际上有利于那些相对大的商人（他们中有许多人通过国际贸易增加了财富），他们此前从贫困的国家手中买入土地，与此同时获利的还有土地的法定所有人；还可能有利于那些有抱负的、纷纷跟风的商人。在欧洲，封建制度是政治力量、土地财产的经济垄断以及资产阶级财产相对薄弱的根源；因此，资产阶级想要打破垄断，巩固自己的财产权，就必须与封建制度做斗争。在伊朗，专制制度是造成国家财产强大且垄断所有私有财产相对弱小的原因；因此，有产阶级想要打破这种垄断，巩固自己的财产权，就必须与专制制度做斗争。这两个案例在基本机制上是相似的，尽管它们在历史现实上完全不同（详见上文第四章）。

因此，礼萨汗在上台后遭到地主和商人的联合反对，但却得到毫无根基的现代主义军官、官僚和知识分子的帮助（他们是国家的实际或潜在侍从）也就不足为奇了。尽管礼萨沙在土地登记等方面进行了现代的行政改革，但由于土地税的增加，国家对主要农产品贸易的垄断（人为使农产品的价格保持在较低的水平上），同时因为失去了政治权力，进而失去了所有权的保障，地主（作为一个阶级）损失惨重；因为国家对国际贸易（以及部分国内贸易）的垄断，商人也输得一败涂地，和地主一样失去了政治权力，因此也失去了所有权的保障。正是因为这些，以及其他相关原因，1941年商人和地主们（作为社会阶层）都欢庆最强大的国王陛下逃亡海外。

1941—1950年，这两个社会阶层都设法强化了他们的地位，地主在政治上的影响力越来越强，因为他们有社会权力基础（他们从"腐败选区"进入议会），并且普遍具有更突出的教育背景。在摩萨台上台的前几个月，地主们几乎彻底疏远了政府。首先，因为他们被民众运动的激进吓坏了，他们意识到这对自己的政治经济地位是潜在的威胁；其次，国家的经济疲软使他们不仅因需求减少而间接损失了金钱，而且更重要的是，预示着人民党即将接管；最后，摩萨台试图确保选举真正自由（反对地主或地主的提名者从他们权力基础的"自然"回归),这实际上打击了他们新获得的政治主导地位。这就是为什么地主选择与沙阿、保守派宗教领袖和英美势力结盟,试图颠覆摩萨台政府并摧毁人民党。

1953年政变后,地主短暂地享受了一段时间的政治经济权力(沙阿是地主的盟友,但其权力不与其他人分享),在此期间他们甚至成功破坏了卡瓦姆和摩萨台相继颁布的部分租赁"改革"法案。[2] 但大量石油收入以及美国援助的涌入增强了沙阿的经济和军事权力,并且以牺牲地主的利益为代价,增强了沙阿的政治权力。1960年,双方发生了短暂的冲突。伊格巴勒奉沙阿之命向议会提交了一份温和的租赁改革法案,该法案只是为了讨好美国人:这是第一个也是唯一一个议员们一开始拒绝,但最后承受不住巨大的压力通过了的法案(并依靠私下的安慰)。与此同时,他们还获得了当时在库姆的效仿渊源阿亚图拉·布鲁吉尔迪的公开声明,谴责这一"改革"违背了宗教原则。[3] 这一声明最终石沉大海。两年后,阿米尼集团接管了政府,准备进行全面的土地改革。起初沙阿为了击败阿米尼,与地主和其他保守派结成了牢固的联盟;但后来他通过交换立场,成功打败阿米尼。这就是他如何成为白色革命者的。(见上文第十一章)

结构和关系:"干旱社会"(the Aridisolatic Society)

一般来说,乡村提供社会的边界,也是农民生活和劳动的生产单位。它通常由拥有传统耕作权的家庭(the nasaq-holders)、没有这种权利的家庭(the Khushnishin)以及一些商人和放债人组成,他们通过预先购买部分作物来提供少量的、隐含高利率的现金或实物信贷。在许多村庄,一些有耕作权和没有耕作权的农民(被称为 gavband)"租借"一对或两对牛给其他耕作者,以换取作物份额。最近,伊朗部分地区发展起了 ijareh kari(一种小规模的佃农制),鼓励使用雇用劳动,而这些劳动力往往是由没有耕作权的群体提供的。

传统的生产模式和方法是共享的或公社化的,伊朗农村的"公社"在不同地区有不同的称谓,最常见的用词为 buneh 和 sahra;各地

"公社"的集体性强度也有差异，buneh 是各地区"公社"变种中集体性最强的。这与古老的俄国乡村公社 mir 有相似之处，尽管后者有自己独特的特点，是一个比较松散且不全面的机构；单纯从语言上看，mir 的意思是"世界"（俄语），而 buneh 只指一个人的基础和他的根基。

Buneh 之所以产生，是因为除一两个小地方外，水在伊朗是最稀缺的资源；水的稀缺性促使公社合作，从而建设和维护地下水道（称为 qanar 或 kariz）并在耕作者之间分配水资源；因此，在农民队伍中也出现了 abyar（owyar），或称"水助手"（water assistant）。所以气候干旱并没有将伊朗变成一个"水力社会"（如魏特夫定义的），因为农村社区本身作为一个单位，组织了水资源的供应和分配。然而 buneh 出现后，承担了其他社会经济功能，比如决定作物轮作或田地休耕。这一制度的后果之一（但并不具有普遍性）是，农民的土地经常保持开放和分散状态，以确保所有耕作者的土地具有平均程度的肥力，但也存在合并土地的情况。总的来看，越干旱的地方，buneh 制度越强，土地分散的可能性越大。地主（可以是土地受让人、国家本身或慈善捐赠的受托人）通常是局外人，无论何时都不属于 buneh 的一部分，但是他的当地代理人（Mubashir）会在二者之间建立必要的联系。

传统的（产出）分配模式和方法是分粮制（或称"收益分成制"），理论上是按照"五种投入"的原则，即根据土地、水、种子、牛和劳动力五种投入进行分配：地主投入了两种"土地"资源（即土地和水），因此获得两份产出份额；农民获得其劳动力投入应得的产出份额；而投入资本（种子和牛）的地主和农民或 gavband（"养牛人"），分别获得他们相应的产出份额。而在实践中，分配方式与这一理论规则有所不同，但并非完全偏离；此外，在极少数的情况下还实行了付租的"制度"。然而，农民获得的那部分份额还要进一步缴纳国家税，支付宗教费用，并向债权人偿还债务。这一切都发生在收获季节，因此波斯语中有"收获季节的承诺"（即空洞的承诺）的说法。偶尔，农民无法完全履行这些义务，他们往往会把一部分作物藏起来，以减少交付给剥削者的实际份额。

因此，内部的社会经济结构和关系以及外部的（地理和政治经济）环境使伊朗的每个村庄成为一个独立的生活和劳动单位，与其他（尤其是距离远的）村庄没有什么联系，对城市外来者也没有什么兴趣，这些人总是在合适的时候来到村庄，拿走他们此前约定的村庄产出份额，随后又离开。如前所述，伊朗的农业和农民并不依赖国家提供和管理水资源或其他任何东西，而是国家依靠分散和孤立的村庄单位获得农业剩余物，要么直接征收，要么分配给地主和包税人。专制国家可能从此起源，它以城市中心和军事前哨为基础，通过一个全国性的运输系统连接起来，支配着分散的农村农业生产单位。这样一来，农民就被隔离在有组织的城市国家之外，并被划分为相互独立的小单位，发挥其两个主要的（社会和历史）功能，一是被城市通过专制国家及其附庸者剥削；二是在定期发生的内部动乱（这是专制主义"逻辑"的一部分）以及外部的入侵和袭击中，帮助维护这片土地基本的文化延续性。至少留在土地上的那些农民至今仍然发挥着后者的功能。也就是说，他们对"外面"发生的事情毫不关心，哪怕是一场民众革命：几千年来他们已经看尽了一切，对任何"外来者"都不抱有幻想，不论他们是谁，不论他们承诺什么；农民群体只会当面同意这些人的观点，而私下里继续藏好自己的财产。

综上所述，干旱确实在塑造伊朗政治经济结构方面发挥了基础性作用，却是以其独特的方式：它有助于建立自治的村庄生产单位，而这些单位都无法生产足够大的盈余而形成一个封建权力基础。但所有这些单位生产的集体盈余的总和是如此之大，以至一旦被一个有组织的外部（地区或全国）力量占用，便足以防止政治经济权力的分裂。这种军事力量最初来源于入侵的游牧部落，后来被现有的和进一步迁入的游牧民族掌握，他们在不同的历史阶段成功地建立了各种城市国家。这些直接和间接的集体农业盈余规模相当大，足够这些专制国家在运输、通信、军事和官僚机构等方面的开销，这既维持了他们对土地的控制，又防止在未来农业出现封建自治，或城镇中资产阶级公民身份的出现。如果这一理论可以作为一个"模型"的雏形，为了它的严肃化，必须给它起一个名字，我们可以称其为基于"干旱"社会的波斯专制主义。

土地改革

在1962年土地改革法颁布前，只进行过一次比较大规模的土地"分配"，那就是在礼萨沙退位后，沙阿出售了他专制的父亲曾经霸占的、后来被政府没收的土地，1948年这些土地由沙阿"照管"，1953年政变后这些土地被收回，后来又被沙阿再次夺取。他自己定价，将这些土地以分期付款的方式出售给农民，从中捞了一笔好处，在国内外合理使用了这些资金，因此，他增加了自己的财富，摆脱了不动产带来的风险，并向全世界吹嘘他把"自己的"土地还给了农民。（见上文第九章和第十章）

阿米尼和阿尔桑贾尼真心地打算全面推行土地分配计划：在拥有耕作权的农民之间（大约占农民总数的65%）分配土地，这些农民以每年分期付款的方式补偿地主。他们原来的评估方法是以地主前几年所交的税款评估，这对地主无疑雪上加霜，因为大家都知道他们在可耻地逃税。显然，政府没有充分考虑整个计划（也许在当时的情况下也无法全面考虑），但是阿尔桑贾尼以农户加入农村合作社作为获得土地的条件，显然是希望能保留部分旧有的公社生产体系。拟议的方案确实部分暴露了伪现代主义者的天真，例如，有些初级技术官僚开始谈论伊朗农村部门存在35%的"隐性失业"者，即整个khush-nishin农村群体，而这一问题的实际原因其实很简单，因为他们理论上没有传统的耕作权（nasaq）。然而只要这一方案保护伊朗农村的政治经济边界不受损害，它仍然比从外国引进的简单的蓝图更现实、更有意义。然而，阿米尼－阿尔桑贾尼的改革计划遭到了地主和保守派宗教领袖的激烈反对（其他宗教领袖，包括阿亚图拉·沙里亚特马达里并不反对这个原则);沙阿也反对这个计划,直到后来他自己抢走了这个主意,还称这是他从童年时起就梦想的事情;第二民族阵线在公开场合不置一词,但在私下称为"谎言"。人民党只是在东欧喊口号,支持农民获得土地,当然,他们仍然坚称阿米尼集团肯定在撒谎(像阿米尼这样一个"封建的"领导者怎么可能背叛他自己的"阶级")。

当时只有一个替代方案是阿尔桑贾尼土改方案的最大对手,即哈利勒·马利基提出的将土地和水民主化或民族化(melli kardan)。但这并不意味着,也不会意味着国有化,在伊朗,国有化意味着国家所有而不是公众所有。马利基的方案如下:将所有权从地主转移到整个农民群体,这样可以一下子剥夺地主的权利,同时不会产生复杂的法律和其他纠纷;避免要界定每个村庄的每个农民的土地这一庞大的行政任务;避免出现零散的、小规模的个人土地,这种土地可能会通过继承的方式被分割成极小块,最终不得不出售给少数大户,这时会导致资本主义土地私有制的巩固;绕开剥夺 khushnishin 群体土地这一话题,从而避免其造成的直接问题以及社会和经济影响。大量被剥夺土地的农民从土地上解放出来,此后因继承导致的土地破碎化会进一步加重这一趋势,国家该拿这些人怎么办?[4]马利基没有对方案的内涵进行进一步重大的发展,尽管他可能已经考虑到了;事实上这个方案将完全保留农村社区里的公社生产模式和"平等主义"的土地占用和分配模式,只是单纯摆脱了外部剥削者。这个想法过于超前和激进,以至国家内任何政治势力都无法理解,阿米尼和阿尔桑贾尼不会,也不可能接受这个方案(马利基也不指望他们会这样做);第二阵线的领导层即使戴着手套也不愿意碰这个方案;人民党和与其类似的"马克思主义者"也无法理解该方案,实际上从马利基口中说出的任何想法都会被他们认为是萨瓦克和各种外国魔鬼和食人魔的指示。

最初的土地改革法案,被称为土地改革的第一阶段,最终影响了约20%的农户,尽管在沙阿本人接管法案的实施之后,种种有利于地主的修正案被大幅削弱。[5]第二阶段(1964—1966)主要颁布了一项租赁改革法案，影响了大部分剩余的有耕作权的农户，同时在这一阶段还鼓励建立大规模的公司农场，但最终没有成功。在第三阶段（1966—1978）几乎完全着重于大量建立此类的公司农场。第四阶段推行了一项国家农业政策，旨在创建"农业综合企业"，也就是巨型的资本主义农场。第三阶段和第四阶段（下文有更多介绍）实际上不属于土地改革的一部分，而是专制的伪现代主义战略，使伊朗农业最终变得畸形。

每一个阶段的产生及影响背后的政治学原理还需要更详细的讨论。沙阿将土地改革计划夺为己用，因此不得不面对被他抛弃的保守派政治和宗教盟友的联合抵抗。宗教群体的反对更加全面且深刻：首先，保守的宗教领袖既反对土地改革，也反对沙阿的伪"女权主义"；其次，保守的和开明的宗教领袖都对土地财产中的慈善捐赠（the owqaf-i am）的前景感到担忧，这在传统上一直是唯一相对安全的财产形式，也是宗教团体财政自主权的重要来源；最后，所有宗教人士都嗅到了专制主义即将出现的味道，与传统的伊朗专制主义相反，它将破坏什叶派领导人的自主权，就像是礼萨沙之前做的那样。这也是为什么1963年6月的人民起义获得了所有反专制力量的支持，包括什叶派领导人和群体（不是教会），商人群体（不是民族资产阶级），地主（不是封建者）和普通城市民众（不是小资产阶级和无产阶级）。这场人民起义被国家的军事—官僚机构击碎，而受过教育的人士、知识分子和专业人士（他们组成了现代反对派政党的领导层和骨干）在一旁困惑地看着这一切，试图用他们的书来理解所看到的情况：教会、封建主义者、民族资产阶级和其他人都在反对土地改革和其他看起来是进步的政策。的确在这些人自己的口号里，他们认为这些政策是不充分的，缺乏真心的，尤其是他们认为这一切都是"由美国帝国主义设计的"。但这一困惑是严重的和令人沮丧的。[6]

为了进一步迎合地主，沙阿把土地改革的第二阶段变成租赁改革，随后快速增长的石油收入增加了沙阿的财政和军事力量，使政治上被打击的地主（作为一个阶级）成为石油国家里最有特权的侍从，并使沙阿能够在政治经济，包括农业方面玩起了伪现代主义的把戏。因此，第三阶段拉开了农业畸变期的序幕：公司农场"主动"成立，把农民的财产变成大公司纸面上的股份，导致所有权的集中（小农户向大业主出售纸质股份，从而促生了实际上的租地资本家和农民雇工），最终使公司农场由德黑兰或省会城市派来的官员进行国家管理。然而，这一政策造成的最大危害是破坏了伊朗村庄作为一个社会生活和劳动自治单位的历史边界。

等到第四阶段，即农业综合企业出现的时候，伪现代专制主义处于鼎盛时期。该项目计划建立大型的资本主义农业工厂，是拉丁美洲的大庄园（latifundia）和俄国的国营农场（sovkhozi）的混合产物，通过使用国家资本以及国内外的私人资本，建立合资企业，从而剥夺伊朗最肥沃地区的数百个村庄的农民的权利，并将这些农民用作移民雇工；这些公司对农民的土地标价，并从中扣除农民对各个国家机构的债务，给农民建造不人道的煤渣房，还要向他们收取建筑费。但还没等启动这个项目，他们就破产了（详见关于农业综合企业和公司农场的章节附录[7]）。关于"土地改革"的简要分析就到此为止。

农业的困境

石油与农业

在历史上，集体农业的盈余一直是伊朗财政自主和国家专制权力的主要来源。这是一种集体经济（即垄断性）租金，由国家及其客户群（地主、税务官员等）从他们的政治经济领域之外获取，供其内部使用。这就是"干旱"社会的基本逻辑。石油社会的基本逻辑以一种奇异的方式与之非常相似：石油收入作为集体经济租金，从政治经济的外部（即石油部门）获得，而被用在城市部门的内部。区别在于，第一，从石油中获得的收入并非源于政治经济任何一个部门的生产性努力；第二，石油收入完全由国家收取，国家没有直接将部分石油资源"分配"给一些侍从，而是间接地将一部分石油收入分给他们；第

第十四章　农村社会：土地改革和农业困境

三，在伊朗的案例中，石油收入如此庞大（甚至在20世纪60年代末和70年代初也是如此），以至国家可以扩大它的侍从圈，远远超过日益增长的军事—官僚综合体，扩展到城市人口的其他部分，并在历史上第一次可以将其对社会生活和劳动的专制霸权扩展到伊朗乡村。在历史上国家一直是剥削的主体，虽然它夺走了乡村的剩余物，但在其他方面却并没有打扰农村群体；但是伪现代主义石油国家（在经济上不依赖农业）现在进入了村庄，它要么摧毁这里，要么留下来管理村庄居民的生活。

从心理学看，国家认为存在庞大的传统农业是可耻的，是落后的证据；从社会学看，专制国家延伸它的边界，是因为专制主义作为一个城市体系第一次想要将历史上的"局外人"（即农民）内部化；从经济上讲，国家不再依靠农业剩余物作为财政、粮食和出口的来源，因为石油收入超过了所有这些农业贡献；而政治方面则是由于专制主义。因此国家对发展农业部门没有兴趣，以及国家对通过灾难性的农业综合企业和公司农业创造一个小规模的"现代"农业，并把大多数农民变成城市的雇用劳动力很感兴趣。正是沙阿本人（甚至在石油收入暴增前）吹嘘称到1980年在伊朗从事农业的人数不会超过两百万人（也就是30万名劳工）。

农业绩效

在前几章已经介绍了农业部门的一些宏观经济观察结果：例如，在1963—1978年，农业在国民生产总值和非石油国民生产总值中的份额都有所下降；从乡村到城镇的移民率非常高，以及农业的人均产出远远低于工业和（特别是）服务业的人均产出。（见第十三、十四章）

在整个时期，农业产出的年平均增长率大概为2.5%，肯定低于3%；因此，哪怕假设是增长率为3%，农业生产力的年均增长率也将是0。这一观察结果本身具有重要意义：在这一时期，城市部门产出和"生产力"的高增长率完全是石油收入持续增长的结果；并且，正如上一章和下一章所表明的那样，对工业和服务业的伪现代主义投资使国家付出巨大，但收益甚微。然而，农业从未享受过任何特权，在制度上和技术上一直遭到破坏，容纳了整个国家最贫穷和社会上最受压迫的人，却可能以2.5%—3%的年增长率发展，并且贡献了国家全部工业和农业出口总额的二分之一以上，甚至到了1978年也是如此。[8]在这样的情况下，农业的表现是相当出色的，特别是当我们意识到这种发展几乎完全归功于传统的农业部门，基本没有得到外界财政或其他方面的帮助。

人均产出指的是"劳动生产率"，但在农业领域有另一个，有时更重要的绩效指标，称为每公顷产出，或"土地生产力"及其增长。有证据表明，在1963—1978年，伊朗农业的土地生产力的增长同样为零或负值，也就是说，土地开垦使总产出按比例增加，甚至可能"导致"了总产出的下降，然而，使用更多的土地本身并不能减少产出，因此，如果每公顷产出的增长率为负数，那一定是因为某些因素抵消了土地开垦的作用。此外，技术投入和资本设备（例如，化肥和拖拉机）应用的迅速扩大似乎并没有任何帮助，提高这些投入的使用率似乎与农业产出之间没有任何关联。这些观察结果的原因如下：一是几乎所有国家信贷和私人信贷都被注入一对恶魔般的双胞胎，即公司农场和农业综合企业的身体里，并且由于政治经济和制度上的原因，这些"现代"部门的表现极其糟糕；二是传统部门严重缺乏资金，并被宪兵队和其他国家官员摆布，其中包括那些加入"合作社"的人（下文将详细介绍）。因此，"现代"部门遭遇滑铁卢，而几乎遭到故意迫害的传统部门却不能完全弥补前者的失败。（详见附录）

伊朗的农业包括耕作农业和畜牧业：耕作农业以小麦和大麦为主，它们是伊朗的主要粮食作物，其他主食作物只有水稻；其余的耕作包括经济作物的生产，主要是棉花、水果和烟草，其中前两种占据了伊朗的全部农业出口。自19世纪末以来，伊朗一直是粮食的净进口国，其主要原因是在该世纪发生的重新分配促进了出口经济作物的生产。直到1968年，农业贸易差额（即农产品的出口值减去进口值）

为正数。这意味着国家的粮食和农业需求仍然完全依赖于石油收入，并且农业仍然是外汇的净接收者，尽管需求的持续增长以及对待农业的石油方式使粮食赤字飙升，并进一步阻碍了国内供应的相应增长。然而，随后情况发生了巨变，一方面，石油收入的激增刺激了对粮食的需求，使里亚尔的汇率重新定价，增加了国内对农产品出口的需求；另一方面，强化了国家对农业部门的冒险战略。

伊朗的畜牧业一直以绵羊、山羊、牛和家禽为主。其中，羊一直是主要牲畜，提供了伊朗质量最好的红肉产品。肉类和乳制品（由养牛人提供）是主要的奢侈食品；因此，收入增加后，对这些食品的需求会比对普通食品的需求增加得更快。这就是为什么从需求端来看，最早在这些食品中出现严重粮食赤字的迹象。但是从供给端来看，造成这些产品更早地出现更严重匮乏的主要原因是对这些产品的主要生产者游牧民族实施的专制策略。伪现代主义者认为，游牧民族一定是坏的，因为他们是落后的最大证据。但更重要的是，游牧民族生活的传统和事实已经把他们变成了一个半自治的军事实体，沙阿不会容忍他们的存在，因为他们独立于国家，并且可以为国家带来麻烦，这在历史上已经有过印证。在法尔斯省南部与庞大而强大的卡什卡伊游牧民族的对峙就是此类的案例。卡什卡伊人一直与沙阿和他父亲交恶，这也是为什么他们为国家化整个国家的游牧民族的更普遍政策提供了判例。起义开始于 1964 年年底，在经历 16 个月后被镇压，因为撤退到卡什卡伊山区的士兵遭到了凝固汽油弹和其他类型炸弹的持续攻击；他们年轻的将领，巴赫曼·卡什卡伊自愿投降，官方饶他不死，但他最后却遭到了背叛，倒在了行刑队的枪口下。当卡什卡伊人被打败后，石油国家变得更加强大，这也注定了其他游牧族的命运。许多伊朗游牧民族，特别是生活在国家南部和西部的游牧族，遭到了残酷的对待，在纳赛尔·帕克达曼（Nasser Pakdaman，伊朗政治经济学家）看来，其悲惨程度甚至更甚于美国的印第安人。

这可能是导致畜牧业相对衰退的最重要原因。但除此之外，有限的牧场也被国有化，即由国家垄断，并由宪兵和其他专制主义代理人看管,这是白色革命进一步的"原则"。这增加了定居农业的肉类和奶制品生产者的生产成本,恶化了问题。粮食短缺情况不断累积,开放的进口无法,也并没有缓解这些短缺,原因我们已经看到了;而国家对城市群体在面包和类似食物方面的补贴无法普遍抵消通货膨胀的压力,同时对农民也没有任何帮助。

国家与农民

我们已经提到了建立公司农场和农业综合企业的政策。传统伊朗农业部门仍然容纳着占总人口55%的伊朗农民。地主的离开造成了一些制度和经济上的缺口,因为他们一般都是作为农民和国家的军事—官僚代理人之间的纽带,至少在投资供水系统方面提供信贷,他们自己也从中获利。阿尔桑贾尼计划建立农村合作社,国家向自治的合作社提供信贷,从而弥补信贷的空缺。后来的发展使这些合作社沦为官僚合作社联盟的集体客户,后者本身又是农村合作社中央组织的客户,而该组织又隶属于合作社与农村事务部。读者必须对伊朗这个国家有所了解才能理解这一切对贫弱的信贷设施分散到传统部门的全面影响:挑选的真正标准,各级的大规模腐败,官僚主义的暴政和勒索,等等。

在1971—1972年(所有相关的数据都可以得到),农业总产值为172.3亿里亚尔,而农民总消费为179.6亿里亚尔。也就是说,农民消费总额比农业总产值多出7.3亿里亚尔。农业总产值不仅包括现代农业部门的产出,还包括林业、渔业等的产出,这些都是国家垄断行业。除此之外,农业产值还包括种子和其他资本替代物的价值,以及农民支付给外部人的利润、租金等。因此,农民从这一产出中获得的净收入总额肯定远低于1723亿里亚尔,可能是1200亿里亚尔,其中农村手工业和服务性生产补充了一定的数额,但无论这一数额多少,都不可能大到足以填补收入和消费之间523亿里亚尔的缺口,而且农民的储蓄总额一定是负的。[12]然而,农民对私人和国家债权人的债务却在不断积累,同时还有一部分农民营养不良(见第十三章,关于贫困的附录)。

表 14-1 显示,1830 美元的城市人均产出大约是 251 美元的农业人均产出的 7 倍,这还不包括国家用于城市部门的石油收入。正如我们在上文看到的,人均农业产出是衡量农村社会人均收入的一个很好的指标,而城市人均收入一定比城市人均产出高得多,因为大部分的石油收入都花在了城市部门。因此,表 14-1 中的数字表明城镇部门的人均收入水平可能是每年 1830 美元左右,比农村的人均收入高 10 倍。这些平均数字只是让我们了解城镇和乡村普遍存在的生活水平上的差异,但这些数字没有告诉我们地区间或每个部门内部的差异,这些差异肯定也是相当巨大的。

表 14-1 按部门划分的国民生产总值、人均产出和人口分布,1976 年

	占 GNP 份额(百分比)	占人口份额(百分比)	人均产出($)
农村	9.4	56.0	251
城镇	53.6	44.0	1830　3079
石油	37.0	—	—

资料来源:H. Katouzian, "Oil versus Agriculture: a Case of Dual Resource Depletion in Iran", *Journal of Peasant Studies*, No. 4, 1978, Table 3.

总而言之,最初的土地改革是为了将土地分配给大多数农户,但是为了减少地主的反对意见,这一政策先是被淡化了,然后为了建立公司农场和农业综合企业,该政策又被有效地执行。与此同时,石油收入激增,鼓励了国家推行城市"工业扩张"的战略;使其独立于农业(粮食、金融和出口)盈余;将国家和其他信贷和资本转移到公司农场和农业综合企业;以及导致对粮食和其他农产品需求的累积性增长。这些政策和事件的结合和相互作用:一是导致了农业生产力的零增长,这主要归结于"现代"农业部门,尽管它垄断了农业金融和其他国家特权;二是农民生活的贫困和不安全,这导致从乡村到城镇和城市的高移民率;三是粮食赤字不断增长,且无法通过进口来缓解,

并进一步导致了粮食的高通货膨胀率。总的来说，这是一个彻头彻尾的失败案例。

伊朗的土地问题是一个很大的话题，无法在本研究的范围内进行充分讨论。如需进一步了解，读者可以参考本章注释中引用的一些文献，以及我本人对这一问题更全面的研究。[13]过去十年来关于伊朗农业传统和"现代"部门的相对表现存在几个悬而未决的问题，下面的附录对它们进行了简短的研究。

附录：关于小农农业、公司农场和农业综合企业单位

对这些不同的农业生产制度的相对地位和表现进行研究，有利于理解过去的事件并制定未来的政策。上文已经说过，伊朗农业整体上表现不佳的基本原因是政策制定者将其视为政治经济中不受欢迎的部门，而在其中推波助澜的重要因素是国家主动支持并帮助建立的"现代的"农业生产方式或制度。本附录为这些论断提供了一些证据，并进一步讨论了它们背后的政治学原因。

在之前的研究中，我根据官方数据计算出从事传统农业部门的农户占总数的98.8%，剩下的1.2%是公司农场（约占总耕地面积的1.7%）的农民股东；每个家庭在公司农场的资本存量价值是传统农民部门的20倍。[14]这种天壤之别几乎完全归咎于国家在这两个部门之间分配信贷和赠款的高度歧视性政策。表14-2包含1968—1975年提供给农民合作社群体和公司农场的信贷总额和平均年度信贷（每公顷）的数据。该表显示，国家对公司农场的年均金融贷款和赠款是提供给农民合作社的信贷的18倍以上。但是必须补充的是，给予公司农场的财政援助中有78%是以赠款的形式提供的，其余的是低息贷款，而且允许公司将每年的大部分利息费再投资于农场本身；以及虽然支付给公司的赠款和贷款都是长期且系统的，而提供给农民合作社的微薄信贷则是短期和随意的，但真正的麻烦和辛劳是农民申请小额

贷款的过程。

表 14-2 按部门划分的农业捐款和信贷分布（每公顷里亚尔），
1968—1975 年

	1968—1975 年总计	1968—1975 年均
农民合作社贷款	6470	808
农业公司 贷款 赠款	122383 （26839） （95544）	15297 （3354） （11943）

资料来源：基于 Fatemeh Etemad Moghadam, "The Effects of Farm Size and Management System on Agricultural Production in Iran", unpublished D Phil thesis, University of Oxford, 1978。

现在还没有一项关于公司农场和传统农业的普遍表现的比较研究，但所有零星和部分的证据几乎都表明，即使传统农业存在严重的缺点，但其表现明显比公司农场好得多。比如，官方举出的（可能也是唯一的）成功案例加尔马萨（Garmsar）公司，其表现并不比邻近的传统村庄礼桑（Risan）更好，甚至可能更差；而针对胡泽斯坦省的沙姆斯阿巴德（Shams-Abad）公司农场的一项研究显示，其产出低于 1960 年的水平（当时公司不存在），其普遍表现明显比邻近的传统村庄生产单位差很多。

农业综合企业是另一个更广泛的、资本主义的和技术性的农场群，或者说是更好的农业工厂群。来自官方的农业综合企业的信息非常有限，也没有人对其表现进行整体研究。然而毫无疑问的是，这是沙阿农业政策中最具灾难性的豪赌，也是官方很少公布关于这一项目的信息和研究的主要原因。除此之外，大部分投资于农业综合企业的外资已被撤回，这表明这些股份持有者对该企业的失望。最近一项对不同规模和生产模式的农场的相对表现的微观经济研究已经清楚且严密地证明了，农业综合企业农场的表现几乎在所有方面都不如其他生产类型和类别。

该研究精心挑选了伊朗不同地区的 5 个村庄以及 4 个农业综合企

业作为样本，后者覆盖了这一群体总耕种土地的50%，对它们的生产表现进行了详细的统计研究。该研究得出了大量关于不同规模农场的详细结果，尽管这些结果本身很重要，但我们不能在此总结。就我们现在的目的而言，此研究最重要的结果是，中等规模农户的总生产力表现显著优于较大的独立资本主义农场，而后者的表现又明显好于农业综合企业。也就是说，传统生产模式的生产力不仅是相对地，而且是绝对地显著高于"现代化"的谷物农场；更重要的是，无视了二者之间存在的水、土地、资金和技术资源方面的差异。[16]

我们可以花很长的篇幅讨论这些不同的、令人惊讶的观察结果背后的原因。简言之，传统生产模式（尽管有各种困难）比"现代"制度表现得更好，因为公司农场和农业综合企业（在不同的层面上）都是纯粹的非制度化的、脱离历史的发明，被凭空移植到一个特定的社会框架里。这两种"现代"制度都破坏了伊朗农业的技术特点和政治经济关系，取而代之的是完全陌生的、不配套的技术和制度形式。就像伊朗和其他地方的所有伪现代主义战略一样，它们没有带来任何进步，因为从定义上讲，任何进步都根植于相关实体的现有历史：进步是自然的，有时甚至是暴力的，对现有事物的延伸；它不是，也不可能是各种毫不相关的蓝图的任意叠加。公司农场由国家官僚运行管理，它的建立影响了农民的利益，违背了他们的意愿；农业综合企业是在征用和驱逐不同村庄的数千名农民的基础上建立的，这些农民后来为这些工厂提供移民雇工，并由外国技术官僚管理，这些管理者甚至不懂员工的语言，更不用说对伊朗农业的历史、政治经济和技术有任何了解。如果人们清楚为什么在加利福尼亚建立传统的伊朗式村庄生产单位的做法会失败，那么也应该同样明白为什么将加利福尼亚的制度和技术不加批判地应用到伊朗农业上会如此惨败收场。

注释

1. 参见，例如 M. H. Dobb, *Soviet Economic Development Since 1917*, London：Routledge, 1960; Paul Mantoux, *The Industrial Revolution*, London：Cape, 1961;

第十四章　农村社会：土地改革和农业困境

Alexander Gerschenkron, *Economic Backwardness in Historical Perspectives*, Cambridge, Mass.: Harvard University Press, 1961; 和W. W. Lockwood, *The Economic Development of Japan...1868-1938*, Princeton, NJ: Princeton University Press, 1969。

2. 见上文第九至十一章。

3. 在阿亚图拉的论证中引用的最重要的传统权威是以下先知的圣训：人们对他们的人身和财产有支配权（Annasu musallatuna 'ala amwalihim wa'ala anfusihim）。虽然这个说法是完全合理的，然而我们很难理解为什么它被用于反对向农民分配土地的做法。Amwal一词意为"占有物"（Possessions）和"财产"（Property），尽管在不同的社会和历史条件下，实际指的是"占有物"（Possessions）或"所有物"（Belongings）。就像我们在第二章看到的那样，欧洲的封建财产也不是一种占有物，而是一种建立在侵占基础上的契约性权利；伊朗的土地"财产"也是如此，它是通过国家侵占和转让获得的。由此可见，如果土地是某人的"占有物"，那就是农民的，而不是其他人的；除此之外，不清楚的是为什么以前没有人援引这种论点来阻止国家对人们的收入征税，这些收入显然是一种占有物。

4. 参见他发表在 '*Ilm u Zindigi*（月刊）1959-1962和*Firdowsi*（周刊）1962上的各种文章。

5. 这些修正案都是在1963年"白色革命"后生效的，阿尔桑贾尼（在阿米尼解职后，仍担任农业大臣）也同意了这些修正案，从而证明，权力和财产比原则更重要。关于这些修正案的细节和日期，参见H. Katouzian, '*Land Reform in Iran: A Case Study in the Political Economy of Social Engineering*', Journal of Peasant Studies, No. 1, 1974, pp. 220-239。

6. 这不包括少数人，其中哈利勒·马利基就是最好的例子。详见上文第十一章。

7. 参见A. K. S. Lambton, *The Persian Land Reform*, London: Oxford University Press, 1970; H. Katouzian, "Land Reform in Iran", *in Journal of Peasant Studies*, No. 1, 1974, and "Oil versus Agriculture: a Case of Dual Resource Depletion in Iran", ibid., No. 4, 1978, pp. 347-369 (and the references therein); Nikki Keddie, "Stratification, Social Control...and Capitalism in Iranian Villages Before and After Land Reform", in R. Antoun and I. Havik (eds), *Politics and Social Change in the Middle East*, Bloomington, Ind.: Indiana University Press, 1972, pp. 364—401。

8. 参见H. Katouzian, "Bakhsh-i Kishavarzl dar lqti~ad-iran", *TahqTqat-e-Eqte-*

sadf, No. 12, 1972, pp. 211 – 246, and "Oil versus Agriculture", *Journal of Peasant Studies*. No. 4, 1978, 以及下文第十六章。

9. 有关证据, 参见 Katouzian, "Oil versus Agriculture", *Journal of Peasant Studies*, No. 4, 1978.

10. 参见 Katouzian, in Tahqiqat-i Eqtesadi, December 1972。

11. 这是 1977 年 8 月德黑兰的一个讨论小组说的。

12. 原始数据都来自伊朗中央银行公布的各种官方报告。

13. "The Agrarian Question in Iran", *International Labour Organisation paper*, 1980.

14. 参见 Katouzian "Oil versus Agriculture", *Journal of Peasant Studies*, No. 4, 1978, Tables 4 and 5, p. 360。

15. 参见 Fatemeh Etemad Moghaddam, "The Effects of Farm Size and Management System on Agricultural Production in Iran", unpublished D Phil thesis, University of Oxford, 1979, Esp. pp. 78 – 82。

16. 参见 Fatemeh Etemad Moghaddam, "The Effects of Farm Size and Management System on Agricultural Production in Iran", unpublished D Phil thesis, University of Oxford, 1979, Esp. pp. 78 – 82。在 "Oil versus Agriculture" (*Journal of Peasant Studies*, No. 4, 1978) 中我引用了伊特玛德·摩贾达姆 (Etemad Moghaddam) 作品中的初步成果。在最近的一篇文章中, 尼基·凯迪 (Nikki Keddie) 称很难相信传统农业的绝对表现胜过农业综合企业, 她想知道是否传统农业只是在相对表现方面做得更好。这就是为什么此处强调不考虑它们在资源资助存在的巨大差异, 前者的表现比后者更好。参见 Nikki Keddie, "The Midas Touch: Black Gold, Economics and Politics in Iran Today", *Iranian Studies*, X, No. 4, No. 8, 1977, pp. 243 – 66, Esp. pp. 264 – 265。

第十五章
对外贸易和对外关系

　　石油、专制主义和"经济发展"必然会对伊朗与外界的政治经济关系产生深远影响。只要第十二章描述的石油支出战略（即军事—官僚网络的迅速扩张、消费的繁荣和专制制度的工业主义）还在运行，某些影响是不可避免的。从内部看，石油收入的激增以及被石油收入的存在和前景所吸引的外国信贷和资本累积性流入，使国家的对外贸易额膨胀，并改变了对外贸易的结构；从外部看，伊朗金融财富的增长使沙阿对西方国家资金的依赖性降低，使沙阿在地区更强大，并能利用石油，以及石油价格和收入作为外交杠杆，同时外国（西方和东方国家）也调整了他们的方法和态度，以适应沙阿政治经济地位的重大变化。本章与前面的许多章节一样，旨在对问题进行总体分析评价，并重点关注这个问题的两个主要方面：一是沙阿与西方和东方工业大国的政治经济关系；二是伊朗对外贸易和国际收支的数额和构成变化。

1963 年之前的情况

　　1963 年的国际政治气氛和国际关系与现在有明显的不同。这一年，在肯尼迪总统被刺杀前不久，美国人推翻了吴廷琰，并命令其军队投入于对抗即胡志明和越共的长期血腥战争。与此同时，已经准许科威特独立的大英帝国开始面对势头正盛的亚丁"变革之风"（即后来的南也门）。这时在中东，以色列与阿拉伯国家，特别是埃及之间的对抗出现了缓和，而当时在阿拉伯和伊朗激进分子中声望达到顶峰的纳赛尔，实际上正在与也门开战（现在的北也门）。

在第十一章我们看到，1960—1962年，沙阿的外部（以及内部）地位非常不稳定：美国人对沙阿灾难性地滥用他们的大规模援助计划非常不满；俄国人也被沙阿此前的背叛行径激怒了，尽管他们更不希望看到阿米尼战胜沙阿；伊朗和埃及已经断交，纳赛尔称伊朗国王是西方帝国主义的代理人。然而英国的立场更为复杂，虽然没有书面证明，但英国很可能并不同情阿米尼，有以下原因。第一，在试图赶走阿米尼之前，沙阿一直让地主和其他保守势力认为自己站在他们一边，因此，沙阿和他的保守派盟友组成了1953年政变的反阿米尼阵线；第二，这是战争结束后与英国关系最紧密的伊朗政治势力联盟；第三，尽管英国外交部原则上没有理由反对土地改革，但它不会支持一个将消除地主阶级并排挤国王陛下的团体（如阿米尼集团）[2]；第四，英国人肯定特别害怕第二民族阵线接管政府，因为石油争端的经历让英国人面对任何与摩萨台博士（这个老妖怪曾经试图"抢夺"他们的"财产"）的名字相关的人或事都会产生不理性的偏见，甚至癔症，以至他们根本没有能力在这方面做出稳定的判断；[3]第五，像阿萨杜拉·拉什迪扬这种黑手党式的钻营者和神秘的阴谋家，积极地策划针对阿米尼的阴谋，这可能也反映了英国驻德黑兰大使馆的态度。[4]

总而言之，到了1962年年初，外国势力对摩萨台的态度模式似乎已经重演，尽管在细节上存在许多重要的差异。虽然美国人仍然保持开放态度，但英国人和俄国人不太赞成这两个改革派倾向；英国人特别害怕第二民族阵线，而俄国人则特别担心阿米尼地位的稳固，因为，尽管他们对沙阿有怒气，但仍然倾向于他，而不是一个由美国人强加给沙阿的改革派政治家。出于同样的原因，他们也不可能希望民族阵线取得成功，因为这也需要美国的支持。[5]

第十五章 对外贸易和对外关系

与外国势力的政治经济关系

　　沙阿摆脱了阿米尼，背叛了他的保守派盟友，发动了白色革命，让保守派陷入困惑和萎靡，将1963年6月的人民起义扼杀在血泊里，任命他自己的代表进入全新的、"无阶级的"议会，现在他可以轻松地与所有大国建立亲密或友好的关系：美国人一定对白色革命感到欣喜；俄国人一定很高兴沙阿击败了实际或潜在的美国安插的改革主义候选人以及"封建主义"势力；而英国人一定为"传统统治者"仍然在位而松了一口气，石油继续流淌，而邪恶的摩萨台们已经退散。上述大国都保持了对沙阿的友好态度（尽管他们并不是同样程度地友好）直到1978年年末，但常年的矛盾也曾使国家间关系出现短暂紧张。

　　例如巴林问题，伊朗长期以来声称对巴林拥有主权，1967年，英国允许波斯湾国家独立，巴林问题成为焦点。沙阿垂涎巴林这块肥肉很正常：他想成为20世纪的居鲁士，这个愿望甚至达到了痴迷的程度；他对石油收入的胃口（以及其他不劳而获的收入），特别是在石油收入激增前，是填不满的无底洞；而且他如此地渴望在伊朗人民的心中享有很高的声望，以致他长期以来陷入自我欺骗。然而无论他是什么样的人，在对外关系方面，沙阿是一个现实主义者，甚至到了见利忘义的程度。他知道，一场漫长的"巴林之战"所付出的实际代价远不是想象中的好处能弥补的。因此，他用巴林换取了大小通布岛和阿布穆萨岛三个沙漠小岛，条件是他可以自由地"统治"波斯湾及阿曼湾的"波浪"（为此美国人将提供他所需的武器）。当然后一个条件对于西方大国也同样合适，他们担心英国离开该地区后将出现"权力真空"。

　　沙阿与西方国家之间的另一起严重利益冲突是他积极抬高油价一事。在1973年10月前，他已经在德黑兰举行的会议上扮演了推动石油价格上涨的鹰派角色；但是在1973年他耍起了具有两面性的花招，他拒绝加入阿拉伯石油罢工，同时以每桶高达 17 美元的价格拍卖非财团的伊朗石油，他的举动几乎立即导致石油价格增长了四倍。他一直保持着这种态度，直到 1977 年 11 月，他宣布不会在即将召开的欧佩克会议上推动石油价格的上涨。这种态度的改变肯定有两个原因：一是他很晚才意识到，不断增加的开支在国内对他弊大于利；二是无论他是否真的认为伊朗革命不过是美国针对他的石油政策的阴谋，他一定认为，在这种情况下，向西方伸出橄榄枝会有帮助。但除非西方大国是受虐狂，否则它们肯定对沙阿抬高石油价格的行为颇为恼火，因为这不仅造成了明显的经济影响，还增强了阿拉伯国家在与西方国家就以色列问题打交道时的财政和讨价还价能力，从而间接损害了它们的利益。然而沙阿是波斯湾的反共警察，还会（任性地）花大手笔从它们那里购买最新的坦克、飞机、战舰、核电厂、计算机等；并且，面对这样的形势，西方大国真的没有什么可做的。

沙阿偶尔也会和苏联的利益发生冲突：在旷日持久的伊拉克库尔德人起义中，俄国人曾经一度支持穆拉·穆斯塔法·巴尔扎尼（Mullah Mustafa Barzani），后来坚定地站在伊拉克政府一边，而沙阿则以各种方式向巴尔扎尼提供财政、军事和后勤支持。俄国人足够聪明，他们知道沙阿的态度并不是由西方决定的，换句话说，他并不是单纯地听从他美国主子的命令才支持库尔德人。事实上，沙阿的介入始于胡泽斯坦省的两伊边境争端，这起事件（1968）差点导致一场武装冲突；而边界争端本身又深深植根于伊朗和伊拉克在波斯湾地区更严重的竞争。这也就是为什么伊拉克人张开怀抱欢迎沙阿的残暴对手巴赫提亚尔将军，让他以伊拉克为基地密谋反对他的前主人，同时在 1971—1972 年大规模地迫害和驱逐伊朗籍的伊拉克什叶派。因此伊拉克库尔德人部族战争的爆发为沙阿提供了绝佳的报复机会，无论如何他都要让伊拉克人屈服。由于胡阿里·布迈丁在阿尔及利亚的"伊斯兰峰会"上的干预，伊拉克人投降了，而一夜之间（可能都没有征求他美国主人的意见）沙阿在他的库尔德盟友背后狠狠捅了一刀。这一切发生在石油收入激增的五个月后，即 1973 年 3 月，（由于这两个原因）一位议会议员称此月为"命运之月",查尔方特勋爵在《泰晤士报》的专栏中兴奋地引用了这个说法。这无疑是决定命运之月。沙阿与苏联的另一次利益冲突（这次是在经济上）是关于伊朗供应给苏联的天然气价格。1974年,当双方的谈判陷入僵局时,一条主要的天然气管道"莫名其妙地"爆炸了,中断了天然气供应。但在几个星期内,双方达成了解决方案,管道又以某种方式自我复原了。

沙阿在阿以冲突问题上的立场也主要归结于他这种见利忘义的强硬态度:在1967年的六月战争前,一部分由于他对美国财政援助,尤其是军事援助的依赖,另一部分因为他与纳赛尔长期交恶（这也是后者在沙阿反对派中受欢迎的主要原因）,以及他自己的反阿拉伯主义（许多伊朗伪现代主义者,无论右翼或左翼都有这种倾向）,沙阿与以色列保持着友好关系,但仍然保留一定程度的谨慎。1967年6月以色列的军事胜利"证明"了他的政策是正确的,饱受打击和孤立无援的纳赛尔主动与以色列寻求和解。与此同时,以色列人在训练沙阿的萨瓦克特工（并向伊朗提供技术人员,尤其是水坝建设方面）,而巴勒斯坦人开始训练主动与他们接触的伊朗城市游击队。到了这个时候（20世纪70年代）,沙阿在财政上不再依赖美国,埃及正努力向以色列求和（主要是在1973年的赎罪日战争）,沙特、埃及和约旦并不反对沙阿与以色列的私下关系,而伊拉克、叙利亚和利比亚之间也有严重分歧。但是沙阿还是成功赢得了布迈丁对自己的好感,在1976年年初他甚至还隆重接待了来自叙利亚的阿萨德及其大批随从。

沙阿在阿曼苏丹国的冒险最终也得到了回报。当时在佐法尔有一群操着马列主义术语的民族主义者正在与卡布斯国王的陈旧政权进行游击战,他决定干涉这场战争,原因如下:他必须向他的西方盟友和波斯湾的酋长们证明,他将履行自己作为波斯湾警察和老大哥的义务;他必须向为游击队提供物质支持的中国和其他国家证明,他不会容忍在他的势力范围内有任何"颠覆"活动;他必须确保游击队不会获胜,否则他要面对新的内忧外患。他的冒险得到了回报,因为游击队在人数和能力上都过于弱小和孤立,单纯依靠南也门（甚至连伊拉克人都没有为他们哪怕伸出一根手指）不可能赢得战争，而中国人已经得出结论，他们最稳妥的做法是在沙阿的帮助下（而不是对抗沙阿），在伊朗与苏联进行外交竞争：1973年当基辛格与黎德寿还在巴黎讨价还价，中国热烈欢迎前来进行国事访问的伊朗王后；此前他们已经隆重地接待了沙阿的妹妹阿什拉芙，并称她为沙阿的"友好大使"。

这是一次重要的外交胜利：一是降低了中国对伊朗国内马克思主义（甚至包括非马克思主义）反对派（曾经一度强烈的）的吸引力，使中国再也不可能成为培训伊朗干部和游击队的基地（这在20世纪60年代曾有先例）；二是掀起了在国内对沙阿的道德宣传，这也是沙阿在与俄国人进行外交博弈时可以使用的一张新牌。1973—1978年间，中伊关系稳步改善，我们有理由相信，1978年华国锋对伊朗的国事访问本可以让两国关系更密切，如果沙阿本人没有在几个月后逃往国外的话。

与美国的关系

沙阿能重返王位（并掌握了前所未有的强大权力）应感谢1953年政变，在美国中情局的积极组织以及国内保守政治和宗教势力的支持下，才促成了这场政变。除此之外，沙阿在政变后立刻得到了美国慷慨的财政和军事援助，这些援助让沙阿在20世纪50年代稳固了自己的地位，把他的保守派盟友排挤到一边，并且挥霍了大量的金钱，却没有取得一点成果。然而1958年，曾经援助沙阿的美国人想把他拉下马，至少让他摔得灰头土脸，但并没有成功；1960—1962年，他们再次努力寻找一个可靠的替代人选（一个他们自己和伊朗人民都能广泛接受的、有意愿和能力进行基本改革的人），但没能找到，因此他们放弃了。他们接受了沙阿本人和他的白色革命，像往常一样，他们不假思索地认为白色革命是正确的产物。

美国人可以使用，也的确使用了的，最重要的（尽管不是唯一的）既能支持也能反对沙阿的工具就是财政杠杆：在1953年的政变中，大约1千万美元就足够贿赂几个将军，再雇一些（由阿亚图拉召集的）男男女女推翻摩萨台政府；在1953—1959年，美国人投入了总价近9亿美元的援助（其中7亿美元是无法退还的赠款），但最终发现这些钱都被挥霍一空，没有得到任何收益。在1960—1962年，他们进一步扩大了援助范围（当时沙阿急需这些援助保住王位），条件是伊朗要进行政治和经济改革。这些众所周知的事实足以表明，沙阿本质上并不是美国帝国主义的有偿代理人，也不是他主人的传声筒，而且美国也不是可以在任何时间地点都能呼风唤雨、为所欲为的大国。沙阿首先是他自己的代言人，他会做一切该做的事情以发展自己的利益。因此，当他的财政实力随着石油收入的增加而增加，他在与国内政治势力以及外部力量的关系上，都感到了更大的自由。

虽然如此，美国人还是接受了他（1963—1973年美国人还能接受他，随后开始无法容忍），因为他的白色革命（毫无疑问美国人视其为非共产主义"经济发展"的证据）以及反共主义，让他不再需要美国人的指点或建议，并且沙阿在对外关系上取得了真正的成功，包括他与社会主义国家的关系。美国人自然对他不断增加武器采购感到非常高兴，因为这些武器主要来自美国，当然沙阿也从其他国家购买武器，包括英国和苏联。但如果只是因为沙阿在武器采购方面没有话语权，或相信仅仅因为沙阿减少了从美国公司购买武器，美国人就会（或可以）推翻他的政权，就认为沙阿是奉美国之命从他们那里购买这些玩具（但对有些武器，比如AWAKS系统，他们不得不拒绝提供）那就太天真了。谁会指使自己的代理人主导石油价格翻倍，从而让他把一部分钱用于购买自己的武器和其他产品上。

在1977—1978年各国在伊朗"非保密类"进口额的占比排名中，美国仅排第三（位列联邦德国和日本之后，这两个国家多年来一直位居前二）：这些进口货物的总价值达22亿美元，占伊朗进口总额的15.6%。然而，伊朗当年的"保密类"进口总额为43亿美元，美国所占份额最大（见下文表15.1）。

与苏联和东欧国家关系

1963年与苏联关系正常化后,沙阿在20世纪六七十年代与苏联进行了更大规模的合作。沙阿完全是出于政治利益与苏联建立良好关系:这将削弱人民党的力量,使伊朗左翼普遍陷入混乱,破坏苏联对广大人民群众(任何国家不论大小,只要在波斯语广播或其他媒介上辱骂沙阿,他们都真心欢迎)的吸引力,并将苏联特工从漫长的边境线渗入国内的风险降到最低;此外,也许更重要的是,与苏联建立良好关系可以使沙阿腾出手来,将他的军队转移到国家的南部和西部,这是沙阿的必行之举,为了满足他在波斯湾地区不断膨胀的野心。早在20世纪60年代中期,他就将不少于9个师的兵力从北部转移到了南部和西南部,而他后来的大部分军事行动也是在这个方向上进行的。除此之外,他从俄国人那里得到的那座钢铁厂也是出于政治目的:他本可以从其他地方以较低的成本获得更好的工厂,但从苏联处得到一座"金属熔炼厂"的举动在国内的政治意义则截然不同。

出于政治和经济原因,俄国人同样主张与沙阿建立良好关系:他们需要伊朗的天然气,而他们最后以非常优惠的条件得到了;他们希望在伊朗快速增长的市场中分一杯羹,特别是考虑到他们在社会主义国家以外购买商品普遍需要外汇;他们有兴趣从伊朗进口某些其他商品(主要是农业原材料和基本消费品),并且,鉴于他们与中国的关系不断恶化,他们正在寻找尽可能多的盟友,如伊拉克和阿富汗,以及朋友,如伊朗。这并不意味着沙阿是俄国人理想中的伊朗统治者,只是意味着他们接受沙阿作为伊朗的真正力量,并尝试顺从和接受他们看到的现实。如果这与某些理论模型相抵触,因为这些模型认为对于苏联,或其他任何国家,其国际关系不应建立在自己国家的普通战略和商业利益的标准上,或与之冲突,要么这些模型是错误的,要么它们指的是现实世界从未发生的情况。历史、经验和常识都表明,没有一个国家会自愿为另一个国家牺牲自己的利益,除非这种"牺牲"本身一定能在不久的将来带来更大的政治或经济回报。毫无疑问,所有大国在其对外关系中都追求自己的利益,但令人惊讶的是它们在实践中犯了这么多明显的错误,在这一方面,美国人一定能拿诺贝尔奖。

1963年7月,伊苏两国在德黑兰签订了建设水电大坝的技术和经济合作协议,两国关系开始破冰。随后又达成了一系列关于航空运输、航空摄影等方面的协议草案,直到三年后,两国在莫斯科签署了以苏联钢铁厂换取伊朗天然气的协议。这一协议包括苏联钢铁技术人员来到伊朗,以及伊朗人员在苏联的培训。一年后,伊朗从苏联购入了价值110万美元的武器,在当时的经济和政治环境下,这是一个巨额订单。[7]后来伊朗与苏联以及其他东欧国家还签署了一系列货物相互交换的合作协议。此外,伊朗还与这些国家(如捷克斯洛伐克)签订了大量进口订单,这些订单都是以外汇支付的。然而必须要强调的是,伊朗与社会主义国家的贸易份额仍然非常有限:第一,沙阿与西方国家的关系更为密切;第二,他需要西方的先进技术,这些技术甚至俄国人也想得到;第三,伊朗存在粮食缺口,而俄国人(自己也存在短缺)无法满足;第四,西方(尤其是日本和美国)的消费品,从汽车和电子设备到炊具和冰箱,质量更好,价格更低。然而,沙阿与东方日益增长的经济合作在政治上具有象征意义,预示着与这些国家的商业关系有更好的前景。

与西欧和日本的关系

20世纪50年代,美国很快取代英国成为在伊朗占主导地位的西方国家:英国人失去了对伊朗南部石油的垄断权,而美国人却能负担得起。当然,美国抛弃了它战前的"孤立主义",转而在"自由世界"里发挥全球作用。然而英国的影响力比它的实际地位要大,一部分原因是英国仍然是地区的军事大国,另一部分要归因于它在伊朗国内曾经的关系和联系。如果英国迅速失去了它在伊朗市场上的巨大份额,那纯粹是因为它竞争失败了,与其说是与美国人竞争,不如说是先与联邦德国人竞争,后来与日本人竞争,同时它相比法国和意大利人也输了几分。仅举一例,在20世纪50年代初,德黑兰的街道上挤满了大众和英国福特汽车,但到了60年代,街道上到处都是奔驰和大众汽车。尽管如此,在60年代后期,英国仍然设法获得了伊朗汽车装配厂的大部分份额,而美国人和法国人则是其他不太重要的供应商。

当石油收入开始快速增长时,英国对伊朗的出口绝对额也在增长。其中最有利可图的英国出口产品是酋长式坦克(Chieftain Tank),也是沙阿热衷购买的产品,因为此类坦克是同类产品中最先进的装甲武器;此外,英国每年还向伊朗出口各种制造业和农业产品,1977—1978年,这些产品的总价值(不包括服务)不低于9.71亿美元。英国在伊朗的金融和其他服务市场上占有相当大的份额,它在国际市场上的竞争仍然取得了成功。同时,自石油收入暴增以来,英国还从大量的伊朗官方和私人存款和投资中大赚一笔,在它自己的石油收入帮助它实现国际收支平衡前,这些收入对它的国际收支地位提供了巨大帮助。

然而,就与伊朗的经济关系而言,没有任何国家,哪怕是美国,能像德国和日本那样成功。战争的结束使德国此前在伊朗对外贸易中的巨大份额锐减到可以忽略不计的比例;但在20世纪50年代,它很快开始收复失地,在60年代增加了它的份额,最终在70年代伊朗约20%的"非保密类"进口额(以及很大一部分"保密类"进口额)都来源于德国。此外,德国还向伊朗提供了大量的金融和技术服务,并从伊朗的大量存款和外国投资中获益。官方对克虏伯重工业综合体的投资一定是国王陛下在外国投资方面做的最大的蠢事之一:他支付了8亿美元的国家资本,只购买了这个著名企业及其子公司25%以上的股份,这些公司主要生产处于衰退期的产品,如钢铁,同时还有着高昂的运营成本。

日本在伊朗市场的份额一直并不大。但日本人以其特有的动力和敏锐进入了这个他们不熟悉的领域。他们不仅侵入了摄影器材、手表、电子仪器等;还特别为伊朗和邻国的市场创新设计了消费品。此外,他们还参与了官方的合资投资(替换美国的石化公司),并开始在保险和金融市场上竞争。在1977—1978年,他们向伊朗出口的"非保密类"商品超过22亿美元,占出口总额的15.7%。(见表15-1)

表15-1 按原产国划分的非保密进口商品分布,1977—1978年

(单位:百万美元)

	美元	占总额比值
欧洲经济共同体	5968	42.3
联邦德国	(2747)	(19.5)
其他欧洲经济共同体国家	(3221)	(22.8)
日本	2215	15.7
美国	2205	15.6
其他欧洲国家 (即非欧洲经济共同体)	1025	7.3
世界其他国家	2687	19.1
总计	14100	100.0

资料来源:基于 Vizarat-i Bazargani, *Amar-i Bazargani-yi Khariji-yi Iran*(官方对外贸易统计数据),1977—1978年。

表15-1按来源总结了伊朗进口的"非保密类"产品的分布情况。可以看出,欧洲经济共同体国家在伊朗市场的份额最高(超过42%),其中德国占主导地位,英国、意大利、法国、荷兰和比利时依次供应EEC向伊朗出口的其余产品。[8]其他西欧国家,主要是瑞士、瑞典、奥地利、西班牙和芬兰,总份额为7.3%,因此,非社会主义的欧洲国家共占伊朗"非保密类"产品进口总额的50%。加上日本的15.7%和美国的15.6%,世界其他地区,即社会主义国家和第三世界提供的进口额不到20%。这一结论不包括4.3亿美元的"保密类"产品和4.8亿美元的服务进口的分配情况,因为这两个方面的具体信息不详,不过美国、英国、德国、法国和日本肯定在这两个项目占主要份额。

简要评价

沙阿与超级大国以及其他全球和地区大国的政治经济关系是由他在国内的专制的伪现代主义和在国外的见利忘义的现实主义决定的：他在国内垄断了绝对的、专横的权力，梦想着把伊朗变成一个工业和军事大国，他需要尽可能多的钱来满足他的执念，希望与外国（尤其是超级大国）和平相处，以便能在没有任何重大的外部或内部干扰的情况下实现他痴迷的目标。他在外交上见利忘义的现实主义态度奏效了；但正是他在国内实行的病态的计划在经济和政治上为他招致了最终的毁灭性打击。

外国势力都在根据自身的相对地位干涉其他国家的事务。真正的有抱负的超级大国这样做，既出于经济原因，也出于战略原因，而这些因素的优先顺序是由特定时间的特定情况决定的，因此在时间和空间上都会发生变化。美国人和俄国人都希望保持并提高他们的政治和经济实力，但是在任何情况下，他们都不会为了几亿美元的出口额而放弃一个重要的战略地位，也不会为了意识形态的纯洁性而牺牲重大的经济利益。以伊朗为例，在1953—1960年，单是美国人给沙阿提供的非偿还（即免费）赠款就价值7亿美元，尽管美国在伊朗唯一值得一提的经济利益是美国的各家石油公司在财团中占有的40%份额，而这些股份让这几家美国石油公司赚了7亿美元，包括它们的本金和开销。如果因此便认为这一时期（1963年后他们对沙阿有更大掌控力时）美国参与伊朗事务纯粹是资本帝国主义想抢夺伊朗财富的阴谋，这合理吗？另外，当20世纪60年代沙阿的国库开始随着石油收入的增加而膨胀时，美国人在财政上对他的控制力有所减弱，也没有干涉国王陛下的专制主义和伪现代主义的任何政治（或经济）动机。沙阿积极推动石油价格上涨的行为一定惹怒了他们，同时也让他们担忧，但他们不会冒着在地区制造不稳定的风险（不仅涉及战略利益，而且涉及更大的经济利益，即石油利益）来对抗他们在地区最依赖的志愿警察。反过来，沙阿的军国主义、伪现代主义和反共主义又自然而然地确保大量的收入被花费在武器、食品、消费品和技术设备上，而这一切都是从西方市场购买的。

　　苏联在20世纪50年代努力与沙阿建立友好关系，但最终受挫，这主要归咎于来自美国人和沙阿的国内保守派盟友的压力。但在1963年，这些压力开始消失，一方面是因为沙阿背叛并击败了他国内的保守派盟友，另一方面是由于世界政治氛围的变化：这段时间是俄国和美国的"和平共处"期，随后国际局势出现了"缓和"；此外，军事技术的进步，特别是远程导弹的扩散，使美国在苏联周围建立空军和其他基地变得没有必要。因此，沙阿可以对苏联的姿态做出回应，并自此将友好关系扩展到其他东欧国家，以及中国。反过来，苏联和其他社会主义国家也认为沙阿在伊朗的地位是安全稳固的；他们意识到，尽管沙阿（出于自己的原因）是亲西方的，但他有许多令人熟悉的东方品质，他不可能单纯是美国人的傀儡或有偿代理人；而且出于战略考虑以及经济原因，他们重视与沙阿的友谊，因为后者的军事和财政实力在不断增强。事实上，沙阿在石油价格提高中所起的积极作用肯定在苏联（尽管在中国没有）得到了一片掌声，因为这自动提高了苏联石油和供应给东欧的其他能源的国际价值，使国际货币体系陷入更大的混乱，增加了西方国家的生产和生活成本。

　　当沙阿在1979年年初倒台时，所有的大国都明白自己肯定会有损失：对于美国人来说，他们失去了沙阿这个石油地区的警察，并且对伊朗内部的发展前景没有把握；日本和西欧国家不可避免地失去了大量的出口订单；对于俄国人而言，新建立的政权有可能不再与他们保持友好关系。事实证明，他们的想法都是对的。[9]

伪现代主义和对外贸易

　　沙阿的"经济发展"战略自然而然地包括扩大食品、耐用消费品、现代资本设备、西方先进技术，以及金融、运输和旅游服务的进口，而他的专制主义和伪现代主义思想促使他不断进口军事硬件。在他看来，伊朗要想成为"世界第五大工业国"，必须实行伪现代主的经济战略。但主要的问题是,到目前为止,一切都依靠石油这一主要出口产品,这个"数千年的天堂"会从什么地方和什么部门开始取代石油?沙阿和他的党羽们甚至在他们的宣传中也没有对这个关键问题提供明确的答案,只有完全没有根据的吹嘘:早在1964年,阿米尔·阿巴斯·胡韦达就夸下海口称"在15年内"伊朗就会赶上先进的工业国,并且他还强调,伊朗会追赶上后者在1979年将达到的水平,而不是曾经1964年的水平。[10]当伊朗的石油收入不超过6亿美元时,胡韦达就说出这样空洞、嘲讽和危险的大话(在这之后他的主人和他自己发表了更多类似的言论);等到1979年,沙阿失去了王位,胡韦达失去了性命的时候,石油收入已经增长到200亿美元(这在1970年也是无人敢想的天文数字)。在这15年里,他们取得了什么成就?

表15-2和15-3概述了这一时期不断变化的情况。1963年,伊朗的商品出口总额刚刚超过6亿美元;到1972年,也就是石油收入暴增的前一年,出口额比1963年增长了五倍;而到了1978年,也就是"命运"之年,出口额达到了1963年美元总额的近50倍。同样,进口总额也从1963年的5.6亿美元增长到1972年的31.6亿美元,再到1978年的184亿美元。(见表15-2)。20世纪60年代,石油收入的快速增长导致非石油出口的份额下降,从1963年占总额23%降至1972年的15%。站在成为"伟大文明"门口的伊朗,工农业产品出口仅占全国出口总额的2%。这意味着,如果伊朗依靠自己的商品生产和出口,而没有石油和天然气的额外收入,它能够买的商品不到现在的3%。

表15-2　　　　　　　商品进出口特定年份　　　　（单位:百万美元）

	1963	1972	1978
石油和天然气	471	2600	23500
其他所有商品	137	440	520
总出口	608	3040	24020
总进口	561	3161	18400

资料来源:基于 Vizarat-i Bazargani, *Amar-i Bazargani-yi Khariji-yi Iran*（来自不同日期的伊朗对外贸易统计）。

表 15-3　　　　　　　出口商品的构成，特定年份　　　　　　（单位:%）

	1963	1972	1978
石油和天然气	77	85	98
其他所有商品	23	15	2
总计	100	100	100

资料来源：表 15-2。

记住，现在是伪现代主义经济发展的时期，重点在于推动诸如钢铁、石油化工、汽车、机床等前卫工业的发展，而不是农业和传统制造业等落后的、令人难堪的行业，因此有必要了解这些不同行业对国家非石油出口的相对贡献。正如我们所见，这些行业的相对贡献总额不超过出口商品总额的2%，但我们有兴趣知道这2%的份额来自哪些部门。表15-4和15-5提供了答案：农业占非石油出口总额的51%，传统产品（包括手工和机器制造的产品）占28%，而伪现代主义工业占剩余的21%（见表15-4）。换句话说，传统的伊朗产品仍占非石油出口总额的五分之四，而新兴的"第五大工业国"的伪现代主义工业只贡献了1.11亿美元，即总额的五分之一（见表15-5）。除此以外，最重要的是，伊朗非石油出口的模式仍与20世纪初时的状况基本相同：近60%的非石油出口产品为地毯、棉花和（主要是干果）果实。考虑到国家整体对伪现代主义工业的鼓吹不利于传统部门的发展，而里亚尔定价过高又大大降低了后者在国际市场上的竞争地位，以上的观察结果令人印象深刻，也很有意义：这表明，无论环境如何变化，经验、实际知识和历史仍然非常重要。

表 15-4　　出口商品（不包括石油和天然气）的构成，
　　　　　　　　　　1977—1978 年

	百万美元	占总额比值
农业	264	51.0
棉布	(93)	(18.0)
果实（以干果为主）	(90)	(17.5)
其他所有商品	(81)	(15.5)

续表

	百万美元	占总额比值
传统行业	148	28
地毯	(115)	(21.8)
纺织品	(24)	(4.5)
鞋履	(8)	(1.5)
矿石	(1)	(0.2)
伪现代主义行业	111	21.0
洗涤剂和肥皂	(16)	(3.0)
其他化学品	(12)	(2.3)
甜食和饼干	(11)	(2.1)
机动车	(10)	(1.9)
其他所有商品	(62)	(11.7)
商品总出口（不包括石油和天然气）	523	100.0

资料来源：同表15-1。

表15-5　出口商品分类（石油和天然气除外），1977—1978年

	百万美元	占总额比值
传统行业出口	412	79
伪现代主义行业出口	111	21
总计	523	100

资料来源：表15-4。

某种意义上讲，伊朗进口商品的总额及分布是伊朗出口模式的映像。1977—1978年，伊朗进口了价值184亿美元的商品，其中约四分之一为"保密类"（即军事及相关）物品，其余为工业品和食品。在表15-6中，我们观察到国家仍然进口了价值53亿美元的钢铁、化学品纸和纸浆、纤维等，单在食品进口上又花费了22亿美元（即非石油出口额的四倍）。商品的进出口只是国家当前贸易中的"可见"条目。而"隐形的"条目包括国家在国际市场上"买入"或"卖出"所有的服务（银行、保险、旅游等）。伊朗在这一账户上几乎一直保持赤字，但关键问题是该赤字的规模和构成。表15-7显示，在1977—1978年伊朗的服务净进口额（逆差）不少于26.32亿美元

（即非石油出口额的五倍）。其中近一半是旅游服务：熟悉的石油模式（因为里亚尔被过高估价且能自由兑换成外汇，该模式得到进一步强化）带来了赴欧洲和美国旅游的广泛热潮，国家的侍从群中也有人去西方国家的赌场赌博。

表 15-6　按产品类型划分的进口商品分布，1977—1978 年

	百万美元	占总额比值
非保密类	14100	76
机械、车辆、机车等	(6100)	(33)
钢铁、化学品、纸和纸浆、纤维等。	(5300)	(29)
食品	(2200)	(12)
其他全部	(500)	(2)
保密类	4300	24
总计	18400	100

资料来源：同表 15-1。

表 15-7　净服务交易（出口减进口），1977—1978 年

	百万美元	占总额比值
旅游	-1316	-48.4
政府和其他服务	-816	-30.0
运费和保险	-375	-13.7
杂类	-125	-4.6
来自国外的净要素收入	89	3.3
总赤字	-2632	-96.7

资料来源：同表 15-1。

国际收支差额包含两个部分：当前货物和服务的交易余额以及长期资本流动（流入和流出国家的）余额。在资本账户中，一个国家的金融资本输出会被记入借方，因为这种行为会立刻减少国家的外汇储备，而此类资本的输入则记为贷方，因为会增加储备。外国援助和投资属于这种类型：从长期来看国家一般需要偿还它们（包括利息等）；

353

但是这些钱会立即增加国家的财政能力，可以在国外购买更多的商品，而逐步偿还（通常称为偿债）将会计入国家未来的经常账户里。例如，在表 15-7 中，有一项由"政府和其他服务"业务造成的价值 8.16 亿美元的赤字，其中很大一部分就是官方在偿还国家曾经的国际借贷。当政客们谈论"国际收支赤字"时，他们通常指的是在经常账户中，出口对商品和服务进口的赤字。

1963—1964 年，伊朗经常账户的账面上出现了盈余，主要是因为前两年采取了严厉的措施来减少进口；资本账户显示为赤字，主要是因为外国资本的撤离大于流入，但这两个账户加在一起仍然给国家带来了少量的盈余。在 1965—1971 年，国家的经常账户一直处于赤字状态，尽管石油收入在增长，但国家购买的商品和服务多于出售的；资本账户一直处于盈余状态，因为沙阿成功地向国外借款并吸引外国投资进入伊朗；然而，除 1967 年外，每年的总体国际收支（即经常账户和资本账户合计）都是赤字。这意味着国王陛下的消费热情是如此之高，以至大量增长的石油收入和外国信贷都无法抵消他的消费。同时，国家的债务继续累积。在 1972 年，石油价格虽然没有出现激增，但已经上升，然而经常账户仍然是赤字，不过在外国信贷和投资的力量下，总体收支情况转为盈余。

1973 年石油收入暴增后的几年里，这种模式不可避免地发生了逆转：涌入了如此多的外汇，甚至比国家巨大增长的进口额还要多，因为进口增长本身导致了港口、运输和分销设施的严重短缺，商船排队卸货，易腐烂的材料全都变质并不得不被倾倒在海里，内陆的交货被推迟，市场短缺成为日常经验的一部分等；因此，伊朗不再净依赖长期外国资本，伊朗金融资本甚至出现了"盈余"，可以出借和投资海外。在 1973—1978 年，伊朗的经常账户一直享有盈余，而资本账户一直是逆差。总的来说，总余额有盈余，除了 1975—1976 年，在这一年资本净出口比经常账户的盈余多出 11 亿美元。[11]

理论上讲，如果一个国家有太多的金融资本可以用来投资自己的经济，明智的做法是将这些资本借出或投资到国外，从而保持或增加其价值，并从其收入中获得额外收益。然而，就1973—1974年以来伊朗资本输出的具体情况而言，必须考虑以下几点。首先，最好是通过降低石油产出率来减少这种"剩余"资本的规模，这在不造成国际市场石油短缺的情况下是可能的。其次，官方对里亚尔定价过高（除去其他后果）人为地让私人部门更倾向于输出资本；再次，沙阿和他的党羽造成的社会经济不安定氛围使1975年私人资本（不仅包括大量的大额资本，更重要的还有许多小额资本）纷纷撤离，这成为当时政治经济的特征之一；最后，国家官方的海外投资模式（甚至当政治因素不再起决定作用时也是如此）是低效且浪费的，因为它不是由市场因素决定的，而是由沙阿、他的专制决策以及他病态的妄想决定的。

国家开支的爆炸性增长与伪现代主义的"经济发展"战略结合在一起，造成了严重的物质瓶颈，其中熟练和专业劳动力（也就是所谓的"人力资本"）的短缺是最大问题之一。这个问题本身也有其独特的影响：它不仅提高了现有技术人员的收入，还降低了他们单位工作时间的生产力，因为他们往往还能找到其他工作，所以必须减少在另一份工作的努力才能在身体上应付数职；它让专业人员承担更多压力，也增强了普通工人的嫉妒感和挫折感；导致熟练劳动力在市场上奇异地再分配，比如从事印刷业和成衣业的高级技术工人离开了他们的岗位，转而成为司机（因此加剧了这些行业的劳动力短缺），因为司机短期内更加稀缺，使得司机的收入也不成比例地增加。除此之外，雇用外国技术人员这一行为本身也造成了社会问题，尤其是因为这些人的工资总是大大高于同样级别的伊朗工人。尽管发展经济学有其理论，但"技术限制"并没有因为雇用外国技术人员而得到缓解，同时大量雇用外国工人造成了严重的政治经济问题：普通的伊朗工人把外国技术人员的绝对高收入归结为帝国主义的阴谋；伊朗技术人员将外国技术人员的相对高收入归咎于国家的不独立；而广大伊朗人民认为，国家突然大量出现蓝眼睛的外国人证明"美国"即将控制他们的个人和私人生活。

"外汇限制"消失所导致的这些相互关联的后果,以及减轻"技术限制"的尝试,都为1977—1979年人民革命的爆发做出了重大贡献。

注释

1. 在这方面,英国人在伊朗的保守派联系人(虽然不是代理人),如侯赛因·阿拉的态度肯定有很大的分量。关于英国人可能在伊朗存在的代理人的作用,见下文。

2. 《每日电讯报》把1963年6月的人民起义定论为"民族阵线和共产党"的阴谋,简直令人发笑,这些组织自己甚至都对事情是如何发生的一头雾水,也不知道自己应该采取什么态度。

3. 需要注意的是,像阿拉这种保守派政客一直在原则上反对土地革命,即使当他们曾经的盟友沙阿接手革命后,他们的态度也没有改变,而像拉什迪扬这样的人却顺理成章地加入白色革命的队伍,作为国家侍从群中的高阶成员继续积累着惊人的财富。

4. 上文曾提到,在拉希迪扬和福鲁德被阿米尼拘禁时,莫斯科广播电台的波斯语部曾支持他们。

5. 伊拉克人在当时与苏联关系密切,苏联不可能对中国支持并与其保持联系的佐法尔革命有好态度。

6. 参见 Peter Mansfield, *Middle East*:*A Political and Economic Survey*, London: Oxford University Press, 1973;关于各协议和草案的细节,见官方发布的《伊朗外交政策丛书》,各期。

7. 表15-1没有显示进一步的细致统计。关于这些及其他细节,见本表的来源。

8. 苏联一定认为自己将成为最大的输家。这可能也是它没有立即声援革命的原因(事实上,在这一年的大部分时间里,苏联媒体对革命态度冷漠)。革命中没有任何一个主要的政治派别(包括马克思主义者和激进分子)是亲苏联的(在革命中甚至没有人民党的代表,更不用说形成一个主要政治倾向了);保守的宗教团体势必对俄国人不友好;这场运动中更广泛的团体—宗教特点可以为隔壁的苏维埃穆斯林共和国提供一个参考模式;在"共产主义"的阿富汗,一场伊斯兰起义正在进行中;一般来说,与一个喜怒无常的、革命的政权要比与一个清醒的、见利忘义的政权更难打交道;商业关系的前景也并不乐观,这既由于上述的原因，也因为伊朗经济存在不稳定性，发展方向也在不可避免地发生变化。因此在最后关头，俄国人的外交态度出现了180度的大转变，警告美国人不要干预伊朗局势，他们不加掩饰地将他们的赌注压在必然的胜利者身上，以尽量减少他们的损失。

9. 见《伊朗日报》。

10. 关于国际收支变化的数据和细节，参见 Vizarat-i Bazargani, *Amar-i Bazaragani-yi Khariji-yi Iran*, Foreign Trade Statistics of Iran, 以及伊朗中央银行各期的年度报告。

第十六章
人民革命（1977—1979）

《古兰经》中有一著名的诗句，"时辰将至，月裂两半"[1]；马克思《资本论》中有一著名的预言，"资本主义私有制的丧钟就要响了"。当前者发生时，罪人将面临最后的审判；当后者发生时，"剥夺者就要被剥夺"。最近发生的伊朗革命，从隐喻上看，其重大意义不亚于月亮裂成两半；从陆地上看，正如上天降下的审判，是对绝对不公的回应。丧钟不是为资本主义私有制敲响的，从马克思主义的严格含义来看，它并不重要；丧钟是为石油专制主义和伪现代主义敲响的。而将被剥夺的，与其说是个人的剥夺者，不如说是霸占人民集体财富和社会政治权利的官僚。"他们从他们的宫室，走入他们的坟墓。"[2]

这是一个真正的辩证过程——石油专制主义和伪现代主义用繁殖其根基和分支的手段，培育了自我毁灭的种子：他们选择性的社会贿赂所疏远的灵魂远比他们购买到的更多；他们恶毒地抹杀任何形式的个人或群体自治，导致了一定程度的官方暴力，而这本身必然会使暴力合法化，并催生出新的政治抵抗形式；只要是声称不会独立于国家或与国家相左的活动，他们都采取放任态度，以至造成了财政、道德和文化的全面腐败，依附于或顺从于国家就会有完全的"自由"，独立于国家则没有自由；他们对石油收入的盲目支出造成了严重的经济瓶颈、无限的欲望、不受控制的消费和财富展示、社会嫉妒和挫折感、精神混乱，等等。彻底的胜利必定以彻底的失败告终，彻底的压制必然导致彻底的革命；权利的完全缺失必然意味着责任的彻底丧

第十六章　人民革命（1977—1979）

失——这些都是简单的科学和社会规则。

革命的直接原因

导致 1977—1979 年革命的长期和短期的政治经济因素在前面几章中已经讨论过了。在这里我只想解释导致火山爆发的各种途径是如何交叉在一起的。事实上，我们已经间接提到了一些导致革命的直接原因。例如，所有政治反对派采取的传统组织和方法都被彻底摧毁，这导致了两个重要的新情况。第一，战术的改变，从有组织的公开批评转变为有组织的地下政治活动，进而开展城市游击战；第二，对传统意识形态希望的普遍幻灭，包括民族阵线的宪政主义、人民党（亲苏）的共产主义和传统的（反专制）宗教保守主义，这催生出新的意识形态形式和态度：民主的伊斯兰激进主义、各种形式的亲中国和独立的马克思主义，以及传统的泛伊斯兰主义。这些思想倾向显然不同于以前的意识形态，尽管后者仍然存在，但势力已经相对弱小；但是，在更广泛的意义上，它们既继承了这些传统，也继承了这些传统所吸引的社会群体。

前两种思想派别以两个城市游击队为代表：人民圣战者和人民牺牲者。第三种派别没有采用城市游击战术，而是通过较为隐秘地使用直接交付给宗教领袖的宗教会费，大规模地组织城市内的宗教信徒。因为曾经从宗教权威手中被夺走的慈善捐赠（或称 owqafi'am）现在通过商人、小贩和其他宗教从业者每年都要缴纳宗教会费和其他经济捐款（感谢石油收入以及国家的分配方法，他们的人数和财富都在增加），几百倍地还给了他们。这一派别以阿亚图拉·霍梅尼及其周围的人为代表。

这些政治力量在 1973 年石油收入暴增前就已经存在。事实上，石油收入的增长曾让他们在短暂的两年内在社会和心理上退缩了：财富突然大幅增长，以及由此带来的直接和间接的恩惠使许多人的社会政治意识变得麻木；学校发放的牛奶都被倒入井里；新购买普通汽车的人现在可以去伦敦和巴黎游玩，他们和那些购买捷豹汽车，在蒙特卡洛赌博的人一样感到惊喜。与此同时，按照同样的逻辑，全面的暴力镇压工具（从被迫加入复兴党的成员到不断扩散的萨瓦克线人和密探）看起来势不可当，各个人民团体和阶层都（相对于自己的地位）保持着前所未有的自我克制和政治警惕。1974年7月，在石油收入暴增后不到一年，"命运之月"的四个月后，我在德黑兰待了三个星期：我的私宅被三名萨瓦克特工每天从黎明到黄昏持续监视，我在城里走到哪都有一名特工跟着我，他们的目的是让我知道我在被监视。作为最后的提醒，在我临行去伦敦前，我的护照莫名其妙地被没收了，因此我不得不依托各种私人关系求助于高层官员，以便能离开国家。如果萨瓦克掌握任何关于我参与有组织的政治活动的证据，情况就会大不相同。因为从他们的角度看，这一切行动只是对一个有反对派背景的，在经济和政治上持续独立于国家的人的反应。

然而，到了1975年，经济和社会的现实问题已经开始凸显。食品和住宿价格的高通胀率迫使国家采取短期战术措施，但这不仅没有解决问题，反而为自己制造了更多的问题。萨瓦克告诉沙阿，食品通胀主要是由普通小贩和店主的投机行为造成的。国有的伊朗总商会、消费者协会和民族复兴党都被动员起来，与"投机者"做斗争。年轻人（主要是学生）得到指令，拿着特殊的党证定期前往普通零售店进行"检查"，这种行为实际上涉及骚扰和迫害。一些商店在没有任何经过听证会或上诉程序的情况下被立即关闭。"突击部队"（沙阿的心腹中的一些人可能会想起，当他们还是人民党党员时，曾在关于俄国内战的书上见过这个词）被"组织"起来处理经济"瓶颈"，但制造了更大的混乱和骚乱。

城市土地和房产的价格以及住房的租金飞速上涨，以至高薪的年轻国家官员不得不支付其工资的50%来租用一套五室的公寓。成群的人无家可归。除人数不断增长的地下棚户区居民和普通劳动者外，甚至是半熟练工人，都遭到了住房问题的沉重打击。在德黑兰，许多"住宅"社区开始如雨后春笋般出现在城市的官方边界之外，这条边

第十六章 人民革命（1977—1979）

界是由沙阿本人钦点的德黑兰市长办公室指定的，边界外没有电、水、交通或其他公共服务。为了"应对"所有这些问题，石油专制主义的代理人做出了一系列基本决策。首先，他们采取了一些法律措施来打击城市土地的投机行为，但这使大规模专业进行土地投机的人利用贿赂和影响力来避免短期损失，同时将他们的投机活动转向住房和城市房地产。只有大量中等收入的人把他们的积蓄投入城市土地，作为抵御通货膨胀的保护性措施，他们遭受了真正的损失并对此感到不满。其次，他们收紧了租金管制和租赁权的规定，这只有利于现租户，打击了那些把钱投资在公寓或小房子的小食利者，并造成了更大的空置房短缺，因为那些尚未出租其房产的人并没有将房子投放在市场上。国家威胁要派卧底探员调查，一旦发现空置的房产，就将强迫屋主出租，并对其进行处罚。当然，这在实践中是不可能做到的。但这个威胁的确奏效了，拥有空房的人开始用破旧的家具"装修"它们，全天都在屋里点亮一两盏灯，并且每周派一名家庭成员到空屋里住上一两晚。

值得一提的是，这些"私人"房产所有者的处境几乎是绝望的：他们的房产（通常是一栋大的老房子）被租给了一个国家部门，收到的租金可能低至市场价的5%或10%；任何收回自己财产的想法（哪怕真的为了自用）当然都是不可能的；房主们必须承担他们的"租户"要求他们进行的所有内部和外部维修的费用，否则他们一分租金也拿不到；如果想要调整租金，他们必须上诉（司法部的）法庭，往往需要几年才能结案，他们要为此承担高额的费用，而判决结果往往还会对他们不利。但是，即使他们打赢了官司，也必须支付他们法律费用；法庭"下令"增加的租金少得可怜；并且最重要的是，法院的"命令"没有约束力，因为根据专制时期颁布的一项一般"法律"，针对国家部门的法院判决只能被视为建议。如果这算得上是一种资本主义的政治经济，那就这样吧。

然而，国家采取了一项措施，这在社会政治上的意义最为重大，影响了大量在官方城市边界外建造了一两个房间的工人阶级和低收入家庭。当专制主义的代理人意识到，缺乏公共服务并不能阻止（城市边界外的社区）"发展"时，他们采取了直接行动。市政府官员与萨瓦克特工、穿制服的警察以及宪兵队合作，开始入侵这些社区，推土机开始拆迁，将房子都铲平，有几次一些居民被埋在废墟下。[3]当消息传开后，这些社区的居民开始组织起来，抵制入侵者。非正义的（或残暴的，赤裸裸的）代理人们"改进"了他们的战术，开始派遣秘密检察员和探员，制订了报废"房产"的计划，并采用准军事手段，比如夜间突袭，以达到更好的效果。但居民很快也学会了这些战术，并适当创新了防御手段和（不断增加的）反击措施。

在一篇生动、详细、冷静和真实的描述中，讲述了一系列针对此类社区的失败袭击，一位已婚的、与两个孩子住在一间小屋的居民这样总结了最后一场战斗（这场战斗最终击退了入侵者）：我们派小孩子去刺破领头的推土机的轮胎，从而使整个军队停顿下来，迫使他们的步兵无序地侵入社区；我们的妇女开始从屋顶上用我们提前收集的石头和鹅卵石轰击他们，让他们陷入混乱、困惑和惊愕，并造成了一些伤亡，然后我们发起了进攻，徒手对抗这群混蛋。这些狗娘养的最后不得不逃跑了，留下了他们的一些机器和设备。我向真主起誓，先生，这真的很像越共的行动。

报告人是穆特拉克先生，他是一家国有企业的高级司机，当时38岁，他的年收入（工资、加班费、奖金等）相对较高，达到了8000美元。他得到了一笔国家住房贷款，共3.5万美元，但在这个城市里这个价位找不到一个有几个房间和私人庭院的房子。他最终决定与他的兄弟在德黑兰以西约40千米的卡拉季镇共同购买一套房子。他是一个信奉伊斯兰教的人，但并不狂热。他向我讲述了他在1977年7月经历的伟大故事，基于这个故事的完整版本可以写出一部优秀的现实主义长篇小说。最后的"战斗"发生在1978的4月，在一个工作日的凌晨2点到4点之间。之后穆特拉克不得不像往常一样在早上6点半报道。

除中央和各省的国家部门、萨瓦克、特别局（沙阿自己的大规模

第十六章 人民革命（1977—1979）

而强大的私人办事处）和各个军事情报部门外，之前还存在一个由几位退休的高级将军领导的帝国监察局，表面上是负责调查官员腐败和对官僚机构的投诉等特殊案件。现在新建立起一个帝国委员会，负责监督国家部门的工作，发现存在的缺陷和效率低下问题，传唤高级官员，甚至是内阁部长，让他们为自己的行政错误和失败负责。在实践中，委员会成了专制机构内部个人争斗和恶意诽谤的另一个渠道：那些对伊朗历史和任何地方的专制主义逻辑有所了解的人就会知道，个人之间的恶意诽谤，以及一个心腹故意地试图破坏另一个心腹做的有用的工作，是这段历史和这种逻辑不可分割的一部分。帝国委员会使现有的麻烦、困惑、焦虑和腐败更加严重，而没有带来任何益处。

然而，对国家造成最大破坏的基础性发展莫过于商人和小贩在数量和财富上的增长，以及普通城市工人的增长，这两个群体都是国家自己伪现代主义城市化和工业化战略的社会经济副产品。上文已经提到了国内贸易增长的实际意义。我想补充的是，虽然不断扩大的国家侍从群有效地阉割了广大国家官员、知识分子、专业人员和其他受过教育的人，让他们变成了无名小卒，但同时也让传统贸易群体更加意识到自己的社会重要性，并相对提高了他们的自主意识，他们拥有大量的钱财，却不效忠于国家，并且公开为自己不是非正义（Dallal-i Mazlameh）的代理人（即一定级别以上的国家雇员）而感到自豪。然而，同样重要的是，也出现了一个城市工人阶级，他们大体上有文化，对国内和国际事件有广泛的了解和认识，与他们的前辈相比，他们远没有那么逆来顺受。最后，农民移民迅速扩大了国家政治公众的规模。迄今为止，伊朗农民一直回避各种形式的政治参与；作为一个阶级，他们甚至没有对国家最近发生的革命做出可观的贡献。造成这种状况的原因是复杂的、多方面的，但可以肯定的是，这绝不是"遗传的"（见上文第十五章）。恰恰相反，农民一旦来到了一个城镇或城市，在几周之内就会有政治意识。事实上，这些农民移民中有许多人参与了这场革命。

上述所有社会阶层——商人、小贩、工人、农民移民（以及留在土地上的农民）——尽管他们在财富、收入、社会地位、生活方式等方面存在巨大差异，但都有一个共同点：他们构成了伊朗的社会阶层，其中大部分成员是信奉伊斯兰教什叶派的穆斯林。这是国家文化传统的一部分，作为社会阶层，他们完全继承了这一传统，或者说，这些社会阶层没有机会远离这一传统；因为他们是以这种方式长大的，这个传统影响着他们生活的方方面面——出生、死亡、婚姻、社区关系，解决争端和分歧的方法，等等。他们面对现代欧美文化没有自卑情结，同样，他们对前伊斯兰时期伊朗辉煌的历史和幻想也没有任何优越情结。

革命的前奏

社会上的不满情绪从未停止过，各种形式的政治活动贯穿了20世纪60年代。直到1970年，公开表达异议主要靠伊朗式的谣言（通常是假的），例如在加冕仪式上（1968）沙阿姗姗来迟，有人散布谣言说，他的母亲刚刚去世，为了不破坏官方的欢乐气氛，她的遗体被存放在太平间里；或者通过公众的笑话，例如一个微妙而有意义的故事，丈夫撞见他的妻子和外遇同床共枕，他质问外遇是谁，那个男人告诉他自己的名字是居鲁士，他回答说："那好，既然如此请好好睡吧，因为我们已经醒了。"这个笑话暗指沙阿在纪念"伊朗建国2500周年"的离谱庆典的开幕式上，在可能是居鲁士大帝的墓前进行的伪现代主义演讲，演讲的高潮是："居鲁士，请安心睡吧，因为我们已经醒了。"在这一时期，各种（主要是新成立的）政治团体和伊朗学生会也在国外开展了有组织的政治活动，这些团体大部分隶属于伊朗学生联合会。然而在国内，在1970年以前，任何组织秘密运动的尝试都会被萨瓦克迅速镇压。

同时，臭名昭著的萨瓦克第一任负责人铁木尔·巴赫提亚尔将军正在密谋反对沙阿，他先是在欧洲，后来去了伊拉克，后者的政府出于自身原因为他提供了庇护。沙阿真的很畏惧巴赫提亚尔，既因为他

第十六章 人民革命（1977—1979）

的能力，也因为巴赫提亚尔和沙阿本人一样无情残忍，毫无道德，自私自利。巴赫提亚尔的主要弱点是他曾在萨瓦克任职的经历，这使得他无法吸引任何有自尊的反对派人士或政党的合作。虽然如此，人民党与他建立了正式的联系，甚至派遣了一个高级别的代表团来到巴格达商讨可能的合作领域，尽管人民党被巴赫提亚尔领导的萨瓦克逮捕、监禁、拷打和杀害的成员比任何其他政治团体都要多。但是，当此事被公开，党内领导层指责党的领导人礼萨·拉德马内什博士在其他党员和干部不知情的情况下私自决定并实施了这一计划，因此解除了他的职务。然而1970年7月，巴赫提亚尔本人被几名萨瓦克潜入分子暗杀，沙阿可以松一口气了。

但好景不长，几个月后（1971年2月8日）一个马克思主义游击队在森林覆盖的里海沿岸省份吉兰省的西亚赫卡勒村发起了一场小规模的武装斗争。政权很快将其击溃，游击队许多战士在战斗中丧生，或在事后被即刻处决；但这场运动无论如何都是由来自德黑兰的受过教育的年轻人领导的，很快就纠正了其致命的战略错误，即采取农村游击运动，转而采取城市游击战术，以暗杀陆军总检察长法尔斯佑将军（General Farsiyu）为开端，他对杀害他们被俘的同志以及自1964年以来监禁大量政治异见者负有"法律"责任。从1971年开始，这个马克思主义的游击队运动，即人民牺牲者，与对应的激进的穆斯林组织，人民圣战者继续活动，直到革命后的今天它们都是公开的政党，尽管很可能这两个团体，尤其是前者，仍然保持着一些地下党的细胞。

直到沙阿政权倒台，这两个游击队团体的成员已经袭击了警察局、孤立的宪兵哨所、臭名昭著的萨瓦克领导人和成员，等等。作为报复，只要得到相关信息，非正义的代理人就会袭击他们的藏身处和联络点，并在街上与他们展开枪战。当他们设法和平逮捕这些游击队员，或在对抗中活捉他们后，他们就对这些人进行最卑鄙、最可怕、最令人毛骨悚然的身心折磨：他们残酷地鞭打队员们，超越了人类能忍受的范畴；他们对游击队员实施电刑，将电极连接到他们的直肠、生殖器和乳头上；他们将鸡奸和强奸进行到底，他们当着游击队员的面鸡奸和强奸他们的近亲，甚至连他们六七岁的孩子也不放过；他们在这些人的嘴里撒尿，活活烤死他们，以至在一些特殊的审讯中心空气中始终弥漫着烧焦的人肉的味道。[4]与此同时，国家已经站在了成为"伟大文明"的门口，英国和其他国家的查尔方特勋爵等人则忙于歌颂沙阿的"丰功伟业"，并为他和他的那群野狗辩护，对抗正直的个人和团体：像让-保罗·萨特和英国国会议员斯坦利·纽恩斯和威廉·威尔逊等人，以及诸如国际特赦组织这样的机构都对沙阿和他在伊朗和外国的宣传者越来越反感。

与此同时，也有一些采用了传统伊朗形式的政治活动：清真寺、葬礼、宗教布道、年度宗教节日和哀悼期，都成为象征性地表达和表现政治异议的时空渠道。在穆哈拉姆月（在这一月，伊玛目侯赛因，他的家人及追随者被第二任伍麦叶哈里发叶齐德的军队杀害，英勇殉难），在比较传统的城市的街区，甚至连路灯也被裹上了黑布。在清真寺或私人住宅里，听众们听到主持仪式的教士对叶齐德和他手下的诅咒，纷纷高声叫好，几乎没有人，包括萨瓦克特工在内，忽略了这其中对沙阿和他党羽的暗示，每个人的心里都明白这一切。在第十二位什叶派伊玛目穆罕默德·本·哈桑·本·阿里，这位一直存在但直到复临那一天始终隐遁的救世主的生日上，街头悬挂起巨大的横幅，上面写着不加掩饰的政治口号：哦，全人类的救世主，请尽快到来，因为现在的世界充满了不公正（迫害）；随着时间之主的到来，愿万能的真主加速他的解救；不公正将在这个世界上被彻底铲除；等等。在1977年8月，马赫迪的生日之际，我甚至在尼亚瓦兰街上看到一条横幅，直接通向沙阿最近的宫殿，上面恰当地写着伯特兰·罗素的一段引文（连同他的名字）。

为了报复，政权逮捕、监禁、放逐，甚至用酷刑杀害那些更加积极和直言不讳的宗教领袖以及他们的追随者（如1970年传教士萨伊迪的案件）。骚扰和迫害那些缴纳宗教会费，有时亲自参与宗教政治活动的商人；他们关闭了这些人的店铺，时常纵火烧毁部分德黑兰巴

第十六章　人民革命（1977—1979）

扎，拒绝延长这些人的营业执照，并将他们列为不同税务部门特殊处理的人群。甚至到了1977年12月，一封绝密的官方信件引述一些宗教领袖收到了大量资金，并将其用于政治目的；有文件称沙阿已经得知了其内容，并亲笔写到应通知财政部和萨瓦克此事。[5]

革命的过程

我们已经看到，点燃这场大规模起义的火药是如何在长期和短期内以各种方式累积的。然而爆炸的时间和导火索的形式则取决于双方的具体因素、力量、战术和战略，以及领导的社会团体和人物。像往常一样，知识精英以及更广泛的受过教育的人群和专业人士，开始在零散的著作、小册子、批评文章和公开信上公开表达异议。早在1975年，阿里·阿斯贾尔·哈支-赛义德-贾瓦迪（Ali Asghar Haj-Sayyed-Javadi），伊朗著名的记者和散文家，曾经的社会主义第三力量党成员，向掌握权势的特别局局长努斯拉图拉·穆伊尼扬（Nusratullah Mu'iniyan）写了一篇批评国家现状的长篇文章。他认为这是自己与沙阿本人最近距离的直接接触。现在看来这篇文章的风格是谨慎和温和的，但内容却具有高度批判性。事实上，文章风格的"谨慎"本身就表明此文是在官方的恐怖气氛中写成的，而且是"非法"发表的。

在这一时期，逮捕那些因发表异议而出名的知识分子，对这些人施以酷刑，逼迫他们在萨瓦克安排的电视"访谈"节目中放弃自己的观点并赞扬政权，这些都是萨瓦克的常规做法。诸如著名的批评家和病理学家马努切赫尔·黑扎勒哈尼博士（Dr. Manuchehr Hezarkhani）和直言不讳的诗人尼玛特·米尔扎-扎德（阿扎尔姆）（Ni'mat Mirzazadeh Azarm）都曾差点受到这样的待遇，尽管当时（即在石油收入暴增之前），政权还没有强大到普遍推行这种做法，因此通常情况下只针对少数可以证明其参与地下政治活动的，受过教育的不同政见者实施这种手段。[6] 1974年，著名的剧作家和精神病专家古拉姆·侯赛因-萨伊迪博士（Dr. Ghulam-Husain Sa'idi）在没有任何具体指控的情况下被捕，最后幸运地逃过一劫；[7]但礼萨·巴拉希尼（Reza Barahini）这位有争议的批评家和诗人为了避免无限期监禁不得不向对他的人格诽谤屈从，后来他成功获释（随后前往美国）。由于政治以及（特别是）非政治原因，巴拉希尼一直是一个有争议的人物；但是仅仅因为他被迫接受自我贬低的行为而攻击他，或攻击其他任何人都是不公平的。在这样恐怖的大环境下，哈支-赛义德-贾瓦迪在他第一篇批评文章的最后总结称，这篇文章包含了他的所有观点，如果他后来发表或出版了任何与之相反的观点和意见，那么所有人都应该知道，这些观点一定是通过"非人的折磨"逼迫出来的。他继续发表类似的小册子、文章、书籍和公开信，并适当地增加了直白和坦率的程度，直到政权垮台。

同时，酷刑和迫害状况的普遍化，以及所采用的手段和技术的野蛮性，开始吸引国际舆论的注意（但我并不清楚社会主义国家的大众传媒对此会有什么表现）。沙阿和他的机构一直（通常成功地）尽最大努力，通过宣传以及直接和间接的贿赂，在海外保持一个"良好形象"，尽管国际特赦组织在努力为伊朗政治犯辩护，少数英国和美国的公众人物也开展了类似活动。在安妮·伯利（Anne Burley）的领导下，国际特赦组织及其伊朗部门做出了细致勤恳的努力，发挥了重要作用，他们经历种种困难收集了可靠的信息和证据，并将其拼凑成一篇关于伊朗人权遭到系统性和丑恶侵犯的无可辩驳的公开声明。[8]

西方国家，尤其是美国，为了抵消政治力量对手的吸引力，在自己的势力范围内以及（特别是）第三国家采取了及时和有效的战略。西方发起的人权攻势有两个独立的，但相互关联的因果关系：首先，人权攻势的目的是，通过利用苏联和其他一些社会主义国家生活中最薄弱的方面，获得大量宣传上的加分点，并为这些国家里持不同政见的人提供广泛支持。这方面的人权攻势得到了所有掌握和塑造政治权力和舆论的人的支持，也就是说不仅包括卡特总统和安德鲁·杨，还有亨利·基辛格和查尔方特勋爵。其次，在美国的权力回顾人们终于

第十六章 人民革命（1977—1979）

从成本收益的角度重新审视丑陋的美国人形象，"他"经常为别的国家提供大量的资金和武器，甚至在越南的案例中参加了一场旷日持久的痛苦战争，这些努力都是为了支持世界上一些最卑鄙、最腐败和最令人厌恶的政权；同时，经过现实的评估（并不是由无私的利他主义，而是由"开明的利己主义"驱动的）让许多美国决策者（除亨利·基辛格一类人外）相信美国的战后战略是一场灾难性的失败。这些和其他类似的考虑开启了人权时代，而与此同时，在伊朗所有长期和短期的因素已经准备就绪，一场政治对抗即将展开。

1977年6月13日，40位杰出作家、记者等人签署了一封致伊朗首相的公开信，他们在信中要求官方批准伊朗作家联盟在德黑兰开设中心，该联盟自1968年成立以来一直未得到官方认可。在这封信之后，又有一封日期为1977年7月19日的信提交给首相，这封信由该联盟另外59名成员签署。在此信提交的八天前，一群著名的辩护律师签署了一份公开声明，要求将司法权和司法地位归还给法院，法院作为法治的最后堡垒，正在逐渐陷入可悲的无力和令人作呕的腐败中。在几个月内，各种（大部分是新成立的）政治团体和专业组织开始崭露头角，其中包括由卡里姆·桑贾比领导的民族阵线党联盟（后来更名为民族阵线），由拉赫马图拉·穆贾达姆-马拉盖伊（Rahmatullah Muqaddam-Maragheh'i）领导的激进运动，由阿里·阿斯贾尔·哈支－赛义德－贾瓦迪领导的运动（Junbish），由巴扎尔甘、桑贾比、穆贾达姆、哈支－赛义德－贾瓦迪和其他人领导的伊朗保护人权小组，由赫达亚图拉·马提内-达夫塔里（Hedayatullah Matine-Daftari）领导的伊朗律师协会，等等。传单和公开信如雪花般飘散，公众集会在各地涌现。

政权（此前已经宣布将实现社会"自由"）以各种方式做出回应。第一，在1977年8月，当权以贾姆希德·阿穆兹加尔（Jamshid Amuezar）的技术官僚为主的政府取代了阿米尔·阿巴斯·胡韦达领导的大规模腐败的官僚内阁，许多新内阁的成员都是在各种岗位（通常是非内阁岗位）工作过的老手，不过他们很多人在财务腐败或行政作为方面都声誉清白。然而这种"改变"太微小，也太迟了，这些人并没有实际权力，而政权仍然是国王陛下自己的"帝国制度"——这个词已经正式取代了"君主立宪制"，成为对伊朗国家政府形态的描述。有一个鲜为人知的传言值得一提，但我并不能保证它的真实性：1977年春，沙阿拜访了第二民族阵线受人尊敬的、年老的温和派领导人阿拉希亚·萨利赫，希望能说服他组建政府。如果这是真的，这再一次暴露了沙阿惯用的伎俩，即利用他人的名誉为自己火中取栗，直到他可以安全地将这些人丢进历史的垃圾桶，再恢复他的帝国体系。然而这次他没有成功，与此同时阿里·阿米尼，这个沙阿本人一直鄙夷的对象，已经在身边召集了一群年轻人，告诉大家他已经准备好上任了。

第二，萨瓦克和穿制服的警察已经不能再采用不分青红皂白就抓人的老方法，他们改变了战术，开始袭击政治集会，用棍棒殴打参与者，并挑选个别领导人和活动者进行"报复"。官方的"政党"，民族复兴党，假装团结在一起，并组织了帝国民族主义者团体，由已经风光不再的政治家，曾经有权势的前计划组织负责人阿卜杜勒马吉德·马基迪领导。民族复仇秘密委员会（Secret Committees of National Revenge）表面上是为了向叛国的异见者和知识分子复仇而成立的，根据官方宣传，这些人是美国帝国主义的代理人。无论这种委员会是否真的存在，萨瓦克的特工们都执行了他们所宣称的恐怖主义职能：医生哈比布拉·帕伊曼博士（Dr. Habibullah Payman）、史学家霍马·帕克达曼（纳提克）（Homa Pakdaman Natiq），以及诗人尼玛特·米尔扎－扎德在德黑兰偏僻的地方，被一大帮官方暴徒殴打致伤；迈赫迪·巴扎尔甘、卡里姆·桑贾比、赫达亚图拉·马提内－达夫塔里、阿卜杜勒卡里姆·拉西吉等人的办公室或住宅里被安放炸弹；哈支－赛义德－贾瓦迪14岁的女儿差点被绑架。[10]这些都是萨瓦克的行径。

第三，沙阿的代理人开始了一场针对知识分子和政治领袖的古怪的新闻运动，指责他们是美国帝国主义的代理人，他们中的一些人，如阿里·阿米尼，被直接点名，而他们没有机会为自己辩护。但这个

第十六章 人民革命（1977—1979）

想法本身可以看作国家提出的普遍理论，即整个事件只不过是美国的阴谋，要么是为了恐吓沙阿让他接受帝国主义者的要求（比如，不提高石油价格），要么是为了推翻他的政权。如果认为这个"理论"完全是怀疑论的，仅是一种政治宣传的手段，那就大错特错了。伊朗政治的历史悲剧就在于，每个重大的（或微小的）政治事件都会被归结于外国势力的精心设计。事实上，一些国内外的左翼伊朗人认为这场运动是美国人为了让阿米尼重新上台的手段，他们认为这一"理论"与他们认为沙阿也是帝国主义的代理人的观点并不矛盾。即使沙阿和他的党羽们对自己的美国阴谋论完全没有信心，他们在确定宣传战术时也一定正确评估了反对派的心理。

直到1977年年底，主动权仍然掌握在受过现代教育者和知识分子群体的手中。革命的这一阶段在一系列的诗歌朗诵会中达到了高潮，很多人参加了这些朗诵会，著名的诗人们在会上朗诵了他们具有象征意义的政治作品的片段。但在几周内，这种知识分子的动力就消失了，运动的领导权逐渐让渡给宗教领袖和宗教团体。我们很快就会看到，政权本身在促进革命领导权的变化中无意识地发挥了决定性的作用。

由于篇幅所限，我们无法详细讨论导致沙阿政权倒台的所有革命事件。在这些事件中，有三件可以称得上是重大转折点，在此处值得强调。

第一个转折点是，在《信息报》上发表了一篇化名文章，对流亡的效法渊源阿亚图拉·霍梅尼进行了卑鄙的人身攻击，指责他效忠"黑色（即英国）帝国主义"。[11]这是沙阿本人对阿亚图拉以书面和口头的形式号召推翻政权的回应。到这时为止，尽管宗教领袖和团体在运动中很活跃，并且所有参与者都利用宗教场合进行政治示威，但主动权仍然掌握在各自为战、组织结构差的传统政治团体和势力的手中。对阿亚图拉的攻击导致圣城库姆出现大规模的街头示威，1978年1月9日，示威者遭到警察的枪击，造成大量伤亡。这只会让人们更加做好在斗争中牺牲的准备。其他效仿渊源，尤其是高级效仿渊源阿亚图拉·赛义德·卡兹姆·沙里亚特马达里,都谴责了这些杀戮行为,并要求起诉那些应负责任的人。沙里亚特马达里是一位非常聪明、老练和受人尊敬的高级宗教领袖,他以《古兰经》中的以下经文结束了他的第一次声明:不义者,将来就知道他们获得什么归宿。[12]在沙阿允许向人群开枪后,事件迅速升级了:为了遵循传统,纪念库姆大屠杀后的第四十天,沙里亚特马达里建议他在大不里士的信徒们发动罢工,并参加清真寺的追悼会;但他指示他们不要进行任何街头示威,这样当局就没有借口进行另一次屠杀了。但萨瓦克(可能是在沙阿不知情的情况下)派了一车人到城里来扩充现有的密探队伍,并再次挑起流血事件。他们完成了自己的任务,导致了一场甚至更大规模的屠杀。渐渐地,全国各地的示威游行成为日常生活,以及死亡的一部分。最大胆的挑衅行为是,一群突击队在其最高指挥官霍斯鲁达德将军的率领下,在沙里亚特马达里不在家时突袭了他的房子,在门窗墙壁上射满了子弹,并故意射杀了两三个完全无辜的神学学者,因为他们拒绝喊出"沙阿万岁"。[13]

第二个重大转折点是1978年8月19日伊朗石油中心阿巴丹的雷克斯影院纵火事件:所有的出口都被牢牢锁住,纵火者向影院泼洒了大量汽油,结果超过400名男女老少被活活烧死。此事甚至在革命胜利后也没有被调查,但明显是萨瓦克所为,沙阿是否事先知情尚不得知。这与当局最近的宣传路线是一致的,即革命者是为了在伊朗恢复黑色反动。毫无疑问,当时的人们将这场冷血的大屠杀视为萨瓦克的暴行,整个国家奋起反抗。雅利安人之光还曾试图以不成功的安抚姿态平息民众的情绪,但几天内,他解散了阿穆兹加尔的内阁,任命参议院议长贾法尔·沙里夫-伊玛米为首相。很明显,这位老暴君再次掉进他曾经自我欺骗的陷阱:他还看不出来这并不是简单的起义,不是简单的阴谋,不是短暂的事件,而是一场彻底的革命。在1960年,沙里夫-伊玛米曾是沙阿的守护者,沙阿并没有想到过去的18年将他变成了一个令人不齿的人物;而他所承担的任务也完全不能与当年两人过去经历的事情相提并论。

第十六章 人民革命（1977—1979）

沙里夫-伊玛米声称自己突然变成了一个全新的人，是君主立宪制、自由选举、言论和新闻自由的坚定信仰者。事实上，新闻界已经获得了自由；而那些可悲的议会议员里，只有在前几个月开始发表意见的少数人开始考虑自己不确定的未来；但是示威并没有停止。恰恰相反，那些迄今为止还没有作为社会人存在的群众大量涌现出来，宣泄他们的情感。1978年9月4日，在伟大的伊斯兰开斋节之际，德黑兰举行了一次大规模的、组织良好的示威和街头祈祷活动，这肯定让沙阿和他在军队中的"忠诚"仆人感到害怕和愤怒，尤其是在第二天，几十万人参加了有组织的街头示威活动，他们高喊"国王去死"！9月8日星期五，同样的人群聚集在扎莱广场，坦克和冲锋枪扫平了他们。这可能是20世纪以来对伊朗人民最大的一次屠杀。在屠杀的前一天晚上官方宣布了戒严令，曾在1963年6月实行血腥戒严的奥瓦伊斯将军获准全权处理。然而在那个决定性的日子里，前往扎莱广场的大多数人都不知道已经宣布戒严并禁止一切公共示威。这是当局的第三个重大失误，它再也没能从此事中恢复过来。

在这段时间，只有阿亚图拉·霍梅尼一人，在他被流放的圣城纳杰夫（伊拉克）呼吁彻底推翻沙阿和他的政权。他绝不是唯一想除掉沙阿的政治领袖；事实上，在各个革命领袖和势力之间，几乎没有人出于自己的私利希望保留沙阿的王位。但是在流放地的霍梅尼有他自己独特的优势，那就是他能够毫不含糊地表达这种民众诉求，除此之外，他还意识到，如果不彻底推翻国王和君主立宪制，就不可能建立自己的传统主义伊斯兰国家。[14]这就是为什么一些政治领导人（他们中有些人是穆斯林信徒和伊斯兰专业人士）开始担心在革命后，如果权力没有有秩序地交接给革命力量（无论是否存在国王），会发生什么。在确信只有霍梅尼这个有影响力的人反对任何形式的谈判解决方案，只要求政权无条件投降后，沙阿和他的手下决定强迫阿亚图拉回到伊朗，面对"真实"状况。他们向伊拉克政府施加外交压力，要求限制霍梅尼的活动，以致他不得不离开伊拉克。随后，霍梅尼试图前往科威特，但科威特当局也在伊朗政府的压力下，拒绝让他入境。在这一刻，1978年10月，霍梅尼回应当时在西方，以巴黎为中心的追随者的呼唤，做出了一个不可能的、出乎意料的决定——前往巴黎。一到巴黎，他就成了西方新闻和媒体关注的焦点，成为在欧洲、美国和伊朗本土的成千上万的伊朗人朝拜的对象，以及无可争议的革命领袖。

在1978年10月至1979年2月，即沙阿政权最终被推翻的时候，这一时期的政治心理氛围对研究伊朗革命的进程以及一般的大规模政治运动都具有很大的启发性。广大伊朗普通民众已经准备好只跟随霍梅尼一人，因为他们认为沙阿是他们所反对的一切的象征，霍梅尼则是他们对沙阿彻底反对的象征，而宗教（尽管他们很少有人知道当时的伊朗不是传统主义伊斯兰国家）是约束沙阿伪现代专制主义的力量与对抗它的明显渠道。经验丰富的反对派政治领导人（以及一些宗教领袖，如阿亚图拉沙里亚特马达里）与普通大众有同样的情绪和信仰，但是在不同程度上，他们都担心霍梅尼完全不妥协的立场会（可能在美国的鼓动下）导致军队的反扑；以及霍梅尼和他的追随者想要建立一个传统主义的伊斯兰国家，在这些人的领导下革命胜利后，最终的结果可能不是他们想要的。然而，他们对这一切无能为力，原因是，首先，广大人民群众支持霍梅尼，响应他推翻沙阿的号召；其次，大部分左翼团体和政党、知识分子以及广大受过教育的群众出于各自不同的原因，认为任何谈判解决的尝试都是对革命的背叛，在这种情况下，我们可以想象"意识形态分析"会把"对革命的背叛"说成"民族资产阶级及符合其阶级典型的妥协策略"所为；最后，在更有经验的政治领导人中，没有像摩萨台博士一样有勇气、能力和潜在民众吸引力的人站出来与霍梅尼竞争。

许多知识分子、受过教育的年轻政客和活动家们（他们中大部分都属于左翼）的立场也很具代表性：他们起初拒绝相信将爆发革命，因为（从起义普遍采用的口号和形式就能看出）他们的理论框架是错误的、不适宜的，他们无法把现实装进他们僵硬的盒子里。因此，他们的起义不可能是真正的革命，或充其量只是某种"革命运动"，直到起义的形式和口号有了"正确的"特征。后来，当现实反复提醒他

第十六章 人民革命（1977—1979）

们后，他们不得不修改自己的"分析"，将霍梅尼和他大批的追随者视作"小资产阶级"，传统政治家则是"民族资产阶级"，后者将在美国帝国主义的干预下与沙阿达成交易，虽然在他们的理论框架中并没有很好地解释为什么"民族资产阶级"要与帝国主义合作。因此，尽管他们私下批评霍梅尼的意识形态态度，但他们不会以牺牲"历史上最进步的小资产阶级"为代价帮助"民族资产阶级"。一个研究专业学者和左翼知识分子心理的科学和意识形态实践规范的人通常会惊讶地发现，现有的框架、形式和热情深刻地塑造了他们对具体问题和实践的看法，他们也不加批判地应用这些框架和形式指导实践。这就是托马斯·库恩（Thomas Kuhn）在科学知识领域赞许地描述为常规科学（normal science）的东西，是伽利略、伏尔泰和马克思在他们自己的时代所反对的所有范式的范式。伟大的波斯古典诗人和神秘主义者莫拉维（鲁米）说的没错，"血液变成牛奶需要时间"。

沙阿想尽可能地保持现状，但最后还是被迫接受了一个月之前他认为完全不可接受的事情：任命一个新政府，由传统反对派领导人，曾经摩萨台政府的成员之一领导。卡里姆·桑贾比博士是新的（并且相对弱小的）民族阵线的领导人，他同意上台，条件是他要先与霍梅尼达成一致。而年事已高的前第二民族阵线领导人阿拉希亚·萨利赫和同样年迈的前最高法院院长穆罕默德·苏鲁里则拒绝了委任。桑贾比飞往巴黎，在拜访霍梅尼后，发表了一篇公开声明，称不可能与"非法的君主制政权"谈判。他认为如此一来，一旦沙阿同意离开国家，并有可能退位，在现有宪法的大框架下仍然有谈判的余地。[15]但沙阿并没有让步，反而任命了一个军政府，由陆军参谋长阿扎里将军领导，而大部分的内阁成员是文职官员。在军队首长和沙阿忠实的文职顾问中，明显划分为强硬派和温和派。以戒严总执行官奥瓦伊斯将军为首的一群人是军队中的"鹰派"，奥瓦伊斯差点被任命为首相，而不是"鸽派的"阿扎里。自9月8日的大屠杀以来，这已经成为沙阿团体态度的典型模式：一批军事和文职顾问正在劝说沙阿谨慎和妥协，而另一批人则坚持要求采取更严厉的行动。

当然，情况已经很严峻了：每天在全国各地的城镇里都有数百名手无寸铁的人被军队残害，甚至还可能升级为坦克和（可能的）飞机对整个居民区的扫荡式攻击，特别是在德黑兰、库姆、马什哈德、伊斯法罕、大不里士和加兹温。这个"最终方案"未被采用，一是因为军队中的普通士兵有不服从命令，甚至叛变的风险；二是沙阿的一些好心顾问被疏远；三是雅利安人之光本人也意识到这样的暴力并不是他王朝长久生存的办法；四是全世界都在关注着这一切，并且对政权越来越反感，对伊朗人民无私的英雄主义越来越钦佩。这些就是为什么政权忽冷忽热，在向示威者开火的同时，又乞求他们待在家里，劝告他们要相信事情会朝着他们的愿望发生根本转变。例如，在1978年12月11日，革命者无视戒严令，计划在神圣的穆哈拉姆月的第十天（伊玛目侯赛因和他家人的殉难日）举行大规模示威，当局先是威胁他们那天将血流成河，因为单在德黑兰就有两百万男女老少参加游行。但在最后一刻，双方达成了妥协，官方允许了游行，只要他们不通过直达沙阿在德黑兰北郊宫殿的大片禁区。

在绝望中，沙阿求助古拉姆-侯赛因·萨迪基博士，他是摩萨台政府的内政部长，也是一名备受尊敬的政治人物和社会学教授，25年来国王陛下对他恨之入骨。萨迪基是一个相对坚强的人，他没有世俗的野心，主要是因为他在1960—1963年的不愉快经历（当时他作为第二民族阵线领导层中极少数有能力的人，不得不忍受该政治组织可悲的战术和战略）导致他没有公开参加最近的革命活动。然而就在沙阿探索打破僵局的可能性时，他的努力很快因各个政治团体和活动家的表态而付诸东流：新民族阵线发表声明称，萨迪基不是该组织的成员，并对他的行为表示谴责；其他人也是如此，甚至错误地声称萨迪基自1953年以来从没有参与过反对派的政治活动。[16] 只有阿亚图拉·霍梅尼对这一消息保持公开沉默。事实上，有传言称他亲自给民族阵线的桑贾比博士发了一条信息，表示萨迪基博士是一个爱国人士，在对他的行为进行评判之前，应该给他一个机会。另一个说法称，桑贾比从没有收到这条消息，因为中间人决定不及时传递。鉴于这些歇斯

第十六章 人民革命（1977—1979）

底里的情绪，萨迪基别无选择，只能坚持表示沙阿应当在委任首相后立刻离开国家。沙阿拒绝了，萨迪基也明智地退出了舞台。

这场大戏的最后一幕由时运不济的沙普尔·巴赫提亚尔博士领导的政府上演，在多次私下会面中法拉赫王后已经试探了他的口风。早些时候，沙阿本人曾试图说服法里东·贾姆将军（一位声誉良好的前参谋长）接下这个任务，但后者拒绝了沙阿的请求，因为他此前拒绝放弃对武装部队的最高指挥权。巴赫提亚尔是一个有勇气和实践能力的人，他的政治野心很大，但他在民众中的人气却不那么高；此外，他大胆的个性通常会战胜他的实践智慧。巴赫蒂亚里族的族长和立宪革命的领导人桑达尔·法特赫之子，自青年时代就在法国长大并接受教育，是第二民族阵线的领导人，对该运动的失败负很大责任，他对伊朗宗教文化和传统也不甚了解，他既是唯一将自己从民众情感的洪流中分离出来的传统反对派领导人，也是他所承担的"不可能的角色"最不适合的人选。

直到这时，美国和英国对整个问题的政治和外交意见还存在分歧。显然各种外国势力（根据其自己的力量和地位）都不只是观察者；同样明显的是（即使流行的错误观点可能会有不同的说法），他们并没有参与一个大阴谋，也没有正确理解发生的事件，或者在革命的任何阶段采取了明确的行动。因为革命的任何一方都可能取得胜利，他们不得不掩饰自己；他们必须确保革命的结果，不论是什么，都不会严重违背他们的地区和全球利益。美国人采取的立场比其他各方都更不稳定：卡特和他的手下为了保持中立，准备采取一些手段；基辛格和他的同僚们支持沙阿；沙阿自己也在通过常规渠道或在美国、英国和德意志联邦共和国的个人朋友和宣传者向各方施加压力。美国的朋友和政治客户，特别是在阿拉伯中东地区的，都向美国政府表明伊朗的局势是对其承诺的考验。这就是为什么卡特和英国外交大臣大卫·欧文一日向沙阿表达支持和同情，而几天后卡特和卡拉汉又说这完全是伊朗的内部事务。然而，当事情发展到了关键时刻，必须采取明确立场时，他们又自我确信与沙阿不可能达成合理的解决方案，而且即使霍梅尼本人接管了家（在这方面，美国与霍梅尼个人的接触肯定很重要，如美国前总检察长拉姆塞·克拉克前往巴黎拜访霍梅尼），也不会对他们在当地的战略地位（包括石油供应）造成严重的威胁，他们决定在公开和私下里都对沙阿施压，逼迫他离开国家，并祈祷巴赫提亚尔能够战胜这场风暴。沙阿最终能决定离开，巴赫提亚尔本人为此的付出必须得到肯定。沙阿和他的妻子于1979年1月18日离开了伊朗。

但这已经太晚了。军队总参谋部出现了分裂，军队中出现越来越多不服从命令的迹象，尤其是空军；旷日持久的大罢工，包括至关重要的石油工人的停工，丝毫没有停止的迹象；广大人民群众现在只想要霍梅尼，焦虑的传统政治领导人和知识分子没有给自己留下任何独立的主动权。由于担心沙阿最终离开后巴赫提亚尔将设法巩固自己的地位，霍梅尼拒绝与巴赫提亚尔谈话，除非他卸任首相一职。霍梅尼宣布他将任命一个替代政府，并决定不失时机地返回德黑兰。但他回国的日期被延迟了几天，因为巴赫提亚尔和将军们就是否同意此事出现分歧，但最终他们发现自己别无选择。

1月26日，霍梅尼回到德黑兰（恰好是在沙阿为其白色革命举行"公投"的16年后），受到了热烈的欢迎，当时的景象至今还在人们的脑海里挥之不去。刚一抵达，他就任命迈赫迪·巴扎尔甘为首相，巴扎尔甘是自由运动的领袖，一个虔诚的穆斯林，也曾经是摩萨台博士的助手。巴赫提亚尔犯了一个严重的错误，他凭借着自己的权力没有及时让位给巴扎尔甘。公众示威和军队暴行仍在继续，但规模有所缩小，而巴赫提亚尔仍然宣称他不会在事态正常化之前屈服，随即立刻举行制宪会议的大选。当示威者高喊"巴扎尔甘，伊朗首相"的口号时，巴扎尔甘本人却低调谨慎行事：他没有组建内阁，他与类似的政治家一样与巴赫提亚尔保持着密切的联系，希望解决僵局；并且，作为一种面子上的说法，他和巴赫提亚尔（尽管两人用了不同措辞）都将巴扎尔甘的地位描述为"影子""代理"政府的领导人。

随着越来越多的空军长官和士兵声援革命者（一些人甚至穿着全

第十六章 人民革命（1977—1979）

套制服参与官方允许的游行示威），军队中的强硬派，尤其是被亲自挑选出来保障国王陛下人身安全和王位稳固的两支专业的双子军团，帝国军和不死军，变得越来越焦躁不安。一场"意外"让这一切落下定局，也为政治领导力的全面丧失恰当地书写了墓志铭：1979年2月5日，一群不死军的士兵主动请缨，打算教育那些在德黑兰军营里的空军官兵什么是忠诚，当时这些空军官兵正在欢呼雀跃地观看一部关于阿亚图拉霍梅尼和他的随从们胜利归来的纪录片。但是，当沙阿麾下的惩戒力量来临后，空军士兵们摆开阵势，开始与这群狂热分子做战。"军队政变"未遂的消息迅速传开，广大人民在游击队的带领下（在此之前他们明智地没有发起全面的武装叛乱）前去支援空军，并从后方袭击了沙阿的士兵。通信线路中断了，双方高层领导的微弱努力都未能控制局势。最后在2月2日，将军们同意将权力移交给巴扎尔甘，并宣布军队中立，命令所有部队返回军营。然而显然，这次的投降也为时已晚。

即便在革命之声通过广播和电视网络播出后，持有轻武器的游击队和其他民众也拒绝卸下武装，他们袭击了位于德黑兰北郊的帝国军和不死军的营房，士兵们在混乱和迷惑中几乎没有任何抵抗就投降了。国王陛下的强大帝国军队耻辱的崩溃，以及那些圆滑的将军、酋长式坦克、幻影喷气机、火箭和导弹等，都是石油伪现代专制主义失败的最后纪念碑。

然而在短短24小时内，革命之声就变成了伊斯兰革命之声，这让知识分子和受过教育的群众，以及他们所在的政治团体感到非常失望。两个月后，举行了成立伊斯兰国的全民公投，但公众没有时间讨论这一切，官方也没有允许各个革命力量利用大众媒体发表他们自己的观点。在撰写本章的同时，正在进行严格筛选的制宪会议议员选举，希望将已经写好的新宪法的最终草案提交给全民公投，许多政治团体，如穆斯林人民共和党、民族阵线和民族民主阵线等都抵制该选举，种种迹象表明，如果选举顺利进行，由此产生的制宪会议将把更广泛的伊斯兰共和国框架缩减为一部狭义的传统主义伊斯兰国家的宪法。看来，伊朗人民注定要当狂热分子——曾经是专制的伪现代主义者，如今是权威的传统主义者——的社会实验的小白鼠；将有益的传统和现代的价值及技术进行真正的伊朗式综合，以打破这种无与伦比的恶性循环的愿望再一次被挫败了。

注释

1. 原文为"Iqtarabat al-sa'a wa'in shaqq al-qamar"。

2. 原文为"Dhahaba min qusurihim'ila quburihim"，是一位伊朗盲人葬礼朗诵家在世纪之交创作并演唱的阿拉伯语诗句。

3. 1977年7月，每日新闻（第一次）报道了这样的案例，非正义的代理人闯入居民家中，户主想把他赶走，结果被活活打死。

4. 更多的细节参考国际特赦组织关于伊朗的简报，1976年11月。

5. 该文件是外交部致财政部的一封信，其中提到富裕的商人向低级别的宗教领袖支付了巨额会费，后者将部分资金转移到黎巴嫩的什叶派宗教基地。此事在革命后被发现，并被公布在伊朗媒体上。1976年3月，萨瓦克总部向克尔曼沙分部下发了另一份文件（*Sepid-u-Siyah*, No.1110, 9 June 1979），其中广泛讨论了该市一个较低级别的宗教领袖的案件，要求当地的萨瓦克部门不仅要对他所有的谈话进行录音，审查他的信件，收集不利于他的证据，还要对与他有联系的有影响力的人施加压力，迫使他们放弃他，尝试削弱那些向他支付会费的人的财务水平（特别提到了使用税收、税率等），并散布谣言称该宗教领袖是萨瓦克的特工。另一封揭露当时情况的文件（*Jumbish*, 6 Dec 1978）是文化和艺术部副大臣在1974年4月写给一位伊朗电影导演的信。在信中该导演因拍摄"有宗教主题"的电影而受到严厉指责，被告知国王下令不惜一切代价阻止这类电影的拍摄，并被保证如果他拍摄常见主题的电影会获得"物质和道德"利益，如果他拒绝合作，他将承担严重的后果，包括撤销他外籍妻子的居留证。

6. 例如，库鲁什·拉沙伊（Kurush Lasha'i）的情况就是如此，他在从日内瓦秘密返回伊朗后（可能取道中国）被逮捕。他在被捕前一直在库尔德斯坦活动。电视"采访"是在1972年年底进行的。

7. 萨瓦克残忍地折磨他，威胁他将判处13年监禁，随后逼迫他接受"采访"，攻击伊拉克政权。但是，在他们播放该节目前，沙阿突然与阿尔及尔的伊拉克人达成了交易，这让节目失去了意义。萨伊迪被释放后，再大的压力也无法

第十六章 人民革命（1977—1979）

让他再说出违心之言。在他最后被捕前，他曾数次在德黑兰的街道上被萨瓦克特工野蛮地毒打。

8. 见国际特赦组织关于伊朗的简报，1976 年。在 Index on Censorship，No. 2，1976 中同样发表了一篇关于伊朗酷刑的详细文章。《纽约时报》对这篇文章的部分内容进行了转载，在美国更广泛的政治界产生了重大影响。

9. 波斯语对其委婉的说法是 fazay-i baz，即"开放的空间"；但封闭的是这个社会，空间一直是开放的。

10. 所有这些，以及更多的事件都记载在当时许多反对派的出版物和声明中，大部分转载于《伊朗保护和促进人权委员会公报》，No. 1 – 16，1977 – 1979。

11. 参见 Ahmad Rashidi Mutlaq，*Iran va Istimar-i Suikh u Syiah*（伊朗和红色与黑色帝国主义），Ittila'at，7 Jan 1978，p. 7。

12. 原文是 Wa saya' lamulladhina zalimu 'ayy-i munqalibin yanqalibun（"Surat al-Shu'ara'"，277），全文见《伊朗保护和促进人权委员会公报》，1978 年 1 月 21 日。

13. 第二天在对一群宗教领袖和信徒的讲话中，阿亚图拉本人称有两人死亡，但各个抗议团体的公开声明中却称有三起。全文见《伊朗保护和促进人权委员会公报》，1978 年 6 月。

14. 革命中的其他领导人物不能公开呼吁推翻沙阿本人，除此之外，他们还热衷于维护立宪革命的民主遗产，这一事实在法国广播网国际频道对阿亚图拉沙里亚特马达里的采访中得到了清楚的证明。当沙里亚特马达里被要求对"霍梅尼采取了'更坚定的立场'（针对国王）"这一观点进行评价时，他表示他们的立场"最终是一样的"，"但是我们在国内有特殊情况，而他在国外，我们的条件在战术上存在不同"。当被问及他的总体态度和方案时，他回答，"我们已经说过很多次，我们强烈要求实施……真正的 1906 年宪法，这是在进步的什叶派领导人的领导下，以自由之路上烈士们的鲜血为代价而取得的成就"。访谈全文（波斯文）见《伊朗保护和促进人权委员会公报》，1978 年 10 月。

15. 许多人都在谈论（特别是，当沙阿政权倒台后，许多人因此发现了早期许多本应对他们显而易见的，泛伊斯兰主义团体的观点和方法）桑贾比是否应该如此行动。如果认为桑贾比（或其他任何人）面对霍梅尼的全面反对还能够成功，那就错了。桑贾比在战术上的失误正是表面上听命于霍梅尼，而不是以政治领导人的身份与他谈判。他本可以至少为自己的未来获得纸面上的保证，哪怕做不到这一点，他也可以回到德黑兰，拒绝沙阿的委任，并发表一份完整的公开声明，说明他接受职位的所有条件（沙阿会拒绝这些条件的），而不是在霍梅尼的指示下，在巴黎发布一个简短的、泛泛的口号。相比之下，两周后巴扎尔甘拜访了在巴黎的霍梅尼，这位资深的穆斯林政治家并没有被沙阿委任首相一职，但他拒绝了在当时的情况下发表类似声明的要求，并匆匆赶回了德黑兰。

16. 桑贾比给萨迪基写了一封公开信，在信中直截了当地告诉他不要"毁掉你的全部声誉"，并威胁说民族阵线会坚定地反对他的政府。阵线的秘书福鲁哈尔发表了一篇声明，称萨迪基不是阵线成员，这暴露了他担心"因（过去的）关系而有罪"的可能指控。伊朗剧作家古拉姆-侯赛因·萨伊迪当时在伦敦，他在《伊朗城市报》（出版于1978年12月22日，伦敦）中发表了一篇文章，称自1953年政变以来，萨迪基没有参与政治活动（因此忽略了他多年的监禁以及他在第二次民族阵线领导层中的积极作用）。也许当时桑贾比已经成为"小资产阶级的代表"，而萨迪基仍是"民族资产阶级的代表"。

第十七章
结果和前景：伊朗将何去何从

革命的性质

人民革命是一场反对专制主义和伪现代主义的斗争，在很大程度上与之前反对专制主义和传统主义的立宪革命相似。可以说，这是一场各个城市社会阶级、团体和政治派别对沙阿、他的军队、他的恐怖机器以及他享有特权的官僚心腹中核心力量的反击。这是一场熟悉的和时兴的革命，但是如果将其视作另一场法国大革命，就消解了它的原创性，同时也是不正确的，就像现在应当清楚立宪运动不是一场资本主义革命一样，而在法国大革命中激进的小资产阶级，即"雅各宾派"占据了上风。在一个特定的社会里能爆发多少次资产阶级革命呢？伊朗社会并非无阶级的；但是伊朗的所有社会阶级都完全被强大的、功能性的国家所支配，这也导致大多数阶级对国家发起反抗，而剩下的少数人则表示默许：在他们陷入绝望的时刻，沙阿和他的党羽们根本没有任何社会基础可依靠。

所有的革命力量和倾向都在与伪现代主义者的专制主义及其造成的危害——官方的目无法纪、政治迫害、社会不公、经济管理不善、财政腐败、官僚的傲慢自大等，在宗教的大框架内做斗争。像在立宪革命时期一样，宗教框架提供了主要的正规活动渠道，以及一个统一革命战线的文化和历史背景。关于绝大部分革命群众（更不用说他们的领导层）都在自觉地为一种泛伊斯兰意识形态的新概念而斗争的说法是彻底错误的。他们追随霍梅尼的脚步,既反对沙阿,又要求恢复他们的各种权利和自由,包括尊重他们更根深蒂固的,也是更有价值的文化和宗教信仰,因为霍梅尼已经成为他们全面反抗的象征。但是他们跟随霍梅尼并不是为了建立一个模糊的、非传统的泛伊斯兰社会政治体系,该体系的内涵甚至现在还不完全清楚。

1978年11月,在巴黎召开的一次会议上发表的一篇关于(泛)伊斯兰国家的意义和影响的演讲中,一个霍梅尼身边的小人物称,伊斯兰统治意味着真主通过他在人间的代表进行统治:在这种情况下,就不存在选举和罢免的问题,因为如果真主的代表违反了他的规则,他将被"自动解雇"。[1] 穆罕默德·萨迪基博士显然完全不懂得国家管理的简单规则,或者(否则)就是在故意忽略这些重要问题,他没有提出任何社会机制,据此让凡人能理解这种真主在人间的使者被"自动"任免的过程。但更重要的是,这种完全新奇(bid'a)的概念揭示了,根据什叶派和逊尼派伊斯兰教的基本信条和传统来判断,泛伊斯兰主义派别(尽管它有时自己会表态)在很大程度上是非传统、非原教旨主义和彻底修正主义的。

根据正统的逊尼派传统,只有先知(其中最后一位先知是伊斯兰教的先知穆罕默德·伊本·阿卜杜拉,他是由真主的意志直接选择或"任命"的;继承他的人,特别是前四个哈里发,是先知的继承人)而不是真主的,才是管理信徒社区(al-umma 乌玛)事务的继承人。什叶派的继承人观点,即伊玛目制,与逊尼派的传统完全不同。根据伊玛目制,真主已经亲自预先确定了伊玛目阿里和他的后代享有继承权。因此,根据绝大多数伊朗人信奉的十二伊玛目派的信仰,第十二位伊玛目先是隐藏起来(小隐遁期),随后从人们的视线中消失(大隐遁期),但他在时间和空间上无所不在,他会在连他的追随者都不知道的时间和地点以救世主马赫迪的身份再次出现:在一切的时间和地点,尽管凡人的眼睛看不见他,但只有他是时间的主宰(Sahib al-zaman)和时代的监护者(Wali al-asr)。

现在,如果泛伊斯兰主义派还真正相信上述什叶派中十二伊玛目

第十七章 结果和前景：伊朗将何去何从

派的基本教义，那么萨迪基博士的新奇想法就是毫无根据的异端：因为，除了马赫迪本人，无人能称自己被真主任命统治所有信徒，也不能（以这种身份）只对真主负责。在任何时候，根据所有穆斯林的信仰，真主的使者们都是纯洁和全知的，一旦他们被选中，就不存在被"解雇"的问题。随着第十二伊玛目的消失（即大隐遁期），十二伊玛目派信徒中的领导层演变成一个分散的系统，根据这个系统，普通人可以通过学习和虔诚的信仰成为穆智台希德（即宗教法博士，有资格解释《古兰经》和伊斯兰传统），这些人中少数可以上升到效仿渊源的地位，或称信徒们的最高指导来源。这些宗教领袖都不是真主任命的，也不是十二伊玛目之一，但他们所有人都可以视自己为伊玛目的"副手"（Nawwab al-Imam），而不需要保证他们本人或他们的信仰和做法得到伊玛目的认可。

也许我们不应该对萨迪基博士天真和异端的宗教信仰过于苛责（尽管他声称自己是虔诚的什叶派信仰者），因为一位伊斯法罕的穆智台希德，阿亚图拉哈德米（Ayatullah Khademi）最近在 1979 年 7 月也提出了类似的观点。阿亚图拉引用了《古兰经》中的一句话，"一切判决只归真主"（'Innal-hukma 'ila Allah'），来论证新的伊斯兰宪法不应该是民主的，因为人民无权干涉真主的意愿。[2] 显然这位阿亚图并没有意识到作为具有普遍意义的表述，《古兰经》的经文对于任何（包括泛伊斯兰派）将真主视为全能、全知、无所不在的宗教学说都应当是完全正确的；以及在十二伊玛目派的信仰里，这段经文可以被进一步解释为支持伊玛目原则，以及伊玛目阿里和他的后代的继承权，直到第十二位伊玛目结束。换句话说，泛伊斯兰主义者引用这段经文来支持异端观点，可能反过来会反对他们自己：如果统治权真的只属于真主，那么，任何人或任何团体怎么能声称拥有统治权呢？当然除非他们进一步自称是第十二伊玛目本人。因此，伊玛目头衔本身就具有宗教和社会意义，而霍梅尼接受了他的队伍给予他的这一头衔。在阿拉伯语原义中，imam 一词仅表示"领袖"的含义。伊斯兰教逊尼派将这个称号授予给前四任哈里发，他们被认为既拥有世俗管理的权力,也是道德及精神指导的权威。在后来的实践中,逊尼派只将这一称号授予有学识的宗教领袖和哲学家,伊玛目阿布·哈尼法(努阿曼·伊本·塔比特)和伊玛目穆罕默德·安萨里。然而,在什叶派的理论和实践中,这个头衔是专门为十二位什叶派伊玛目保留,没有其他人可以用。到目前为止,关于授予这个头衔给霍梅尼还没有一个明确的解释:在口头交谈中,他的追随者强调该词的阿拉伯文原义,即"领袖",但显然没有意识到在什叶派历史和传统的背景下,这个词已经不再是一个简单的词,而是一个神学术语和概念;如果只是想表示"领袖"义,没有其他含义,为什么不用更常用的波斯语词,如 rahbar, pishva 等呢?或者,换个角度来看,他们是否也同意用"伊玛目"这个词来称呼伊朗其他宗教、社会和政治领导人?从理论和传统来看,这就是所谓人民革命的"原教旨主义"泛伊斯兰派观点的前后矛盾。

我们可以通过将这场革命与之前的(立宪)革命进行历史分析比较,来理解与泛伊斯兰派的宣传主张相反的人民革命的真正性质。从表面上看,这两场革命在"意识形态"的诉求大相径庭。事实上,这也是泛伊斯兰派始终直接和间接主张的,以至它公开主张为当时被立宪革命者于1909年处决(其他大部分宗教领袖都知情且支持)的杰出穆智台希德谢赫·法兹鲁拉·努里恢复名誉,甚至将其抬高到殉道者的地位。他借曾教法统治(Mashru'eh)之名,积极支持穆罕默德·阿里·沙的专制主义,并完全参与了穆罕默德·阿里对革命领袖和活动家的迫害、监禁、酷刑和谋杀,其中许多人本身就是宗教领袖和教士。[3]

1977—1979 年的人民革命是立宪革命的完美翻版,因为它得到了所有独立于并反对专制国家机器和总体权力的城市社会阶层和政治力量及倾向的支持。可以进一步说,人民革命的意识形态框架也与立宪革命的高度相似,尽管并不完全相同。首先,立宪革命一直反对传统专制主义,后者与现代政治理念和经济愿望相抵触,也与什叶派国家理论的严格解释相悖;而且这场革命是由宗教领袖、传统商人以及现

第十七章 结果和前景：伊朗将何去何从

代知识分子和受过教育的精英领导的。该运动（特别是在胜利后）之所以被这些团体在意识形态上支配，正是由于欧洲的政治观点和经济成就的吸引力，大多数革命者天真地认为它们是废除传统专制主义和实现社会和经济快速进步的可靠工具。礼萨沙的伪现代专制主义摧毁了大多数此类幻想，并催生出以下的思想和倾向。一是人民党的左翼伪现代主义，它蔑视伊朗的所有社会文化和宗教传统，认为它们是落后和反动的残余。二是民众运动的"伊朗主义"（包括其左翼，甚至马克思主义派），由摩萨台博士领导并以他本人为象征，将对独立和进步的热爱与对伊朗历史意义及其文化规范和价值观的理性和现实的（而不是民族主义和浪漫主义的）看法相结合。三是由持不同观点的地主和许多宗教领袖领导组成的保守的传统主义倾向，他们赞成将战后伊朗的现状稳定为一个集权的，但并不专制的君主制国家，他们认为在这样的国家里自己将发挥最大的作用。四是在这些意识形态团体的边缘，站着沙阿尚未暴露的伪现代主义的专制愿望（以及一群年轻的、受过教育的、狂热的泛伊朗民族主义者，甚至种族主义者的愿望）和一群微不足道的泛伊斯兰浪漫主义者。他们尚未形成系统建立伊斯兰国家的观点。

　　事态的发展最终导致了1953年的政变，这场政变是由沙阿和保守的传统主义势力组成的联盟策划和实施的，并得到了美国 CIA 的技术和物质支持。整个地主阶级和整个宗教领导层都直接或间接地参与了政变，以及（特别是）新政权的巩固过程，尤其是库姆、德黑兰和其他地区的著名宗教领袖都没有对政变提出丝毫抗议，甚至委托普通传教士，如法尔萨菲，在各个场合公开为政变辩护；他们对针对摩萨台和他的大批追随者的暴力事件只字不提；当大批有奉献精神的、理想主义的人民党普通成员及其军事网络的成员被非法地监禁、折磨甚至杀害时，他们仍然保持缄默。

　　最重要的是，当时伊斯兰牺牲者中一小批宗教狂热分子被逮捕，因为他们中有一人刺杀首相侯赛因·阿拉（他是保守派的朋友，在这次事件中幸运地只有头部轻微受伤）未遂，宗教领袖们对此也没有任何表态,这群人被秘密"审讯",并被行刑队杀害。甚至连最激进的知名保守派领袖赛义德·阿布卡西姆·卡尚尼也没有对该组织表达任何同情,在此次官方实施的非法行径前后也没有采取任何行动;当然赛义德·穆罕默德·贝赫巴哈尼和米尔扎·阿卜杜拉·切勒苏图尼(两位德黑兰强大的保守派宗教领袖),以及库姆的宗教领导层也没有提出反对。(见上文第九、十章)

侯赛因·阿拉这位老牌保守派政客"辞职",并任命伊格巴勒博士接替他的位置,权力日益集中在沙阿及其军事官僚机构手中,伪现代主义的社会影响初现,在这时保守的传统主义者才逐渐开始感到不安。这就是为什么在 1960 年,正如我们在上文第十五章所看到的,此前一直避免公开干预国家事务的国内唯一的(其他都住在伊拉克的各个圣城)效仿渊源阿亚图拉布鲁吉尔迪这时却发表了一份"法特瓦"(即宗教法令),反对沙阿和伊格巴勒试图让议会通过的租赁改革法案,该法案主要是为了让美国人受益。然而,当阿米尼和他的集团受国家形势以及他们的美国支持者的要求的影响,不得不寻求实施一个土地分配计划时,沙阿起初与他曾经的保守派和传统主义者盟友紧密团结起来,这样做至少是一种战略措施,从而能让他自如地应对阿米尼。然而,当他意识到这个战术的失败风险后,他做出了任何人都始料不及的决定,他本人成为白色革命者。就在这一刻,他的保守派和传统主义者盟友——地主以及保守派宗教和政治领导人转而反对他。在 1963 年 6 月的起义中被屠杀的成千上万的人,并不是在反对土地分配,也不是为了反对妇女的选举权。但是他们的领导权落在了保守派宗教领袖的手中,原因一是第二民族阵线领导层的软弱无能,原因二是整个宗教框架具有毋庸置疑的影响力,原因三是地主和宗教群体掌握的资金和社区力量。

沙阿最终设法让地主阶级噤声。首先,他在土地改革的第二阶段对地主们做出了重大的妥协;其次,他又通过日益增长的石油收入的帮助,将他们中许多人变成了他早期的也是最享有特权的社会侍从。但与宗教领袖的裂痕则是另一回事:他们所有人都坚持要求保留他们独立于国家的社会和经济自主权，这显然是国王陛下傲慢的专制主义所不能容忍的。宗教领袖中的保守派反对任何社会改革，不能容忍任何现代规范和价值观，无论是在政治层面还是在社会层面；他们中更开明和激进的人则不是蒙昧主义者和反动派，而是与广大人民群众站在一起，对沙阿声称自己拥有所有权力、知识、智慧等一切的说法感到作呕，傲慢的沙阿大肆破坏所有历史和宗教价值观和传统，并以经济发展的名义强制推行他的伪现代主义。因此，沙阿与整个宗教群体（以及整个民主反对派）能达成的任何真正的解决方案都将是沙阿本人为代表的石油伪现代专制主义的完全对立面。同时，保守派宗教领袖们得出自己的结论，他们曾经对摩萨台不听命于自己感到失望，后来又被他们的老盟友沙阿骗走了属于自己那份的权力和影响力，现在他们决定应该建立自己的直接统治。这就是现代泛伊斯兰革命派的社会和政治起源，他们声称自己起源于早期伊斯兰牺牲者的一个小团体（这件事本身并没有给他们赋予任何特别的荣誉），但这个说法在历史上没有任何依据。

人民革命与立宪革命一样，在总体的宗教框架下首先与腐败、违法和专制的政权做斗争。不同点在于，旧的恺加王朝的专制主义等同于传统主义、反动和落后，而新的（石油的）巴列维王朝的专制主义则显而易见地与一种极端形式的伪现代主义纠缠在一起。在立宪革命中，革命者既反专制又争取现代化和进步。而在人民革命中，人们既是为了反对专制主义，又是为了恢复他们的社会和文化身份（即反对无意识的伪现代主义）而斗争。在传统专制主义的背景下追求真正进步的希望让受过现代教育的领导人在立宪革命中掌握了主导权，尽管他们也在广泛的宗教框架内行事。而对巴列维伪现代主义希望的幻灭让宗教领导层掌握了人民革命的领导权，受过现代教育和有才智的革命领导人也在这场斗争所遵循的宗教框架内行事。在立宪革命中，人民以及他们的大多数宗教和政治领导人将教法统治抛在一边，因为这意味着恺加王朝的传统专制主义。在1977—1979年的革命里，人民和他们的大多数宗教和政治领导人拒绝通过谈判达成立宪主义的解决方案（尽管该方案甚至可能将沙阿本人排除在外），因为他们对巴列维伪现代专制主义的幻想破灭了。

立宪革命最终导致专制主义复辟，这部分要归咎于右翼以及左翼伪现代主义者对社会和经济进步的希望堕落为纯粹的形式主义冲动，他们热衷于抛弃整个伊朗历史，而对欧洲的思想和技术进行毫无意义的模仿。现在，1977—1979 年的人民革命有可能沦为一种纯粹的形式主义冲动，即抛弃整个伊朗历史而换取泛伊斯兰主义狂热者随意的突发奇想。立宪革命的堕落导致政权从独裁变成专制，在短暂的中断后又回到了独裁，接着又是专制。最近这场革命中的泛伊斯兰派已经在建立一个独裁政权的方向上迈出了重要的步伐，如果允许它成功，最终将形成新的专制主义。这两个结果都不是参加这两次革命的人想看到的，泛伊斯兰专制主义像与其对应的伪现代主义一样，注定将会失败。长期的稳定和进步只能通过建立一个伊朗式的社会和经济制度才能实现，这种制度将成功地把来自本国历史的相关经验教训、价值观和技术与来自欧洲、中东、远东和非洲的，适用于其他国家人民的合适的思想和方法相结合。

泛伊斯兰政权的崛起，
1978 年 3 月—1979 年 8 月

随着巴赫提亚尔政府的退出，军队崩溃，人们陷入狂喜，这时阿亚图拉霍梅尼和他所祝福的泛伊斯兰派不可避免地成为国家权力的唯一继承者。巴扎尔甘的内阁中只有少数是来自他自己的自由运动、新民族阵线和伊朗人民党的中老年政客，大部分占据关键职位的成员都是由霍梅尼本人直接任命的，特别是易卜拉欣·亚兹迪博士（Dr Ibrahim Yazdi）、萨迪克·古特布扎德（Sadiq Qutbzadeh）和阿巴斯·阿米尔－伊提扎姆博士（Dr. 'Abbas Amir-Intizam），分别被霍梅尼任命为负责革命事务、广播电视和公共关系的副首相。在开始的几周里，表面上权力似乎大部分掌握在内阁手里，而阿亚图拉本人偶尔也

第十七章 结果和前景：伊朗将何去何从

会提供一些个人建议。然而很快就可以看出，即使是成员由霍梅尼本人任命的高级内阁，也不过是一个无助的傀儡，真正掌握权力的是主要由宗教领袖和教士组成的一个秘密的革命委员会。

大批的前大臣、将军、萨瓦克特工、国家官员以及沙阿统治时期的著名商人都被送上了伊斯兰法庭接受审判，包括1964—1977年任首相的阿米尔·阿巴斯·胡韦达、臭名昭著的萨瓦克负责人尼玛图拉·纳斯里和曾经被沙阿逮捕的一些人，最后连巴赫提亚尔也没能逃过被审判命运。这些法院的法官至今仍不为人知，但谢赫萨迪克·哈勒哈里本人自称是德黑兰伊斯兰法院的院长。由于各种原因，这些法院的行为从一开始就在国内外引起了争议。第一，法官身份不明，不允许律师为被告辩护，公诉书是简易的，对被告的指控是模糊的，因为这些指控并没有客观的法律、社会或道德标准。典型的罪名有"在世界上传播腐败"，向真主、先知和伊玛目（不清楚这是指第十二代伊玛目还是霍梅尼）发起战争；审判过程草草了事，并且没有上诉渠道。第二，审判和判决往往是选择性的、片面的，是对个人和派系过去行为的清算，而不是对重大罪行的司法起诉和惩罚。例如前议会议员阿梅里·德黑兰尼博士（Dr Ameli Teherani），他只在巴列维政权倒台前的最后两个月担任过内阁大臣，却因完全不为人知的"罪行"被处决；同样参议员阿拉梅·瓦希迪（Allameh Vahidi）也接受"审判"并被杀害，他的"罪名"是曾在前政权时期担任德黑兰清真寺和军官学院的官方监督员；空军将军纳迪尔·贾汗班尼（Nadir Jahanbani）在没有具体指控的情况下被判刑并处决，《信息报》只简单地称他为"蓝眼睛的伊朗将军"，并提到他有四匹马，据说马厩里铺了定做的地毯；帕尔维兹·尼克哈赫（Parviz Nikkhah）曾是皇宫"阴谋"审判中的明星，后来加入政权，成为国家电视台的高级官员，但几天后有非官方消息透露，他之所以被处决是因为法庭将他误认为是1978年1月"反霍梅尼"文章的作者。这些只是在德黑兰一地的几个著名案例，我们可能永远也不知道在各省的大小城镇里有多少真正无辜的人因私人报复而丧生。

然而对这些审判最大的反对意见是，因为这些审判，前政权的暴行和腐败故事无法完整地公之于众并记录在案。泛伊斯兰派很可能担心某些著名的被告会揭露部分（已故或在世的）著名的宗教领袖与沙阿在1953年政变以及政变后的政权中合作的历史。至少，对某些人（如萨瓦克负责人纳斯里，他了解1953年政变制造者的内情）进行公开审判，必将揭露1953年政变以来发生的事情全貌；但是因为我们已经看到的原因，是不符合泛伊斯兰派的利益的，在历史上泛伊斯兰派与沙阿之间只在1963年有过分歧。因此在过去的几个月里，泛伊斯兰派的领导人，包括霍梅尼自己，都在不遗余力地贬低摩萨台和民众运动，也就不足为奇了，霍梅尼甚至说出这样的话："他们说他让（伊朗）石油国有化。那又怎么样？我们不想要石油，我们不想要独立，我们只想要伊斯兰。"

从一开始，广播和电视网络（现在叫作"伊斯兰革命之声貌"）就迅速转变为泛伊斯兰派专属的发声和形象宣传渠道——国家宣传的专用工具。这对政治群体中其他所有曾经参加革命的知识分子和专业人士而言都是很难接受的，这其中不仅包括独立的马列主义团体人民牺牲者，甚至还有穆斯林团体人民圣战者（这两个都曾是游击队组织）。然而，国家在垄断了广播和电视后，又发起了针对独立报纸和杂志的运动，例如《未来》和《今日消息》两家日报，《德黑兰画报》和《铁匠》两家周报，以及政治报刊，如民族民主阵线的官方周报《自由》等。在撰写本书时，有22家独立的报刊被泛伊斯兰政权封禁。

在革命和后革命时代，大量政党和团体纷纷涌现：由穆贾达姆·马拉盖伊领导的激进运动组织、由哈支－赛义德－贾瓦迪领导的运动（Junbish）组织以及其他团体已经存在了一段时间了。然而在革命后不久，出现了更多的政治团体和团体重组事件：伊斯兰共和党（由赛义德·穆罕默德·贝赫什提领导）与该党派的极端分支新伊斯兰牺牲者组织（由哈勒哈里领导）都是泛伊斯兰势力的联盟；穆斯林人民共和党得到了高级效法渊源泉阿亚图拉沙里亚特马达里的好感，在阿塞

第十七章 结果和前景：伊朗将何去何从

拜疆有坚实的基础；民族民主阵线（NDF）由过去和新成立的各个团体组成，如伊朗人民解放阵线和左翼团体联盟，但是该组织主要的基础可能是重组后的社会主义联盟（曾经由哈利勒·马利基领导）。NDF 的覆盖面本来可以更广泛，尤其是如果它成功吸纳了两个前游击队组织。然而由于种种原因，这两个组织没有加入民族民主阵线，尽管它们公开表示欢迎其成立，并承诺与之合作。只有人民党的领导者从东欧国家回来后，领导的组织比以前小得多，也没有以前那样大的民众基础，人民党申请加入民族民主阵线，但遭到了拒绝。

在 1979 年 4 月初，举行了一场决定国家政权的全民投票（plebisicite，而非 referendum），目的是废除现行宪法，并宣布成立伊斯兰共和国。官方宣称全体伊朗选民中有 99% 投了赞成票，根据基本的统计学原理，这个说法不能尽信；但毫无疑问的是，该提案获得了民众压倒性的支持。许多政治团体和党派都在痛苦地抱怨，原因一是不必如此急迫地进行公民投票，没有足够的时间进行讨论和发表意见；原因二是在任何时候，只有泛伊斯兰派能利用广播和电视网络来展示其对伊斯兰共和国意义和内涵的解释；原因三是公民投票的主题是以不民主的方式制定的，所有投反对票的人都会被打上支持沙阿、反对伊斯兰，或二者兼有的标记。因此，NDF 和人民牺牲者组织抵制了这场投票，而其他一些政党，如人民圣战者，则不情愿地参加了公投。

巴扎尔甘内阁的权力可见地脆弱，而且被霍梅尼任命的亚兹迪和库特布扎德支配，最终导致新民族阵线领导人、外交部部长卡里姆·桑贾比辞职并公开抗议，随后，另一位著名的民族阵线成员穆巴什-希里博士（Dr Mubash-shiri）也悄然离去，他曾是司法大臣，但他并不掌握部门的实权。不过曾经一度支持摩萨台的泛伊朗主义领导人大流士·福鲁哈尔留在了内阁，因此他的集团（曾经隶属于民族阵线）与阵线疏远了。与此同时，泛伊斯兰主义者已经与阿亚图拉塔利高尼发生了公开冲突。

泛伊斯兰主义者开始了他们的"社会重组"，他们试图强迫妇女带上伊朗传统的"罩袍"（chadur）。这完美地证明了新时期的狂热分子与伪现代主义专制者有着完全相似的精神和方法，尽管他们的目标完全相反。然而，伊朗妇女和她们的各种组织迅速而勇敢地做出了回应，它们举行公开集会、示威游行等。她们遭到了暴徒和持刀者有组织的攻击（这让人想起1953年政变时被收买的那群暴徒），许多人受伤。不过不久，这些狂热分子很快就撤退了，并撤回了他们的"法令"。然而，以伊斯兰和道德为名的、对妇女"非官方"的嘲弄、辱骂和猥亵仍在继续，让妇女在相对偏僻的公共场所感到人身威胁。

新政权的军事和安全武器多种多样，对这些武器的应用也相对专业化。军队是政权应对重大地区和民族叛乱的主要力量。新成立的革命卫队是一支准军事部队，主要负责大部分的城市安保工作以及不太重要的地区任务。霍梅尼委员会，后来改名为伊玛目委员会（同样不清楚这里指的是第十二代伊玛目还是霍梅尼）是一个独断专行的团体，拥有远超政府部门的管理和逮捕权力。他们参与逮捕许多涉嫌饮用酒精饮料、小偷小摸、性犯罪（包括试图接近女孩的年轻人）等罪名的嫌疑人，并对他们施以鞭刑。在各省，根据领导当地霍梅尼委员会的教士的想法，随意逮捕和攻击人民的案例比比皆是。例如，有非官方报告称，有人因试图进行轻微抢劫而被切掉手指。无论在什么情况下，卖淫的妇女都会被官方处决，同时完全禁止生产、销售和饮用（包括私下里）酒精饮料。因此，一个贩卖此类饮料的黑市蓬勃发展起来，在这个市场上高价的（有时候甚至是有毒的）烈酒以天价出售。

并不是有组织的混乱催生出这些自以为是的、被误导的"政策"，当然这样的混乱状态在国家到处存在。在霍梅尼早期的演讲中，他曾宣称，如果砍掉一些手，公开鞭打一些人，就能使偷盗和不道德行为彻底结束，那就这样做吧。[4]目前，政权完全禁止男女同处在同一个游泳池或同一海滩上，否则他们将被殴打并逮捕。就在最近，德黑兰的一个只对亚美尼亚人开放的男女共浴的游泳池被一群暴徒袭击，所有游泳者都遭到了有组织的泛伊斯兰暴徒的野蛮殴打，尽管官方考虑到基督教社区的宗教自由，允许该游泳池男女共浴。

第十七章 结果和前景：伊朗将何去何从

伊朗各地的少数民族一直是让政权头痛的主要问题，特别是库尔德人、阿拉伯人和土库曼人，他们遭受了数十年的迫害、骚扰、极端的经济贫困和完全的文化剥夺，可以理解，他们希望自己过去的冤屈得到公平的听证，希望他们的地位得到基本改善。此外，考虑到这些群体（连同东南部的伊朗俾路支人）占伊朗逊尼派穆斯林的大部分，他们可能会对泛伊斯兰派的态度感到焦虑，因为后者声称应遵循伊斯兰什叶派传统。在互相指责对方肆意挑衅后，这些群体和新政权爆发了早期冲突，新政权指责少数民族"反革命""亲共""亲美""亲犹太复国主义"等，可以确定的是，新政权对这些冲突的即刻回应既起不到任何调和作用，也证明了它对这些受到严重剥削的伊朗人民缺乏基本的同情心。

泛伊斯兰派所做的事件、采取的态度、方法和"政策"等结合在一起，让大多数政党和团体（包括人民圣战者、穆斯林人民共和党和民族阵线）与泛伊斯兰主义者们，甚至巴扎尔甘的临时内阁渐渐疏远。实际上，在较大的政治团体中，只有人民党的领导人（忠于他们的传统）支持政权和它大部分的"政策"。但我们可以肯定地说，人民党最近被归入惹怒霍梅尼和他手下的政治团体之列，这绝对不是人民党的本意，它对政权绝对忠诚。

从一开始，新宪法的性质和内容就是争论的焦点，官方对此提出了各种相互矛盾的"观点"。无论如何，政权的所有机构都已经向公众表明，宪政草案是民主的，可以由一个完全由选举产生的制宪会议进行修改，并在这之后将完整稿提交给全民公投。但是，在1979年6月，泛伊斯兰主义者突然开始讨论组建一个任命产生的专家委员会来取代由选举产生的制宪会议。这证明他们必然担心，由于失去了国内民众的支持，他们自己可能无法再主宰一个由选举产生的议会。这一决定遭到了各个主要政党以及阿亚图拉沙里亚特马达里的指责。泛伊斯兰主义者向后退了一步，决定组建一个选拔产生的专家委员会，共75名成员，由整个国家选举产生。在起草国家最重要的单一文件时采用这种选择性的程序是毫无道理的，这将把数百万人排除在外，尤其是那些泛伊斯兰派缺乏支持的地区，剥夺了他们对自己未来的发言权。因此许多政党，包括穆斯林人民共和党、NDF 和民族阵线齐力抵制这场混乱。

在撰写本书时，专家委员会表面上正在开会，但事态已经进展到白热化，库尔德民主党和独立期刊被禁；官方下发了 NDF 领导层成员、伊朗（全境）律师协会副主席赫达亚图拉·马提内-达夫塔里的逮捕令；库尔德斯坦爆发军事冲突；等等。库尔德人经常被指责为"反革命主义""亲犹太复国主义"；一群有组织的泛伊斯兰狂热暴徒无端袭击了 NDF 举行的和平抗议示威，造成大量人员伤亡，马提内-达夫塔里被认为应对此事负责；独立报纸被视为伊斯兰和"伊玛目"的敌人。在最近的一系列演讲中，霍梅尼称自己为军队的总司令，并对泛伊斯兰主义者在一开始没有屠杀领头的革命政治家和活动者，"掰断"作家、记者和知识分子的笔而感到遗憾。他称这些人"不是人类，而是禽兽"[5]。

现在看来，想实现伊朗社会和政治局势的稳定以及民主解决已经不再可能。泛伊斯兰主义派迫使其他大部分政治势力和团体与其公开对抗，尽管后者唯恐避之不及。这清楚地表明，泛伊斯兰主义者担心在与其他团体的民主竞赛中败下阵来，因为他们自己缺乏统治国家所需的适合的思想、管理能力和必备的灵活性。因此，泛伊斯兰主义的统治不可能以其目前的形式持续很长时间：它要么退缩，并与民主团体达成真正的妥协；要么巩固其地位，以形成一种石油泛伊斯兰专制主义；要么在其他政治力量面前失去民心和权力。第一种是不可能的，从过去几个月的经验就可以看出来；第二种也不可能，因为无论泛伊斯兰主义者多么希望如此，他们并不具备必要的政治能力；最后一种可能性是比较大的，但并非不可避免：这在很大程度上取决于其他政党的行为，他们的战术和战略，他们的现实主义意识，以及他们之间进行真诚合作的程度。

读者可能对这个事实并不惊讶，即伊朗的所有政治倾向普遍认为，外国势力（特别是美国）是过去事件和未来前景的主要决定因

第十七章 结果和前景：伊朗将何去何从

素：泛伊斯兰主义者指责他们的对手是犹太复国主义、美国帝国主义和苏联的代理人；而他们的对手也认为，泛伊斯兰派的领导人是美国帝国主义的代理人。显然历史将证明这两个观点都是错的。[6]毫无疑问，正如本书中反复申明的那样，包括美国在内的外国势力不会袖手旁观，他们将尽其所能地维护其区域和全球利益，尽管他们在过去犯了很多错误，而且将来可能也会犯同样的错误。有两种判断外国势力在伊朗和其他地方作用的方式，这两种方式在根本上存在差异，因此即使是基于相同的事实信息，也能得出不同的结论：一种观点是相信，在任何情况下，政府或其政治对手不过是美国或其他国家的代理人，他们从他们的主人那里接受"命令"或根据主人的建议和批准做出决定，总的来说，这种观点完全是天方夜谭，尽管这些势力在各地都有自己的代理人；另一种观点是，本土政府及其对手主要是他们自己的想法、野心、利益和社会经济基础的代理人，他们试图通过各种战术和战略，包括对各种外国利益的态度以及与它们的关系，实现和发展他们所代理的东西。

  因此，任何地区的任何一方在国内的政治游戏中都可以采取一种现实主义的观点看待外国势力的作用，而不一定要把他们变成外国代理人和傀儡，或者把国家的政治独立和经济财富抵押给各种帝国主义者。尼加拉瓜的革命者并不是美国的代理人，但是他们迫使美国人接受这样一个事实：继续支持索摩查是违反他们自己的利益的，这要归功于他们现实主义的、明智的，以及独立自主的方法。诚然，这种分析不能轻易地简化为口号，这样的口号只会使情绪激动的人群大声欢呼。然而不管是什么运动，大声的欢呼只有当欢呼的人群是被政治领导人领导的，而不是政治领导人跟随他们的时候，才是有益的。使用政治口号、简单的概念和想法，以便以容易理解的方式与广大人民群众沟通是一回事；但是如果领导层对这些简单的手段一无所知，以至成为自己宣传的受害者，这又是完全另一回事了。尽管不抱什么幻想，但人们还是希望政治家们能从伊朗的政治理论与实践中学到这一教训。但是当然，旧的习惯——包括思想习惯，是很难改变的。

现代伊朗的政治经济学：1926—1979

对伊朗政治经济更长远的看法

无论哪个政党、哪个倾向、哪个信仰、哪个意识形态上台，都需要对伊朗的政治经济进行基本的重建，这对伊朗的长期和平、稳定和发展至关重要。任何教条的实验，即不加批判地应用一个完全抽象的、不管是进口的还是编造的框架，都注定要失败，这包括右翼和左翼的伪现代主义以及泛伊斯兰主义者及其同类派别的伪传统主义。国家无法承受将一群受挫败的狂热分子的拙劣思想叠加在一起，他们可能自觉或不自觉地认为成功的关键仅仅在于维持或夺取政治权力。同样，对国家的问题采用一种完全特别方法也是与政治经济所面临的巨大而复杂的困难不相称的。我们需要的是将更广泛的视野与客观的现实主义相结合，将根据过去和现在的经验修正的各种普遍理论相结合，从而在社会可接受的框架内让国家重新站起来。

诚然在过去的六个月内，目前的国家统治者，包括他们无实权的行政内阁，不可能取得很大的成就。但重要的是，他们的态度、方法和决策已经表明，无论是从思想看，还是从管理能力看，他们都无法应对那些需要紧急、有效且富有成果地解决的任务。到目前为止，他们的大多数决定都暴露了他们教条的理想主义和实践上的无能的结合，而这两者通常是一个硬币的两面。国家处于政治和行政混乱之中，政府和省级部门、国家工业、银行、公司和其他服务部门的负责人，仍然是按照大流士一世的行政系统的极端极权主义风格任命的；经济彻底崩溃，三分之一的劳动力（和一半的城市劳动力）失业，通货膨胀率（尤其是食品价格）飙升，总需求不足，家庭生产率明显低于生产能力，农业和农民处于困境中，受过现代教育的群体一拿到外国签证就立刻逃离国家，石油收入仍在不断涌入，成为撑起场面的唯一台柱。

最近政权在考虑对私营银行、保险公司以及少数（主要是重工业）行业进行国有化，这甚至不能算作宣传者的门面粉饰：这些公司

第十七章 结果和前景：伊朗将何去何从

中许多都欠下了国家的巨额债务，有的公司的债务甚至超过了其资产总值；这些公司的所有者，或主要的股东中，有很多人已经在巴列维政权覆灭前逃离了国家，他们是沙阿、他的家族或他的国家机器的腐败金融家和中间人；并且在任何情况下，仅仅是所有权的转让，或者是由一个老板取代另一个老板，在产出和就业方面都对经济毫无益处。这并不是反对在适当的情况下扩大公有制，如果只是因为许多"国有化"的公司已经被抵押给一大笔国家贷款，相反是为了强调，国家并不需要肤浅的花招，而是需要做出重大的政治经济学决定。

在政治和经济管理领域，国家急需对行政和生产过程进行全面的民主化。这意味着要制定一项战略，从地理角度和官僚角度看都要将管理和决策去中心化或管理和决策权分散。在今天的伊朗，即使是偏远地区的小城镇的镇长，也是由德黑兰派来的，主要省会城市的市长则是直接任命的，连乡镇小型分行的经理也是由德黑兰的银行主席实际任命的；所有其他机构也是如此，包括教育、金融机构等。同样在这个国家，直到今天，国有公司和企业（无论是银行、保险公司、钢铁厂，或其他）的董事和经理，都是由内阁或其他权力机构任命的，也没有与这些企业的长期员工协商。此外，不仅政府部门，甚至包括一些"公共"企业的权力和决策的层级，都更类似于维多利亚时代的军事指挥链，而不是生产商品和服务的民用框架。就像国家的普通大众一样，"公务员"和其他国家雇员的自由也很少，因此，他们没有什么责任感。这进一步导致了，他们也没有什么动力或敬业精神；他们以公众的名义提供所有"服务"，而公众从这些小官僚那里受到的待遇就像他们从自己老板那里得到的待遇一样。这是一个漫长而复杂的故事，想要全面讨论这个话题需要单独另著。但也许这些简短的参考就足以满足所有关心这个问题的人。

因此，为了解决提到的部分问题，必须采取并实施两套主要且互补的战略。

首先，必须将行政系统的权力分散到全国。一是需要重新划分国家的行政区域（目前的行政划分在帮助中央扼杀地方），这样，各行政区就有了社会文化意义上的或"自然的"边界，伊朗各社区的文化同质性和认同感就可以得到体现，而不会被淹没；二是逐步但认真地实现省级政府的民主化，其战略目标是在不久的将来使这些地区政府具有充分的代表性；三是为伊朗少数民族社区，包括阿拉伯人、库尔德人、土库曼人、俾路支人等根据他们不同的需求和渴望做出单独的安排，包括实行地方自治。显然，这些都只是方案的基础部分，如果实施该方案有利于整个国家和人民，那么整个方案在投入实施前还需要大量的协商和谈判。

其次，国家的等级制度、行政部门和商业企业都必须民主化。第一，制定一个新的、可行的公务员法，旨在建立一个固定的公务员制度，所涵盖的对象应包括紧接在内阁大臣、他们的政治副手和副大臣之下的最高级别；第二，真正改变公务员的地位，使其从古老的"国家的奴才"（nawkaran-i dawlat）转变为负责任的人民公仆，并拥有相应的权利和义务，这需要将权力、责任和尊严真正授予给各级官员；第三，对各省内各城镇的中央政府办公室进行类似的民主化和责任下放，同时有意识地确保大部分的官员从本地人中任命；第四，允许国营公司、工厂和企业在最大限度上独立管理，并采取更多的措施，让它们的高级和低级雇员参与行政和管理过程。

上述的两套主要的民主化战略将确保整个国家长期主权完整，全体人民民主参与自己的地方事务，中央政府建立一套有效的行政制度，公共产业和服务得到有效利用，在人民收入和地位方面实现更大限度的区域平衡，国家的资本和人力资源不再倾向于集中在德黑兰和其他几个主要城市，所有公职人员的敬业精神、责任感和"工作满意度"都大幅提高，公众对没有灵魂的官僚机构，或对在国家中心垄断所有权力的不近人情的机器产生的挫败感会小得多。

为促进生产和就业可采取的短期经济措施显而易见，在此不再赘述，尽管国家现在的统治者们显然没有能力掌握和实施这些措施，而只能采取经济上软弱、社会上具有破坏性、政治上腐败的政策，就是将石油收入直接和间接地分给那些可能为国家统治者提供大量观众的人，或可能攻击政权的批评者的和平示威活动的人，而不管他们有工作还是没工作。比这更为重要的是，应为国家的经济和社会发展制定一个长期的政治经济学战略。如果接下来要讲的事实及其政治经济意义还不够明显，那么应当指出的是，其一，伊朗超过三分之一的国民收入来自石油产品的销售，并由国家直接收取；其二，伊朗的其他能源和矿产资源，特别是储量可能巨大的天然气和铜，也完全归国家所有；其三，几乎所有的各种类型的大型现代工业、运输和通信工具以及银行、保险和其他企业，也都完全或主要归国家所有；其四，仍有相当大数量的农村财产、农场和农业综合企业为国家所有；其五，全国90%以上的出口收益由国家收取；其六，而整个"私营"部门，即公司农场中的小农和农民股东、农村手工业、私人批发商、零售商、城市工匠、私人作坊、小型工业和服务公司等，在国民收入中所占比例不到20%，在国家的总资产中的份额甚至更少。因此我们应该清楚地看到，与19世纪的英国社会以及当时和现在许多类似的社会不同的是，伊朗社会的主要政治经济学问题不是私有制与公有制的问题，而是该采取什么样的经济战略，实施什么样的民主化政策，以实现长期发展，使人民群众既能参与管理，又能享受他们本应该集体拥有的成果。

在此简要列出伊朗长期的政治经济学基本要求。第一，建立一个替代性出口部门，以减少经济对石油和其他矿物出口的依赖；第二，促进国内生产并使其多样化，以减少国家对消费品、中间产品和资本机器的进口的依赖（按此顺序排列）；第三，实现国民收入和生活水平的持续增长，这一增长速度应与国家的政治经济吸收能力相一致，而不会导致重大的经济或社会瓶颈和摩擦的产生；第四，直接和间接地重新分配收入、教育、卫生和其他社会产品给经济中更贫穷的部门、国家中更贫穷的地区和社区中更贫穷的阶层。

如果真诚地希望实现上述的基本目标，应当采取以下主要战略。第一，对大量本土的劳动密集型产业进行投资，并尝试在现有技术和技能的基础上对其进行现代化改造，并对基本的消费品进行投资，不论产品新旧，这些产品是大众的消费对象，不仅包括纺织品、家用电器和类似商品，还包括教育和保健服务、住房等，供大众消费；第二，在农民中全面重新分配土地，并以非官僚的方式提供财政、技术和其他扩展服务，包括提供适合不同地区和作物的生产和分配的合作计划，以及为剩余农业劳动力长期提供进入农村工业生产等其他生产活动所需的渠道和设施，例如，农户家的孩子，如果他们留在家庭农场，可能就会导致农场被分割为不盈利的生产单位（也许值得强调的是，这种重组伊朗农业的普遍方法不一定会导致"农村资本主义"的产生，一是因为伊朗的重点是使用家庭劳动力，而不是使用无地的雇佣劳动者；二是伊朗农民占总人口52%，但收入还不到国民收入的10%，三是即使是苏联的农业集体化，也不会受无关的浪漫主义支配，不会因"意识形态"冲动而去模仿其他国家的过去经验，而是出于快速工业化的战略目标进行资本积累。很明显，伊朗没有必要为了获得资本盈余来投入城市工业里而压榨比前苏联更贫穷的农民；）第三，投资于国家能够在地区（中东）以及世界市场上有竞争优势的行业；第四，采用合理和现实的手段尝试扩大国家的重工业和工程基础，采用有选择和有区别的方法，以避免技术工人出现严重短缺和生产价格昂贵、效益甚微、客户群少的产品；第五，有意识地尝试独立发展国家现有的技术和技能，或者在无法独立发展的情况下，借助于先进国家开发的合适的现代技术（注意避免全盘地、不加区别地应用，应当谨慎地应用和改造进口技术）；第六，在全国范围内适当地让工业区位多样化，从而实现区域和省级经济的平衡和互补；第七，投资于普遍的免费教育和卫生设施（包括健全污水处理系统等），以提高识字、识数率和最大限度地预防疾病；第八，适当运用各种一般税和地方税工具，以防止有特权的少数群体的高消费以及个人财富的不合理积累造成社会损害。

上述建议不过是一个基本纲要，它们也并没有承诺将实现千禧年的目标。我提出这些建议，只想作为一个指南，提供实现发展的态度、方法和战略，要想在这个方向上取得任何真正的进步，它们必不可少。事实上，本书中提出的所有事实、论据、分析和理论的目的只是为了提供一个框架，在这个框架内理智和现实的结合可能最终使伊朗的政治经济摆脱过去的不愉快，那些定期准备付出大量鲜血的人民能为他们的无价牺牲得到合理的回报。剩下的一切只能留给历史评判，以及那些愿意从历史中吸取教训的人。正如一句贴切的波斯语诗句所说的那样：

> 我们的善恶往事将被记述，
> 因为历史有一部书、一本记事簿、一页纸。

注释

1. 参见萨迪基博士于1978年11月4日在巴黎城市大学意大利之家发表的演讲摘要（波斯文）。

2. 参见他1979年7月25日与 *Parkhash*（周报）的访谈。通过对比哈德米的论点和上面引用的萨迪克演讲摘要的措辞可以发现，他们似乎都是基于同一个原始资料。阿亚图拉霍梅尼本人也写了一本名为 *Vilayat-i Faqih*（《神学家的政府》）的书，但现在很难找到，我也没能找到其复印本。但他和他的追随者都多次将"真主对人民的统治"和"人民对人民的统治"（即民主）进行对比。这并没有回答一个关键的问题，真主如何体现他对人民的统治？以及任何一个人如何能够声称代表这种统治？假设仅仅是夺取世俗的权力，并利用武器（由非伊斯兰国家制造）来维持这种权力，并不能充分证明掌权者拥有这一使命。六个多世纪以前，一个伊朗逊尼派穆斯林的编年史学家哈姆杜拉·穆斯图菲（Hamdullah Mustawfi），指出了这个问题，他称倭马亚王朝的统治仅仅只是基于他们的政治军事力量（参见他的 *Tarikh-i Guzideh*）。这个问题比现在的问题要更为广泛，例如，在夺取政权后，某个声称"代表"工人和农民的政党可以建立一个"工人国家"并将所有其他人（包括工人自己）排除在真正参与政治决策的过程之外，因为工人作为一个整体，作为一个抽象的概念，无法证实或反驳党代表无产阶级的主张。

3. 见上文第四章。

4. "如果四个小偷的手被当众砍掉，[抢劫]就会结束。如果四个犯有卖淫罪的人被鞭打，卖淫就会从社会上消失……"参见1979年7月3日的 *Ayandigan*（日报）。

5. "泛伊斯兰主义派"这一笼统的说法旨在涵盖所有将霍梅尼作为其权力合法性象征的伊斯兰倾向。然而，该派别由多种不同，甚至相互冲突的倾向以及进行权力争斗的个人组成。目前，将他们联系在一起的唯一因素是他们试图集体排斥其他所有政治派别，包括高级什叶派领导人，如沙里亚特马达里，后者的观点实际上与什叶派的传统理论和实践更一致。目前在该派别中占主导地位的是秘密组织 Amal，该组织明显更关注在伊朗建立自己的伊斯兰国家，而不是认真地参与全球泛伊斯兰运动。

6. 一次在巴黎发表演讲时（1978年12月24日发表，并出版发行），阿亚图拉霍梅尼对他的追随者说道："就目前来看，自立宪革命开始以来在伊朗出现的许多［政治］党派都是在其追随者不知情的情况下，通过他人之手建立的［即外国人］。我认为，他们很可能会在当时的强国，如英国建立的政党，以欺骗和利用落后的国家……当然，一个文明的国家必须有政党；我们也必须有政党。但是，到目前为止，我国出现的政党把所有的时间都花在了互相斗争上。我认为，在伊朗的党派最早就是以这种方式产生的。而现在，他们采取了其他形式。我们甚至可以到，这些党派像敌人一样对待对方，并互相攻击。我认为这很可能是来自［国家］外部的力量在起作用。"（*Matn-i Sukhnrani-yi Qa'id-i Buzurg-i Islam*, *Imam Khomaini*, *Madda Zillihu*）。如果受过现代教育的进步伊朗人不能接受这些观点，那么他们就应该反思一下自己所奉行的观点，他们所奉行的思想虽然看起来比较隐晦，并且被"意识形态"的术语所粉饰，却透露出基本相似的政治愿景。